延安精神学习读本

中国延安干部学院 编

党建读物出版社

图书在版编目（CIP）数据

延安精神学习读本 / 中国延安干部学院编 .— 北京：党建读物出版社，2018.12

ISBN 978-7-5099-1066-5

Ⅰ. ①延… Ⅱ. ①中… Ⅲ. ①延安精神—干部培训—学习参考资料 Ⅳ. ① D648.4

中国版本图书馆 CIP 数据核字（2018）第 271393 号

延安精神学习读本
YAN'AN JINGSHEN XUEXI DUBEN
中国延安干部学院　编

责任编辑：刘海湘
责任校对：钱玲娣
装帧设计：嘉信一丁
出版发行：党建读物出版社
地　　址：北京市西城区西长安街 80 号东楼（邮编：100815）
网　　址：http: // www. djcb71. com
电　　话：010 - 58589987 / 9947
经　　销：新华书店
印　　刷：北京新华印刷有限公司
2018 年 12 月第 1 版　2018 年 12 月第 1 次印刷
710 毫米 ×1000 毫米　16 开本　27.25 印张　337 千字
ISBN 978-7-5099-1066-5　定价：45.00 元

序言

弘扬延安精神 汲取时代力量

延安是中国革命的圣地、中国共产党人的精神家园。1935年10月19日，中央红军经过二万五千里长征胜利落脚陕北，毛泽东等老一辈无产阶级革命家在这里生活战斗十三个春秋，领导中国共产党从弱小走向强大，带领中华民族从苦难走向独立，书写了彪炳史册的时代伟业。这里记录着生动的革命历史，每一寸土地都有着深深的历史印记，每一孔窑洞都镌刻着艰难的奋斗历程，向人们诉说着创业的艰辛，传达着时代的精神。这里孕育了伟大的延安精神，坚定正确的政治方向，解放思想、实事求是的思想路线，全心全意为人民服务的根本宗旨，自力更生、艰苦奋斗的创业精神，是延安精神的本质内涵，更是一代又一代共产党人永恒的“红色基因”。

延安精神集中体现了我们党的理想信念和价值追求，集中体现了我们党的革命精神和政治品质，集中体现了我们党的光荣传统和优良作风，历史学家从中解析中国共产党走向辉煌的“政治密码”，文学家从中感悟动人心魄的激情岁月，而共产党人则从中汲取管党治党的精神营养。1949年10月26日，毛泽东同志在新中国成立后的第26天，给延安和陕甘宁边区复电中指出：“我庆祝延安和陕甘宁边区的人民继续团结一致，迅速恢复战争的创伤，发展经济建设和文化建设。我并且希望，全国一切革命工作人员永远保持过去十余年间在延安和陕甘宁边区的工作人员中所具有的艰苦奋斗的作风”。1980年12月25日，邓小平同志强调：“我们一定要宣传、恢复和发扬延安精神。”2015年春节前夕，习近平总书记在陕西考察时指出：“老一辈革命家和老一代共产党人在延安时期留下的优良传统和作风，培育形成的延安精神，是我们党的宝贵精神财富。今天全面从严治党要继续从延安精神中汲取力量。”

中国延安干部学院是党的理论教育、党性教育的重要阵地。党中央之所以把学院建在延安，就是为了弘扬延安精神，用宝贵的红色资源教育干部、武装干部。2009年11月13日，习近平同志在学院调研时强调：“老一辈无产阶级革命家在延安时期留下的优良传统和作风，培育形成的伟大延安精神，是我们党的宝贵精神财富，是干部教育培训的永久教材。用好这笔财富、用活这部教材，是党中央创办中国延安干部学院的重要目的。”为了深入学习宣传延安精神，学院组织编写了《延安精神学习读本》，全书分为延安精神形成的背景与条件、延安精神的内涵精髓、延安精神的时代价值与现实意义三编，以专题形式解读延安精神，既有深入的理论阐述，又有详尽的历史考证；既有大量的数据分析，又有生动的故事叙述；既全面展示延安时期共产党人的理想信念、价值追求、高尚品格、优良作风，又全方位展现延安精神的时代价值。本书还就如何加强对青少年进行革命传统教育、领导机关和领导干部在弘扬延安精神中如何作表率以及如何科学建构延安精神的内容体系、改进延安精神教育方式方法、增强延安精神教育的时代性针对性有效性等问题进行了探讨。全书史料翔实、内容丰富，为新时代学习弘扬延安精神提供了一部可读可学的生动教材。

《延安精神学习读本》详述了延安精神形成的背景与条件。毛泽东思想的形成是其理论基础，党的第一代领导集体的确立是其组织保证，正确政治路线的指引是其政治前提，延安和陕甘宁边区特定的历史文化环境是其社会条件，抗大精神、延安整风精神、南泥湾精神、延安县同志们的精神、白求恩精神、张思德精神等是其原生形态，如火如荼的革命斗争是其孕育平台。正是在各种因素的作用下，延安精神得以形成和发展。

《延安精神学习读本》解读了延安精神的内涵精髓。坚定正确的政治方向是其灵魂，坚持抗日民族统一战线、一切为着战胜日本帝国主义，以及党的七大提出建立独立、自由、民主、和平的新中国，政治方向始终指引着革命理想、奋斗目标和革命道路，树起了为人民幸福和民族解放不懈奋斗的精神旗帜。解放思想、实事求是的思想路线是其精髓，以毛泽东同志为代表的中国共产党人把马克思主义基本原理同中国革命具体实际相结合，坚持理必求真、事必务实，铸就了成就延安伟业的思想基石。全心全意为人民服务的根本宗旨是其本质和核心，从制定路线方针政策到具体实践，从边区政权机关到基层组织，从党的领袖到普通战士，始终牢记宗旨、服务人民，彰显着党的力量之源、生命之本。自力更生、艰苦奋斗的创业精神是其显著特征，党的领袖和各级干部廉洁奉公、以身作则，带领边区人民开展大生产运动，依靠艰苦奋斗的革命精神打败了日本帝国主义侵略者，推翻了国民党反动派统治，从胜利走向新的胜利。

《延安精神学习读本》阐述了延安精神的时代价值与现实意义。延安精神蕴含着推动党和国家事业发展的伟大力量，有了强大的精神支柱，才能挺起民族的脊梁、汲取精神的营养，国家和民族才能更有凝聚力、生命力。延安精神蕴含着加强党性修养的“精神密码”，“革命理想高于天”的坚定信念，“在毛泽东的旗帜下胜利前进”的看齐意识，“一刻也不脱离群众”的根本宗旨，“坚持真理、修正错误”的政治品质，“只见公仆不见官”的优良作风，是延安时期党的建设伟大工程的宝贵财富，也是新时代全面从严治党的重要力量源泉。延安精神蕴含着坚定文化自信的重要资源，作为革命文化的重要组成部分，积淀着中国共产党最深层的精神追求，彰显着共产党人的精气神，对广大干部坚定文化自信这个“更基础、更广泛、更深厚的自信”具有十分重要的作用。

延安精神具有鲜明的时代性、先进性和传承性，作为一种先进的社会意识，作为党和民族的重要精神支柱，超越了时空界限，散发着永恒光芒，更凝聚着时代力量。新时代弘扬延安精神，要从中汲取坚定信仰信念的力量，旗帜鲜明讲政治，高举习近平新时代中国特色社会主义思想伟大旗帜，把坚决维护习近平总书记的核心地位、坚决维护党中央权威和集中统一领导作为最高政治原则，切实增强“四个意识”、坚定“四个自信”、做到“四个服从”，始终在思想上政治上行动上同以习近平同志为核心的党中央保持高度一致；要从中汲取加强政治建设的力量，推动全面从严治党向纵深发展，促进党员自我净化、自我完善、自我革新、自我提高，培养忠诚干净担当的高素质干部，把党建设得更加坚强有力，以党的自我革命来推动党领导人民进行的伟大社会革命；要从中汲取为民服务的力量，始终坚持以人民为中心的发展思想，牢记人民公仆的政治本色，顺应人民群众对美好生活的向往，不忘为人民谋幸福、为民族谋复兴的初心使命，把增进人民福祉、促进人的全面发展作为一切工作的出发点和落脚点；

要从中汲取干事创业的力量，牢固树立正确的权力观、地位观、利益观，保持艰苦奋斗的优良作风，践行新时代“奋斗幸福观”，通过奋斗把党和人民紧紧连在一起，把事业和个人紧紧连在一起，努力做新时代的合格奋斗者，汇聚起实现中华民族伟大复兴中国梦的强大力量。

李国喜

2018 年 8 月

目录

第一编　延安精神形成的背景与条件

第二编 延安精神的内涵精髓

第三编　延安精神的时代价值与现实意义

◎第一编

延安精神形成的背景与条件

延安精神是中国共产党人在为争取民族独立和人民解放事业的奋斗中，在延安时期实现从国内革命战争向抗日民族战争、从抗日战争向人民解放战争转折的进程中，培育的崇高革命精神和优良革命传统。站在这样一个历史的高度，本篇从不同层面探讨了延安精神形成的历史背景、历史条件和主体条件。西北革命根据地的创建和中共中央决策长征落脚陕北，为中国革命提供了落脚点和出发点；党中央在延安时期的辉煌成就和局部执政的基本经验，是培育延安精神的肥沃土壤。延安精神的形成还有着方方面面的因素，与中华民族精神、中国共产党人的红船精神、井冈山精神、长征精神等革命精神，与毛泽东思想、党性修养、陕北的地域文化、以毛泽东同志为核心的第一代领导集体都有着密不可分的关系。在此基础上，梳理了延安精神形成的历史过程，并对延安精神的主要原生形态——抗大精神、延安整风精神、南泥湾精神、延安县同志们的精神、白求恩精神、张思德精神、延安劳模精神、党的七大精神、党的“三大优良作风”等进行了全方位的历史研究。

1　西北革命根据地的创建

鼎盛时期的西北革命根据地，以陕甘地区和陕北地区为核心，北抵沙漠，南临渭北，东至黄河，西达陇东，雄踞西北高原，是中共中央长征的落脚点，是中国共产党人迎接革命新高潮的出发点，作为土地革命时期硕果仅存的一块完整的巩固的根据地，还是中国革命的起承转合点，贡献巨大，地位特殊。

西北革命根据地的创建、发展、巩固与扩大，是建立在陕甘边、陕北两块根据地基础之上的。在土地革命战争时期，以刘志丹、谢子长、习仲勋等为代表的老一辈革命家，创造性地把工农武装割据、武装夺取政权的理论和西北革命斗争的具体实际结合起来，把广泛开展游击战争和创建革命根据地的斗争结合起来，坚持探索具有西北特色的井冈山式的革命道路，克服了来自于“左”和右的错误干扰，战胜了敌人的多次破坏和“围剿”，经过极其艰苦曲折的斗争，最终在陕甘边和陕北根据地战略联合的基础上创建并发展成了西北革命根据地。

大革命失败后，在党的八七会议精神指引下，在陕西省委的领导下，刘志丹、谢子长等共产党人，从兵运工作做起，利用大革命时期发展的关系和积蓄的力量，先后发动清涧、渭华等武装起义，打击了西北地区反动力量的嚣张气焰，展示了中国共产党人宁肯奋斗牺牲也绝不屈服投降的革命志气。虽然兵运工作极其凶险且屡遭失败，但刘志丹、谢子长和习仲勋等共产党人仍旧英勇地坚持搞兵运工作，为其后的西北革命根据地培养了一批军事骨干。

兵运工作正反两方面的经验和教训，让西北地区的革命党人深刻地认识到，仅仅靠兵运工作拉动的武装暴动，缺乏人民群众的支持，不足以撼动国民党及地方实力派的统治根基，干革命，还必须走建立自己的武装力量、发动人民群众并开展土地革命的路子。在上级党组织的指示下，深刻认识到西北革命独特性和复杂性的共产党人，分别开始了创建陕甘边革命根据地、陕北革命根据地工作。

1931 年秋，为了创建革命武装，刘志丹到甘肃东部的南梁地区，创建了南梁游击队，这标志着西北地区共产党人建立坚决听党指挥、由党直接领导的革命武装的开始。1932 年初，刘志丹等人遵照陕西省委指示，将南梁、晋西游击队和两支商贩队改编为西北工农反帝同盟军。1932 年 2 月 12 日，又根据陕西省委指示，将西北工农反帝同盟军改编为中国工农红军陕甘游击队，谢子长、刘志丹先后任总指挥。从此，在中国共产党领导下，西北地区正式成立了工农武装红军游击队，西北革命斗争进入了一个新的阶段，即公开打起红旗，以武装的革命反对武装的反革命，揭开了西北地区“工农武装割据”的序幕。

1932 年 12 月，根据陕西省委指示，红军陕甘游击队改编为中国工农红军第 26 军红 2 团，王世泰任团长，杜衡任政委。这支队伍在刘志丹、习仲勋的积极协助下，开辟了以照金为中心的、俯瞰关中平原的革命根据地。为了配合主力红军的作战，刘志丹等于 1933 年 3 月 3 日主持成立了陕甘边红军游击队总指挥部，李妙斋任总指挥，初步完成了革命武装力量体系的建设。1933 年 3 月 8 日，成立了陕甘边特委，金理科任书记，并初步完善了党的各级组织建设。同年4月5日，在薛家寨召开陕甘边第一次工农兵代表大会，选举产生了贫农出身的周冬至为主席（按照中共六大之后党内干部配备注重阶级出身的政治要求）、习仲勋为副主席的陕甘边革命委员会。陕甘边革命委员会的成立，使得根据地的政权建设初上轨道，标志着照金革命根据地的形成。这块革命根据地的面积，以照金为中心，东西25公里多，南北40多公里，是西北地区红军建立的一块较大的根据地，是陕甘边革命根据地建立和发展的第一个阶段，也是根据地建设的重要起步阶段。

革命力量越是发展，反动力量的"围剿"就会越残酷。在1933年革命斗争错综复杂的形势下，当时的领导人没有能够正确地判断形势，更谈不上做出正确决定。1933年5月间，结束外线作战任务的红2团返回照金根据地，在照金北梁，特委和红2团党委召开联席会议，讨论边区工作和部队下步行动计划。在杜衡"左"倾冒险主义错误强迫命令下，红26军红2团南下关中。敌强我弱，尽管有刘志丹等革命将士浴血奋战，脱离根据地而孤军深入秦岭的红军遭受重大挫折，于6月兵败秦岭张家坪。作为陕甘地区斗争主力的红2团几乎全军覆没，刘志丹等少部分幸存者辗转终南山两个多月，终于找到了地方党组织，并得到地方党组织的帮助。1933年旧历八月十五日，刘志丹等人重返照金薛家寨。不能正确地认识客观形势，不能正确地认识自身力量，"左"的错误"轻而易举"地葬送了陕西革命斗争辛苦经营的正规红军，对于西北地区党组织而言，教训极其深刻。

面对惨重的挫败，真正的革命者没有失去信心。1933年11月，刘志丹、王泰吉等同志，在甘肃省合水县包家寨主持召开了党政军联席会议，决定重新建立红军，番号红42师（王泰吉任师长，刘志丹任参谋长），开辟陇东、关中和陕北三路游击区，进军桥山中段，创建以南梁为中心的陕甘边革命根据地。从客观上分析，照金根据地的地理位置过于靠近关中平原和国民党统治的中心区域，又没有战略纵深，即便没有红2团南下的惨败，单凭当时中共所领导的武装力量，想长期固守照金根据地都是困难的。相比之下，以南梁为中心的根据地地处陕甘交界地带，山大沟深，再加上外部三路游击区的呼应与配合，武装割据的态势极易形成并得以巩固。1934年11月4日，陕甘边工农兵代表大会在荔园堡召开，成立陕甘边苏维埃政府，选举产生陕甘边区苏维埃政府的领导成员，习仲勋当选为陕甘边区苏维埃政府主席，贾生秀、牛永清为副主席，政府下设土地、劳动、粮食、财政、工农监察、文化和妇女等委员会。同时，会议还成立了陕甘边区革命军事委员会和陕甘边赤卫军总指挥部。以此为标志，南梁革命根据地正式形成。南梁根据地的建立是毛泽东红色政权理论在西北地区的具体体现，是陕甘边革命根据地创建和发展过程中的重大历史转折。

1933年7月22日，中共陕北特委在佳县高祁家坬村召开第四次扩大会议，成为陕北革命根据地创建的重要转折点，该次会议决定广泛发动群众开展游击战争，组建工农红军。1934年1月，谢子长以中央驻北方代表派驻西北军事特派员的身份回到陕北，进一步加强了对陕北游击队的领导。7月8日，陕北游击队总指挥部在安定县成立，谢子长任总指挥，并迅速取得攻克安定县城的胜利，进一步推进了陕北地区的革命形势。在8月间，谢子长指挥红26军红3团和陕北游击队粉碎井岳秀对陕北游击队的第一次"围剿"，使陕北游击队和根据地取得很大发展。1935年1月29日，陕北特委在安定县白庙岔召开了陕北工农兵第一次代表大会，选举成立了陕北工农民主政府，马明方任主席，管辖范围达到17个县的广大乡村。

西北革命根据地不断巩固和壮大，得益于中共中央以及毛泽东、张闻天、周恩来等无产阶级革命家的领导。通过团结广大革命地区的人民、西北地区党组织、革命武装力量与红25军等各支主力红军，不断战胜国民党东北军乃至蒋介石嫡系军队的进攻。但是西北革命根据地的形成同时还是西北地区革命形势使然：在中共中央抵达陕北之前，陕甘边和陕北两块革命根据地各自开辟、巩固与发展，并在整个发展过程中逐渐互相联系、互相配合、互相支援，事实上早就形成了不可分割的关系。

陕甘边和陕北两块革命根据地联合起来形成西北革命根据地的标志是周家硷会议。西北根据地形成之初就展现了两块根据地党政军民联合作战的强大威力。1935年2月5日，陕甘边特委和陕北特委在赤源县（原安定县）周家硷召开联席会议，刘志丹、惠子俊、崔田夫、张秀山、马明方、郭洪涛、白坚等出席会议。会议正式成立中共西北工作委员会、西北革命军事委员会，并且制定了反击国民党军队第二次联合“围剿”的军事方针。在刘志丹等人的率领下，红42师、红84师和游击武装联合起来，在宽大作战区域实行高度机动作战，到7月5日彻底粉碎了蒋介石亲自发动的“围剿”为止，西北红军主力兵团共消灭敌正规部队二千二百余人，消灭民团地主武装三千余人，解放了延长、延川、定边、安塞、保安、靖边六座县城。杨森和刘景范等指挥红军和游击队完成了袭扰、破坏咸榆公路的牵制任务并歼敌千余人，西北革命根据地巩固下来。

就在西北革命根据地创建并得以巩固的同时，党内却再一次出现了严重的“左”倾错误。在西北革命根据地创建过程中，由于当时特殊的残酷斗争环境，以及中国共产党党内在政治上、理论上乃至组织上不够成熟，西北地区党内“左”、右倾错误几度泛滥，特别是“左”倾错误对当时西北革命根据地危害巨大，几乎要葬送这块保存还较完整的根据地。

原来，西北革命根据地党内的个别领导同志在中共六届五中全会所谓“反富农路线”“右倾机会主义”的“左”倾错误理论的指导下，被西北革命根据地顺利发展的情况冲昏头脑，错误地坚持认为，陕甘红军力量壮大，陕甘地区的革命形势已经到了决战的关键时刻，并主张“全面出击”“肃清苏区白点”（指苏区内敌人优势兵力和装备重点防守的城镇及要塞）。

在错误路线方针遭到根据地干部普遍抵制的情况下，当时西北地区党内一些负责人又采取打击报复的手段强硬地推行自己的主张，最终恶性发展到“肃反”扩大化的极端错误的程度：他们通过改组西北军委、撤销西北工委的方式，剥夺了刘志丹等人对陕甘边和陕北根据地的军政工作的领导权，并用肃反之名逮捕了一些干部。

劳山战役后这种无情打击发展到了极点：刘志丹、习仲勋等一批军政负责同志，陕甘边苏区红 26 军营以上干部、地方政权县以上干部几乎全部被捕，后又迅速扩大到陕北苏区和红 27 军，被捕和被押的干部遭受了法西斯式审讯，如鞭抽、刀砍，冬天睡觉不给棉被等，不少好同志和好干部在莫须有罪名下被迫害致死。[①]

这些极端错误的政策引起了当时根据地广大干部和群众的不满，也造成了根据地内部的混乱，不少地方政权在少数坏人策动下“反水”（投敌叛变）。

值此危急时刻，中共中央经过长征到达吴起，进入西北根据地。在军事上成功取得直罗镇战役胜利，为中共中央落脚陕北提供了“军事奠基礼”的同时，张闻天、毛泽东等人开始着手解决“政治奠基礼”的问

---

① 王晋林:《论“左”倾思想对西北革命根据地的危害及其与西北革命党人的分歧》,《甘肃理论学刊》1996 年第 6 期。

题。张闻天、毛泽东等中共领导人立即下令，有关责任人停止捕人抓人，解救了刘志丹等一批革命骨干，在毛泽东、张闻天等领导同志的直接领导与指示下，事实上纠正了西北地区党内存在的“左”倾错误，彻底扭转了内部的危局，引导革命走上了正确的方向，从严峻的形势中挽救了西北革命根据地。

在中共中央的正确领导下，成为中国革命新的大本营的西北根据地不断巩固发展，成为土地革命战争时期各路长征红军的最终落脚点，进而成为中国共产党人及其所领导的八路军抗日的出发点，开始在中共历史、中国现代史上谱写新的光辉篇章。

执笔人：王　涛

2 党中央和红军长征落脚陕北的战略决策

1934年，由于王明、博古“左”倾错误，导致中央苏区第五次反“围剿”失败，中共中央和红军不得不撤离苦心经营多年的中央苏区，踏上战略大转移的漫漫征途。寻求战略转移的落脚点，成为党中央和中央红军最主要的任务，这是关系到战略转移成败和中国革命前途的重大问题。为此，在长达一年的艰难行军途中，党中央和红军根据敌情的变化曾先后选择了湘西、川黔边、川西或川西北、川滇黔边、川陕甘、接近苏联的边境地区等作为战略转移的落脚点，但都没能实现，直到1935年10月到达陕北根据地后，才站稳了脚跟。红军长征以后，最终落脚在哪里，一开始就不甚明确，中央红军先后大的战略转移经过六次变化，最终选定陕北。这是以毛泽东为代表的中共中央根据敌我双方实际情况的变化和全国革命形势的发展，做出的正确选择。

第一次变化：1934年12月渡过湘江后在贵州黎平会议上，改变原定向湘西北同红2、红6军团会合计划，决定向敌军兵力薄弱的贵州北部进军，创建川黔边新的根据地。

1934年10月，中央红军在实行战略转移时，博古、李德等人决定到湘西北落脚，去同贺龙、任弼时、萧克领导的红2、红6军团会合。但由于博古、李德等人在转移中采取了消极避战，一味西逃的方针，中央红军在突破敌军第四道封锁线，渡过湘江后，部队由出发时的8.6万人锐减到了3万余人，如果继续按照原定计划前往湘西北，势必要与布阵以待的五六倍于己的敌军决战，将会有全军覆没的危险。在这一紧急关头，12月18日，中共中央政治局在黎平召开会议，毛泽东从党和红军的前途出发力主放弃原计划，改向敌人兵力比较薄弱的贵州前进，会议接受了毛泽东的正确主张，通过了《中央政治局关于战略方针的决定》，指出："过去在湘西创立新的苏维埃根据地的决定在目前已经是不可能的，并且是不适宜的。""新的根据地应该是川黔边区地区，在最初应以遵义为中心之地区。在不利的条件下，应该转移至遵义西北地区"。[①]

第二次变化：1935年1月，在遵义会议上，刘伯承、聂荣臻建议北渡金沙江，向川西或川西北挺进与红四方面军会合，创建川西或川西北根据地。

遵义会议鉴于以遵义为中心的黔北地区地瘠人稀，党的工作基础薄弱，且蒋介石纠集148个团共约40万人的兵力围拢而来，在该地区难以立足和发展的情况，采纳了刘伯承、聂荣臻的意见，决定放弃黎平会议的计划，率领中央红军北渡金沙江与红四方面军会合，在川西或川西北创建新的根据地，这是中共中央关于落脚点选择的第二次变化。会议还推举张闻天接替博古在党内负总的责任。会议经过3天的激烈讨论，作出了四项决定：一是增选毛泽东为中央政治局常委；二是指定洛甫起草决议，委托常委审查后，发到支部中去讨论；三是常委中再进行适当分工；四是取消"三人团"，仍由最高军事首长朱德、周恩来为军事指挥者，

---

① 中共中央文献研究室、中央档案馆编：《建党以来重要文献选编》第11册，中央文献出版社2011年版，第656页。

而周恩来是党内委托的对于指挥军事上下最后决心的负责者。但是，由于在敌军优势兵力围追堵截下，特别是川军以 12 个旅的兵力严密封锁了长江，使中央红军北渡长江的计划受阻，中共中央遂决定暂时放弃渡江计划，改为在川黔滇地区进行机动作战，寻机摆脱优势敌军的围追堵截而后乘胜北上，同红四方面军会合，在川西或川西北创建新的根据地。

第三次变化: 1935 年 2 月 9 日至 10 日，在云南扎西会议上决定建立云贵川根据地。

1935 年 2 月 4 日，中央红军先头部队进入素有“鸡鸣三省”之称的威信县水田寨一带。2 月 5 日，军委总部及军委纵队第一梯队由叙永石厢子进入威信水田寨。党中央和军委总部宿营于水田寨花房子。当日晚，党中央在水田寨花房子召开政治局常委会议，参加会议的人员有张闻天、周恩来、毛泽东、博古、陈云等。会议一是讨论常委分工，明确职责。决定张闻天接替博古负中央总的责任（习惯上也称之为总书记），毛泽东为周恩来军事指挥上的帮助者，博古改任红军总政治部代理主任。二是讨论中央苏区的战略转移问题与组织领导问题。三是讨论中央红军目前的战略行动方针。针对长江沿线敌军严防死守，决定在渡江不可能时，决心留川、滇边境进行战斗与创造新苏区。

2 月 9 日，中央红军各军团相继完成到扎西集结，党中央进驻扎西镇后，总部驻扎江西会馆。鉴于川、滇敌军南北向扎西地域逼近，9 日至 10 日凌晨，党中央在江西会馆的戏楼上召开了政治局扩大会议。会议由张闻天主持，参加会议的人员有张闻天、周恩来、毛泽东、博古、陈云、王稼祥、朱德、刘少奇、邓发、凯丰、刘伯承、邓小平、聂荣臻、彭德怀、杨尚昆、李富春、罗炳辉、蔡树藩等。会议根据毛泽东的重点发言分析了当前的敌情，指出“川滇之敌追来，对红军形成夹击之势，黔北敌军兵力空虚，战斗力较弱，中央应抓住这个有利时机”。经过大家充分讨论，会议作出如下决定：一是中央红军回师东进，二渡赤水，循原路反攻遵义，向敌军力量较弱的黔北进击，出其不意地杀敌人一个回马枪。二是确定对中央红军进行精简缩编，干部层层下放，精简辎重、武器，加强部队机动性和连队战斗力。三是研究在云贵川三省地区中创立革命根据地；划定区域，抽调干部和武装，组建中共川南特委和中国工农红军川南游击纵队，牵制强敌，策应和掩护红军主力回师东进。这是中共中央关于落脚点选择的第三次变化。据此，中央红军在以毛泽东同志为代表的党中央和中央军委的正确指挥下，从1935年1月至5月，充分利用敌人相互之间的矛盾，发挥红军运动战的优势，声东击西，避实击虚，纵横穿插于敌人重兵集团之间，四渡赤水，二战遵义，南渡乌江，威逼贵阳，乘虚进军云南。巧渡金沙江，跳出了40万敌军的围追堵截，取得了战略转移中具有决定意义的重大胜利。

第四次变化：中央红军与红四方面军共同北上，创建川陕甘新根据地。

中央红军渡过金沙江后，按照会理会议的决定，继续北上，于1935年6月12日与前来迎接的红四方面军部队在川西懋功地区胜利会师。这时中央及中革军委发现“以懋功为中心之地区，纵横千里均深山穷谷，人口稀少，给养困难。大渡河两岸，直至峨眉山附近，情形略同。至于西康，情形更差。”因此，决定红一、四方面军共同北上，“首先取得甘肃南部，以创建川陕甘新苏区根据地，使中国苏维埃运动放在更巩固、更广大的基础上，以争取中国西北各省以至全国的胜利”。创建川陕甘新根据地，是中共中央科学分析当时全国抗日救国运动新形势和川西北地区的实际状况而做出的正确战略抉择。但是，由于张国焘的干扰和破坏，川陕甘战略计划未能实现。9月12日，毛泽东在俄界中央政治局扩大会议上指出：红一、四方面军回合后，是应该在川陕甘创建根据地的。但现在只有红一方面军的主力第1、第3军团北上，所以，当前的基本任务是要经过游击运动战打通国际的联系，整顿和休养兵力，扩大红军队伍，首先在与苏联接近的地方创造一个根据地，将来向东发展。这是中共中央关于落脚点选择的第四次改变。

第五次变化：中央红军与红四方面军继续北上打通国际的联系，在与苏联接近的地方创建根据地。

1935年9月13日，中共中央率领陕甘支队继续北上，于17日突破天险腊子口，18日乘胜占领大草滩、哈达铺，终于走出草地，进入甘南地区。至此红军涉过了最艰苦的地区。哈达铺位于甘肃岷县南部（今属宕昌县）的一个小镇。当地盛产当归，回民占一半以上，据说越往北走，回民越多。中央考虑到红军进入回民聚居地区，为认真贯彻执行党的民族政策，特颁发了《回民地区守则》，除了规定不得擅自入清真寺，不得任意借用回民器皿、用具外，还规定不得在回民住家杀猪和吃猪肉，条目很多很细。1935年9月18日，中央红军突破腊子口到达甘肃南部的哈达铺后，几份报纸为确定红军的最终落脚点起了关键作用，从中得知了陕甘两省的红军和赤色游击队蓬勃发展的形势。1935年7月23日的《大公报》刊载阎锡山7月22日晨在绥靖公署及省府纪念周上作的报告：陕北匪共甚为猖獗，全陕北二十三县几无一县非赤化，完全赤化者有八县，半赤化者十余县，现在共党力量，已有不用武力即能扩大区域威势。7月29日的《大公报》社评说：徐向前朱毛之趋向，尚不尽明，今姑暂不论甘，而专就陕事一言。第一，国人应注意者，现在不独陕北有匪，陕南亦然。徐海东一股，猖獗已久，迄未扑灭，故论陕乱，不能专看北部。第二，过去所谓陕北，系指旧榆林、绥德、延安属，近则韩城一带亦睹匪踪，是由陕北而关中矣。《晋阳日报》上载："陕北刘志丹赤匪部已占领六座县城，拥有正式红军五万余人，游击队赤卫军和少先队二十余万人，窥视晋西北，随时有东渡黄河的危险！”张闻天在阅读了上述报纸后于9月22日撰写了《发展着的陕甘苏维埃革命运动》的读报笔记，提出在陕甘地区立足发展的思想。党中央在哈达铺利用三天时间对部队进行了休息整编，使红军的物质生活有所改善，体力逐渐恢复，同时正式宣布组成中国工农红军陕甘支队，彭德怀为支队司令员，毛泽东为政治委员，林彪为副司令员兼第一纵队司令员，叶剑英为参谋长，张云逸为副参谋长，王稼祥为政治部主任，杨尚昆为政治部副主任，共约7千多人，下辖三个纵队：原红军一军团编为第一纵队，纵队长林彪（兼），政委聂荣臻；原三军团编为第二纵队，纵队长彭德怀（兼），政委李富春；军委直属纵队编为第三纵队，纵队长叶剑英，政委邓发。每个大队基本上是按军团的建制，取消了营级建制，每个大队辖五个步兵连，一个机关枪连，团的侦察排、工兵队和卫生队全部集中到纵队。会议还决定派谢觉哉、毛泽民去新疆建立交通站，设法打通与共产国际的联系。

第六次变化：落脚陕北，在陕北保卫和扩大苏区。

陕甘支队于1935年9月27日占领甘肃通渭县的榜罗镇。红军在榜罗镇休整两天。党中央和毛泽东从国民党《大公报》等报纸上，了解到日本侵略我国北方的形势以及红二十五军与陕北红军会合的消息。《大公报》上刊载：“陕北则有广大之区域，与较久根据地”，还报道，陕北的延安、延长、保安、安塞、靖边等5座县城为红军所占领，“现在陕北的状况正与民国二十年之江西情形相仿佛”，从报纸上了解到陕北有一个大的苏区根据地，有一支活跃的红军，还有游击队和很好的群众基础，于是党中央政治局常委在榜罗镇召开会议。

此时一个人的出现为红军最终落脚点的决策起了至关重要的作用。此人就是唯一来自陕甘根据地的贾拓夫。贾拓夫列席1935年9月27日的榜罗镇会议，介绍了陕北根据地的情况。中央红军在榜罗镇会议上改变了俄界会议的打算，正式确定落脚陕北。这次最终战略抉择对于中国革命的发展极为重要。9 月 28 日，博古根据中共中央的决定，撰写了《陕西苏维埃运动的发展与我们支队的任务》一文，详细地论述了在陕北落脚的伟大意义。文章指出:“苏维埃运动——基本上是游击运动的方式——在陕甘——特别是陕北有着惊人的蓬勃发展，无疑地，这个发展，其意义，其重要性，绝不限于陕西，绝不限于西北，而是全中国政治生活中的重大事件”，“是赤化整个西北之开端与先声”。在目前，日本侵略者正逐步占领北部中国的特殊条件下，陕西“有他特别重大的军事战略的重要性”。①

会后，中共中央率领陕甘支队继续北上，翻越六盘山，于 1935 年 10 月 19 日到达陕甘根据地的吴起镇，胜利完成了伟大的战略转移。中共中央在吴起镇召开政治局扩大会议，批准了榜罗镇会议的决定，指出:“建立西北的苏区，领导全国大革命”，是党和红军今后的战略任务。11 月 21 日至 24 日，直罗镇战役的胜利，为中共中央把革命的大本营放在西北的任务举行了一个奠基礼。之后红一方面军进行了东征和西征战役，巩固和扩大了陕甘根据地，为实现三大主力红军的胜利会师，推动中国革命形势的迅速发展，奠定了重要基础。

执笔人：王　健

① 中共中央文献研究室、中央档案馆编:《建党以来重要文献选编》第 12 册，中央文献出版社 2011 年版，第 322、324 页。

3　延安精神培育形成的历史条件

延安精神是以毛泽东同志为代表的中国共产党人在延安时期的特殊历史条件下，在领导革命斗争和艰难困苦的环境中，逐步培育和形成的革命精神。延安精神不是从天上掉下来的，也不是头脑里固有的，其形成和发展有着客观的历史条件。

第一，艰难困苦的生存环境是延安精神形成的客观条件。艰苦环境是磨炼人的意志和品质的最好课堂，中国共产党就是靠艰苦奋斗发展壮大的。20 世纪 30 年代，延安所在的陕北地区是中国最贫穷落后的区域之一，这里地处偏僻，丘陵起伏，沟壑纵横，经济文化落后，物产贫乏，交通不便，长期以来更是军阀混战，土匪横行，民不聊生，荒凉遍野。1935 年中共中央到达陕北之后，就面临着异常的困难。要在这样艰难的环境里站稳脚跟，壮大革命力量，发展革命武装，必须付出巨大的代价。全面抗战爆发以后，边区政府实行争取外援、休养民力的财政政策。当时边区的财政收入主要依靠外援，其中，绝大部分是国民党政府发给八路军的经费。抗战进入相持阶段后，日本侵略者调整侵华政策，把中共创建的敌后抗日根据地作为军事进攻的重点，实行惨绝人寰的“三光”政策。国民党顽固派也对陕甘宁边区实行军事包围，经济封锁，在边区周围设置五道封锁线，其中第一道封锁线就有碉堡 6300 个，陈兵 40 多万，并不断制造摩擦事件。1940 年 11 月，国民政府又停发了给八路军的军费，此时边区外援断绝，加上华北地区不断发生严重的自然灾害，致使陕甘宁边区和中共领导下的敌后抗日根据地陷入严重的困难之中。面对被困死、饿死的局面，中国共产党人并没有灰心丧气、畏首不前，而是迸发出无与伦比的自信、自立、自强、自尊的无产阶级主体精神和创造精神，以“困难比天大，我比天还大”的英雄气概和豪迈之情，响应毛泽东“自己动手，克服困难”的号召，掀起大生产运动。经过大生产运动，到 1943 年，边区经济状况就已得到明显改观，度过了最困难的时期。毛泽东曾这样说过:“封锁这件事，除了它的消极的坏处一面之外，还产生了一个积极的方面，那就是促使我们下决心自己动手，而其结果则居然达到了克服困难的目的，学得了经营经济事业的经验，‘艰难困苦，玉汝于成’的古话，对于我们，是完全自觉地被理解的。”[①]中国共产党充分发扬艰苦朴素、勤俭节约的优良作风，倡导不屈不挠、奋发图强的创业精神，培育生机勃勃、乐观向上的精神状态，用延安作风，凝聚党心和民心，战胜了前进道路上难以想象的艰难困苦。据统计，1938 年至 1941 年的四年中，国内外友好人士到边区和延安参观、访问的达 7316 人，其中，1938 年为 1660 人，1939 年 1738 人，1940 年 1412 人，1941 年 2866 人。[②]他们在延安停留的时间长短不一，感受各异，但延安之行几乎无一例外地给他们留下了不可磨灭的记忆，最直观的感受是延安物质条件的艰苦与人们生机勃勃的精神状态之间的强烈对照。正是在这种艰难困苦的环境中，共产党人发挥

① 《毛泽东文集》第 2 卷，人民出版社 1993 年版，第 462 页。
② 宋金寿主编:《抗战时期的陕甘宁边区》，北京出版社 1995 年版，第 714 页。

了大无畏的英雄气概，陶冶了情操，磨炼了意志，孕育和催生了延安精神。

第二，延安和陕甘宁边区特定的历史文化传统和地位是延安精神形成的社会历史条件。延安精神产生于延安时代，也产生于圣地延安。这里是有人类最早生活的区域之一，是中华民族的祭祖圣地，加之，孕育中华文明的母亲河——黄河在这里流过，使得这块土地，有着深刻的民族精神和民族传统的印记。延安和陕甘地区虽然地处西北边陲，土地贫瘠，气候恶劣，自然条件极差，但却赋予生活在这里的人民不屈不挠、自强不息的精神与品质。在大革命时期，这里就创建了共产党的组织，开展了人民的革命运动。大革命失败后，延安和边区人民在党的领导下，涌现出了以刘志丹、谢子长、习仲勋为代表的一大批优秀分子。他们组织革命武装，举行兵变和暴动，进行了轰轰烈烈的土地革命战争，创建了陕北、陕甘根据地，并使这块根据地得以保留下来，成为土地革命后期硕果仅存的一块较为完整的根据地。就是这块革命根据地为中国革命提供了一个落脚点，成为中共中央与各路红军长征的落脚点和抗日战争的出发点。而边区人民在历次革命斗争中体现出的联系群众、不畏强暴、不怕困难、不怕牺牲、英勇不屈的革命精神为延安精神的形成奠定了重要基础。

革命圣地的特殊地位，也为延安精神形成奠定了充分条件。毛泽东在 1945 年 4 月 21 日七大预备会议上所作的《中国共产党第七次全国代表大会的工作方针》的报告中指出："有人说，陕北这地方不好，地瘠民贫。但是我说，没有陕北那就不得下地。我说陕北是两点，一个落脚点，一个出发点。"[①] 这是对延安和陕甘宁边区历史地位的高度概括。1935

① 《毛泽东在七大的报告和讲话集》，中央文献出版社 1995 年版，第 12 页。

年毛泽东和中央到达陕北，延安就成为中国革命的指挥中心，成为八路军、新四军和其他人民抗日武装的战略总后方。延安因此也成为中国光明和希望的象征，成为了“红色首都”。同时，土地革命战争结束之后，从1937年到1946年的连续10年内，延安和陕甘宁边区基本上处于相对稳定的和平环境，使得根据地军民能够在自己政权的领导下，集中力量从事政治、经济和文化教育等各方面的建设，也就是开辟一条坚持在抗战中的自力更生的大道。正如任弼时当时所说的：“应当认识边区今天的斗争任务，比较处在敌后的华北、华中各抗日根据地前进了一步。那里是战争的环境，中心的任务是战争，是打开局面，击破敌人的扫荡。而边区已经是有了一块比较完整且巩固的和平地区，斗争的任务也就前进了一步，应该根据可能的条件和斗争的需要，在民主和建设上，今天特别是经济建设问题上，做出一些模范，开辟出一条在坚持抗战中的自力更生的大道，寻找出建设新民主主义社会的规律。”①在党中央和毛泽东的直接领导和关怀下，陕甘宁边区成为中国新民主主义政治、经济、文化、社会建设的示范区和模范的抗日民主根据地。在这里，党制定了一系列指导抗日战争的路线、方针、政策，进行了伟大的整风运动和大生产运动。在这里，中国工农红军改编为八路军，出师抗日，迎来抗日战争的伟大胜利。在这里，培养和造就了大批干部，成为中国革命和建设的领导骨干，有力支援了抗日战争和解放战争的胜利。据统计，抗日战争期间，陕甘宁边区有3万青年参加八路军；交纳救国公粮100多万石，做军鞋20多万双；支前154万人次，组织150多万匹牲畜运输物资。②解放战争时期，在内线作战时期（1947年3月至12月），边区人民全力支

---

① 《任弼时选集》，人民出版社1987年版，第279—281页。

② 中共中央党史研究室组织编写：《中流砥柱——中国共产党与全民族抗日战争》下，中央党史出版社2005年版，第1585页。

援解放军打胜仗，累计动员随军担架 6633 副，临时担架 15582 副，运输牲畜 5540 头。全年共献出粮食 24.6 万石，军鞋 58.4 万双。至延安光复以前，有近 2 万名青壮年光荣参军，有 1 万多人参加地方工作和游击队。从 1947 年 3 月到 1948 年 1 月，仅为解放军带路当向导的群众就有 11720 次。① 边区各地男女群众积极为部队抬担架，运粮草，修筑工事，送信送情报，制作军鞋，看护伤病员，涌现出大批支前英雄和模范。可以说，延安精神产生于如火如荼的全国抗日战争革命时期，又产生于边区相对和平的建设时期，它是在各种因素共同作用下培育形成的，并辐射和影响到其他抗日根据地，成为中国共产党和各根据地军民的共同精神追求。

执笔人：赵耀宏

① 雷云峰等主编:《陕甘宁边区史（解放战争时期)》，西安地图出版社 1993 年版，第 137 页。

4　党中央在陕北十三年的辉煌成就

2013 年 6 月 25 日，中共中央政治局就中国特色社会主义理论和实践进行第七次集体学习时，习近平强调指出:“学习党史、国史，是坚持和发展中国特色社会主义、把党和国家各项事业继续推向前进的必修课。这门功课不仅必修，而且必须修好。要继续加强对党史、国史的学习，在对历史的深刻思考中做好现实工作、更好走向未来，不断交出坚持和发展中国特色社会主义的合格答卷。”在这里，习近平把学习研究党史、国史提高到一项重要政治任务的高度，而延安十三年是中国革命历史进程中的关键阶段——是中国共产党领导的新民主主义革命由弱变强、转败为胜的转折时期，是党走向成熟的关键时期，也是党领导下的革命力量不断发展壮大的时期。延安十三年铸就了中国共产党的辉煌成就。在全面从严治党、加强党的执政能力建设和先进性建设的新的时代背景下，吸收和借鉴延安时期的丰富经验，对于推进新时期党的建设伟大工程，具有重大而深远的意义。

一、形成了以毛泽东同志为核心的党的第一代中央领导集体

1945年6月，毛泽东在中共七大上的讲话中指出："中国共产党历史上有两个重要关键的会议。一次是一九三五年一月的遵义会议，一次是一九三八年的六中全会。遵义会议是一个关键，对中国革命的影响非常之大"，"六中全会是决定中国之命运的"。[①] 毛泽东为什么对这两次会议评价如此之高？遵义会议是在中国革命处于十分危急的情况下召开的，解决了党中央的军事领导和组织领导问题，开始确立了毛泽东在党中央和红军中的领导地位。而党中央到达延安后召开的六届六中全会，肯定了以毛泽东为代表的中央政治局的政治路线，进一步从组织路线上确立了毛泽东在党中央的领导地位。

经过延安整风运动，解决了党内思想路线问题，中国共产党逐渐形成了以毛泽东同志为核心的稳定成熟的第一代中央领导集体。这就为毛泽东淋漓尽致地施展其全部领导才能和智慧提供了舞台，又使他在处理错综复杂的矛盾中、在指挥弱小兵力战胜强大敌人的战争中、在进行马克思主义中国化的理论创造中，锤炼出一个革命领袖所具备的高瞻远瞩的政治远见、坚定不移的革命信念、勇于开拓的非凡魄力、炉火纯青的斗争艺术和杰出高超的领导才能，成为伟大的马克思主义者和伟大的无产阶级革命家、战略家、理论家。邓小平曾经指出："如果没有毛主席，至少我们中国人民还要在黑暗中摸索更长的时间。"

毛泽东在党内领袖地位的确立是历史选择的结果，但这经历了曲折的过程。任弼时在1943年11月下旬中央高级学习组会议上这样说过：

① 《毛泽东文集》第3卷，人民出版社1996年版，第424、425页。

“去中央苏区前，对毛泽东已有右倾的印象。……认为毛讲反对本本主义，讲没有调查就没有发言权是‘轻视理论’。……一九三八年到莫斯科及回国后，阅读了毛泽东的《论持久战》、《新民主主义论》、《论革命战争的战略问题》，又看到毛泽东在处理国共关系、领导整风运动以及对各种政策之掌握，对毛泽东则完全‘爱戴佩服’。”[①] 所以，毛泽东在党内领袖地位的确立是与他所提出的一系列正确的路线、方针、政策紧密联系在一起的，并以毛泽东思想走向成熟为标志。1943 年 3 月 20 日，中共中央政治局会议通过了《中共中央关于中央机构调整及精简的决定》，指出：“在两次中央全会之间，中央政治局担负领导整个党工作的责任，有权决定一切重大问题。政治局推定毛泽东同志为主席”，“书记处重新决定由毛泽东、刘少奇、任弼时三同志组成之，泽东同志为主席”。[②] 在中共七大上，毛泽东被选举为中央委员会主席并兼任中央政治局、中央书记处主席，毛泽东、朱德、刘少奇、周恩来、任弼时被选举为中央书记处书记，中共第一代领导集体正式形成。

二、实现了马克思主义中国化的第一次历史性飞跃

在延安之前，中共在把马列主义理论和中国革命实际相结合的问题上，一直存在两种态度和两种方法。一种是教条主义的对待马列主义的态度，表现为把马列主义理论和中国革命实际相背离的方法；一种是实事求是地对待马列主义的态度，表现为把马列主义理论和中国革命实际

① 中共中央文献研究室编：《任弼时年谱》，中央文献出版社 2014 年版，第 452—453 页。

② 中共中央文献研究室编：《毛泽东年谱（1893—1949）》中卷，中央文献出版社 2013 年版，第 430 页。

相结合的方法。在教条主义地对待马列主义的态度下，党内出现了“左”和右的错误，对中国革命造成极大危害。延安时期以毛泽东同志为代表的中国共产党人，以研究中国革命实际问题为中心，注重把马列主义理论和中国革命实际相结合，以《中国革命战争的战略问题》《实践论》《矛盾论》《论持久战》《〈共产党人〉发刊词》《新民主主义论》《论政策》《改造我们的学习》《整顿党的作风》《论联合政府》《目前形势和我们的任务》等一大批重要著作的发表为标志，使毛泽东思想形成了完整的科学理论体系，这是马克思主义理论与中国实际相结合的第一次历史性飞跃，毛泽东思想在党的七大上被确立为党的指导思想。毛泽东思想是马克思主义在中国的创造性运用和发展，是被实践证明了的关于中国革命和建设的正确理论原则和经验总结，是中国共产党集体智慧的结晶。

党的七大确立毛泽东思想为党的指导思想，是近代中国历史发展和中国人民革命斗争实践的必然选择。在领导近代中国革命进程中，以毛泽东同志为代表的中国共产党人运用马列主义基本原理指导革命实践，对实践中一系列独创性的经验进行了理论概括和归纳，形成了毛泽东思想，主要表现为实事求是、群众路线和独立自主三个方面。正确认识和确立毛泽东思想在全党的指导地位，是党领导革命进程中的巨大收获。正如 1945 年 4 月 20 日中共六届七中全会通过的《关于若干历史问题的决议》中所指出的：“到了今天，全党已经空前一致地认识了毛泽东同志的路线的正确性，空前自觉地团结在毛泽东的旗帜下了。以毛泽东同志为代表的马克思列宁主义的思想更普遍地更深入地掌握干部、党员和人民群众的结果，必将给党和中国革命带来伟大的进步和不可战胜的力量。”[①]毛泽东思想被确立为党的指导思想，反映了党在政治上、思想上的

① 《毛泽东选集》第 3 卷，人民出版社 1991 年版，第 998—999 页。

成熟，也反映了党的理论水平的极大提高。

三、成功实施了党的建设“伟大的工程”

中国革命重心从南方向西北地区转移，是因为革命力量遭受了严重损失。中共中央落脚陕北后，面临着党的力量发展问题。1937 年时，党员人数仅有约 4 万人，这与党所肩负的争取民族独立和人民解放的历史使命是不相称的。1938 年 3 月 15 日，中共中央作出《中央关于大量发展党员的决议》，指出:“目前党的组织力量，还远落在党的政治影响之后，甚至许多重要的地区，尚无党的组织，或非常狭小。因此大量的十百倍的发展党员，成为党目前迫切与严重的任务。”① 据统计，到 1940 年，党员人数已达到 80 万人。这就面临着如何加强党的建设的现实问题。在 1938 年 9 月至 11 月召开的中共六届六中全会上，毛泽东已经提出“马克思主义中国化”的命题，他指出:“离开中国特点来谈马克思主义，只是抽象的空洞的马克思主义。因此，使马克思主义在中国具体化，使之在其每一表现中带着必须有的中国的特性，即是说，按照中国的特点去运用它，成为全党亟待了解并亟须解决的问题。”同时，他还指出:“我们党的马克思列宁主义的修养，现在已较过去有了一些进步，但是还很不普遍，很不深入。我们的任务，是领导一个几万万人口的大民族，进行空前的伟大的斗争。所以，普遍地深入地研究马克思列宁主义的理论的任务，对于我们，是一个亟待解决并须着重地致力才能解决的大问题。”②1939 年 10 月，毛泽东在《〈共产党人〉发刊词》中指出，“建设一

① 中央档案馆编:《中共中央文件选集》第 11 册，中共中央党校出版社 1988 年版，第 466 页。

② 《毛泽东选集》第 2 卷，人民出版社 1991 年版，第 533、534 页。

个全国范围的、广大群众性的、思想上政治上组织上完全巩固的布尔什维克化的中国共产党。为了中国革命的胜利，迫切地需要建设这样一个党，建设这样一个党的主观客观条件也已经大体具备”，并称之为“伟大的工程”。[①]

中国共产党是以“列宁的党”为榜样而建立起来的马克思主义政党。但是，在中国的现实条件下究竟怎样建设这个党，则是“列宁的党”没有遇到过的新课题。在20世纪二三十年代，国际共产主义运动中盛行党的建设上的“唯成份论”，那些“教条式的马克思主义”者认为，在农村环境中，工人成分占极少数的中国共产党只能成为一个“农民党”，而不可能建设成工人阶级先锋队。延安时期，党中央在总结建党以来党的建设经验教训的基础上，提出和成功实施了党的建设“伟大的工程”，“着重从思想上建设党”，全面推进党的思想、政治、组织和作风建设，经过延安整风运动，真正把自己建设成了一个“全国范围的、广大群众性的、在思想上政治上组织上巩固的”马克思主义政党，这在世界政党史上是罕见的壮举，更为中国共产党的长久建设开辟了正确道路。

延安时期中国共产党进行的“党的建设伟大工程”，正是建立在总结历史经验教训的基础上，促进了党的力量大发展。毛泽东在七大上所作的《论联合政府》的政治报告中指出：“我们的党，在北伐战争时期，不超过六万党员，后来大部分被当时的敌人打散了；在土地革命战争时期，不超过三十万党员，后来大部分也被当时的敌人打散了。现在我们有了一百二十多万党员，这一回无论如何不要被敌人打散。只要我们能吸取三个时期的经验，采取谦虚态度，防止骄傲态度，在党内，和全体同志更好地团结起来，在党外，和全国人民更好地团结起来”，“我们是能够

---

① 《毛泽东选集》第2卷，人民出版社1991年版，第602页。

完成我们的伟大政治任务的”。[①]

四、取得了新民主主义革命具有历史性转折意义的伟大胜利

1935年10月19日，中共中央到达陕北时所率领的部队只剩下7000人，中国革命面对着几乎从零开始的局面，革命事业的胜利仍然是中国共产党人的理想信念。从党中央到达陕北至抗日战争全面爆发，中国共产党以“西北抗日大联合”促成了全国抗日大联合，打开了中国革命事业的新局面。日本发动全面侵华战争后，中国共产党作为抗日战争的中流砥柱，不仅开辟了广阔的敌后抗日战场，而且始终遵循“坚持抗战，反对投降”“坚持团结，反对分裂”“坚持进步，反对倒退”的原则，维护了全民族抗战的大局，使中华民族第一次取得了民族解放战争的彻底胜利，并使自己成为决定中国命运的强大力量，为新民主主义革命的胜利奠定了坚实的基础。

在全面内战爆发后的一段时期，中国共产党高举“自卫战争”的旗帜，确定了用自卫战争粉碎国民党进攻的方针，为此，中共中央制定了一系列正确的军事、政治和经济方针政策，为解放战争的胜利奠定了基础。1946年11月18日，中共中央致电各中央局、中央分局指出:“蒋介石日暮途穷，欲以开‘国大’、打延安两项办法，打击我党，加强自己。其实，将适得其反”，这“无损于人民解放战争胜利的大局，挽救不了蒋介石灭亡的前途”。[②]中共中央用“人民解放战争”取代了“自卫战

① 《毛泽东选集》第3卷，人民出版社1991年版，第1097—1098页。
② 《毛泽东选集》第4卷，人民出版社1991年版，第1219页。

争”的口号。随着解放战争的进行，人民解放战争胜利的曙光即将到来，1947 年 2 月 1 日，中共中央召开政治局会议，毛泽东就迎接中国革命高潮问题作了重要讲话。会议着重讨论毛泽东为中共中央起草的《迎接中国革命的新高潮》的党内指示，向全党宣告:“目前各方面情况显示，中国时局将要发展到一个新的阶段。这个新的阶段，即是全国范围的反帝反封建斗争发展到新的人民大革命的阶段。现在是它的前夜。我党的任务是为争取这一高潮的到来及其胜利而斗争。”[①]1947 年 10 月 10 日，中国人民解放军总部发布了《中国人民解放军宣言》，正式提出了“打倒蒋介石，解放全中国”的战略总目标和总口号。同年 12 月，中共中央在陕北米脂县杨家沟召开了扩大会议，会议主要讨论并通过了毛泽东起草的《目前形势和我们的任务》的书面报告，报告深刻地分析了国际国内形势，围绕着打倒蒋介石、建设新中国的问题，从军事、土改、整党、经济、统一战线等各个方面阐述了党的政策。1948 年 4 月 22 日，党中央离开陕北后不到一个月，延安重新回到人民的手中。

五、培养造就了一大批革命的领导人才和骨干

政治路线确定之后，干部就是决定的因素。中共中央在延安十三年，我们党把培养造就“不但能治党，而且能治国”的领导人才作为“战斗任务”来实施。党中央进驻延安以前，就创办了红军大学，培养党的军政领导干部。进驻延安之后，党抓住青年学生和知识分子云集延安的难得机遇，以最大努力创办了中国人民抗日军事政治大学、陕北公学、中央党校、马列学院、鲁迅艺术学院、中国女子大学、自然科学院、延安大学等

① 《毛泽东选集》第 4 卷，人民出版社 1991 年版，第 1211 页。

数十所干部院校，培养了一大批各级各类人才。与此同时，在在职干部中开展学习运动，大力克服“本领恐慌”问题。党还把自己的干部当作“民族的珍宝，全党的荣誉”而倍加爱护，从抗战前线抽调了一批“好的有造就前途的”高中级干部到延安学习。党中央在延安十三年培养的一代革命领导人才，为建立和建设新中国发挥了不可替代的重要作用。

六、积累了“局部执政”的经验

中国共产党开辟的是一条“农村包围城市”的革命道路，首先在局部区域建立根据地，然后夺取全国政权。因而在全国执政之前，已经有相当长的“局部执政”历史。党中央在延安十三年，以陕甘宁边区为典范，厉行新民主主义政治，颁布了具有“大法”性质的施政纲领，创造了既有广泛代表性又能强化党的领导地位的“三三制”政权，使一切抗日的人民都获得了当家作主的权利和地位；实行新民主主义的经济和文化政策，开展空前的经济和文化建设，大刀阔斧地精兵简政，正确处理了“向人民要东西”与“给人民以东西”的矛盾，使人民群众过上了“丰衣足食”的生活；以“严”字当头，将法治与德治、治本与治标、监督与自律并重，对共产党员犯法者从重治罪，毫不松懈地进行反腐倡廉斗争，将根据地政府建设成了举世公认的廉洁政府。正如毛泽东所说：“陕甘宁边区是全国最进步的地方，这里是民主的抗日根据地。这里一没有贪官污吏，二没有土豪劣绅，三没有赌博，四没有娼妓，五没有小老婆，六没有叫花子，七没有结党营私之徒，八没有萎靡不振之气，九没有人吃摩擦饭，十没有人发国难财。”[①]党中央在延安十三年局部执政的成

① 《毛泽东选集》第2卷，人民出版社1991年版，第718页。

功实践，锤炼了执政的本领，为执掌全国政权积累了丰富经验。

七、培育了伟大的延安精神

伟大的事业需要伟大的精神，伟大的精神推动伟大的事业。党中央在延安十三年，中国共产党在艰苦卓绝的革命斗争环境中培育和形成了伟大的延安精神，具体包括：坚定正确的政治方向，解放思想、实事求是的思想路线，全心全意为人民服务的根本宗旨，自力更生、艰苦奋斗的创业精神。延安精神博大精深，它包含了马列主义、毛泽东思想的灵魂和精髓，继承和升华了中华民族的优秀传统，继承和发扬了井冈山精神和长征精神，是近代以来中国人民革命斗争经验的结晶。延安精神境界崇高，它是我们党的性质和宗旨的集中体现，是我们党的优良传统和作风的集中体现，是中国共产党人崇高品德和伟大情怀的集中体现。延安精神影响深远，它与中国革命和建设的命运紧密相联，同中国共产党的存亡息息相关，无论过去、现在和将来，都是中国共产党人和中华民族取之不尽、用之不竭的宝贵精神财富。

执笔人：徐建国

5 延安时期局部执政的主要经验及启示

所谓局部执政，就是新民主主义革命时期，中国共产党在局部地区内掌握政权，并建立较为完全的政权体系、司法体系等领导体系与执政体系，通过艰苦细致的根据地建设工作，建立巩固的革命秩序，实现对该地区的政治领导的政治实践。[①]局部执政的实践，是1949年中国共产党全国执政至关重要的历史准备，正如习近平在2018年2月24日中共中央政治局就我国宪法和推进全面依法治国举行第四次集体学习时所强调的，“中国共产党登上中国历史舞台后，在推进中国革命、建设、改革的实践中，高度重视宪法和法制建设。从建立革命根据地开始，我们党就进行了制定和实施人民宪法的探索和实践”，这是对中国共产党在新民主主义革命时期局部执政历史探索和历史成就的高度评价。

中国共产党所开辟的“工农武装割据、武装夺取政权”的革命道路，决定了中国共产党在其所领导的新民主主义革命时期，可以并且

① 梁星亮:《试论中国共产党越南使其局部执政的历史经验和启示》,《陕西省社会主义学院学报》2006年第1期。

必须在以乡村为中心的广大区域建立和国民党政权分庭抗礼的革命政权，并主导建立革命新秩序。中国共产党人早在大革命时期，就曾经做过建立革命新秩序的尝试。上海第三次工人武装起义之后，马上就面临着要不要建立新政权、如何建立新政权的问题，而历史证明，尚处于“幼年”的中国共产党人，还不懂得如何与当时的“同盟者”一道建立新政权，更不懂得如何在政治上极为复杂的环境下，如何主导并保有新政权的革命性与人民性。政权工作的极端重要性与中国共产党对政权工作的政治准备、理论准备和干部准备的严重不足，导致两者之间的矛盾极端尖锐。显而易见的是，20 世纪 20 年代之后波云诡谲的历史并没有给中国共产党足够的时间来从容地解决这一矛盾，就已经把中国共产党推到土地革命战争极为残酷的斗争之中，中国共产党的局部执政史随之展开并正式进入到苏维埃政权建设暨工农民主专政时期。以瑞金时期为代表，中国共产党局部执政为其后的全国执政提供了重要的政策试验和干部准备，更为重要的政治原则也奠定于这一时期。总的来看，1927 年敢不敢建立政权、能不能建立政权、会不会建立政权的复杂问题在 20 世纪 30 年代瑞金时期的局部执政的实践中得到了初步回答。

延安时期是中国共产党局部执政的主要历史阶段，为 1949 年之后中国共产党在中国大陆全面执政提供了极为必要的政治基础、组织基础和政策基础。学术界公认，延安时期局部执政的基本经验很多，但笔者认为，对今天的中国共产党人而言，有两个方面的问题尤其值得注意借鉴，一方面是独立自主地探索执政规律的问题，另一方面是与时俱进地增强执政能力的问题。

一、延安时期最深远的举措就是始终注意有条不紊地推进基层与乡村的民主政治建设

1. 充分注意民主的教育，注重群众政治培养

如果只是观察延安时期民主政治的现象，而得出在乡土中国中，农民群体可以进行民主实践，可以过复杂的民主生活，这种结论，对历史不负责，对现实有误导。民主政治，对民主政治主体素质要求较高，这是民主政治的一般要求。延安时期中国共产党的民主实践之所以能够在乡村社会大规模进行，并且能够让千百年来面朝黄土背朝天的农民参与到民主生活中，前提条件是中国共产党在陕甘宁边区进行了深入、生动、细致而又灵活的民主教育与宣传。要教育提高群众对民主的认识，以民主选举为例，如果说，从苏维埃体制转变为民主体制，做通党内同志的思想理论转变的工作已经相当不易的话，要使广大群众真正参与到民主选举中，更不是单纯的理论教育就可以完成的。对当时那些没有太多政治常识的农民而言，民主选举到底是什么，民主到底会有什么好处，到底选哪些人，参与选举与民主政权会不会耽误自己的营生，这些问题都是必须回答的。相比之下，陕甘宁边区是革命的老区，共产党的影响大、威信高，再加上革命的实际利益、实际生活会迅速教育他们，群众更容易接受打土豪、分田地式的运动式的革命模式。因此，民主政治的政治工程中，对农民开展民主教育、宣传和组织，就显得重要且急迫了。

为了向群众宣传、解释这些道理，中国共产党的各级党委和党支部都做出了很多探索，比如，陇东分区选举宣传委员会专门制作的《选举运动宣传大纲》（以下简称《大纲》），就用举例说明的办法，通俗易懂地解释了什么是选举、为什么要选举、这个选举和别的选举不同、怎样来选举以及选举哪些人和哪些人在选举等问题，在《大纲》中使用了生动

的例子来说明，不要选举那些欺负群众的坏分子，例如，某某县第三区八保保长王老五，过去在保里常打骂百姓，老百姓都叫他“活阎王”，这次选举，大家不赞成他再当保长，所以就可以不去选举他。对于那些贪污落后、吃烟要钱的二流子，也不要去选举他，《大纲》举例，某某县一区二乡副乡长在乡里吃烟赌钱，二流子习气重不说，有时还想弄几个钱。这样的人如果当选为乡长，将来乡里工作一定要落伍。什么是坏分子，为什么不要去选那些坏分子，《大纲》里都清楚地告诉了选民。今天再来看这些民主宣传材料，也许感觉简单，但是在70多年前，中国共产党人通过这些材料开展宣传，激发民众的民主热忱，使各阶级、各阶层、各民族的人民都能重视选举，参加选举工作，争取选举与被选举的权利，使每一个人都庄重地对待选举运动，可以说是继五四运动以来最深刻的民主扫盲。

2. 注意夯实基层民主建设的根基

延安时期的民主，尤其是夯实基层民主，是其成功之处。从巴黎公社开始，马克思主义者就设想用直接民主的原则来组织民主政治，但是，包括俄国革命探索的苏维埃制度，都没有很好地解决这个问题。在中国革命的特殊环境下，中国共产党人如何在乡村社会的土壤中播种、耕耘和收获现代化的民主形态，确实是一道天大的难题。

当然，中国共产党在乡村推行直接民主，推行议行合一，也许是出于无奈，因为乡村社会能够提供的、供中国共产党调动的人力资源是有限的：乡（市）之中能为群众所熟悉、能为共产党人接受并且本人愿意从事甚至于是非脱产的工作的人，是非常有限的。问题是中国共产党必须要掌握乡村，这是中国共产党所拥有的最大竞争资本，一旦失去乡村，中国共产党就失去了存在的根本。

中国共产党推行规范的、直接的议行合一的乡村民主政治。1937年边区就提出议行合一的设想，在政治实践中，将乡（市）参议会与乡（市）政府之间的关系确立为“议行合一制”。在这种民主政治理念下，乡（市）政府和乡（市）参议会之间的关系既不是平行的，也不是隶属的，更不是对立的。到体制设计层面上，乡（市）参议会为乡市政权最高机关，乡（市）参议会采取立法、行政合一制，不设议长制度而是采取主席团制度，开会时由当选的乡议员复选推举主席团三人主持会务，乡（市）长为主席团之一，不设常驻议员。

乡（市）参议会拥有完整的议事权和执行权。乡（市）参议会是决议机关，同时也是执行机关，乡（市）参议会开会期间，乡政府职能暂时停止，应议应行之事直接由参议会办理。乡（市）参议会休会时，乡（市）政府委员会为乡（市）政权最高机关，一切事情由乡（市）政府委员会办理，它是参议会休会时的最高政权机关。行政村及自然村的村民大会即为本村的最高权力机关，边区乡（市）以下的行政村和自然村的负责人，行政村主任和自然村村长，均是在所辖区域的村民大会上，由全体村民一人一票直接选举产生，是完全意义上的“直接民权”，村民通过村民大会，可以自由发表意见，以此来行使管理本村各项事务的权利。

中国共产党在乡（市）不仅有议行合一的参议会制度，还有灵活实效的会议，尤其是议行合一的“一揽子会议”。由于乡村生产、征粮、防奸等各项工作，琐碎而繁多，大多的任务时间安排很紧张。乡市参议会已经议决的事项，如何具体动员？如何实施执行？

聪明、务实的中国农民和中国共产党在一起，合力推出了“一揽子会议”（包括“大一揽子会”和“小一揽子会”）。所谓的“一揽子”，即乡村议政、行政于一体的工作平台，和乡村即有的制度平台相衔接，讨论、决定、执行都是实行面对面的直接的方式方法，既发扬民主，又便于集中，能够迅速解决实际问题。其中的“大一揽子会”是以乡（市）

参议会为基本载体，在召开乡（市）参议会时，乡政府委员、各行政村主任、自然村村长，以及共产党支部委员一齐参加，把党内民主生活与乡（市）参议会民主议政有机统一在一起，与会的所有成员，不分党员与非党员，也不分参议员与非参议员。而更为常见的“小一揽子会”则是以乡级政府委员会为主体，吸收共产党支部书记、自卫军连长，以及与讨论决定的事情有直接关系的人员参加，把党内民主生活与政策的执行和实践结合在一起，更强调政策的任务分解与实际执行，政策的执行者与政治的领导者面对面议事、办公，这种突破层级的“扁平化”的议事办法，目的性强，效率高，不仅可以迅速应对某些临时重要任务，还可以起到行政检查的作用，检查参议会和各级党组织布置执行的各项工作，反应及时、运作灵活，能够经常性召开。

为了更好地规范“一揽子会议”这种工作平台，“一揽子会议”的参与主体除乡（市）参议员、村主任、村长、自卫军连长、支部干事以外，有时候还扩大到党小组长、劳动英雄、防奸英雄等参加，突出强调大家议、大家决、大家办、大家负责的习惯，突出强调集思广益与民主协商，而不套用有表决权与无表决权的政治条例。“一揽子会议”作为乡村的一种有组织领导、有权威的治理方式，在乡村民主活动中发挥了积极的作用。

3. 建立思想教育与制度规范双管齐下的监督机制

延安时期中国共产党人一再以国民党的“西安作风”自警，但是能否摆脱腐化堕落的悲剧呢？中国共产党没有完全寄希望于思想政治教育。毛泽东等中国共产党领袖强调，要广大党员干部从世界观和党性的高度增强全心全意为群众服务的精神，政党内部确实形成了一种以勤勉、勤奋和勤俭为民的良好氛围——中国共产党很注重制定各种规章制度，比如，1943 年颁布的《政纪总则草案》和《陕甘宁边区政务人员公约》，明确规定了政务人员应该遵守的各项原则与纪律。同时，中国共产党还建立健全了比较规范的财务制度，在战争年代供给制度情况下，中国共产党上自中央委员会下到一般党组，仍然有严格、专业的统筹统支制度、预决算制度、审计制度等财务工作及纪律。尤其在干部移交规则和程序等方面，特别是特殊的工作岗位，比如说陕甘宁边区的银行、粮食、税务等岗位，在工作交代等方面都有具体规定，严格杜绝由于工作交接而产生的前后不衔接、账目不清楚等弊病。

值得注意的是，边区的舆论监督也是强有力的，西北局书记习仲勋就诚意邀请并鼎力支持边区的新闻媒体加强对陕甘宁边区政务人员的监督工作，报纸既可以登载先进模范任务的事迹，同时可以刊登批评文章与报道。中国共产党在延安时期构建的民主监督、司法监督和舆论监督等制度化的平台，成为边区广泛地监督机制中的核心构件。

从巴黎公社到俄国十月革命，马克思主义者始终在追求平等、自由、廉洁的民主政治。中国共产党人在政治经济极为落后的旧中国，在战争的特殊环境下，集聚全党的智慧和人民的支持，在被认为是政治荒漠的农村地区，成功地推行了成本低、效能高的议行合一的乡（市）民主，还在乡村社会集体决议、集思广益的议事传统基础上，创新了“一揽子会议”工作平台，使其包含了协商民主的成分，让陕甘宁边区百余万农民生活在无处不在、无时不在的民主生活实践中。

二、延安时期最成功的经验就是始终注意与时俱进地增强中国共产党执政能力建设

一方面，始终注意政党引领政治建设的能力。中国共产党从血的教训中悟出“枪杆子里面出政权”的道理，始终坚持以革命的武装反对反

革命的武装，这是正确的，也是必要的。在中国共产党高度重视使用革命的武力捍卫人民群众的利益，坚定不移地坚持“枪杆子里面出政权”的前提之下，中国共产党同样重视政党掌握政权的程序问题以及合法性问题。因此，无论是在土地革命战争时期还是在抗日战争时期，中国共产党建立政权组织时，都非常注意程序问题，努力使组织通过民主的形式建立起来，具有鲜明的民主的性质。延安时期各根据地，无论是民主政治建设环境较好的陕甘宁边区，还是晋察冀等敌后根据地，都注意党与所在地区广大人民群众、各个社会阶层的政治关系问题。陕甘宁边区是抗日根据地民主政权建设的模范，1939 年 1 月边区第一届参议会通过的《陕甘宁边区选举条例》、1941 年 1 月制定的《陕甘宁边区各级选举委员会组织规程》、1941 年 11 月边区第二届参议会修正通过的《陕甘宁边区各级参议会选举条例》以及 1942 年 5 月通过的《陕甘宁边区各级参议会选举条例的解释及其实施》，都用法律严肃地保证了边区人民群众的参政议政权力，堪称是中国现代民主政治史上的创举。在选举程序上，中国共产党也领导了多种多样的选举技术的创新，比如，为了保证多数选民是文盲、并处在战争环境下的根据地真正实施人民民主参政议政的权力，各边区从当地实际出发，创造性地实施了多种秘密投票方式，如画票法、投豆法、烧香点洞法、投纸团法、背箱子法等，虽然不能说是严格意义上的秘密投票方法，但确实符合当时当地的实际情况。

另一方面，始终注意政党领导经济建设的能力。中国共产党所领导的各个根据地主要是农村地区，为了在小农经济的基础上，尽量减轻战争给人民群众带来的经济压力，中国共产党坚持“组织起来”的道路，并树立南区合作社等真正为民的旗帜。1942 年延安县为了完成开荒 8 万亩的任务，组织了 487 个札工，另外吸收了 4939 个壮劳动力参加合作互助，结果仅仅在开荒期，只用 30% 的时间就完成了 85% 的开荒任务。为了在战争环境下尽量做到农产品的自给自足，中国共产党还做过调整农业产业结构的探索，以陕甘宁边区的棉业种植为例，为了解决军民穿衣问题，中国共产党把实现棉纱、棉花自给自足作为一项重要的农业政策，棉花种植面积从 1939 年不到 3800 亩扩大到到 1944 年的 29.5 万亩，产量达到 304.5 万斤，据边区建设厅 1944 年统计，边区的棉花消费量年需 350 万斤，几乎能自给自足；而棉纺能力方面，采取了如发放无息纺织贷款与棉花实物还贷，供给纺车、棉花，传授纺织技术，优价收购产品等一系列措施，以奖励农村手工业的发展，真正贯彻了“公私兼顾”的原则。中国共产党在短短几年时间内，利用政策杠杆、资金杠杆，就把长期战乱导致衰败的陕北棉花种植业、家庭纺织业复兴了。中国共产党对来边区投资的工商业者给予保护和奖励，并在税收等方面给予政策支持，仅以延安县为例，1936 年延安县有私营商业 136 家，1937 年增加了 36 家，1938 年和 1939 年各增加了 29 家，1940 年延安的私营商店达 297 家，1944 年更是高达 473 户。[①]

延安时期的中国共产党特别注重吸取土地革命时期的经验教训，全力以赴地做好各根据地的执政工作。为了警醒党内同志，1940 年，毛泽东致电在华北前线主持全局工作的彭德怀，电报中措辞严厉地指出，“全国十八个根据地工作最差最无秩序最未上轨道的是财政经济工作，许多重要工作都接受了苏维埃时期的教训，独财经工作至今没有接受过去的教训”。毛泽东提醒前线高级将领，要长期支援抗日战争，如果没有根据地的经济建设，如果不能改善人民生活，如果不能巩固抗日民主政权，中国共产党所领导的民族救亡运动乃至敌后抗日根据地“必遭破产

---

① 陕甘宁边区财政经济史编写组：《抗日战争时期陕甘宁边区财政经济史料摘编》第 4 编，陕西人民出版社 1981 年版，第 299—302 页。

之祸”。[1] 延安时期中国共产党在陕甘宁边区、在各敌后根据地执政的成功，说明中国共产党深刻地汲取了苏维埃时期的教训，成功地证明了中国共产党已经不再是一个只懂得马上打天下的集团了：中国共产党人不仅能够革命，而且能够执政；不仅懂得政治，而且懂得文化、懂得经济。

三、延安时期最重要的启示就是要坚持独立自主地探索执政的基本规律

延安时期对局部执政问题的思考已经带有探索执政规律的自觉性：中国共产党始终注意总结执政的基本经验、始终注意关注执政的重大教训、始终注意思考执政的价值取向，并最终形成了毛泽东民主革命时期执政思想。

毛泽东民主革命时期执政思想的根本原则就是实行民主政治，保障人民参政议政的权力和权利，它以“三三制”民主实践为标志。1940 年 3 月，毛泽东在《抗日根据地的政权问题》中提出了“三三制”原则，“三三制”并不应该被简单地认为是政权建设中的人员比例问题，其实质是在根据地进行中国特色民主政治建设的开创性尝试。中国共产党人在 1949 年之前“两头小，中间大”的中国各社会阶级力量对比的政治环境下，透过“三三制”学会了如何在政权建设中代表更为广大的中间阶层并赢得他们的认同与支持。通过保证仅占三分之一的共产党员在质量上具有优越的条件，同时拥有政治领导和思想领导，“三三制”不仅没有放弃或削弱党对政权的领导，而是更好地保证共产党在政权中的领导地位。

① 中共中央文献研究室编:《毛泽东年谱（1893—1949）》中卷，中央文献出版社 2002 年版，第 184 页。

毛泽东民主革命时期执政思想的显著特质就是大力开展根据地经济建设，注重发展生产。无论是相对和平的陕甘宁边区还是战事频仍的各敌后根据地，中国共产党在坚持抗战的前提下，特别注意发展生产，通过根据地经济建设，奠定中国共产党坚持民族抗战的不可战胜的物质基础。进入战略相持阶段后，国民党顽固派的封锁和日军疯狂侵略都反面证明了毛泽东战略眼光的长远性和战略抉择的正确性。正是在这一思想的指导下，党中央和毛泽东制定了一系列开展根据地经济建设的方针和政策。在广大农村，实行减租减息政策，大大提高了农民生产和地主抗日两个方面的积极性，推动了农业生产的发展乃至农村生活的繁荣。在工业方面，实行“统一领导，分散经营”原则，逐渐重视成本核算、工厂建设和企业管理，在尽量满足党政军民的日用生活用品等方面，同时也减轻根据地对外经济往来中的严重赤字。为了解决战争物质需要和人民负担的矛盾，根据毛泽东“公私兼顾”“军民兼顾”的方针来统筹安排财政支出，既保证了抗日战争的需要，又促进了根据地社会经济的繁荣和发展，使人民群众的生活有了充足的保障。

毛泽东民主革命时期执政思想的价值取向以人民群众为本位，在中国共产党内部倡导并形成全心全意为人民服务的伦理本位。共产党的性质决定了它的唯一任务就是为民族与人民谋利益，为达此目的，始终注意团结全体人民，并保有奋不顾身地向前战斗的牺牲精神，这是延安时期中国共产党人在理论上有高度自觉与统一认识的。不仅如此，为人民服务还是一种精神，它体现在每一个共产党人的一言一行上，部队中的负责同志要替士兵着想，机关、学校的负责同志要替大厨房着想、替杂务人员着想。所有共产党员要替人民着想。比如，在毛泽东主持修改并最终定稿的《陕甘宁边区施政纲领》中，他特别强调继续推行消灭文盲政策，推广新文字教育，健全正规学制，普及国民教育，实施成年补习教育，加强干部教育，奖励自由研究，尊重知识分子，提倡科学知识与文艺运动，保护流亡学生与失学青年。这足以证明中国共产党在极为困难的情况下，重视根据地文化教育事业的发展以满足人民群众文化需要的价值取向。

抗日战争时期毛泽东局部执政思想包括政治、经济、文化、党的建设等领域，内容全面且特点鲜明，是中国共产党人延安时期探索中国革命局部执政问题的规律探索的集大成者，它的历史贡献是毋庸置疑的，为党在全国执政奠定了重要的思想和实践基础。比如，抗日根据地政权的"三三制"原则已经具有日后发展成为共产党领导的多党合作与政治协商制度的雏形，抗日根据地的参议会则成为后来人民代表大会制度的雏形，这些宝贵经验在解放战争时期的局部执政实践中，又得到进一步的完善和发展，使毛泽东执政思想更加完备，为党在全国范围内执政奠定了坚实基础。

邓小平曾经总结："我们进行了二十八年的新民主主义革命，推翻封建主义的反动统治和封建土地所有制，是成功的、彻底的。"[①] 毋庸讳言，中国共产党人也走过一段崎岖坎坷的路，甚至付出了极为惨重的代价，因此，中国共产党人如何走出一条独特的执政之路，从延安时期局部执政的历史中汲取经验教训，不失为一种重要的途径。

执笔人：王　涛

---

① 《邓小平文选》第 2 卷，人民出版社 1994 年版，第 327 页。

6 延安精神培育形成的主体条件

延安精神根源于革命斗争实践。从客观方面讲，中国共产党领导和团结全国人民进行英勇抗战是延安精神产生的特定历史条件。从主观方面讲，延安精神的形成离不开中国共产党人主体方面的努力，是毛泽东和党的领袖们亲手培育和亲身实践的心血结晶。在极其复杂艰难的条件下，他们及时总结党和人民在实践中形成的优良作风、革命精神，并从理论上加以概括，推广到各根据地。

第一，高度重视理论学习，提高理论修养。延安时期由于大量发展党员，全党的马克思主义理论水平不高，加之共产国际的影响，党内出现对马列理论、共产国际经验教条化、神圣化对待的错误倾向。尤其是抗战初期，在与王明右倾错误的斗争中，毛泽东深切地感受到一些富有实践经验的同志之所以受王明右倾教条主义的迷惑，就是因为缺乏马克思主义理论功底，深切感受到我们党的马列主义修养不高，并且很不普遍很不深入，这与我们党领导人民进行伟大的抗日战争的任务很不相称。因此，毛泽东突出强调，全党要普遍深入地学习和研究马列主义理论，要求“使马克思主义在中国具体化，使之在其每一表现中带着必须有的中国的特性，即是说，按照中国的特点去应用它，成为全党亟待了解并亟须解决的问题”。[①] 毛泽东号召全党用马克思列宁主义的立场、观点、方法学习、研究当前运动的特点和规律，学会灵活地把马克思列宁主义及国际经验应用到中国革命每一个实际斗争中来，坚决反对思想上的及工作中的公式主义、教条主义和机械主义。六届六中全会后，全党范围的理论学习广泛深入开展起来。党中央在延安创办了《解放》周刊，成立了出版机构——解放社，马克思主义著作陆续得到出版，又成立了马列学院，大大推动了党的理论建设。为了进一步树立马克思主义学风，解决党内同志犯错误的思想根源问题，毛泽东发动了著名的延安整风运动。通过延安整风开展深入普遍的理论学习，使全党的思想真正从教条主义的束缚下解放出来，统一到把马克思主义和中国实际相结合的正确方向上来，从而在全党确立了实事求是的思想路线。

第二，注重党性修养，增强党性锻炼。1941 年中共中央作出了《关于增强党性的决定》，引导广大党员干部自觉加强党性修养，增强党性锻炼，通过运用自我批评的武器和加强学习的方法，来改造自己以适合于党与革命的需要。

毛泽东的《中国共产党在民族战争中的地位》、刘少奇的《论共产党员的修养》、周恩来的《我的修养要则》，被称为“党性修养三著”，对党员干部净化自我、完善自我发挥了重要作用。

毛泽东在《中国共产党在民族战争中的地位》一文中指出：“共产党员的先锋作用和模范作用是十分重要的。共产党员在八路军和新四军中，应该成为英勇作战的模范，执行命令的模范，遵守纪律的模范，政治工作的模范和内部团结统一的模范。”“共产党员在政府工作中，应该是十分廉洁、不用私人、多做工作、少取报酬的模范。共产党员在民众运动

① 《毛泽东选集》第 2 卷，人民出版社 1991 年版，第 534 页。

中，应该是民众的朋友，而不是民众的上司，是诲人不倦的教师，而不是官僚主义的政客。共产党员无论何时何地都不应以个人利益放在第一位，而应以个人利益服从于民族的和人民群众的利益。”[①]“共产党员应是实事求是的模范，又是具有远见卓识的模范。因为只有实事求是，才能完成确定的任务；只有远见卓识，才能不失前进的方向。因此，共产党员又应成为学习的模范，他们每天都是民众的教师，但又每天都是民众的学生。只有向民众学习，向环境学习，向友党友军学习，了解了他们，才能对于工作实事求是，对于前途有远见卓识。在长期战争和艰难环境中，只有共产党员协同友党友军和人民大众中的一切先进分子，高度地发挥其先锋的模范的作用，才能动员全民族一切生动力量，为克服困难、战胜敌人、建设新中国而奋斗。”[②]

刘少奇《论共产党员的修养》第一次系统地阐明共产党员的党性锻炼和修养的问题。《论共产党员的修养》的主题是从党性的高度，教育共产党员必须牢固地树立共产主义世界观，用以指导自己的行动，并从理论和实践的结合上，阐明了共产党员加强党性锻炼和修养的目的、方法和基本要求。其主要内容有六个方面：（一）共产党员要在改造社会的革命实践中自觉改造自己，提高自己革命的品质和能力，否则不能实现改造社会的任务。（二）共产党员要做马克思、列宁的好学生，把他们一生的言行、事业和品质作为自己锻炼和修养的模范，使自己成为马克思列宁式的、无产阶级的共产主义的革命家。（三）共产党员要在长期的革命斗争中，进行马克思列宁主义理论、无产阶级的思想意识和道德品质、党的纪律和作风、科学知识等各方面的修养。（四）共产党员最基本的责

① 《毛泽东选集》第 2 卷，人民出版社 1991 年版，第 522 页。
② 《毛泽东选集》第 2 卷，人民出版社 1991 年版，第 522—523 页。

任就是要遵循人类社会发展的规律，推动共产主义事业不断前进，最终实现共产主义。为此，共产党员既要有最伟大的理想、最伟大的奋斗目标，又要有实事求是的精神和最切实的实际工作。（五）共产党员的个人利益要服从党的利益。把个人利益融化在党的利益之中，克己奉公，必要时不惜牺牲自己的一切。这是共产党员的党性原则和共产主义道德的最高表现。（六）共产党员要把维护党的团结、纯洁党的思想、巩固党的组织作为自己的最高责任。要用正确的态度，采取批评与自我批评的方法，在原则问题上分清是非，克服错误思想，而不被敌人所利用。党内斗争应该以教育和帮助犯错误的同志、教育党和巩固党为最高目的。《论共产党员的修养》对于中国共产党的建设，对于教育和鼓舞一代代共产党员为共产主义事业而奋斗，发挥了重要作用。

1943 年 3 月 18 日（农历二月十三日）是周恩来的 45 岁生日。当时，南方局根据党中央的统一部署，正在机关开展整风学习。这天，周恩来在南方局办事处机关作了一场自我反省报告。他简要回顾参加革命的经历，剖析自己的性格弱点，以反躬自省的语气为自己传奇的人生经历作了一个虔诚的总结，并谦虚地自我批评“理论修养不够，有些事务主义的作风”。

这天，同志们并没有忘记周恩来的生日，特做了几道简单的菜准备晚上为他祝寿。周恩来知道后坚持不出席，只让厨房煮了碗面作为纪念。就在这天晚上，他在自己的办公室，以更严格的党性标准剖析自己、反省自己、要求自己。结合整风实际，他写下了著名的《我的修养要则》：一、加紧学习，抓住中心，宁精勿杂，宁专勿多；二、努力工作，要有计划，有重点，有条理；三、习作合一，要注意时间、空间和条件，使之配合适当，要注意检讨和整理，要有发现和创造；四、要与自己的他人的一切不正确的思想意识作原则上坚决的斗争；五、适当地发扬自己的长处，具体地纠正自己的短处；六、永远不与群众隔离，向群众学习，并帮助他们。过集体生活，注意调研，遵守纪律；七、健全自己身体，保持合理的规律生活，这是自我修养的物质基础。周恩来就是以这种他认为最有意义的方式，度过了自己的45岁生日。

第三，党的领袖们以身作则，率先垂范。延安时期，党的领袖们无论是在学习运动中，还是在大生产运动中，无论是工作实践中，还是在日常生活中，都展现出了巨大的人格魅力和道德力量。以毛泽东为代表的党的各级领导干部与人民群众同甘苦、共命运，这一模范行为和人格魅力，都深深感动和教育了敌后军民，也极大激发了党和人民的创造力。美国记者斯诺在保安采访，看到共产党人身上的伟大力量，他称这是“东方魔力”“兴国之光”。

执笔人：宋　炜

7　党的第一代中央领导集体与延安精神

众所周知，在延安时期形成了以毛泽东同志为核心的党的第一代中央领导集体。这个成熟的中央领导集体的形成，是中国共产党凝聚力量、开拓进取、胜利前进的重要组织保证，也奠定了延安精神形成的组织基础。历史证明，党的第一代中央领导集体的形成过程与延安精神的形成过程是一致的。延安精神之所以能够成为延安时期中国共产党精神风貌的总体概括，充分反映了中国共产党的政治理念、道德规范、价值取向、行为方式，与以毛泽东同志为核心的党的第一代中央领导集体的培育和倡导是密不可分的。

党的第一代中央领导集体坚持坚定正确的政治方向。遵义会议后，在以毛泽东为主要代表的马克思主义正确路线的领导下，我们党逐步成熟起来，对中国革命的认识不断深入。全面抗战以来，在国内形势处于由国内革命战争向民族解放战争重大转折的关键时期，毛泽东、张闻天和其他中央领导同志一道，正确地认识和判断形势，制定了抗日民族统一战线，成功地领导全党完成这一历史性的转变。抗战期间实行了全面的全民族抗战路线和持久战的战略总方针，提出了著名的抗日救国十大纲领，并在抗战过程中，采取灵活的统战政策维持了抗日民族统一战线。

抗日战争胜利后，中国革命面临两种命运、两个前途的抉择。在这一历史关头，毛泽东以非凡的胆略，亲赴重庆，与国民党进行和平谈判。为了在政治上占据主动地位，中共中央制定了争取和平民主的一系列方针和政策。蒋介石发动内战后，以毛泽东同志为核心的党的第一代中央领导集体，在解放区和国民党统治区人民的大力支援下，团结全党，领导人民解放军，进行了气势磅礴的解放战争，用短短三年的时间，便打倒了国民党反动统治集团，推翻了帝国主义、封建主义和官僚资本主义的统治，建立了新中国。

党的第一代中央领导集体坚持实事求是的思想路线。延安时期，毛泽东把我们党的思想路线概括为“实事求是”，使其成为中国共产党人特有的世界观和方法论。实事求是是延安时期以毛泽东为领袖的中国共产党悟出的最大哲理。遵义会议以来，虽然党中央在独立自主地制定中国革命的战略方针，纠正“左”、右倾错误倾向方面，已经取得重大进展，但是在党的部分领导干部中，还存在着把马克思主义教条化、把共产国际指示神圣化的倾向，这表明将马克思主义理论和中国国情相结合，创立符合时代要求的、具有中国特色的革命理论，是党面临的重要而迫切的任务。抗战爆发后，以毛泽东为代表的中共领导人投入极大的精力钻研马克思主义理论，系统地总结了中国革命的经验教训，撰写了一大批理论著作。在此基础上，为了在全党范围内系统地从思想上彻底清理错误，开展了一次全党范围的整风运动，这又对党的第一代中央领导集体的正式确立和稳固发展起了重要作用。延安整风期间，全党上下对马克思主义理论进行了系统的学习，理论联系实际，深入系统地总结党成立以来尤其是土地革命战争时期党的历史上的经验教训，使全党的马列主义理论水平得到明显提高，这对在全党确立和贯彻一切从实际出发，理论联系实际、实事求是的辩证唯物主义的思想路线，具有重大的意义，从而推进了党全面走向成熟。延安时期，党的第一代中央领导集体冲破教条主义的束缚和禁锢，确立起实事求是的思想路线，把握住马克思主义中国化这一正确方向，树立了理论联系实际的马克思主义学风，不唯书、不唯上、只唯实，使全党展现出前所未有的生机与活力。

党的第一代中央领导集体坚持全心全意为人民服务的根本宗旨。延安时期，中国共产党把“全心全意为人民服务”作为基本的执政理念。以毛泽东同志为核心的党的第一代中央领导集体从理论上论述了群众观点和群众路线，坚持把为人民谋利益作为一切政策的出发点和归宿。通过减租减息、轰轰烈烈的大生产运动、大刀阔斧的精兵简政等政策，解决了经济困难，减轻了人民负担，改善了人民生活；通过民主选举、“三三制”政权建设等，从政治上保障人民的民主权利，民众的政治参与意识大大提高；文化上坚持民族的形式、科学的内容和大众的服务方向；通过开办夜校、识字组等提高了民众的文化水平，丰富了他们的精神生活。所有这些，在历史上都是没有过的。人民从共产党的各项政策中获得了实实在在的实惠。1944—1947年，美军观察组驻延安期间，他们深入抗日前线，走访陕甘宁边区、晋察冀抗日根据地和晋绥抗日根据地乡村民众，借以考察共产党领导的八路军抗日力量和社会组织治理能力。他们为边区农民对共产党和八路军的拥护程度而感到震惊，同时正确地预言抗日战争胜利后共产党将取得国家政权。他们得出这样结论的主要理由，就是因为共产党坚持全心全意为人民服务的理念，在实现局部执政的抗日根据地，得到了广大民众的信任、支持和拥护。

党的第一代中央领导集体坚持艰苦奋斗的创业精神。自力更生、艰苦奋斗是中国共产党人在长期的革命斗争中倡导和培养起来的优良传统，是党和人民克敌制胜的法宝。延安时期的中国共产党，是自力更生、艰苦奋斗的伟大实践者。面对抗日根据地出现的严重困难局面，中国共产党没有被吓倒，因为有一个强有力的中央领导集体。抗日战争进入相持阶段以后，日军在正面战场上停止了战略性的进攻，将其主要兵力用于打击敌后战场上的八路军和新四军。尤其太平洋战争爆发后，日本为了把中国作为太平洋战争的后方基地，集中主力部队对抗日根据地进行毁灭性的进攻。他们实行极端野蛮的“囚笼政策”，以图在最短时期内消灭共产党及其领导的革命力量。与此同时，以蒋介石为首的国民党顽固派推行消极抗战、积极反共的政策，掀起了多次反共高潮。他们不仅停发八路军、新四军的薪饷、弹药、衣服等物资，而且调动几十万军队对陕甘宁边区和其他抗日根据地实行军事包围和经济封锁，扣留海内外爱国人士支援边区的一切钱粮物资，阻挠边区的对外贸易，妄图困死、饿死边区军民。1940—1942 年，边区又连年遭到水、旱、雹等自然灾害的交相侵袭，使边区军民陷入近乎绝望的困境。在严峻的形势、严峻的考验面前，党没有回避、没有向困难低头，而是以艰苦奋斗的精神，采取种种有力的措施，主动攻坚克难。在革命斗争的实践中，艰苦奋斗不仅为全党所接受，而且成为全党和广大人民群众的一致行动。正如毛泽东所说，我们共产党是无产阶级的先锋队，要带头艰苦奋斗，只有这样，才能感动中国的人民大众甘心情愿和我们一起奋斗，争取胜利。由于以艰苦奋斗为支撑，不仅使抗日根据地得到了巩固和发展，而且为取得抗日战争、解放战争的伟大胜利打下了物质基础。

总之，延安时期，以毛泽东同志为核心的党的第一代中央领导集体坚持坚定正确的政治方向、实事求是的思想路线、全心全意为人民服务的根本宗旨和艰苦奋斗的创业精神，形成了伟大的延安精神。同时，中国共产党也正是在培育和倡导延安精神的过程中成就了以毛泽东同志为核心的党的第一代中央领导集体。

历史进入了新时代，以习近平同志为核心的党中央是我们党的领导核心，也是我国各族人民和中国特色社会主义事业的领导核心。这是一个承前启后、继往开来，充分体现当代中国共产党人精神风貌的领导集体。当前，以习近平同志为核心的党中央正带领全党不忘初心、牢记使命，继往开来、继续前进。高举习近平新时代中国特色社会主义思想伟大旗帜，既不走封闭僵化的老路，也不走改旗易帜的邪路，始终坚持走中国特色社会主义道路；继续坚持实事求是的思想路线，攻坚克难，真抓实干，锐意进取，埋头苦干；继续践行全心全意为人民服务的根本宗旨，把人民对美好生活的向往作为奋斗目标，增进民生福祉；继续保持艰苦奋斗、戒骄戒躁的作风，以时不我待、只争朝夕的精神，奋力走好新时代的长征路，使延安精神在新时代放射出耀眼的光芒。

执笔人：李瑞芳

8　延安精神与中华民族精神的关系

习近平在党的十九大报告中指出：文化是一个国家、一个民族的灵魂。文化兴国运兴，文化强民族强。没有高度的文化自信，没有文化的繁荣昌盛，就没有中华民族的伟大复兴。中国特色社会主义文化，源自于中华民族五千多年文明历史所孕育的中华优秀传统文化。民族精神是一个民族在长期的共同生活和社会实践中形成和发展起来的，为全民族大多数成员所认同和接受的思想品格、价值取向和道德规范的总和，它是一个民族的心理特征、文化传统、思想情感等的综合反映，是民族文化中最核心内容和优秀成分的集中体现。中华民族在长期的发展历程中，逐渐形成了以爱国主义为核心的团结统一、爱好和平、勤劳勇敢、自强不息的伟大民族精神。延安精神正是以中国共产党人为核心的中华民族优秀分子，在抗日战争和解放战争时期为争取民族独立和人民解放的不懈奋斗中，所体现出来的理想信念、精神风貌、思想品德、工作和生活作风的精华与结晶，它是中华民族精神的继承和升华。中华民族精神是延安精神培育形成的基础，延安精神是中华民族精神的集中体现。

一、延安精神是对中华民族爱国爱民、救亡图存精神的继承和弘扬（政治方向）

爱国主义、救亡图存精神是中华民族的优良传统，表现为把国家、民族利益同个人命运融为一体，“国而忘家，公而忘私”“先天下之忧而忧，后天下之乐而乐”“位卑未敢忘忧国”“国家兴亡，匹夫有责”“苟利国家生死以，岂因祸福趋避之”等观念就是这种精神的反映。中华民族的爱国主义精神已经内化为中华民族的精神基因，作为中华民族精神的主线植根于中华民族的灵魂深处。延安时期正是中华民族面临生死存亡的时期，中国共产党站在国家和民族利益的高度，向全国发出“停止内战，一致抗日”的呼吁，积极倡导和推动抗日民族统一战线的形成。保家卫国，抵御外侮，捍卫民族独立和主权，成为中华民族的共同呼声，抗日战争成为中华民族近代以来救亡图存精神的集中体现。

由于党的根本宗旨和最高目标，决定了在中国共产党人身上所体现出来的爱国主义精神更加富有理性，表现为舍弃小我而顾全大我的思想感情。毛泽东在抗大开学典礼上曾经指出：你们来此学习，可以学一样很重要的东西，就是全国的全中华民族的宗旨——抗日救国。“首先是学一个政治方向。政治方向可以有许多不同的方向，你们要学一个正确的政治方向，这就是要打日本、怎样打日本、为什么日本帝国主义一定能被打倒的正确的政治方向。”[①] 延安成为吸引海内外千千万万热血青年的“圣地”，他们在爱国主义、救亡图存的旗帜下奔赴延安，忍受物质条件贫乏和残酷战争环境的磨炼，充分体现出中华民族追求独立、自由、民主、富强的爱

① 中共中央宣传部编：《毛泽东邓小平江泽民论弘扬和培养民族精神》，学习出版社 2003 年版，第 6 页。

国主义精神，就是因为延安代表着民族解放和社会进步的正确的政治方向，具体表现为坚定不移地代表中国人民的根本利益，正确地反映近现代中国历史发展的客观要求。习近平指出:“伟大的事业需要伟大的精神。实现中华民族伟大复兴的中国梦，是当代中国爱国主义的鲜明主题。要大力弘扬伟大爱国主义精神，大力弘扬以改革创新为核心的时代精神，为实现中华民族伟大复兴的中国梦提供共同精神支柱和强大精神动力。”

二、延安精神是对中华民族求真务实、开拓创新思想的继承和弘扬（思想路线）

延安时期中国共产党形成的“实事求是”的思想路线，是对“知之为知之，不知为不知”“与时迁移，应物变化”“修学好古，实事求是”等思想的继承和发展。毛泽东对“实事求是”在以马克思主义为哲学观点的基础上，对其进行了科学的解释，他指出:“要有目的地去研究马克思列宁主义的理论，要使马克思列宁主义的理论和中国革命的实际结合起来，要为着解决中国革命的理论问题和策略问题而去从它找立场，找观点，找方法的。”[①] 延安时期的中国共产党人在总结过去经验教训的基础上，反对主观主义、教条主义的对待马列主义的态度，注重把马克思主义基本原理与中国革命的具体实践相结合，培育形成了一切从实际出发、理论联系实际的实事求是精神。没有实事求是的革命实践，就没有延安精神的产生，实事求是是延安精神的精髓。

延安时期的中国共产党人在以马克思主义为指导思想的基础上，注重理论与实际的结合。理论联系实际就要求对马克思主义理论有完整准

① 《毛泽东选集》第 3 卷，人民出版社 1991 年版，第 801 页。

确地理解和把握，抓住马克思主义的灵魂而不是生吞活剥它的词句，使之成为僵化的教条。毛泽东用“有的放矢”这一形象的比喻来揭示理论联系实际的实质，他指出：“‘的’就是中国革命，‘矢’就是马克思列宁主义，我们中国共产党人所以要找这根‘矢’，就是为了要射中国革命和东方革命这个‘的’的。这个问题不讲明白，我们党的理论水平永远不会提高，中国革命也永远不会胜利。”[①] 毛泽东在集中全党智慧的基础上，对中国革命的历史和现实问题进行了系统总结，表现为《中国革命战争的战略问题》《矛盾论》《实践论》《中国革命和中国共产党》《新民主主义论》《论联合政府》等一系列著作的发表，贯穿在这一系列著作中的核心精神就是实事求是，实事求是也成为我们党一以贯之的思想路线。

三、延安精神是对中华民族民为邦本思想的继承和弘扬（根本宗旨）

“民为邦本”思想是中华民族精神的重要组成部分。在中华民族发展的历程中，形成了“重我民，罔不唯民之承”“富民教民”“民为贵，社稷次之，君为轻”等思想。延安时期的中国共产党人继承和升华了“民为邦本”的思想，形成了共产党人“全心全意为人民服务”的宗旨。在延安精神的原生形态中，“抗大精神”“张思德精神”“白求恩精神”“南泥湾精神”“延安五老精神”“延安县同志们的精神”“劳模精神”等都是与“人民”两个字紧密联系在一起的。毛泽东曾经指出：“为什么人的问题，是一个根本的问题，原则的问题。”[②] 他在《为争取千百万群众进入

① 《毛泽东选集》第 3 卷，人民出版社 1991 年版，第 820 页。
② 《毛泽东选集》第 3 卷，人民出版社 1991 年版，第 857 页。

抗日民族统一战线而斗争》《为人民服务》《纪念白求恩》《愚公移山》等文章中，把“为人民服务”作为共产党人处理与人民群众关系的建立在道德标准基础上的政治标准，做到为人民的利益坚持好的，改正错的，为人民服务成为共产党人的价值取向。延安时期，中国共产党人在实践“全心全意为人民服务”的过程中，形成了成熟的群众观和群众路线，“有无群众观点是我们同国民党的根本区别，群众观点是共产党员革命的出发点归宿。从群众中来，到群众中去，想问题从群众出发就好办”，[①]这是党最大的政治优势，也是党的优良传统和作风。

四、延安精神是对中华民族艰苦奋斗传统美德的继承和弘扬（创业精神）

“自力更生，艰苦奋斗”的精神，是贯穿于中华民族传统文化中的一条主线，自力更生，艰苦奋斗的创业精神也是延安精神的具体体现，是对“天行健，君子以自强不息”“苦其心志，劳其筋骨，饿其体肤”“艰难困苦，玉汝于成”等思想的继承。在延安时期极为困难的特定历史条件下，对中国共产党提出了严峻考验。早在 1939 年，毛泽东就指出：“我们民族历来有一种艰苦奋斗的作风，我们要把它发扬起来。要把现在许多人中间流行的那种自私自利、贪生怕死、贪污腐化、萎靡不振的风气，根本改变过来。”[②]抗战进入相持阶段后，陕甘宁边区出现严重的经济困难，为了打破敌人的军事包围和经济封锁，从 1941 年起，中共中央提出“自己动手，丰衣足食”的号召，开展了大生产运动，不仅使机关、部

① 《毛泽东文集》第 3 卷，人民出版社 1996 年版，第 71 页。
② 有林主编:《论延安精神》，高等教育出版社 2008 年版，第 154 页。

队、学校的物质供给基本上实现了自给自足，而且促进了党群干群关系的和谐，表现出中国共产党在艰难困苦中自力更生、艰苦奋斗的创业精神。自力更生、艰苦奋斗既是一种思想和精神境界，也是一种生活作风和工作作风，体现出共产党人独立自主、自立自强的主体精神和进取精神，是党的事业发展的巨大精神力量，成为党领导中国革命走向胜利的立足点。“艰苦奋斗既是对中华民族精神、中华优秀传统文化的最本质、最客观的描述，又是对中华民族征服自然、改造自然和建设美好社会伟大实践的高度概括，经过升华成为中国共产党人的政治本色。”①

在全面建成小康社会、推进中国特色社会主义建设的新形势下，继承和弘扬中华民族精神和延安精神，是中国特色社会主义文化建设的重要组成部分。习近平强调：“从中华民族世世代代形成和积累的优秀传统文化中汲取营养和智慧，延续文化基因，萃取思想精华，展现精神魅力。”他在十九大报告中又强调指出：中国特色社会主义文化，熔铸于党领导人民在革命、建设、改革中创造的革命文化和社会主义先进文化，植根于中国特色社会主义伟大实践。中国共产党人“既是中国先进文化的积极引领者和践行者，又是中华优秀传统文化的传承者和弘扬者”，注重在培育和养成实践中实现中华优秀传统文化的创造性转化和创新性发展。弘扬延安精神，要把坚定正确的政治方向放在第一位，牢记全心全意为人民服务宗旨，坚持解放思想、实事求是、与时俱进，始终牢记“两个务必”，保持延安时期那么一种忘我精神、那么一股昂扬斗志、那么一种科学精神，为建设和发展中国特色社会主义不懈奋斗。

执笔人：徐建国

① 有林主编：《论延安精神》，高等教育出版社 2008 年版，第 157 页。

9 延安精神与红船精神、井冈山精神、长征精神的关系

“红船精神”是中国革命精神之源。2005年6月21日，中共浙江省委书记习近平在《光明日报》发表署名文章《弘扬“红船精神”，走在时代前列》，首次公开提出“红船精神”的概念，并对“红船精神”的内涵进行了概括和论述:“开天辟地、敢为人先的首创精神，坚定理想、百折不挠的奋斗精神，立党为公、忠诚为民的奉献精神，是中国革命精神之源，也是‘红船精神’的深刻内涵”，同时提出“始终保持党的先进性，就必须永远铭记我们党的‘母亲船’，重温红船的历史沧桑，在继承和弘扬‘红船精神’中永葆党的先进性，进一步激发为中国特色社会主义事业奋斗的信念和力量”。中国共产党在红船中诞生这一伟大革命实践所表现出来的精神就是：中国革命的航船从这里扬帆起航，体现了“开天辟地、敢为人先”的首创精神；中国共产党的诞生，使中国革命从此有了坚定的理想信念和强大的精神支柱，体现了“坚定理想、百折不挠”的奋斗精神；中国共产党从诞生的那天起，从来就没有自己的私利，而是以全心全意为人民谋福利为根本宗旨，体现了“立党为公、忠诚为民”的奉献精神。“红船精神”三个方面的内涵，作为中国革命精神的基因，近年来，其丰富的思想价值被不断发掘，南湖红船成为全国人民

尤其是党员干部心向神往的革命圣地。今天，作为党的精神财富的重要组成部分，“红船精神”越发彰显出超越时空的恒久价值和旺盛生命力。习近平曾指出，伟大的革命实践产生伟大的革命精神，“红船精神”正是中国革命精神之源。以党的诞生地嘉兴南湖红船命名的“红船精神”，是中国共产党人在创建党的伟大实践中所形成的一种革命精神，即伟大的建党精神。这一精神内涵深刻、思想深邃、历久弥新，是我们共产党人薪火相传的精神源泉、红色基因。开天辟地、敢为人先的首创精神是“红船精神”的灵魂，是动力之源，体现的是中国共产党创建时期的社会历史条件以及早期共产党人的追求，和他们改变近代中国社会命运的迫切愿望。坚定理想、百折不挠的奋斗精神是“红船精神”的支柱，是胜利之本，体现的是中国共产党特有的政党品质，以及广大共产党人的理想追求。立党为公、忠诚为民的奉献精神是“红船精神”的本质，是政德之基，体现的是共产党人的社会理想、价值取向和根本宗旨、道德要求。“红船精神”点燃了中国革命的星星之火，感召着一代又一代共产党人为党的事业不惧风吹雨打、穿越惊涛骇浪，为人民甘洒热血，成为指引我们不断前进的强大思想武器，在随着中国新民主主义革命的进程而一步步展现出来的井冈山精神、长征精神、延安精神和西柏坡精神中存在着，并得到了充分展现。

井冈山精神是民族精神在革命斗争岁月的锤炼和升华，它和长征精神、延安精神等一道是我们党优良传统的集中体现，是宝贵的精神财富。井冈山精神、长征精神和延安精神共同孕育、产生于中国共产党领导的新民主主义革命的伟大实践中，都以实现共产主义远大理想为最终目标，都以坚定的共产主义理想信念为基础，都是共产主义理想信念同发展变化了的革命形势与任务相结合的产物。因此，这些革命精神之间具有密切相关的联系，即精神内涵拥有共性或内在统一性。在中国共产党的历史上形成的全部优良传统及革命精神，都与井冈山精神有着重要的渊源关系。

井冈山时期，既是红军艰难创业的起始阶段，又是中国新民主主义革命的起始阶段。井冈山时期正处在艰难的创业初始，一切都从困难中起步。敌人在军事上频繁“围剿”，经济上严密封锁，斗争十分残酷。由于敌我力量悬殊和党内“左”倾冒险主义的干扰，红色政权多次遭到严重摧残。在极其严酷的斗争环境下，中国共产党人和红军将士一直保持着革命乐观主义精神和旺盛的斗志，以惊人的革命毅力和吃苦精神，克服种种困难，始终坚持艰苦卓绝的斗争。这一时期，由于处在从第一次大革命失败到土地革命战争兴起的历史性转变之中，其中心任务是：高举革命的旗帜，进行武装抵抗，发动起义；用枪杆子夺取政权、建立政权、巩固被敌人四面包围的红色革命根据地。

井冈山精神是紧紧围绕土地革命、武装斗争和农村革命根据地的建设三者紧密结合的“工农武装割据”这一中心政治任务迸发出来的一种革命精神。江泽民曾深刻指出井冈山精神最重要的方面就是坚定信念、艰苦奋斗、实事求是、敢闯新路、依靠群众、勇于胜利。其中坚定的革命信念是这一精神的主题，体现了井冈山精神的最显著特征。作为我党我军历史上最早的一种革命精神，井冈山精神的另一个显著特征是它的开创性和奠基性。

长征精神所包含的大无畏气概和不怕牺牲、一往无前的革命精神，正是对井冈山精神的进一步发展和弘扬。长征中的作战，更是在敌强我弱，红军兵力、装备居于绝对劣势且无后方依托的战况下进行的。四渡赤水，巧渡金沙江，突破长江天险，强渡大渡河，激战腊子口，跨越雪山草地，挖野菜，吃树皮草根，克服重重困难后，红军终于战胜了敌兵的围追堵截，胜利到达陕北。没有气吞山河、勇往直前的革命英雄主义和革命乐观主义，长征能否取得胜利是未知的。同时，正是在这种艰苦卓绝的斗争过程中，形成了令人荡气回肠的长征精神。

长征精神的主要内涵是：乐于吃苦，不惧艰难的革命乐观主义；勇于战斗，无坚不摧的革命英雄主义；重于求实，独立自主的创新胆略；善于团结，顾全大局的集体主义。其主题是“一不怕苦，二不怕死”；其最显著的特点就是革命英雄主义精神。长征精神，是中华民族百折不挠、自强不息的民族精神的最高表现，是保证我们革命和建设事业从胜利走向胜利的强大精神力量。而长征精神所包含的大无畏气概和不怕牺牲、一往无前的革命精神，正是对井冈山精神的进一步发展和弘扬。

延安，举世闻名的中国革命圣地，从 1935 年到 1948 年，中共中央和毛泽东在这里领导、指挥了抗日战争和解放战争，奠定了中华人民共和国的基石，谱写了可歌可泣的历史篇章。也就是在延安，孕育了光照千秋的延安精神，在中国的革命和建设中发挥了巨大的精神动力作用。延安精神是我们党、也是中华民族的宝贵精神财富，它对中国历史发展进程产生着巨大和深远的影响。延安是中共中央所在地和人民军队的指挥部，勤劳勇敢的老区人民用生命和鲜血哺育了中国革命；延安是中国抗日战争的总后方，在极其残酷的条件下，广大军民开展了自己动手、丰衣足食的大生产运动，为夺取革命胜利奠定了物质基础；延安是毛泽东思想从形成、发展到成熟的圣地。毛泽东关于中国革命的政治路线问题、军事问题、党建问题、哲学问题等一系列具有代表性的理论著作大多是在延安撰写的，党的七大把毛泽东思想确立为党的指导思想也是在这里。在我们党的历史上，马克思列宁主义同中国实际相结合的第一次历史性飞跃就是在延安实现的。延安精神引导和哺育无产阶级革命者牢固树立马克思主义的世界观和方法论，牢固树立全心全意为人民服务的宗旨，激励着一代又一代中国共产党人为实现民族独立、人民解放和共产主义远大理想而前仆后继，英勇奋斗。延安精神引导和哺育无产阶级革命者坚持自力更生、艰苦奋斗的创业精神，使革命力量由小到大，由弱到强。延安精神把共产党人和革命者融入到广大人民群众之中，官兵一致，军民一致，水乳交融，使我们党获得了最广大人民群众的拥护和支持，这是我们党从胜利走向胜利的最大政治优势。我们党坚持一切从中国的实际出发，把马克思主义普遍原理同中国革命的实际结合起来，开拓创新，在所从事的新民主主义革命这项全新事业中，开创了有中国特色的农村包围城市的革命道路，创立了最广泛的爱国统一战线等，都是这一精神的具体体现。

从土地革命战争向抗日战争转变的关键时期，其中心任务是：拯救国家，拯救民族，驱除外侮，恢复主权。延安精神是紧紧围绕这一压倒一切的首要任务酿造而成的。延安精神的主要内涵是：坚定正确的政治方向，解放思想、实事求是的思想路线，全心全意为人民服务的根本宗旨，自力更生、艰苦奋斗的创业精神。延安精神的最显著特征是艰苦奋斗。这种艰苦奋斗的创业精神，无疑是直接由我党我军在井冈山时期和长征中所表现出来的举世闻名的特别能吃苦的革命精神发展而来的。延安精神是我们党长期培育发展起来的传统作风和革命精神的凝聚与体现，是中国共产党的政治本色，同时也是自尊、自立、自信、自强的中华民族精神的生动体现。井冈山精神、长征精神、延安精神，凝聚和体现着共产党人从实际出发，永不停顿的建功立业、艰苦奋斗的精神。因此必须继续保持和发扬包括红船精神、井冈山精神、长征精神、延安精神、西柏坡精神等在内的革命精神和传统。

总的来看，红船精神、井冈山精神是中国革命精神的源头，奠定了中国革命精神的基础。长征精神、延安精神是对井冈山精神的弘扬、丰富和发展。其中延安精神是中国革命精神的代表，它们共同反映了 20 世纪中国历史发展的客观要求，体现了中国现代史的主旋律和时代主题。

井冈山精神、长征精神与延安精神，教育和鼓舞了几代共产党人为争取民族独立、人民解放和祖国富强而前仆后继，流血牺牲，艰苦奋斗，无私奉献，从而彻底改变了国家的前途和民族的命运。这些精神已成为我们中华民族共同的精神财富。在全面建设小康社会、加快推进社会主义现代化的新的发展阶段，党中央把弘扬和培育民族精神的任务明确地摆到了全党和全国人民面前。我们应该全面继承和发扬我们党在长期革命、建设和改革事业中所形成的优良传统和革命精神，将其融入到全面建设小康社会的伟大实践中，并不断赋予其新的时代内涵。这样我们才能与时俱进，不断用新的、时代需要的革命精神和民族精神鼓舞人民为中华民族的伟大复兴而努力奋斗。

红船精神、井冈山精神、长征精神、延安精神和西柏坡精神在革命斗争中发挥了重大作用，为新中国的建立提供了强大精神动力。在新世纪新阶段全面建设小康社会的征程中，同样需要弘扬这种伟大的精神，正如胡锦涛讲的，要把延安精神发扬光大，成为全面建设小康社会的强大动力。

2017 年 10 月 31 日，党的十九大闭幕仅一周，习近平带领新一届中共中央政治局常委专程前往上海和浙江嘉兴，瞻仰中共一大会址和嘉兴红船，回顾建党历史，重温入党誓词，宣示新一届党中央领导集体的坚定政治信念。

红船劈波行，精神聚人心。红船精神所昭示的是永不褪色的精神丰碑。今天我们不忘初心、牢记使命，重温红船精神、井冈山精神、长征精神、延安精神，坚定理想信念，进一步推动党的十九大精神学习宣传贯彻走向深入，为实现党的十九大提出的奋斗目标、实现中华民族伟大复兴的中国梦提供强大精神动力。

执笔人：王　健

10 延安精神与毛泽东思想的关系

毛泽东思想是中国共产党人关于革命的一种理性认识体系，是一种完备的理论形态，是对于中国革命这个客观事物本质的理性认识、理论思维，是党的指导思想和理论基础。延安精神则是中国共产党人，在延安时期革命斗争中体现出的一种带有实践性的精神风貌，是把理性认识见之于实践的一种实践性思维，是党的指导思想、理论基础的具体体现和外在表现。也可以说，毛泽东思想是关于中国革命问题的根本主张和总体观点，延安精神则是毛泽东思想见之于实践与行动的中介和桥梁，是把中国革命主张和观点变为现实的手段与方式。可以看出，二者的地位与认识层面是不同的。同时，二者的含义和主要内容也不尽相同。关于延安精神的主要内容，党的几代领导人都作过精辟阐述，学术理论界也作过许多探索和研究。其内涵主要包括四个方面：坚定正确的政治方向，这是延安精神的灵魂，是马克思主义政党的精神动力和精神支撑。解放思想、实事求是的思想路线，这是延安精神的精髓，是正确地制定和贯彻落实党的路线方针政策的基础。全心全意为人民服务的根本宗旨，这是延安精神的本质，是马克思主义最鲜明的政治立场。自力更生、艰苦奋斗的创业精神，这是延安精神的显著标志，是中国共产党人的政治本色。关于毛泽东思想的主要内容，在 1981 年通过的《关于建国以来党的若干历史问题的决议》中作了经典概括：毛泽东思想包括关于新民主主义革命的理论，关于社会主义革命和社会主义建设的理论，关于革命军队建设和军事战略的理论，关于政策和策略的理论，关于政治工作和文化工作的理论，关于党的建设的理论等方面的独创性理论。从上述的表述可以看出，毛泽东思想和延安精神在体系和内容上是不同的。

但是，二者有着不可分割的密切联系。从马克思主义中国化视角来看，它们都是马克思主义中国化的产物，都是中国共产党人对中国革命认识总体系的有机组成部分，毛泽东思想与延安精神产生、发展和成熟、完善的过程是同步的，二者相互统一于中国共产党领导的中国新民主主义革命斗争实践。中国共产党是按照马克思列宁主义的革命理论和革命风格建立起来的革命政党。在长期的革命斗争实践中，我们党逐步认识到，马克思列宁主义要在中国发挥作用，就必须实现马克思主义中国化。以毛泽东为核心的党的第一领导集体承担起了这一光辉历史任务。从 1921 年党成立到 1935 年遵义会议的十四年间，我们夺取了北伐战争、土地革命战争的辉煌胜利，也经受了 1927 年大革命和 1934 年第五次反“围剿”的两次严重失败。两次胜利，两次失败正反两方面的丰富经验，为毛泽东思想的成熟提供了丰富的历史经验。1935 年 1 月召开的遵义会议，开始确立以毛泽东为核心的党中央领导集体，这是我党在政治上走向成熟的标志，也是把毛泽东思想继续发展并引向成熟的一个重要条件。红军到达陕北后，找到了落脚点，有了一个生活相对稳定的环境。到延安后，毛泽东在陕北简陋的窑洞里，写下了大量马克思主义中国化的经典著作，对中国革命正反两面的经验和教训进行了科学总结，充分揭示了中国革命的特殊规律，使毛泽东思想得到了丰富，并进一步得到成熟。如同毛泽东思想有一个萌芽、形成和成熟完善的过程一样，中国共产党的革命精神也从红船精神、井冈山精神、苏区精神、长征精神，逐渐发展、成熟为延安精神。总体上来说，毛泽东思想萌芽于大革命时期，形成于土地革命战争初期，成熟于土地革命战争后期和抗日战争时期，而这一阶段正是党中央在延安的时期。可以说，毛泽东思想是在延安时期走向了成熟，而延安精神是伴随着毛泽东思想的发展成熟而培育形成的。

同时，二者在本质上是根本一致的。我们知道实事求是、群众路线、独立自主是贯穿毛泽东思想各个组成部分的活的灵魂，是毛泽东思想的精髓，而这一灵魂与精髓则同延安精神是一致的，是延安精神的主体内容和有机组成部分。延安精神主要内容的四句话即坚定正确的政治方向，解放思想、实事求是的思想路线，全心全意为人民服务的宗旨，自力更生、艰苦奋斗的创业精神，这既是主体内容更是延安精神的实质。我们知道，无产阶级政党不仅代表工人阶级的利益，而且还代表最广大人民的根本利益。在《共产党宣言》中，马克思、恩格斯对共产党的性质作了深刻论述，指出“共产党人不是同其他工人政党相对立的特殊政党。他们没有任何同整个无产阶级的利益不同的利益”，“在无产阶级和资产阶级的斗争所经历的各个发展阶段上，共产党人始终代表整个运动的利益”。因此，“在实践方面，共产党人是各国工人阶级党中最坚决、始终起推动作用的部分；在理论方面，他们胜过其余无产阶级群众的地方在于他们了解无产阶级运动的条件、进程和一般结果。”[①]总之，一句话，共产党人代表着社会发展方向，代表着无产阶级和广大人民群众的根本利益。中国共产党不仅是中国工人阶级的先锋队，同时还是中国人民和中华民族的先锋队，全心全意为人民服务是其唯一宗旨。所以，无论是毛泽东思想，还是延安精神，都是中国共产党为了实现民族独立解放、

① 马克思、恩格斯:《共产党宣言》，人民出版社 2014 年版，第 41 页。

国家繁荣富强、人民自由幸福的奋斗目标而确立和形成的指导思想与精神动力。它们在思想本质和精神实质上，也就是在确立和形成毛泽东思想与延安精神的根本目的上是一致的，即都是为人民服务的。这是无产阶级政党的本质所要求和决定的。

再者，二者又是一种互动关系。如果没有毛泽东思想这个关于革命问题的主张和看法，就不会有、也不可能有把这种主张和看法变为实践与行动的延安精神；而如果要使毛泽东思想见之于行动、变为现实，就必定会有、也必须要有延安精神。一方面，毛泽东思想作为马克思主义中国化理论成果的集中体现，它的成熟为延安精神的产生和形成奠定了坚实的理论基础，延安精神正是在毛泽东思想指引下形成的精神财富。毛泽东在一系列著作中，对党所领导的新民主主义奋斗目标和未来社会主义、共产主义的长远奋斗目标，对党的思想路线、根本宗旨、艰苦奋斗的工作作风等重大问题从理论上作了深刻阐述，为延安精神的培育形成提供了科学的理论指导，延安精神正是伴随着毛泽东思想的成熟而逐渐形成和发展起来的。另一方面，延安精神又是实践毛泽东思想的巨大精神力量，是毛泽东思想的具体运用和生动体现。理论只有被群众所掌握，才能变成巨大的物质力量。延安时期中国革命事业之所以能在毛泽东思想的指引下取得伟大的胜利，是因为革命队伍中有着那样积极、乐观、坚定、向上的精神风貌。从这个意义上可以说，延安精神是实践毛泽东思想的巨大精神力量。总之，毛泽东思想和延安精神既有区别，又有密切联系；既不能完全等同，更不能加以割裂，我们要从区别中看到二者精神实质、基本立场、观点和方法的一致性，从密切联系中看到二者的主体内容和认识层面的区别。

执笔人：赵耀宏

11 延安精神与加强党性修养的关系

党性是一个政党阶级性最高的集中体现。中国共产党的党性，是党的世界观、政治理想和人生理念的集中体现，主要表现在对马克思主义的信仰、对共产主义理想的追求、对党和人民事业的忠诚。

延安精神与党性修养是紧密联系在一起的。延安时期全体共产党员在思想上排除主观主义、教条主义的束缚，团结在毛泽东思想的旗帜下，在行动上，勇于为民族解放斗争英勇奋斗、不怕牺牲，就是共产党员坚强党性的体现。共产党员在革命斗争实践中的理想追求、精神风貌、道德情怀、思想境界就是延安精神。因此，坚强的党性是延安精神的核心，它决定延安精神的性质和特征，是延安精神产生的内在根据，贯穿在延安精神的全部内容之中，是弘扬延安精神的重要基础和动力。延安精神是我们党的党性和广大党员党性的集中体现、优良传统和作风的集中体现、是我们今天加强党性修养的核心内容。弘扬延安精神，加强党性修养，就是要把当年延安时期共产党人的党性党风党纪的烙印深刻地打在领导干部身上。具体表现为以下四点：

1. 坚定正确的政治方向是延安精神的灵魂和党性修养的基本原则

政治方向关系一个政党、一个国家、一个民族的前途命运的根本问题。正确的政治方向，就是党的理论和实践活动，要符合历史发展规律，顺应时代潮流，代表人民利益。坚持正确的政治方向，就要不怀疑、不犹豫、不动摇，为之不懈奋斗，勇往直前。

2. 解放思想、实事求是的科学精神是延安精神的精髓和党性修养的根本要求

辩证唯物主义和历史唯物主义是共产党人党性的理论基础，坚持实事求是是有党性的表现，缺少实事求是就是党性不全或没有党性的表现。

3. 全心全意为人民服务的奉献精神是延安精神的本质和党性修养的首要标准

为人民服务是马克思主义最鲜明的政治立场，是对中国共产党人党性的根本要求。为人民服务是由共产党的无产阶级先锋队性质决定的，又是以唯物史观为理论依据的。毛泽东在《为人民服务》一文中，对共产党人的世界观、价值观、人生观作了最精辟、最明确、最集中的论述。在党的七大上，毛泽东又把“全心全意为人民服务”作为党的根本宗旨和共产党人言行的出发点和归宿，指出：全心全意为人民服务，一刻也不脱离群众；一切从人民的利益出发，而不是从个人或小集团的利益出发；向人民负责和向党的领导机关负责的一致性；共产党人的一切言论行动，必须以合乎最广大人民群众的最大利益，为最广大人民群众所拥护为最高标准。

4. 自力更生、艰苦奋斗的创业精神是延安精神的特征和党性修养的重要内容

自力更生体现着一种主体精神，是我们党的一贯立场。艰苦奋斗体现着一种进取精神，是中国共产党的政治本色。自力更生、艰苦奋斗，是我们不断夺取党和人民事业新胜利的传家宝。艰苦奋斗是一种工作作风、生活作风，更是一种政治品格、精神状态，实际上是一种不畏艰险、积极进取、勤俭创业、奋发图强的伟大精神，是中国共产党人的政治本色。

在中国特色社会主义进入新时代，加强领导干部党性修养，树立和弘扬优良作风，是进行伟大斗争、建设伟大工程、推进伟大事业、实现伟大梦想的必然要求。加强党性修养，要坚持理论和实践相统一，坚持继承光荣传统和弘扬时代精神相统一，坚持改造客观世界和改造主观世界相统一，坚持加强个人修养和接受社会监督相统一的基本原则，努力做到政治坚定、作风优良、纪律严明、勤政为民、恪尽职守、清正廉洁。“党性纯洁则作风端正，党性不纯则作风不正”。因此，必须通过加强党性修养来弘扬延安精神，使我们党永葆旺盛的生机活力。

1. 弘扬延安精神，就是要坚持刻苦学习、学以致用，加强理论修养

理论素养是加强党性的基础，是干部素质的核心。重视理论学习，富于理论创新，是我们党的一个显著特点和政治优势。加强理论修养，对党员领导干部来说，就是要认真学习领会习近平新时代中国特色社会主义思想和党的十九大精神，深刻把握“八个明确”“十四个坚持”的科学体系和丰富内涵，深刻把握贯穿其中的马克思主义立场观点方法，深刻把握习近平新时代中国特色社会主义思想在开辟马克思主义新境界、开辟中国特色社会主义新境界等方面作出的重大历史贡献。既要知其然更要知其所以然。要坚持读原著、学原文、悟原理，坚持系统学、深入学、跟进学，坚持学而信、学而思、学而行。真正做到武装头脑、指导实践、推动工作。

理论上清醒，政治上才能坚定。党员领导干部加强理论修养，就是要做到一以贯之的坚持和发展中国特色社会主义，不断增强中国特色社

会主义道路自信、理论自信、制度自信、文化自信，把思想统一到党的十九大精神上来，把力量凝聚到实现党的十九大确定的目标任务上来，不断开创新时代中国特色社会主义事业新局面。

2. 弘扬延安精神，就是要坚持崇高理想、坚定信念，加强政治修养

坚定理想信念是事关马克思主义政党、社会主义国家的精神力量和前途命运的根本问题。党的十八大以来，习近平反复强调理想信念的极端重要性，强调世界观、人生观、价值观的极端重要性。在党的十九大报告中，习近平又郑重指出：革命理想高于天。共产主义远大理想和中国特色社会主义共同理想，是中国共产党人的精神支柱和政治灵魂，也是保持党的团结统一的思想基础。

一是要把理想信念建立在对马克思主义的深刻理解之上，建立在对历史规律的深刻把握之上，建立在对基本国情的准确把握上，保持对远大理想和奋斗目标的清醒认知和执着追求。牢固树立政治意识、大局意识、核心意识、看齐意识，增强政治鉴别力和政治敏锐性，提高抵御各种风险挑战的能力，以实际行动让广大党员和群众感受到理想信念的强大力量。

二是要做远大理想和共同理想的忠实实践者。《关于新形势下党内政治生活的若干准则》明确规定：全体党员必须永远保持建党时中国共产党人的奋斗精神，把理想信念的坚定性体现在做好本职工作的过程中，自觉为推进中国特色社会主义事业而苦干实干。党员领导干部坚定理想信念的根本途径就是要做到为理想而奋不顾身去拼搏、去奋斗、去献出自己的全部精力乃至生命，以时不我待、只争朝夕的精神，继续推进中国特色社会主义这场伟大社会革命，不断开创新时代中国特色社会主义事业新局面。

3. 弘扬延安精神，就是要坚持立党为公、执政为民，加强道德修养

始终代表人民的根本利益，是马克思主义政党的根本政治立场。能不能坚持全心全意为人民服务的根本宗旨，是检验领导干部党性是否坚强、作风是否优良的首要标准。习近平在党的十九大报告中指出：人民是历史的创造者，是决定党和国家前途命运的根本力量。必须坚持人民主体地位，坚持立党为公、执政为民，践行全心全意为人民服务的根本宗旨，把党的群众路线贯彻到治国理政全部活动之中，把人民对美好生活的向往作为奋斗目标，依靠人民创造历史伟业。

坚持立党为公、执政为民。首先，要在制定和执行党的路线方针政策上，始终“站在最大多数劳动人民的一面”，实现好、维护好、发展好人民利益。其次，要切实解决群众最关心最直接最现实的利益问题，真正做到关注民生、改善民生、解决民生。最后，要坚持党的群众路线，始终保持同人民群众的血肉联系，把人民群众的积极性发挥好、引导好、保护好。习近平在党的十九大报告中指出：我们党来自人民、植根人民、服务人民，一旦脱离群众，就会失去生命力。加强作风建设，必须紧紧围绕保持党同人民群众的血肉联系，增强群众观念和群众感情，不断厚植党执政的群众基础。

4. 弘扬延安精神，就是要坚持遵守党章、严明纪律，加强纪律修养

遵守党的纪律，最重要的是遵守和维护党章。党章是把握党的正确政治方向的根本准则，是加强党性修养的根本标准，是坚持从严治党方针的根本依据。因此，要认真学习党章、自觉遵守党章、切实贯彻党章、坚决维护党章。

遵守党的纪律，关键是要遵守党的政治纪律。一方面，要始终坚持党对一切工作的领导，坚决维护习近平总书记在党中央和全党的核心地位。党员领导干部要从事关党和国家前途命运的战略高度，真诚认同核心、坚决维护核心、时刻紧跟核心，自觉向党中央看齐，向习近平总书记看齐，向党的基本理论、基本路线、基本方略看齐，把看齐意识落实到一言一行上、体现到本职工作上。要提高政治站位和政治能力，牢固树立“四个意识”，做到政治过硬。在思想政治上讲政治立场、政治方向、政治原则、政治道路，在行动实践上讲维护党中央权威、执行党的政治路线、严格遵守党的政治纪律和政治规矩，保证全党服从中央，坚持党中央权威和集中统一领导。要严格执行新形势下党内政治生活若干准则，坚决杜绝“七个有之”，做到“五个必须”，严格执行民主集中制，在守纪律、讲规矩上作表率，自觉做政治上的明白人、老实人，绝不做两面派、两面人。

5. 弘扬延安精神，就是要坚持艰苦奋斗、自觉奉献，加强作风修养

首先，增强节俭意识，坚持厉行节约。要把节俭意识和艰苦奋斗的精神，贯彻到实现经济发展方式的根本转变上来，体现到干部作风与社会风气的根本好转上来，坚持用节俭的标准来衡量和检验我们的工作。

其次，坚持清正廉洁，反对腐败现象，以优良党风凝聚党心民心。思想纯洁是马克思主义政党保持纯洁性的根本，道德高尚是领导干部做到清正廉洁的基础。廉洁自律是共产党人为官从政的底线。党员领导干部要始终严格要求自己，把好权力关、金钱关、美色关，做到清清白白做人、干干净净做事、坦坦荡荡为官。要对一切腐蚀诱惑保持高度警惕，慎独慎初慎微，做到防微杜渐。

在学习贯彻党的十九大精神研讨班上，习近平强调：领导干部要追求健康情趣，不断向廉洁自律的高标准看齐，做到心有所戒、行有所止，守住底线、不碰“高压线”。每个领导干部都应该把洁身自好作为第一关，从小事小节上加强约束、规范自己，坚决反对特权思想、特权现象，习惯在受监督和约束的环境中工作生活，炼就过硬的作风。

最后，始终谦虚谨慎，永远保持积极进取、奋发向上的精神状态。在学习贯彻党的十九大精神研讨班上，习近平总结古今中外治乱兴衰的经验教训指出：功成名就时做到居安思危、保持创业初期那种励精图治的精神状态不容易，执掌政权后做到节俭内敛、敬终如始不容易，承平时期严以治吏、防腐戒奢不容易，重大变革关头顺乎潮流、顺应民心不容易。习近平总书记强调，领导干部要树立忧患意识，必须做到责任过硬，发扬求真务实、真抓实干的作风，以钉钉子精神担当尽责，真正做到对历史和人民负责。要把践行“三严三实”贯穿于全部工作生活中，养成一种习惯、化为一种境界。永远保持过去革命战争时期的那么一股劲、那么一股革命热情、那么一种拼命精神，永远把人民对美好生活的向往作为奋斗目标，以时不我待、只争朝夕的精神，紧跟时代步伐，勇于改革创新，勇于迎难而上，勇于担当尽责，朝着实现中华民族伟大复兴的宏伟目标奋勇前进。

延安精神是党和人民宝贵的政治和精神财富，是我们永恒的精神家园。共产党人的党性修养，是一个持之以恒、不断深入的实践过程。只要我们大力弘扬延安精神，切实加强党性修养，使延安精神“存之于心，见之于行”，伟大的延安精神一定会在新的历史条件下，放射出更加耀眼夺目的时代光芒。

执笔人：宋　炜

12　延安精神与陕北地域文化

延安精神的形成与陕北地域文化相互联系，互相影响，彼此渗透。延安精神在陕北这片黄土地上孕育形成，它深深地烙上了陕北文化的印记，与这片黄土地独特的地域文化息息相关。陕北地域文化在延安精神的正确指引下，更加充满生命力，更加富含正能量。

一、陕北地域文化的形成

陕北地域文化是在陕北地区（主要指榆林、延安地区）形成的具有明显地域特色的文化，是中华民族的宝贵财富之一。陕北地域文化的形成与陕北的历史变迁有着千丝万缕的联系。距今三万到五万年前，在陕北这片神奇的黄土地上生存着无定河边的河套人和洛河东岸的黄龙人。到了五千年前，黄帝部落联盟在陕北的黄土高原逐渐繁荣壮大，揭开了华夏文明的第一篇章。

历史上，陕北文化先后有过五次辉煌。第一次是轩辕黄帝时期。黄帝作为人文初祖，开创了中华文明的先河；第二次是战国后期至秦朝初期。修筑长城、直道［为了防范北方的匈奴，公元前 212 年，秦始皇一扫六国后，命将军蒙恬监修一条从云阳（今陕西淳化县）至九原（今内蒙古自治区包头市）长达一千八百里的直道，只用两年时间即全线贯通]，秦直道南起陕西省淳化县的甘泉山，循子午岭山脊北上，经过鄂尔多斯草原，到达内蒙古自治区包头市附近。秦直道的修建形成了南北军事大动脉，不仅改变了农耕民族被动挨打的局面，在促进地区社会发展上产生了积极作用，还大大加快了游牧文化与农耕文化交流的深度和速度，使陕北文化更具包容性并表现出前所未有的活力；第三次是东汉时期。已出土的大量东汉墓葬画像石、画像砖表明陕北文化和经济在汉代曾经拥有一个发展高峰期；第四次是明朝末年。以李自成、张献忠等为代表的陕北人投入到农民起义的洪流，创造出轰轰烈烈的业绩；第五次当属20世纪30年代至今，其标志就是中央红军落脚陕北之后给陕北乃至中国革命所带来的天翻地覆的变化，这也是延安精神形成的历史阶段。

陕北自古以来一直是民族融合的“绳结区域”，古称戎狄之地。从商周时代起，鬼方、猃狁、白狄、匈奴、林胡、稽胡、卢水胡、鲜卑、氐、突厥、党项、羌、女真、蒙古、满等近20个北方游牧民族先后与华夏族错居杂处，各民族不断交流融合，逐渐同化为今天的陕北人。东晋时期，匈奴王赫连勃勃在统万城（今靖边白城子）建立大夏国。魏晋南北朝时期融合了鲜卑人、匈奴人的文化，五代至宋融合了契丹、女真、西夏等民族文化。陕北风俗中，民间历来不吃狗肉，也说明了信奉狗图腾的赤狄、白狄、犬戎等民族文化的浸染。

陕北地域文化在长期的历史变迁中，在战火硝烟的熏蚀下，在多民族不断融合的进程中，悄然生成，它隐藏着许多奥秘：毕加索式的剪纸和民间画，令人赞叹的敦厚淳朴、气势磅礴的安塞腰鼓，用赤裸裸的语言和热烈的激情唱出来的陕北民歌，响遏行云的唢呐。四百五十万堂吉诃德式斯巴达克式的男人和女人。20世纪30年代中国红色根据地几乎都损失殆尽时，陕北根据地仍得以保存。

二、陕北地域文化为延安精神的形成奠定了文化根基

陕北因地理位置偏僻、交通不发达而保留和传承了很多历史的印记。陕北地处中国黄土高原腹地，山大沟深，自古以来战争不断，延安以北的黄土丘陵沟壑区和长安沿线风沙区则许久成为荒凉之地。清廷御史王培芬视察陕北后在奏折上说了这样一句话——“圣人布道此处偏遗漏”。遗漏的原因是由于两千年的封建岁月中，这块地域长期处于民族战争的拉锯战之间，儒家文化对这里的影响较少。后来，交通不便，经济不发达，使得这里一直尘封于世。直到20世纪三四十年代，中央红军长征落脚陕北，才使这片尘封的小山沟闻名于世。

1937年1月13日，毛泽东和党中央由志丹县迁到延安城，进城时，延安举行了盛大的欢迎大会。毛泽东在欢迎大会上发表讲话，他说:“陕北是全国唯一留下来的根据地，使党中央和红军有了个稳固的立足点和出发点。党中央和中央红军都感谢陕北人，感谢陕北的红军。党中央就要在这里实现我们抗日救国的愿望，在这里领导中国革命。”落脚陕北使中国革命重新建起了大本营，随即吹响了全民族抗战的嘹亮号角。陕北文化给中国革命烙上了深深的陕北记忆。中央转战陕北时，毛泽东深情地说:“陕北是个好地方。”“我说陕北是两点，一个落脚点，一个出发点。……陕北已成为我们一切工作的试验区。”陕北的土窑洞是世界上最小的指挥部，指挥了世界上最大的人民战争。老一辈革命家们一提起陕北，就想起了延安的小米，想起了延安的宝塔，正所谓，“几回回梦里回延安，双手搂定宝塔山。”陕北之所以成为中国革命的落脚点、出发点，成为中国共产党局部执政的实验区，绝不是偶然的，陕北地域文化的独

特性使得陕北民风淳朴，热情好客，开放包容。中国共产党在陕北落脚生根，从而让陕北记载了历史，也让历史记住了陕北。

特殊的历史变迁使得这里长期以来形成了游牧文化和农耕文化的融合，铸就了在这片黄土地上生存的陕北人独特的气质和习俗，而这些都是谱写历史的原始素材。

陕北黄土高原独特的沟峁地形，为党中央和中央红军落脚陕北创造了一个得天独厚的地理条件。陕北黄土高原上分布着一些不太高的山地，主要有：横山山脉、子午岭山脉和黄龙山山脉等。这些山地在军事上对控制陕北的河谷川道，有重要作用。历史上对阻挡西北游牧民族南下与东进、拱卫关中、屏蔽河东，都起过重要作用。延安时期，中国共产党也利用陕北的有利地形，最大限度地保护并发展壮大了自己。一方面解决了住的问题。全面抗战爆发后，全国各地涌来延安的人很多，如何解决住的问题，这在城市里，可能确实是个大问题，可是在延安，上山自己动手挖个窑洞便解决了。另一方面陕北易守难攻的地形，有利于中国共产党养精蓄锐，发展壮大。即使有国民党的重重封锁，即便有日本飞机的狂轰滥炸，中国共产党的力量还是在陕北的黄土地里不断发展壮大。还有，陕北地形迂回曲折，帮助红军取得了一系列战斗的胜利，比如1947年3月25日至5月4日在延安连续进行了青化砭、羊马河和蟠龙战役，三战三捷，共歼敌一万四千余人，给敌人以沉重打击，稳定了西北战局，奠定了西北地区我军胜利的基础。

兼收并蓄、开放包容的特性，成为中央红军落脚陕北的社会基础。1935年10月，“万水千山只等闲”的中央红军在“屈指行程二万”之后抵达陕北，率先为这部气吞山河的壮丽史诗画下了一个休止符。陕北人民热情好客，对这些“衣衫褴褛”“头上戴着红星星的当兵人”敞开胸怀，1937年陕北人民敲锣打鼓地欢迎党中央和红军进驻延安城。延安成了全国的政治文化中心，成为抗日的大后方，中国共产党的主要领导人在陕北居住近十三年。为了使星星之火可以燎原，陕北人民在贫瘠的土地上，尽其所能，最大限度地支援中国共产党领导的中国革命，为中国革命最终取得胜利做出了巨大贡献。陕北人民拥护中国共产党，拥护中国革命，在大生产运动中，陕北老乡男男女女，老老少少，全部投入劳动生产，支援革命。

陕北人有着崇武尚勇的彪悍气质。陕北人一般体型适中，身材偏高大，皮肤多偏白，女子多双眼皮、长睫毛（俗称“毛眼眼”），脸面偏圆、呈“福态相”，男子大都鼻梁端正、挺直，额头宽平，棱角分明，两鬓和两腮丰满。还有一些人双眉交织，深眼窝，眼球偏黄，鼻尖下弯，头发自然卷曲，带有明显胡人血统。陕北人能征善战，自古就涌现出了很多著名人物，比如秦朝的蒙恬、扶苏，汉朝的李广，唐朝的尉迟敬德、郭子仪，北宋的范仲淹、杨家将，南宋的韩世忠，明代的李自成、张献忠等等。也因此，20 世纪三四十年代，陕北人反抗压迫，起身革命，有横山下来的游击队，也有刘志丹、谢子长领导的红军闹革命。这为中央红军落脚陕北客观上奠定了坚实的组织基础。毛泽东接见了刘志丹，高兴地说:“我是来投奔你的呀！你们创造和保存了这块革命根据地，才使党中央有了落脚地。”“陕北这个地方，是有革命传统的，李自成、张献忠，就是从这里闹起革命来的。这个地方虽穷，但穷则思变，穷就要闹革命嘛！这里群众基础好，地理条件好，搞革命是个好地方呀！”

陕北人朴实、浑厚，具有积极乐观、吃苦耐劳的个性。生生不息生活在黄土高原的陕北人就像黄土一样朴实，像黄河一样浑厚。由于地处黄土高原腹地，陕北的黄土土质密实，加之雨水较少，一年 365 天中有近 200 多天是晴天，降雨量小于蒸发量。加之土地贫瘠，人们的生产生活条件比较艰苦，但这也孕育出陕北人吃苦耐劳、不畏艰难、顽强生存、乐观豁达的人文品格。党中央和中央红军来到了陕北，面对现实，脚踏实地，在自己的旗帜上写下了“艰苦奋斗”四个大字，和陕北人一样，以苦为乐，以苦为荣，自力更生，辛苦创业，培育了延安精神。延安精神的内涵丰富，诸如自力更生、艰苦奋斗、实事求是、联系群众等都是延安精神的精髓，而其核心正是一种不怕吃苦、敢于吃苦、为人民排除苦难，自己先吃苦的精神。

由于交通相对不便，外面的先进的物品和思想很难对本土的生活状态造成太大的冲击，陕北人秉持着自己老祖宗留下来的方式过着属于自己的生活。即便是现代化的今天，陕北人依然冬天腌酸菜吃、酿米酒喝，来了客人杀鸡宰羊，酒喝到半酣会即兴高唱信天游，来两句酒曲助助兴。

三、延安精神赋予陕北地域文化强大的生命力

传统的陕北地域文化从山沟沟产生，想走出黄土高原，颇受局限。党中央和中央红军进驻陕北前，延安只是一个人口不足3000人的小镇，文化教育十分落后。毛泽东在《文化工作中的统一战线》中说:“在150万人口的陕甘宁边区内，还有100多万文盲，2000个巫神，迷信思想还在影响广大群众……陕甘宁边区的人、畜死亡率都很高，许多人民还相信巫神。”党中央因地制宜，千方百计发展教育事业，在陕北兴办各级各类学校，增办公办小学，同时也提倡民办小学。毛泽东说:“在教育工作方面不但要集中的正规的小学、中学，而且还要分散的不正规的村学、读报组织和识字组，不但要有新式学校，而且要利用旧的村塾加以改造。”因此，陕甘宁边区政府重视进行社会教育，广泛开展各种短期培训班，诸如县、区、乡行政、税收、医药卫生、合作、组织等人员训练班，

吸收文化程度不同的青年，予以一年至两年的政治训练和特殊的技术训练，使他们能从事实际工作。同时，建立识字组、夜校、半日学校和冬学，扫除文盲。

1942 年 5 月 23 日，召开了影响深远的延安文艺座谈会，毛泽东作了著名的《在延安文艺座谈会上的讲话》，他号召“中国革命的文学家、艺术家，有出息的文学家艺术家，必须到群众中去，必须长期地无条件地全心全意地到工农兵群众中去，到火热的斗争中去，到唯一的最广大最丰富的源泉中去，观察、体验、研究、分析一切人，一切阶级，一切群众，一切生动的生活形式和斗争形式，一切文学和艺术的原始材料，然后才有可能进入创作过程。”在党中央的号召下，大批文艺工作者深入基层，深入群众，吸收民间地域文化特点，创作出了很多脍炙人口的优秀作品，大量反映土地革命、抗日战争和解放战争时期的斗争生活，热情地歌颂中国共产党，歌颂人民领袖的作品不断出现，使得陕北文化大发展。大批充满泥土气息的陕北民歌经过文艺工作者的改造，就如同给这些民歌插上了翅膀，飞遍陕甘宁边区，飞遍全中国，飞向全世界。比如 1942 年，延安鲁迅艺术文学院音乐系教员刘炽根据陕北道情的音调填词创作出《翻身道情》，由郭兰英演唱，深受群众喜欢；还有唱遍大江南北、群众耳熟能详的《东方红》《南泥湾》《军民大生产》《解放区的天》《高楼万丈平地起》《十绣金匾》等。

中央红军进驻延安以后，传统的陕北民间曲艺经历了一番改造运动。陕甘宁边区就开展了改造旧说书的活动，著名艺人韩起祥等人创作了《刘巧团圆》《翻身记》《血泪仇》等几十部新书，群众都喜闻乐见。评剧《逼上梁山》上演后，毛泽东赞誉为“旧剧开了新生面”，“是划时代的开端”。鲁艺文工团演出了《周子山》《白毛女》等歌剧，尤其是《白毛女》的演出尤为成功，演出盛况空前，“每至精彩处，掌声雷动，经久不息；

每至悲痛处，台下总是一片唏嘘声，有人甚至从第一幕哭到第六幕。戏散后，人们无不高声称赞”。很多节目都有了革新，向人民群众靠拢，接了地气。

陕北民间剪纸、年画也走出了黄土高原的山沟沟。1945 年 11 月 9 日至 12 日，重庆中外联络社在中苏文化协会举办漫画、木刻展览会，也展览了陕北的窗花和年画。当时，文艺界评论说，剪纸和年画是劳动的歌颂，是现实的讽刺，是大众生活的忠实反映，是人民艺术的美丽花果。

不少作家在文艺座谈会后，也深入基层向陕北文化吸收营养，创作出了许多优秀作品。欧阳山写的小说《高干大》，丁玲写的《田宝霖》，受到毛泽东的夸奖。在陕北文化的感染下，丁玲进步很快，后来写成了长篇小说《太阳照在桑干河上》，并获斯大林文学奖。杜鹏程写的长篇小说《保卫延安》、陕北本土作家柳青写的《种谷记》《铜墙铁壁》等长篇小说，更是毛泽东文艺思想和陕北地域文化共同孕育的艺术成果。

延安精神赋予了陕北地域文化强大的正能量和生命力，她是丰富和发展陕北地域文化的强大精神动力。陕北地域文化在延安精神的正确指引下，也始终秉持坚定正确的政治方向、实事求是的思想路线、全心全意为人民服务的根本宗旨、自力更生、艰苦奋斗的优良作风。即使在今天，陕北地域文化依然保持其质朴、原生态的本色不变，为新时代文化繁荣注入一缕清流，也被这里的人民世代传承。

执笔人：刘小瑞

13　延安精神培育的历史过程

世界上的事物，都是作为过程的集合体存在的。延安精神也不例外，有一个逐渐形成的发展过程。如果以延安时期十三年为考察对象，这一过程，可以划分为三个阶段：

第一阶段是孕育期，从1935年10月到1938年9月党的六届六中全会召开前后，主要标志是我们党倡导的抗大精神。

中国人民抗日军政大学是党中央在陕北创办最早的一所高级干部学校。毛泽东亲自担任抗大教育委员会主席，亲手制定了“坚定正确的政治方向，艰苦奋斗的工作作风，灵活机动的战略战术”的教育方针和“团结、紧张、严肃、活泼”的校训。抗大从总校到各个分校，始终注意把思想政治教育作为中心环节，坚持把坚定正确的政治方向放在首位，着力培养学员坚定的政治立场和政治信念，使他们成为军政兼优的抗日骨干。1939年5月，毛泽东在延安庆祝模范青年大会上讲话说：“在政治上要有一个正确的方向，但是光有这个正确的政治方向是不够的，过了三年五年，就把它丢了，那还不是枉然。所以，有了正确的政治方向后，还要坚定，就是说，要有‘坚定正确的政治方向。'"[1] 抗大在长期办学实践中，逐步形成了以坚定正确的政治方向和艰苦奋斗的政治本色为主要内容的抗大精神。抗大最主要的历史功绩，就是培养造就了十多万德才兼备的军政干部。他们是抗大精神的创造者、传播者。他们在抗大接受了马克思主义、毛泽东思想教育，明确了抗日救国是全党和全国人民正确的政治方向，成为用科学理论武装起来的、具有远大理想和坚定信念的革命战士。他们在奔赴新的工作岗位后，用学得的马克思主义、毛泽东思想去宣传群众、教育群众、组织群众，把在抗大形成的"三八作风"传播到全党、全军和全国，使抗大精神得以发扬光大。

"抗大精神"这一概念，不是后来人们概括出来的，早在 1938 年就有人使用了。那时，抗大教员何思敬写了题为《抗大的精神》一文，收录在《抗大动态》一书中。文章开头写道："说抗大的精神，不如首先说抗大的气象。"什么是抗大气象？一、"抗大是青年们热望之中心"。活泼而聪明的男女青年潮涌般地会集到延安尤其向着闻名世界的抗大来，使这个地方"变成了好似基督教徒之于耶路撒冷，回教徒之于麦加"。二、"抗大是抗日民族统一战线的缩图"，"是战时教育的模范之一"，"也是一个前进思想，前进文化，战时艺术的一个中心"。这两点"已经十足表现出兴国的气象了"。文章通过作者的亲身体验，生动地描述了抗大学员团结紧张严肃活泼的学习和生活的风气："这个风气在延安到处可以看到的，当然不只是抗大一处，不过抗大的这种风气尤其是大规模的。"当年，文章作者虽然把抗大精神称作"抗大气象""抗大风气"，其实这是延安精神"原生形态"的最早体现。

抗大精神是延安精神初步形成的体现，抗大精神以坚定正确的政治

---

① 《毛泽东文集》第 2 卷，人民出版社 1993 年版，第 191 页。

方向、艰苦奋斗的工作作风为主要内容。

第二阶段是形成期，从 1938 年 9 月到 1945 年 4 月党的七大召开前，主要标志是大生产运动中产生的南泥湾精神和延安整风中形成的整风精神，这是延安精神形成的主要标志。

整风运动形成了整风精神。从 1942 年 2 月至 1945 年 4 月，中国共产党以延安为中心，在全党范围内开展了整风运动。延安整风是我们党有领导、有准备、有计划、有步骤地开展马克思主义教育运动。它的主要任务是反对主观主义以整顿学风，反对宗派主义以整顿党风，反对党八股以整顿文风。目的是总结党的历史经验，从教条主义的错误倾向中解放出来，教育全党干部特别是党的高级干部，学会用马克思主义的立场、观点和方法，来研究和解决中国革命的具体问题。延安整风运动的直接结果，是以中国化的马克思主义——毛泽东思想统一了全党的思想，形成了解放思想、实事求是，批评与自我批评和坚持真理、修正错误为主要内容的整风精神。

“整风精神”这一提法当年就见诸延安报端。1943 年 6 月 26 日，延安《解放日报》刊登了《团结部（即八路军第三五九旅）供给干部会议，以整风精神检查工作》的报道。报道是这样写的：此次会议“将仿照去冬高干会议法，以整风精神检查工作，进行思想意识的检讨和教育，商讨今后更好的生产办法。11 月 30 日，《解放日报》又刊登了“苏北某县根据整风精神检查工作”的报道。

大生产运动产生了南泥湾精神。在抗日战争进入战略相持阶段后，国民党顽固派对延安和陕甘宁边区实行军事包围和经济封锁，加上自然灾害，根据地面临着重重困难。边区党政军民积极响应毛泽东“自己动手”“丰衣足食”的号召，开展了以农业为主的大生产运动。从 1941 年春到 1944 年 10 月，八路军第三五九旅把昔日荒无人烟的南泥湾变成了陕北的好江南。三五九旅屯垦南泥湾，成为大生产运动的一面旗帜。1943 年 1 月，中共西北局奖励了对边区经济建设做出重大贡献的 22 位领导干部和 3 个模范单位。其中 22 位受奖干部中三五九旅占有 4 位，3 个模范单位三五九旅是其中之一。三五九旅屯垦南泥湾，不仅创造了大量的物质财富，而且创造了宝贵的精神财富。以自力更生、艰苦奋斗的创业精神，敢于征服困难的革命英雄主义和革命乐观主义精神为主要内容的南泥湾精神，是中国共产党人的人民军队的光荣传统，是延安精神最显著的标志，也是延安精神的“原生形态”。

这一时期还培育形成了白求恩精神、张思德精神、延安县同志们的精神、劳模精神等原生形态。

为了弘扬白求恩帮助中国抗日战争中表现出的高尚精神，1939 年 12 月 12 日，毛泽东发表《学习白求恩》一文（收入《毛泽东选集》时改为《纪念白求恩》），指出:“一个外国人，毫无利己的动机，把中国人民的解放事业当作他自己的事业，这是什么精神？这是国际主义的精神，这是共产主义的精神，每一个中国共产党员都要学习这种精神。”“白求恩同志毫不利己专门利人的精神，表现在他对工作的极端负责任，对同志对人民的极端热忱。”① 白求恩精神以“毫不利己、专门利人”、精益求精的工作态度和无产阶级的国际主义为主要内容。为学习和纪念白求恩，八路军军医处发出公告，把八路军军医院改名为白求恩国际和平医院。抗日战争时期，“学习白求恩”和“创造白求恩式的医务工作者”，成为延安和各解放区医务工作者的响亮口号，涌现出一批白求恩式的英雄模范人物。

1944 年 9 月 8 日，毛泽东在中央直属机关在枣园举行的张思德追悼

---

① 《毛泽东选集》第 2 卷，人民出版社 1991 年版，第 659 页。

会上，即席发表了《为人民服务》的讲话，对张思德的一生作了最高的评价，从价值观、道德观高度深刻阐述了中国共产党为人民服务的宗旨。号召全党学习张思德完全彻底为人民的革命精神。毛泽东在讲话中所阐述的为人民服务的宗旨，揭示了延安精神的本质。

1942年12月，毛泽东在中共西北局高干会上作《经济问题与财政问题》的书面报告中，对延安县同志们在领导群众开荒生产，组织变工队，安置移民和教育改造落后农民等工作中所取得的优异成绩给予肯定和赞扬。这次高干会上中共西北局奖励的22位领导干部中延安县就有4位，他们是县委书记王丕年、县长刘秉温、四科科长胡启林、南区合作社主任刘建章。毛泽东给王丕年、刘秉温的题词都是“善于领导群众”，给胡启林的题词是“无限忠心”，给刘建章的题词是“合作社的模范”。受奖的3个单位中延安县也占了2个，即延安县县委、县政府和延安县南区合作社。毛泽东提倡的延安县同志们的精神，就是积极负责的精神，实事求是的精神，克服一切困难的精神，密切联系群众的精神和廉洁奉公的精神。

延安时期陕甘宁边区开展的向劳模学习的生产竞赛运动，产生了劳模精神。1942年陕甘宁边区在农业战线上涌现出了第一个著名劳动模范——延安县吴家枣园农民吴满有。在工业战线上，开展了“赵占魁运动”。1943年12月，陕甘宁边区召开劳动英雄和模范生产者大会，奖励劳动英雄和模范生产者180名。1944年5月，边区职工代表大会奖励劳模81人。同年11月，边区文教大会奖励劳模225人，先进集体78个。1945年1月，边区劳动英雄和先进工作者大会奖励个人468名，团体14个。劳模运动产生了劳模精神，他们对党的事业无限忠诚。他们在各条战线上勤奋学习，勇于创新，埋头苦干，乐于奉献，团结群众，廉洁奉公，是全心全意为人民服务的典范和榜样。他们的精神，也是延安精神

“原生形态”的生动体现。

第三阶段是成熟期，从 1945 年党的七大召开到 1948 年 3 月党中央和毛泽东离开陕北，主要标志是毛泽东在政治报告中，对党的优良传统和作风做出了概括；毛泽东思想走向成熟，并写在了党的旗帜上，标志延安精神最终形成。

毛泽东在党的七大上把党的优良作风，概括为理论与实际相结合的作风、和人民群众密切联系在一起的作风、批评和自我批评的作风。这三大优良作风是共产党人革命精神的核心，是马克思主义政党区别于其他任何政党的显著特征，从一定意义上讲，也是对延安精神的理论概括和具体体现。

七大以团结的大会、胜利的大会载入党的史册，也形成了以团结一致、争取胜利为主要内容的党的七大精神等。

执笔人：宋　炜

14 抗大精神

抗大精神的主要功能，就是教育、启发党员干部弘扬抗大精神，坚定理想信念，进一步解决好“我是谁”（性质）的问题，解决好人活一辈子，到底做啥人、干啥事、走啥路、跟谁走的根本问题。习近平在党的十九大报告中明确要求，要把理想信念、宗旨教育作为党的建设的“根基”夯实打牢。2015 年初，习近平在陕西考察工作期间的讲话中，引用了延安时期爱国青年在奔向延安途中写的一句话：“打断骨头连着筋，扒了皮还有颗心，只要还有一口气，爬也爬到延安城”，以此来教育党员干部不要说一套、做一套，不要精神“缺钙”、不要得“软骨病”。

抗大精神、抗大作风是怎么形成的？毛泽东说过，抗大为什么全国闻名、全世界闻名，就是因为它比较其他的军事学校最革命最进步，最能为民族解放和社会解放而斗争。这种最革命取决于两个条件：一个是其教职员工最革命（口碑好、人气旺、形象佳），一个是其学员最革命（世界观、人生观、价值观正确）。没有这两个条件，抗大就不可能成为被世人所称赞的学校。

我们说抗大办学是成功的，是体现在它的旗帜作用和铸魂作用。抗大是旗帜，不仅是校旗军旗，实质是中国共产党党旗的作用，这是讲它的凝聚力、吸引力；而内涵是旗手的作用，是以毛泽东等老一辈革命家为代表的一大批杰出共产党人的旗手作用。他们以世界眼光、宽广胸怀、卓越才能、超凡智慧、伟大人格人品吸引了世人。当时中国形成了一大景观——“延安潮”。一批又一批的仁人志士、爱国青年历尽艰辛，如潮水般涌向延安。抗大的校旗飘扬在全国各地的杀敌战场上，成为一支特别能战斗的队伍。日军华北战区总司令冈村宁次曾说过，宁可“用二十个日本兵换一个抗大学员，用五十个日本兵换一个抗大干部”，反证了抗大办学的高质量和战斗力。抗大学员非常受欢迎，没等毕业，各部队首长就提前打招呼，要求多给分配点抗大学员。学员毕业时，各部队都争先恐后抢着来要，抗大学员成了“香饽饽”。朱德、彭德怀都赞扬抗大说，只有抗大才能把八路军、新四军中的散兵游击队变成正规军，也只有抗大才能把这种正规军变成铁军。

抗大靠什么越抗越大？其成功秘诀是什么？用通俗、形象的比喻来概括，就是靠了“三块石头”：“奠基石”“磨刀石”“试金石”。

“奠基石”就是用坚定正确的政治方向、理想信念来打底奠基。抗大精神的实质用一句话概括，就是坚定正确的政治方向。展开说，就是三个追求：追求真理、追求光明、追求进步的人生信念、人生境界、人生付出和人生价值。学员为什么报考抗大？就是因为当时国人特别是先进青年、爱国知识分子，看好了共产党全新的社会理念和孕育的全新生活，所代表的社会发展的正确方向，就是要去革新社会。奔延安奔得是“新中国、新社会、新生活、新思潮、新制度、新理念、新作风”。外国人夸奖中国共产党人在延安土窑洞前“开辟了一块新天地”！毛泽东给学员讲课说，你们来了我要送你们两样见面礼，一个是政治方向，一个是艰苦奋斗。毛泽东说，你们跋山涉水不远万里，甚至冒着生命的危险来延安奔抗大，这个路你们选对了，抗大没有入学考试，但你们来了，不考，实际也考了，“都合格了。”西安到延安八百华里，国民党顽固派在路上设了十来道关卡，其中铜川、黄帝陵、洛川都是主要卡子。邓小平写文章说，希特勒的徒子徒孙们把成千上万的青年关进了集中营，过着囚犯的生活，而他们唯一的罪名就是他们要去抗日，去延安奔共产党上抗大。邓小平说这些青年是因为说上抗大遭劫难的，我们要给这些学员补发一个抗大荣誉学员毕业证书，没来成也承认他们毕业了。这些进步青年就是不信邪不服气，铁了心的要来抗大。他们在日记中发出誓言:“不到抗大誓不休！”一个人如果连死都不怕，还有什么更可怕的呢？用理想信念来奠基，这是抗大成功的最重要的前提条件。

“磨刀石”就是要用共产党全新的理念来规范、教化、训练、塑造学员，起着铸造灵魂和打磨“利器”练就本领的作用。用什么来磨？具体说就是用办学方针校训“坚定正确的政治方向、艰苦奋斗的工作作风、灵活机动的战略战术”这三句话来磨。毛泽东说贺老总既没上过文学校也没上过武学校，靠两把菜刀搞出个二方面军来。毛泽东是从学员要政治合格、作风过硬，懂军事辩证法的角度，联系实际要管用的角度，说人说事论理的。比如说贺老总：用两把菜刀砍谁，这就是政治方向；用菜刀砍枪砍飞机大炮需要艰苦奋斗；用菜刀最终要消灭敌人，把敌人的机关枪、飞机大炮砍败了，这得用灵活机动的战略战术。毛泽东用贺老总为例，通俗易懂，实际是在对学员进行办学方针“三句话”的教育。在抗大，学校的一切工作，都是为了转变学员的思想，思想政治工作真是做到家了。可以概括为八条:（1）用讲政治来“招”学员。必须立志献身民族解放事业。（2）用讲政治来“教”学员。（3）用讲政治来“管”学员。处理“黄克功事件”谁讲情也不行，必须处死，必须执行比普通平民更加严格的纪律。（4）用讲政治来“训”学员。要学员做讲政治的军事家和讲军事的政治家。(5)用讲政治来“爱”学员。不单严管严罚，而且校园里充满关爱之情。已经逝世的老革命、老抗大女学员，原全国人大副委员长陈慕华和其他一些健在的老革命、老学员回忆起抗大生活，他们都说：就是记住一个“苦”字。但话锋一转却又都说，“每天从早到晚大家都乐乐呵呵的，到处是歌声到处是欢声笑语”，精神世界特别富有。(6)用讲政治来“用”学员。学得好的提起来派出去，学不好考不合格的留下来继续学。(7)用讲政治“跟”学员。跟踪管理、跟踪考核。(8)用讲政治“评”学员，总结评价。今天党中央强调“政治建设”“政治统领”，正是当年“思想建党、政治建军原则”在新时代的继承、发展和创新。

“试金石”就是用“你怕不怕死，怕不怕苦，怕不怕严”来考验学员、筛选学员、衡量学员。用严格的“考试”“考核”保证出合格学员。当年来抗大的学员成分也很复杂，抗大学员大致可分为几种人：一是最好的、动机纯正的多数人。在中华民族到了最危险的时候，国家兴亡，匹夫有责。他们舍小家为大家，放弃一己私利，不满足于当个小官、发点小财、继承祖业当大款、享清福，而是要干更大的事，为民族担当。学员写日记说：“告别醉生梦死，要去自由的天地，寻找活的中国！”他们把国家民族的大利大义、前途命运同自己的人生追求、人生价值紧密结合在一起，求名要求万世名（青史留美名），求利要求天下利（民族之利、人民之利）。穷人来延安人们可以理解，经济上要翻身，政治上要民主。可是事实上有大量的富人，包括地主、资本家和官宦人家的子女、人士也来抗大，这究竟是为了什么？要做官，人家正当着呢。当时就有一些任国民党高、中、低级将领和政府县长等职的人弃暗投明来抗大。还有好多都是有所谓社会背景的人物。要发财，人家现在就是富翁，过着优越的“上等人”生活。他们图啥？为何甘愿放弃优越的环境跑来吃苦、遭罪、甚至送命？这就是追求、信仰的力量。这是最好的、最积极的、最主体的这部分人。二是混吃穿来的。抗大学员来校“注册”前的盘缠食宿自理，到校后实行供给制，吃好吃差每天照常开饭，穿好穿差到时也发点换季服装。三是出于好奇心凑热闹来的。一些家庭生活富裕的子女，听说共产党的抗大很有名气，都传说挺好，但到底啥样？来看看吧。四是逃婚来的。因不满封建家庭包办婚姻跑延安来了。毛泽东对学员说：你们来了我们欢迎。但你们能不能站得住、留得下可不好说了。你们首先要下定三个牺牲的决心：第一，牺牲升官。兵荒马乱年头，趁共产党这缺人，投机取巧，想到这谋个一官半职的，不可能。第二，牺牲发财。自古以来升官发财连在一起，到共产党这想奔这个事也不可能。第三，牺牲生命。最关键最难的是这一条。不怕这三条的留下来，害怕这三条的，赶紧回去。事实证明，经过抗大的打磨、锻造，“火大无湿柴”，好的学员更好了，不好的变好了，软弱的变坚强了，动摇的变坚定了，大城市来的弱小姐和文弱书生们绝大多数都被改造成了坚强的革命者。

今天如何弘扬抗大精神，坚定正确的政治方向？首要的、压倒一切的大事，就是高高举起习近平新时代中国特色社会主义思想伟大旗帜，具体化主要靠三条：一是在党言党、信党、爱党、为党，增强看齐意识，实质就是坚持马克思主义坚持社会主义道路。二是做好“结合的文章”。“特色路”和“中国梦”是全党全国最大的政治方向（共同理想），要做好古今、东西、经济与精神的结合。三是做好“保证的文章”。用“伟大工程”，党建、思政“绝活”做保证，用好“四风”坚决取代坏“四风”，确保“五位一体”“四个全面”阶段性战略目标——政治方向的按时到位。

执笔人：李世明

15 延安整风精神

延安整风是中国共产党历史上一次伟大的思想解放运动，一次深刻的马克思主义教育运动，一次提高党性修养和加强党性锻炼的运动，是党正确解决党内矛盾，加强党的思想、组织和作风建设的一个伟大创举。经过延安整风，全党在毛泽东思想的旗帜下达到空前的团结和统一，为中国革命的胜利奠定了坚实的思想和作风基础。这次整风运动所体现出来的精神被称为“整风精神”，它是延安精神原生形态的一种重要表现形式。在党的群众路线教育实践活动中，习近平多次强调：要借鉴延安整风经验，以整风精神开展活动。

一、理论联系实际、实事求是精神

延安整风的首要任务就是批判主观主义以整顿学风，“学风问题是领导机关、全体干部、全体党员的思想方法问题，是我们对待马克思列宁主义的态度问题，是全党同志的工作态度问题”，“是第一个重要的问题”。①

① 《毛泽东选集》第3卷，人民出版社1991年版，第813页。

没有理论联系实际、实事求是的精神，也就不可能有延安整风的伟大胜利。

中国革命不是靠热情和良好的愿望就能搞好的，脱离了中国革命实际，把马克思主义教条化、把共产国际指示和苏联经验神圣化，必然会使党的事业遭受重大损失。整风运动前，党内多次出现“左”、右倾错误，造成了严重危害，几乎断送了中国革命事业。“左”、右倾错误的根本原因在于违背了实事求是精神。如果不贯彻实事求是精神，就树立不了实事求是的思想路线。毛泽东在整风动员时要求全党大兴理论与实践相统一的马克思主义的良好学风，坚决摒弃理论与实践相脱离的主观主义、教条主义等恶劣作风。而认真总结经验就是理论联系实际特别是个人思想实际、实现自我教育的有效方法，也是整风学习走向深入的必要步骤和重要标志。整风中广大党员干部在学习研究整风文件的基础上，既注重联系党的历史实践和自己的工作实际，更重视联系自己的思想实际，认真对照检查，主动清理思想，紧紧围绕自己在思想上是否真正入党的主题，严肃认真地进行思想反省和自我剖析，系统总结其中的经验教训，都深感收获极大。

在整风运动中以及其后，在思想解放的基础上，实事求是的观念深入人心，一切从实际出发、理论联系实际成为广大党员干部最基本的思想方法和工作方法，全党在思想观念上得到统一，最终统一到实事求是的思想路线上来。特别是党的高级干部自觉从实际出发，在清算以王明为代表的教条主义错误的过程中，从教条主义的精神桎梏中解放出来，使全党特别是高中级干部明确认识到实事求是对解决中国革命实际问题的极端重要性，明确了把马列主义与中国实际相结合的思想方向，从而使党的事业从胜利走向胜利。这不是偶然的，而是坚持和贯彻了实事求是精神的结果。

二、批评与自我批评的精神

批评与自我批评是无产阶级政党区别于其他政党的重要标志，是克服错误思想、改造世界观的有效武器和手段。开展认真的、正确的批评与自我批评，是达到加强党内团结，增强党的战斗力的有效方法。批评与自我批评也是整风精神的突出特征之一，是整风精神的直接体现。在整风运动中，党是把能否做到批评与自我批评作为党性锻炼的一个重要方面来要求的，尤其是对党的各级领导干部。1941 年 7 月，中央明确规定："从中央委员会以至每个党部的负责领导者，都必须参加支部组织，过一定的党的组织生活，虚心听取党员群众对于自己的批评，增强自己党性的锻炼。"[①] 谢觉哉说："各级负责人及各级工作人员，都应拿出最大的责任心和自我批评的武器，去检查自己，检查别人，发现官僚主义的例子，加以批评，加以斗争，加以纠正，加以克服。"[②]博古、张闻天等人都作了深刻的自我批评和反省。在 1941 年的九月会议上，当时胡乔木到中央工作才半年多，在会上听到领导同志这样检讨，很受感动。他说："什么是中国共产党人的党性呢？这种勇于自我批评，愿意改正错误的精神就是党性纯洁的表现，就是无私无畏的崇高品质的表现。"[③]有了这样的精神，我们党就一定能够领导革命取得胜利。

整风的一条重要经验，就是广泛开展了"正确的而不是歪曲的、认真的而不是敷衍的批评和自我批评"[④]。林伯渠这样说过："我们党是不怕自我批评的，我们要很虚心地接受各界人士、各阶级人士、党外人士和

---

① 中央档案馆编:《中共中央文件选集》第 13 册，中共中央党校出版社 1991 年版，第 147 页。

② 谢觉哉:《谢觉哉文集》，人民出版社 1989 年版，第 384 页。

③ 胡乔木:《胡乔木回忆毛泽东》，人民出版社 1994 年版，第 196—197 页。

④ 《毛泽东选集》第 3 卷，人民出版社 1991 年版，第 1096 页。

广大群众对我们的批评。……我们欢迎一切批评，目的就是使我们各方面的工作搞得更好一些。”[①]充分的学习、教育、动员，使每个党员在思想上有一定的认识，觉悟得到一定的提高，这是开展批评与自我批评的重要一环，没有这个环节，批评和自我批评就难以开展，思想斗争就难以达到一定的深度。在此基础上，党组织召开会议，让每个党员自己对照马克思主义的理论观点，对照党章和党员的行为准则和规范，总结经验教训，检讨自己的缺点和错误。然后，党员互相之间开展批评帮助，直到思想认识达到一致。最后，每个党员自己再作小结，进一步系统地整理自己的思想认识，总结经验教训，制订今后的进步计划。历史经验证明，本着认真负责、实事求是的态度坚持开展批评与自我批评，是正确解决党内矛盾、维护党的先进性与纯洁性、增强党的团结和战斗力的锐利武器，也是整风学习进一步深化并大大扩展其成效的一个关键环节。在整风运动中，党的干部和普通党员切实做到了批评与自我批评，真正体现出了批评与自我批评精神的力量，这已经成为共产党人人格力量的重要组成部分。通过批评和自我批评，使每一个党员都能够自觉接受组织和群众的监督，在工作中不断警诫自己，更好地为党工作。这样，批评和自我批评就成了一种监督机制，成了党员党性修养和党性锻炼的重要途径。

三、坚持真理、修正错误的精神

坚持真理、修正错误是整风精神的重要组成部分之一，是整风精神的具体体现。在整风运动中，广大党员干部以“坚持真理，修正错误”

① 《林伯渠文集》，华艺出版社1996年版，第320页。

为准绳，不但将其贯彻到学习科学理论、总结经验教训、开展批评与自我批评等各个环节步骤中，而且也规定为整风学习最后整改总结阶段的中心任务。这首先表现在从党的领袖、高级干部到普通党员，都能够以大公无私的态度对待自己的成绩和不足，毛泽东、周恩来、朱德、张闻天、博古、林伯渠等人在政治局会议上，都从不同角度对党的历史教训做了分析，并做了深刻的自我批评。谢觉哉日记中有这样一段话："不肯容易放弃意见，须勇；敢于正视自己的错误，更须勇。自己意见本对或虽不对，而当时并没有觉得不对，只因大家批评，就接收其批评说：我错了错了。这是对自己意见不敢负责任。同样，自己意见错了且已经过考验是错了，而回避不谈及或强词辩护，也是对自己意见不敢负责任。老话：知耻近乎勇。知耻不掩藏耻，不掩藏耻，即敢于和耻斗，勇者的事，不是懦夫能做的。"①

坚持真理、修正错误的精神，还表现在勇于承担责任。毛泽东在张思德追悼会上所作的《为人民服务》的演讲中指出："因为我们是为人民服务的，所以，我们如果有缺点，就不怕别人批评指出。不管是什么人，谁向我们指出都行。只要你说得对，我们就改正"，"为人民的利益坚持好的，为人民的利益改正错的"。② 对于整风中的审干扩大化错误，毛泽东多次在多种场合下承认错误。据胡乔木回忆，从 1944 年上半年开始，毛泽东就主动承担责任，仅在中央党校作报告时先后三次赔礼道歉。如 1945 年 2 月，他说："这两年运动有许多错误，整个延安犯了许多错误。谁负责？我负责。因为发号施令的是我。戴错了帽子的，在座有这样的同志，我赔一个不是。凡是搞错了的，我们修正错误。"③ 正是因为中央领

① 《谢觉哉日记》上，人民出版社 1984 年版，第 603 页。
② 《毛泽东选集》第 3 卷，人民出版社 1991 年版，第 1004 页。
③ 《胡乔木回忆毛泽东》，人民出版社 2014 年版，第 282 页。

导和党的高级干部拥有勇于承担责任的高尚品格，进一步推动了全党坚持真理、修正错误精神的弘扬。经过延安整风，坚持真理、修正错误成为全体党员干部的自觉意识和行动。

四、惩前毖后、治病救人的精神

党内矛盾主要是无产阶级思想与非无产阶级思想之间的矛盾，绝大部分属于认识问题。即使是路线是非，也属于同志间在如何革命问题上的原则分歧。所以开展党内斗争，必须做到“惩前毖后，治病救人”。没有前者，错误不能彻底揭露，就会变为无原则的和平共处，结果既不能帮助同志，又不能团结同志；没有后者，则批评必会过火，必会有损于党，同样不能达到帮助和团结同志的目的。

始终贯彻“惩前毖后、治病救人”的精神，是延安整风获得成功的基本经验之一。毛泽东指出：所谓“惩前毖后”，就是“对以前的错误一定要揭发，不讲情面，要以科学的态度来分析批判过去的坏东西，以便使后来的工作慎重些，做得好些”；所谓“治病救人”，就是“我们揭发错误、批评缺点的目的，好像医生治病一样，完全是为了救人，而不是为了把人整死。”① 在这个方针的指导下，党中央进一步指出：“批评的态度，应该是严正的、彻底的、尖锐的，但又应该是诚恳坦白的、实事求是的、与人为善的态度，而一切冷嘲暗箭、诬蔑谩骂、捕风捉影、夸夸其谈，都是不正确的。”② 对待思想和政治上的毛病，只能采取充分说理的方法，决不能采取鲁莽的态度。开展批评，必须掌握分寸，决不可搞

① 《毛泽东选集》第3卷，人民出版社1991年版，第827—828页。

② 中央档案馆编：《中共中央文件选集》第13册，中共中央党校出版社1991年版，第365—366页。

"残酷斗争，无情打击"。对问题的性质和程度既不夸大，也不缩小，更不能无限上纲。要允许被批评的同志保留意见，或者解释、申辩和反批评。如果发现批评错了，应当纠正，决不可将错就错，伤害同志。

对人的处理应取慎重态度，做到既不含糊敷衍，又不损害同志。在延安整风中，党中央和毛泽东同志特别强调，处理人的问题必须坚持批判从严、处理从宽的原则。不应着重于个别同志的责任方面，而应着重于对当时错误的内容、社会根源、历史根源和思想根源的分析。只要犯错误的同志要求进步，想改正错误，即使是在进步中尚不免有错误，也应鼓励他，帮助他。欢迎每一同志的微小进步，去争取他的更大进步。"惩前毖后，治病救人"的方针，团结了绝大多数犯过错误的同志，从而使全党在马克思主义基础上，达到了空前的团结和统一。后来，毛泽东把这个方针概括为"团结——批评——团结"的公式，推广到党外用于处理人民内部矛盾。实践证明，党的"惩前毖后，治病救人"方针是处理党内矛盾，克服错误倾向的唯一正确方针。按照这个方针办事，我们党就兴旺发达，违背这个方针，就要损害同志，破坏党的正常生活，甚至给党带来灾难。

执笔人：徐建国

16 南泥湾精神

南泥湾精神是延安精神的重要原生形态，是我们党的“传家宝”。2015 年 2 月 15 日，习近平在陕西考察工作时的讲话中指出：“我们党是靠自力更生、艰苦奋斗起家的。‘靡不有初，鲜克有终。’虽然我国已经成为世界第二大经济体，各方面实力大大增强，生活条件大大改善，但我们绝不能丢掉自力更生、艰苦奋斗的传家宝。”

一、南泥湾精神的原生形态

要学习南泥湾精神，首先要懂得三五九旅开发南泥湾的历史。三五九旅从 1941 年 3 月首批开进南泥湾起，到 1944 年冬奉命远征华南开辟敌后抗日根据地止（其中南下支队第二梯队是次年 4 月离开南泥湾），三五九旅在王震旅长的带领下，在南泥湾屯田垦荒共历时 4 年。由于全旅指战员发扬了红军艰苦奋斗的革命传统，他们仅凭两只手和一把镢头，第一年就做到了生产半自给，第二年做到了大部分自给，第三年做到了全部自给，第四年达到了“耕一余一”，把荒凉的烂泥湾变成了“陕北的好江南”，创造了中共建军史上未有的奇迹，举世闻名，成为抗日战争时期大生产运动的一面光辉旗帜，促进了当时各解放区广大军民的大生产运动。三五九旅在南泥湾艰苦奋斗的革命精神及其所创建的丰功伟绩，对以后的中国革命产生了深远的影响。

和三五九旅所创造的有形的财富相比，三五九旅开发南泥湾所形成的南泥湾精神更为重要。三五九旅开发南泥湾的创举，对推动边区军民迅速发展生产运动，产生了积极深刻的影响。中共中央、中央军委从推动大生产运动的全局出发，决定如实地把它拍成一部纪录影片作为宣传。在萧向荣等人的指导下，经过吴印咸、徐肖冰、钱筱璋等人共同努力，《生产与战斗结合起来》影片拍摄剪辑完成，该影片忠实地宣传了三五九旅部队进军南泥湾，再现了战士们风餐露宿，在荒山野岭上开垦、播种，发展各种生产事业，最终把荒芜的南泥湾变成了美丽富饶的陕北江南的奋斗历程的真实历史与创造精神。在影片拍完后，应吴印咸要求，毛泽东亲自为影片挥笔写了“自己动手，丰衣足食”的题词。[①]值得一提的是，就是在这部无声纪录片的配写宣传词中，完整地保留下来了关于南泥湾精神原生形态的表述，即自力更生、艰苦奋斗、奋发图强的南泥湾精神。

延安时期的南泥湾精神，已经远远超越了南泥湾和三五九旅的范畴，其实质，就是把党和革命事业胜利的立足点放在依靠自己力量的基础上，永不退缩，永不自满，永不懈怠，始终不渝地奋斗到底，这是我们党的实践品格的自主性和奋斗性的集中体现，也是中国共产党人精神的集中代表：这种精神，突出地表现为一种以毛泽东同志为代表的中国共产党人，始终以坚强的民族自尊心和自信心，坚持独立自主，把革命胜利的立足点始终放在自力更生的基础上的骨气；这种精神，集中地表现为一种把最严峻的形势看作“黎明前的黑暗”，将最强大的敌人视为“纸老

① 钱筱璋：《纪录片〈南泥湾〉的诞生》，《百年潮》2012 年第 5 期。

虎”，顽强拼搏，埋头苦干，征服了一切敌人和困难而不被一切敌人和困难所吓倒的英雄气概。

南泥湾精神是延安精神的重要原生形态，是中国共产党人在苦难深重的旧中国继承的自强不息的民族精神。历史表明，革命要有革命精神，民族要有民族精神，时代要有时代精神。自力更生、艰苦奋斗的南泥湾精神，既是我们的革命精神，也是我们的民族精神，南泥湾精神在革命战争年代乃至新中国巩固政权和探索建设的阶段，所发挥的作用是不可估量的。

二、继承南泥湾精神的重要意义

南泥湾精神的内涵是丰富的、多方面的，最核心的是：自力更生，艰苦奋斗。因此，在新的历史条件下，继承和弘扬南泥湾精神，对于我们建设中国特色社会主义的伟大事业，同样具有重要的现实意义。

现在，我们这个伟大的民族，正处在具有许多新的历史特点的伟大斗争关头，全面深化改革开放的伟大实践，需要继承和弘扬伟大的南泥湾精神。

1. 践行南泥湾精神，是全面深化改革的时代要求

从1840年以来，中华民族从来没有像今天这样，接近完成伟大复兴目标，中国共产党人和中国人民也比任何时候有信心、有条件来完成这一艰巨的历史使命。但毋庸讳言的是，我们面临的挑战巨大而环境极为复杂，以经济建设为例，不仅有国际竞争更加激烈，国家间科技鸿沟日益加剧的挑战，而且有国内需求结构失衡、产业结构失衡、竞争结构失衡、动力结构失衡等社会经济发展方面的问题。在这种情况下，中国共产党如何统筹把握变化着的国内国际两个大局，如何解决金融问题、经济问题、能源问题、信息领域、网络领域等各个方面的经济发展问题，

引领庞大的中国经济航船规避各种各样的暗礁，显然是任何西方发达国家都不能帮我们解决的。以政治建设为例，不仅国际大气候屡现疾风骤雨，个别国家仍然沿用“冷战”思维、频频采取“颜色革命”来输出政治而无视日渐加剧的地区性政治动荡，而且国内社会阶层分化和重组、社会治理成本过大、社会组织行政化等问题亟待解决，中国共产党执政的任务异常艰巨。如何探索党的领导下把依法治国基本方略同依法执政基本方式统一起来，把党总揽全局、协调各方同人大等机关依法依章程履行职能、开展工作统一起来，这些政治建设问题都成为当务之急。经济、政治、社会等方面的问题迫切需要中国共产党人通过生动丰富的实践探索加以解决，迫切需要中国共产党人通过执政绩效向中国人乃至世界证明中国体制与中国道路的正当性与科学性，这是全面深化改革开放的战略意义之所在。显然，这些问题的探索不可能一帆风顺，这些目标的实现不可能一蹴而就，这些任务的解决注定只能靠中国共产党践行自力更生、艰苦奋斗精神，坚定不移地走自己的道路。

2. 践行南泥湾精神，是民族伟大复兴的应有之义

自力更生、艰苦奋斗就是我们民族传统文化中至为宝贵的精神财富，作为实现中华民族伟大复兴的引领者，中国共产党人有责任将自力更生、艰苦奋斗的民族精神世世代代传承下去。中华民族千百年的文化传承积淀形成的“鞠躬尽瘁，死而后已”“天下兴亡，匹夫有责”“苟利国家生死以，岂因福祸避趋之”文化孕育了一批又一批富贵不能淫、贫贱不能移、威武不能屈的仁人志士，并成为这个东方古老的民族历经劫难而重生的内生动力。优秀传统文化的接续，是中国共产党必须要履行的历史责任。中国的马克思主义者是中国优秀传统文化自觉的继承者，突出地表现在要为民族优秀传统文化及其时代精神传声与呐喊。比如，西方主要发达国家凭借着其物质财富的巨大优势，任意输出所谓优秀的文化，

并借此扩张其意识形态，再比如，形形色色的歪理邪说打着所谓宗教自由幌子，肆无忌惮搞侵蚀与瓦解行动，这些所谓的“文化输出”与“文化侵略”虽然是看不到的隐性挑战，但恰恰因此更为致命、更为严峻，也更为危险。因此，如何在全球化形势下迎接这一挑战，几乎是世界上其他民族国家及负责任的政党所面临的带有共性的难题。作为中华民族的先锋队，自觉继承、弘扬中华民族固有的优秀文化并彰显其时代价值，保持并展示中华民族的文化品质，就是执政党本来的责任，就是实现中华民族伟大复兴的应有之义，更何况，以自力更生、艰苦奋斗为内核的优秀民族精神的崇仰与发挥注定将要在实现中国梦伟大征程中发挥其不可或缺的精神动力作用。

3. 践行南泥湾精神，是全面从严治党的根本要求

自力更生、艰苦奋斗的作风不硬实际上是理论储备不够、能力锻炼不足和组织纪律涣散等许多方面导致的“综合征”。在这个意义上，弘扬自力更生、艰苦奋斗作风，不仅是全面从严治党的根本一招，而且还是全面从严治党的重要法宝。为经受住“四大考验”、解决“四种危险”，中国共产党人提出全面从严治党的战略，这是党的建设理论上的重要发展，是新时期中国共产党人应对党的建设面临的严峻挑战而进行的宝贵探索，是对于建党 90 多年、新中国成立 69 年尤其是改革开放 40 年经验与教训的深刻总结。中国共产党新的建设伟大工程没有任何捷径可寻，没有任何模式可套，一切只有靠自己。

一方面，倡行自力更生、艰苦奋斗作风是全面从严治党的关键一招。这是带有“破”的性质，突出地表现在对党内消极腐败问题坚持零容忍的态度，既要狠抓、常抓、细抓，又要抓狠，抓常、抓细。正如习近平在纪念中国共产党建党 95 周年纪念大会讲话中所说的，“我们党作为执政党，面临的最大威胁就是腐败”。挑战中国共产党政治地位、质疑中国

共产党执政体制、否定中国共产党前进道路的焦点问题之一就是，中国共产党能不能自己解决自己的腐败问题。党的十八大以来的反腐倡廉，实际上就是在回答这个焦点问题：人家老说咱们解决不了这个问题，我们中国共产党人还就不信这个邪。事实证明，党的十八大以来我们坚持“苍蝇”“老虎”一起打的反腐部署，党内干净做事、清白做人的风气上升，歪风邪气得到明显遏制。

另一方面，发扬自力更生、艰苦奋斗精神是全面从严治党的重要法宝。这是带有“立”的性质，突出地表现在要在政治上、思想上、工作上等方面以自力更生、艰苦奋斗的原则做好制度管党的工作。中国共产党人不能脱离群众，根本的一条就是要用制度的办法管住进而管好自己。中国共产党管好自己，已经取得阶段性成果，《中国共产党廉洁自律准则》与《中国共产党纪律处分条例》就是中国共产党成立 90 多年以来优秀传统的制度化，就是中国共产党执政 69 年来经验的理论提升，《中国共产党纪律处分条例》将政治纪律、组织纪律、廉洁纪律、群众纪律、工作纪律作了细致明确规定，就是在独立探索政党自我改革的道路，这就是独立自主、艰苦奋斗精神的体现。

无论是全面深化改革、民族伟大复兴，还是全面从严治党，都需要并且也只能靠中国共产党人自己瞄准自己的症状、积累自己的经验、开启自己的探索从而解决自己的难题，一句话，都需要中国共产党人发扬自力更生、艰苦奋斗精神，自己做起来。

三、践行南泥湾精神的时代要求

对中国共产党和中国共产党人而言，践行南泥湾精神既是实践导向，又是理论品格，说到底是知行合一的问题：践行南泥湾精神是实践导向，中国特色社会主义道路的前景无限美好，领导干部才需要时时牢记干在实处永无止境的使命；践行南泥湾精神是理论品格，中华民族伟大复兴征程的挑战仍然艰巨，领导干部才需要处处走在前列要谋新篇的担当，两者一分为二，又合二为一，决定了领导干部必须继续保持并带头践行自力更生、艰苦奋斗的要求。

一方面，以全面从严治党的举措保障为民服务的宗旨，带头解决“行”的问题。社会主义初级阶段的基本国情决定了中国共产党，尤其是党的中高级领导干部必须率先践行自力更生、艰苦奋斗的要求。新中国成立 69 年以来、改革开放 40 年以来建设所取得的巨大成就，中国共产党与亿万人民戮力同心的奋斗让我们这个古老民族比任何时候都更接近民族伟大复兴的目标。中国共产党人可以自豪，却不可以有一丝一毫的骄傲与自满。在国际经济衰退、政治动荡频仍的情况下，经济下行的显性压力、“三期叠加”的无形压力等比任何时候都倒逼着我们加快改革的步伐，包括已经进入“倒计时”的几千万人口要在短时间内稳定地实现脱贫致富等重大任务，都是社会主义国家建设史上乃至人类发展史上从来没有尝试过的巨大挑战。一句话，中国特色社会主义要赶上甚至超过发达国家的水平，需要中国几代人、十几代人甚至几十代人坚持不懈地努力奋斗，因此，任何贪图安逸的心理、任何不思进取的情绪、任何坐享清福的态度，实际上都是违背自力更生、艰苦奋斗要求的政治短视与精神侏儒。

形势越严峻、任务越艰巨、工作越繁重，越容不得全面从严治党的步骤有丝毫停歇。“四大考验”倒逼着中国共产党全面从严治党的新的伟大工程，而领导干部必须以身作则，以自力更生、艰苦奋斗这剂苦口良药解决自身乃至所带领的党员队伍中存在的“四种危险”。

践行南泥湾精神，需要共产党人带头继续保持筚路蓝缕、以启山林的开拓精神解决精神懈怠的问题。靠着这种开拓精神，才可以治好部分党员干部中创业精神衰退、作风萎靡的“病”，才可以打消个别党员干部躺在“功劳簿”上“吃一吃”老本的打算。

践行南泥湾精神，需要共产党人带头继续保持艰难困苦、玉汝于成的顽强意志，解决能力不足的问题。党的十八大以来，通过“八项规定”等一系列依规治党的新举措极大地纠正了不同程度存在的“乱作为”问题，但能力不足、经验不够和学习不够的问题日益凸显出来。而通过自力更生、艰苦奋斗，在判断新的形势和总结新的经验的基础上形成新的理论并增长新的本领，将是中国共产党人最终胜利的法宝。

践行南泥湾精神，需要共产党人带头继续保持一心为民、勤政亲民的公仆品格，解决脱离群众的问题。历史的经验告诉我们，要在革命的路上克难制胜，就必须依靠群众，要完成中华民族伟大复兴的中国梦，我们更加需要依靠群众，因此，对新时期的领导干部而言，为群众办事、处群众之中，全心全意为人民服务的宗旨要带头做，拜群众为师，请群众监督，群众是真正英雄的历史唯物主义观点要带头学。历史和现实在说明，只要党员干部真正的心系群众、埋头苦干，人民群众是会赞许我们的、拥护我们的、追随我们的。

践行南泥湾精神，需要共产党人带头继续保持艰苦朴素、严于律己的党员本色，解决消极腐败的问题。能否廉洁从政、能否廉洁用权、能否廉洁修身、能否廉洁齐家，是《中国共产党廉洁自律准则》对党员干部不同于一般党员的特殊要求。党的十八大后，新一届党中央领导集体履职伊始，就提出并带头执行加强作风建设的“八项规定”，一下子刹住了干部队伍中存在的各种不良习气。这再明白不过地说明了，制度再多、章程再多，如果没有领导带头，都是空的、假的。作为党员领导干部，必须以身作则、率先垂范，从我做起，从小事做起，从细节抓起，大力弘扬艰苦奋斗、勤俭节约优良作风，严于律己，改进作风，切实树好党员干部的先锋模范形象，习惯于在遵章守纪中做好工作、在严格律己中担当责任，真正在党员队伍中形成并保持在清风正气中干事创业的良好政治生态。

另一方面，以坚定不移的理想信念点燃谋事创业的激情，带头解决“知”的问题。作为共产党人的思想力量，自力更生、艰苦奋斗本质上要求我们继续保持革故鼎新、锐意进取的不懈追求。每个人的行动都是在自己的思想观念的支配下展开，因此，一旦思想上的第一个扣子扣错了，接下来行动就会接着错，思想上松一寸，行动上就退一尺，部分党员干部、甚至高级领导干部之所以丢掉艰苦奋斗的作风，堕落为腐败分子，根本原因在于动摇了理想信念，淡忘了党的宗旨。

延安时期共产党人自力更生、艰苦奋斗的力量来源于对理想信念的执着、对事业的必胜信念。把最大多数的最大幸福作为目标的政党才拥有超越失败的无私无畏，认定自己从事的事业是正义的党员才会有必胜信念，才会才拥有超然生死的义无反顾。今天没有公开的战场上的生与死来考验共产党人的理想信念，但理想信念仍然是今天的共产党人干事创业的信仰支柱和不竭动力。比如，为老百姓踏踏实实干几件事情容易，为党和人民老老实实奋斗一辈子事情就要靠理想信念支撑了，即便是今天，面对着能不能正确地对待组织、同志与个人的问题，面对着能不能正确地对待事业、付出与回报，同样考验着领导干部是否践行自力更生、艰苦奋斗的要求，同样检验着领导干部有无坚定不移的理想信念。

坚定不移的理想信念是需要建筑在科学的理论基础上的，而领导干部必须以艰苦奋斗的精神学习并掌握马克思主义理论武器。掌握马克思主义理论武装从来就不是唾手可得的事情，比如，只有真正学懂了中国现代史，才能明白中国在20世纪选择中国共产党、选择社会主义道路的历史必然性，只有真正掌握了政治经济学，才能明白中国在21世纪要实现民族伟大复兴与坚定不移地走中国特色社会主义道路的内在联系。掌握马克思主义理论武装从来就不是一蹴而就的事情，比如，只有系统学习从科学社会主义发展史、对比学习19世纪以来西方资本主义发展，才能正确辨明当代资本主义体系的复杂变化，才能坚定对科学社会主义发展道路的信心，才能坚定对共产主义的理想。掌握马克思主义理论武装从来就不是轻而易举的事情，比如，只有在与各种错误的观点和失败的教训、包括对历史虚无主义、民族虚无主义等错误思潮的较量过程中，才能逐渐学会并真正掌握用马克思主义立场观点和方法分析问题的能力，在形势发生变化或者遇到突发事件时，才不至于陷入迷茫和困惑、甚至会发生动摇。可以这样说，掌握科学理论的过程，就是确立共产主义世界观的过程，同时也是坚定正确的理想信念的过程。

只有以艰苦奋斗的精神进行理论学习掌握马克思主义这个真理，才能把社会主义、共产主义的坚定信念作为人生永恒追求，才能全面激发并持久保持对党的责任、对事业的责任、对人民的责任，才会有坚强的政治定力和人生定力，始终在大是大非面前不忘初衷，在金钱物欲面前淡泊名利，才能振奋精神，带着感情、责任和追求，克难前行，去创造出无愧于历史和人民的业绩。

历史同样证明，只有在秉持着南泥湾精神火炬的中国共产党人领导下，才能创造出改革开放40年腾飞这样的人间奇迹来。历史必将证明，只有在秉持着南泥湾精神火炬的中国共产党人领导下，才能继续引领全面深化改革的伟大斗争，实现百余年以来苦难深重的中华民族重新屹立于世界先进民族之林的中国梦。

南泥湾精神是中华民族伟大奋斗精神的传承，南泥湾精神没有过时，也不会过时。

执笔人：王　涛

17　延安县同志们的精神

中国革命在枪林弹雨中历练出了共产党的战士们勇于拼搏的精神，也淬炼出了党的战士、党的干部们勇于担当、敢于负责的优良作风。这种优良作风是革命成功的基础，也是干事创业的根基。20世纪三四十年代，在陕北的黄土高原上就有这么一批“蛮拼”的干部，他们不怕困难、敢于担当、勇于拼搏、敢闯敢干。

以延安为中心的陕甘宁边区一直是中共中央的所在地，是以毛泽东为核心的党中央领导中国革命取得胜利的指挥中心。陕甘宁边区各项事业的探索是中国共产党在特殊历史时期成功实现局部执政的典范，而这些事业的完成离不开“延安县的同志们”，他们是怎样的一群人呢?

1942年12月，毛泽东在给西北局高干会上作的《经济与财政问题》报告中，提出延安县同志们的负责精神。他说:“延安县同志们的精神完全是布尔什维克的精神。他们的态度是积极的，在他们的思想中、行动中，没有丝毫消极态度。他们完全不怕困难，他们像生龙活虎一般能够征服一切困难……这种精神，对于那些一遇困难就唉声叹气，就缩手缩脚的人们，对于那些办事不认真，得过且过，敷衍了事的人们，真是一个天上，一个地下！在这种精神下，延安同志们没有一件事不是实事求是的。

他们对于他们所领导的延安全县人民群众的情绪、要求及各种具体情况是充分了解的，他们完全和群众打成一片，他们有很好的调查研究工作，因而他们就学会了马克思主义的领导群众的艺术，他们完全没有主观主义、宗派主义与党八股。这种情形，对于那些处理问题不根据群众要求而根据主观想象的主观主义者，对于那些完全不作调查研究，工作三年五载、下情一点不知的官僚主义者，又是怎么样呢？岂不又是一个在天上，一个在地下吗！我们希望全边区的同志都有延安同志这样的精神，这样的工作态度，这样的和群众打成一片，这样的调查研究工作，因而也学会领导群众克服困难的马克思主义的艺术，使我们的工作无往而不胜利。”

延安县同志们“善于领导同志”。1942 年，西北局高干会议对延安县委、县政府给予奖励。原因是他们在领导群众劳动生产、发展经济方面表现突出，比如 1938 年至 1942 年共安置难民 3.8 万人；积极组织开荒，组织劳动力（如扎工、变工、集体工等），五年来开荒 34 万余亩，超过原有熟地数；领导南区合作社及其他各区合作社，1942 年全县合作社扩大股金数占边区合作社之半；1937 年有羊 80 头，现有羊 6005 头；1941 年首先运盐，去年 8000 驮任务也较早完成；机关生产有好办法，也有成绩……所有这些，如果没有善于领导同志的精神是不可能完成的。

在开荒方面，延安县 1942 年开荒 8 万亩，县委、县政府的政治动员工作有：每年根据实际情况制订农户计划，积极推行农贷政策。1942 年老户劳动力、畜力开荒共计 2.94 万亩，5.06 万亩左右则要依靠移民、难民来完成，实际情况是，当时生产资料短缺，就连开荒最基本的镢头、“梢镢”都没有。延安县同志们积极组织发放农贷，解决了难民开荒缺少生产工具的大难题。同时，他们还合理安排工作时间。利用农闲时间做动员工作，调动农民生产的积极性、主动性和创造性。春耕时，动员工作就尽量减少，让农民有充足时间去开荒劳动。另外，政府对开荒工作常抓不懈。1942年前后开区长会2次，发指示信3次，县府干部下区乡3次之多。区对乡工作的检查有的达七八次，最少也要3次，乡对村的检查也不少。

延安县同志们积极负责，把完成工作视为头等大事。大生产运动时期，为了加快农业生产，边区政府向群众们发放农具贷款。农具贷款可以极大地推动开荒工作的开展，干部们说“1942年农具贷款各种问题是必要的，迟一天少开多少荒地！”他们生怕晚一天影响进度，不能完成任务。有这样积极地工作态度，还怕有什么任务不能完成呢！

延安县同志们不怕困难，开创性地开展工作。1942年生产形势严峻，对开荒任务要求高，延安县的同志们任劳任怨，争先恐后，积极工作，想出了很多有效的解决办法，最终完成了开荒8万亩的骄人成绩。在完成开荒任务过程中有一项重要的举措，就是“依靠每个农户的生产计划”，在制定过程中，坚持几个原则，比如去年生产情形，今年可能扩大生产的条件，劳动力（人力牛力）的变化，农户本人自愿，还要经常性检查监督等。1942年延安县着重每一农户生产计划的制订，由本人家中商量好，本人同意订出的政府印制统一的表格，内容包括开荒除草等。计划订好，贴在每户的窑里，以后政府检查每户的生产计划时，即按此表进行。农户的计划的制定，非常细致，充分体现了实事求是的精神，这个计划是按照往年生产情形、今天可能扩大生产的条件、劳动力（人力牛力）多少来定，还有经常的检查督促工作。由于对工作的负责任，因此干部们就会想办法解决问题，在实际的摸索中，找到行之有效的办法。

延安县同志们“敢于大胆尝试新的办法”。这在今天就是改革创新的精神，在困难面前，敢于突破常规，尝试新的办法，解决问题，突破难题。为了推动边区经济的发展，陕甘宁边区发展农村合作经济。边区合作社事业在艰难探索的过程中多数存在着种种问题，群众有着各种各样的不满和怨言，但也涌现出了一批受群众拥护的合作社，它们在艰难中站住了脚跟。1942年西北局高干会上，延安南区合作社被评选为“模范合作社”而受到表彰，成为了合作社的典型和模范加以广泛推广。毛泽东说“南区合作社的道路，就是边区合作社事业的道路；发展南区合作社式的合作社运动，就是发展边区人民经济的重要工作之一”。延安南区合作社主任刘建章等人的开拓性尝试和探索，为边区合作经济打开了一条大道。刘建章多次说“办合作社就是群众雇下的伙计”；体会出那种宝贵的实事求是、大胆创造的精神，正是依靠这样一种精神才能不被陈规束缚，“敢于大胆尝试新的办法”，这是边区合作社事业在探索中发展的根本精神动力。

延安县同志们思想解放，善于社会治理。在陕北，传统习俗认为妇女就是“烧火做饭，养儿抱蛋”的工具，得不到社会尊重和公正对待。延安时期，在中国共产党的领导下，延安县同志们解放思想，把妇女从家务中解放出来，让妇女得到平等的社会地位，从事生产劳动，得到男人、社会公认。妇女参加生产，一年比一年多。特别是难民妇女，有开荒的、除草的、收割的。

党中央进延安城时，有一个社会现象很令人关注。那就是“二流子”特别多。延安县有民谣唱：延安府，柳根水，十有九个洋烟鬼。“二流子”就是没有正当职业而只能靠不良行为，比如偷人、嫁汉、赌博、贩卖违禁品、拐骗、当神婆神汉等来维持生活的人。据延安市调查，1937年前全市人口不到3000人，而流氓地痞就将近500人，占人口总数的16%。延安县1937年人口3万左右，流氓地痞是1692人，占总人口比率的5%。延安县同志们通过领导教育与群众监督结合，劝说感化与强制处罚结合，加以实际解决生产上的困难等办法，改造了“二流子”，让他们积极参加到生产劳动中来，取得了很好的社会影响。

习近平总书记在2015年新年贺词中的一句话给我留下了深刻的印象，他说：“为了做好这些工作，我们的各级干部也是蛮拼的。”的确，成绩的取得离不开各级干部的辛勤努力。干部是推动各项工作前进的根本动力，也是开创改革局面的生力军。干部是中国特色社会主义事业发展的基石，实现中华民族伟大复兴的中国梦要靠每一位中国人的努力来实现，特别是党的基层干部。

延安县同志们的精神，归根结底，就是敢于担当、对工作极端负责的精神，这种精神放在21世纪的今天仍不过时，值得新时代党员干部们继承和发扬。

担当就是承担并负起责任，是人们在职责和角色需要的时候，毫不犹豫，责无旁贷地挺身而出，全力履行自己的义务。今天我们党的干部都要学习延安县同志们的精神，扮演好自己的角色，担当好自己的担当。这种担当或从情感出发，或从责任感出发；或为亲友，或为家人，或为社会。“顺境逆境看襟度，大事难事看担当”，担当是一种高尚的道德品质、一种崇高的精神境界、一种催人奋进的力量、一种不辱使命的气概。勇于担当是一种精神，“肩扛千斤谓之责，背负万石谓之任”；甘于担当是一种情操，“临喜临怒看涵养，群行群止看识见”；乐于担当是一种态度，“接受工作不走样，执行任务不打折”；勤于担当是一种习惯，“做好分内是基本，做好分外是进取”；严于担当是一种要求，“为人避事平生耻，在其位要司其职”；善于担当是一种能力，“能干事者有机会，干成事者有地位”；精于担当是一种素质，要处处学、事事学。

时代在发展，社会在进步。如今，在为实现中华民族伟大复兴中国梦而努力奋斗的进程中，要面对更多艰难险阻，有更多任务需要我们去面对和承担，那就迎难而上，继承和发扬好延安精神，继承延安县同志们敢于负责，勇于担当的精神，勇于担当重任吧！

执笔人：刘小瑞

18 白求恩精神

亨利·诺尔曼·白求恩，是加拿大共产党党员、胸外科专家，1938年受加拿大共产党和美国共产党的派遣，不远万里，来到中国，以实际行动支持中国的抗日战争。1939年11月12日在河北省唐县黄石口村以身殉职。同年12月1日，毛泽东为延安各界举行的追悼白求恩大会亲笔题写了挽词："学习白求恩同志的国际精神，学习他的牺牲精神、责任心与工作热忱"，并于12月9日为八路军政治部、卫生部编辑的《诺尔曼·白求恩纪念册》撰写了《纪念白求恩》一文。毛泽东在文章中高度评价白求恩："一个外国人，毫无利己的动机，把中国人民的解放事业当作他自己的事业，这是什么精神？这是国际主义的精神，这是共产主义的精神，每一个中国共产党员都要学习这种精神。"

一、白求恩精神是国际主义的精神

白求恩，1890年3月3日出生在加拿大安大略省的格雷文赫斯特，是家中的长子。白求恩的祖父是加拿大多伦多大学三一医学院的创始人之一，是加拿大救死扶伤的名医，在多伦多教会医院工作。白求恩受祖父影响，从 8 岁起就开始对医学感兴趣，并决心长大也做一名外科医生。他把祖父的医生铭牌挂在自己卧室的门上，并从那时起要求大家不叫他“亨利”，要叫他“诺尔曼”。后来，白求恩考入多伦多大学开始学医。为了支付大学的学费，他做过轮船上的侍者、消防队员、记者、伐木工人、小学教师、夜校教师等。

第一次世界大战爆发后，1915 年，他报名去法国战场当了一名担架员，但由于受重伤被送回家。伤愈后他回到学校继续学业，于 1916 年获得多伦多大学医学学士学位。1918 年，白求恩参加了英国皇家海军，成为上尉军衔的外科医生，直到第一次世界大战结束。1922 年被录取为英国皇家外科医学会会员。1933 年被聘为加拿大联邦和地方政府卫生部门的顾问。1934 年成为魁北克一家医院的胸外科主治医师。1935 年成为蒙特利尔圣心医院胸外科主任，并被选为美国胸外科学会会员、理事。

1935 年 7 月，白求恩作为加拿大医学界的代表，到苏联列宁格勒参加国际生理学大会；同时，对世界上第一个社会主义国家的社会状况和医疗事业进行考察，令他耳目一新。回国后于 11 月秘密加入了加拿大共产党，决心为人类解放事业和共产主义事业而奋斗。

1936 年，德、意法西斯支持佛朗哥发动西班牙内战，援助西班牙民主委员会请求白求恩去领导设在马德里的加拿大医疗机构时，39 岁的白求恩已经是世界知名的胸外科医生，而且是加拿大年薪收入最高的医生之一。很多人都认为，这个请求太不现实了，尽管接受邀请意味着经济上的损失，白求恩还是义无反顾地接受了。1936 年 11 月 3 日，白求恩出发奔赴马德里，志愿去参加反法西斯斗争。在战场上，白求恩对输血进行了很多探索性的工作，并发明了世界上第一个流动医疗车和输血技术，流动医疗车可以储备为 500 个人进行包扎和做 100 个手术所需的药品和器械。1936 年第一次输血就成功地挽救了 12 名伤员的生命，被誉为当时军医界最伟大的创举。

1937年7月7日，中国抗日战争爆发以后，白求恩在洛杉矶市经过到美国宣传抗日的中国著名教育家陶行知先生的介绍，决心到中国去，支持中国的抗日战争。不久，他受加拿大共产党和美国共产党的派遣，于1938年1月8日告别亲人，率领由懂中国话的护士琼·尤恩等人组成的援华医疗队，从加拿大的温哥华市登上海轮，远渡重洋，经香港、武汉、郑州和西安，舟车劳顿，于同年3月底到达延安。周恩来、朱德分别在武汉、西安会见了白求恩。

在白求恩到达延安的第二天晚上，毛泽东就在凤凰山麓住处的窑洞里会见了他。两人在烛光下亲切地从夜里11时长谈到次日凌晨2时，坦诚地交换了对中国抗日战争的看法。白求恩联系自已曾经在西班牙反法西斯战争中实施战地救护的经验，认为如果有战地医疗队及时抢救，前线的重伤员有75%是可以救治和康复的。当时，抗战前线非常需要医术高明的医生，但前线又很危险，任务很重，条件很差，生活也很艰苦。因此，毛泽东邀请他留在延安主管八路军边区医院。白求恩说：我请求到前线去。一个军医的战斗岗位应该是离火线最近的地方。我从加拿大带来的二十多箱医疗器材，足够建一个战地医疗队。毛泽东非常兴奋地表示赞赏，在分别时还风趣地说：你长得很像列宁。白求恩说：因为我是列宁主义的实践者。当晚，白求恩在日记中写道："我在那间没有陈设的房间里和毛泽东面对面坐着，倾听他从容不迫的言谈的时候，我回想到长征，想到毛泽东和朱德在那伟大的行军中怎样领导红军经过二万五千里长途跋涉，从南方到了西北崇山峻岭的黄土地带。由于他们当年的战斗经验，使得他们今天能够以游击战来困扰日本军队，使侵略者的优越武器失去效力，从而挽救中国。""我现在明白了，为什么毛泽东那样感动每一个和他见面的人。他是一个巨人，是我们世界上最伟大的人物之一。"

二、白求恩精神是毫不利己、专门利人的精神

白求恩不仅医德高尚，还是一个医疗制度改革的倡导者。白求恩 1924 年来到美国汽车城底特律，开了一家私人诊所，成为正式的执业医生。在底特律的诊所里，他发现这个工商业突飞猛进的城市里居然有那么多的底层穷人付不起医疗费。耳闻目睹的社会现实已经让白求恩开始厌恶医疗制度的不平等。很多需要救治的穷人因为没有钱，只能忍受病痛的折磨或延误治疗。白求恩在底特律医疗社团里大声疾呼，批评当时的医疗制度。但是，社团的其他成员并不赞同他的意见。1934 年，随着经济形势的恶化，他越来越清楚地认识到社会的不平等，以及医术对救助穷人的局限性。

通过对社会的考察和思考，白求恩认为医学不但应该医治病症，还应该注意疾病的社会根源，并于 1935 年为失业者创办了一个免费诊所，1936 年又创办了由 100 多名医生、护士和社会工作者组成的蒙特利尔市人民健康团体，为最需要医疗救助的人提供帮助，成为加拿大医务人员实施的第一个促进社会化医疗的行动。他是加拿大第一个积极倡导社会化医疗制度的人，希望加拿大能够改革医疗制度。但他的建议并没有引起足够的重视。

1938 年 4 月，白求恩去前线的请求没有得到八路军卫生部的同意。原因是担心他的安全。有人说你年龄大了，需要照顾，前线既危险又艰苦，延安也需要他。白求恩知道后，用他独特的个性做了表达，他激动地跳起来，在窑洞里顺手抓起一把椅子气愤地向窗子砸去。因为用力过猛，椅子砸断了窗棂飞落到院子里。他激动地叫着:“我不是为了享受生活而来的。什么咖啡、嫩牛肉、冰激凌、席梦思，这些东西我早就有了！但是为了理想，为了信念，我都抛弃了。现在需要照顾的是伤病员，而不是我！”

1938 年 5 月，白求恩离开延安率领战地医疗队奔赴晋察冀前线，一路考察，一路诊疗，于 6 月 17 日到达晋察冀军区司令部驻地山西五台县

金刚库村，受到军区司令员聂荣臻等人的欢迎。他进了屋子开口说的第一句话就是:“伤员在哪里？”同志们都劝他先休息，他笑着说:“我是来工作的，不是来休息的，还是快些带我到伤员那里去吧。”第二天一早，白求恩就到了军区后方医院所在地——松岩口村。聂荣臻回忆说:“白求恩一到五台县，立即开始紧张的诊断医治工作。第一周就检查了医院全部 520 多位伤病员，第二周开始做手术；经过四周的时间，就治好 147 位伤员，使他们恢复健康，重返前线。”

白求恩到达晋察冀前线之时，正是中国抗日战争爆发之初。在日军的军事进攻和封锁下，八路军指战员有时只能用马饲料充饥，白求恩也曾经拿土豆当饭吃，艰苦的程度可想而知。他应聂荣臻聘请担任晋察冀军区卫生顾问时，毛泽东特别打电话给聂荣臻：每月要发给白求恩 100 元生活津贴，对他的意见和能力完全信任。白求恩得知消息后，立即给毛泽东写信:“我谢绝每月 100 元津贴，把津贴费交给医院作为伤员的营养费吧。”他还写道:“我深深地感到必须向中国同志学习，学习他们为美丽的国家而与野蛮的法西斯进行英勇搏斗的伟大精神。”

在工作中，白求恩更是殚精竭虑，恪尽职守。在 1938 年反“扫荡”中，他在六天内医治了 120 名伤员，做了 105 例手术。在八路军一二〇师师长贺龙指挥的冀中齐会战斗中，他连续工作 69 个小时，为 115 名伤员做了手术。在残酷的战争中，他丝毫不顾个人安危，而把不能挽救一名战士生命当作是对他最大的痛苦折磨。他还两次为伤员各输血 300 毫升。他对医护人员说:“我是 O 型血，万能输血者，抽我的！”“如果我们能用自己的鲜血，救活一个战士，就胜于打死 10 个敌人。”

1938 年 9 月 15 日，由白求恩建议创办的晋察冀根据地第一所“模范医院”在松岩口正式建成。在开诊典礼上，白求恩身穿八路军军服，满怀激情地发表了讲话:“我曾经参加过第一次世界大战，也参加过西班牙战争，然而像中国军队这种勇敢的精神，我在世界上还未曾发现过。我要对八路军和游击队伤员的勇敢和从不抱怨的精神表示钦佩！”

正由于白求恩具有“毫无自私自利之心”，他才能在国际法西斯势力猖狂肆虐的时刻，毅然决然舍弃优越的生活条件，抛弃名誉地位，不顾个人安危，义无反顾地奔赴反法西斯的战场。正因为白求恩具有“毫不利己专门利人”的人生观和价值观，他才能在工作和生活中充分发扬无私奉献的革命精神。

三、白求恩精神是对技术精益求精的精神

毛泽东在《纪念白求恩》里写道:“白求恩同志是个医生，他以医疗为职业，对技术精益求精。”

1929 年到 1936 年，是白求恩在医学上卓有建树的时期，他改进了 12 种医疗手术器械，包括肋骨剥离器在内的许多医疗器械直到今天仍然广泛应用于外科手术中；他发明了世界上第一辆流动医疗车，可以储备为 500 个人进行包扎和做 100 例手术所需的药品和器械；他在西班牙反法西斯斗争前线，发明了流动血库和输血技术。

白求恩到了中国，看到医疗条件太差，医生水平很低，战士得不到妥当的治疗，十分焦急，决心建一所正规的医疗学校进行教学，培训医生。他就地取材，设计了可由两头骡子负驮的手提式手术室。八路军的医务队伍，多数是农村战士参军以后边干边摸索成长起来的，没有可能得到基本训练。看到这种情况，白求恩亲自编写教材，亲自讲课。白求恩在救治成千上万个战士生命的同时，还完成了重要医学著作《游击战争中师野战医院的组织和技术》，被称为“他一生最后心血的结晶”。他还经常到各处医院去检查，连放茶杯盖时，口要朝上一类的细节也作出

交代。一次，他看到军医在手术间隙削梨吃，一时大怒，抓过梨扔出窗外。他看到医生给伤员正骨，竟忘记上夹板，当场给那位医生一巴掌，说：这会使伤员终身残疾的。发火过后，他依然耐心地给那位医生讲解为什么要上夹板，并演示操作要领。一时间白求恩的事迹广为传颂，白求恩也成为战士们的保护神。战士们说:有白求恩在，他们的生命就有保障。“进攻！白求恩和我们在一起！”成为战士们冲锋陷阵时呼喊的口号。

当时，有些伤员分散在根据地的居民家里，白求恩和医疗队冒着危险去为他们做手术。4 个月行程 1500 余里，做手术 315 次，建立手术室和包扎所 13 处，救治伤员 1000 多名。为了方便战地救治，他们组成流动医院，制作了药驮子，可装做 100 次手术、换 500 次药和配制 500 个处方所用的全部医疗器械和药品，被称为“卢沟桥药驮子”；制作了换药篮，被称为“白求恩换药篮”。

白求恩对人民对同志极端地热忱，对工作对伤员高度地负责任，总是给予无微不至的爱护。他宁肯自己挨饿受累，也要尽量减轻伤员的痛苦。他把布鞋拿给伤员穿，自己穿草鞋，甚至打赤脚。他在手术之余，还编写了《初步疗法》《战地救护须知》《十三步消毒法》等教材，翻译后印发给大家，为中国培养医护人员，极大地提高了抢救效率。他是技术高超的专家，却拒绝享受高于别人的津贴。他曾说：“你们不要把我当作古董（瓷瓶），我是来工作的。你们要拿我当一挺机关枪来使用。”

1939 年 10 月 28 日，白求恩在给一名重伤员做完截肢手术，在清理伤口时不慎划破手指。11 月 1 日，送来了一名得了蜂窝状组织炎的重伤员，白求恩坚持为他做手术时，不幸感染中毒并发生败血症。聂荣臻命令医院和部队不惜一切代价抢救白求恩。11 月 12 日，白求恩写了遗嘱：“亲爱的聂司令员：今天我感觉非常不好——也许我会和你们永别了！我唯一的希望就是能够多有贡献……每年要买 250 磅奎宁和 300 磅铁剂，专为治疗患疟疾者和贫血病患者。千万不要再到保定、天津一带去购买药品，因为那边的价钱要比沪、港贵两倍……最近两年是我平生最愉快、最有意义的日子。让我把千百倍的谢忱送给你和其余千百万亲爱的同志！”在生命的最后一刻，白求恩还对身边的同志说：“请转告毛主席，感谢他和中国共产党给我的帮助。我相信，在毛主席的领导下，中国人民一定会获得解放！”

白求恩不幸逝世后，中共中央发了唁电。朱德总司令也致电他的亲属并撰文表示沉痛哀悼和深切慰问。陕甘宁边区政府送的挽联这样写道：“万里跋涉，树立国际和平，堪称共产党员模范；满腔热血，壮我抗战阵垒，应作医界北斗泰山。”这是对白求恩精神真切的写照。

四、弘扬白求恩精神，做有益于人民的人

中国人民永远不会忘记白求恩。新中国成立以后，他的陵墓就由河北省唐县迁至石家庄华北军区烈士陵园，并建有白求恩纪念塑像。“白求恩奖”成为全国卫生界的最高奖项。白求恩成为广大医务工作者和共产党员学习的榜样。正如中华人民共和国名誉主席宋庆龄生前所说：“新中国永远不会忘记白求恩大夫。他是那些帮助我们获得自由的人中的一位。他的事业和他的英名永远活在我们中间。”2009 年 9 月 10 日，白求恩入选为“100 位为新中国成立作出突出贡献的英雄模范人物”。2009 年 10 月 24 日《人民日报（海外版）》刊登消息，由中国国际广播电台发起并联合中国人民对外友好协会和国家外国专家局共同主办、由国际在线网站承办的“中国缘 · 十大国际友人”网络评选活动，历时 40 天揭晓，此次评选活动投票总数 560 多万张，足以说明参与人数之多。4694484 位中国网民，将宝贵的一票投给了白求恩大夫，位居首位。

当年，毛泽东《纪念白求恩》一文充分肯定白求恩精神是国际主义

的精神，是共产主义的精神，高度赞扬“白求恩同志毫不利己，专门利人的精神，表现在他对工作的极端的负责任，对同志对人民的极端的热忱”。同时，毛泽东批评了党员队伍中存在的不良现象：“对工作不负责任，拈轻怕重，把重担子推给人家，自己挑轻的”；“一事当前，先替自己打算，然后再替别人打算”；“出了一点力就觉得了不起，喜欢自吹，生怕人家不知道”；“对同志对人民不是满腔热忱，而是冷冷清清，漠不关心，麻木不仁”；“见异思迁”，“鄙薄技术工作以为不足道，以为无出路”。毛泽东指出：“这种人其实不是共产党员，至少不能算一个纯粹的共产党员。”毛泽东号召“每一个共产党员，一定要学习白求恩同志的这种真正共产主义者的精神”。在文章的结尾，毛泽东语重心长地写道：“我们大家要学习他毫无自私自利之心的精神。从这点出发，就可以变为大有利于人民的人。一个人能力有大小，但只要有这点精神，就是一个高尚的人，一个纯粹的人，一个有道德的人，一个脱离了低级趣味的人，一个有益于人民的人。”

时光荏苒，70 多年过去了，中国和世界都发生了巨大的变化。中国共产党已经由当时只有约七十万名党员、局部执政的政党，发展壮大为拥有 8800 万多名党员、在和平环境中长期执政的党。在机遇和挑战并存、信心和忧患同在的国内国际条件下，我们必须进一步加强和改进党的建设，永远保持共产党员的先进性。毫无疑问，大力宣传和弘扬白求恩精神，正是题中应有之义。然而，令人遗憾的是，毛泽东在《纪念白求恩》中批评的不良现象，如今在一些党员和领导干部中屡见不鲜甚至有过之而无不及。尤其有的人公然说：提倡“毫不利己，专门利人”就是“完全扼杀人的个人性”，提倡“为共产主义这样一种全人类的‘共同理想’贡献一切”，就是“强迫你牺牲生命，也就是可以杀人”，否定甚至荒唐地批判白求恩精神，公然宣扬拜金主义、享乐主义、利己主义等腐朽思想和腐败行为，这不能不引起我们的高度警觉！

邓小平曾经指出:“我们在新民主主义革命时期，就已经坚持用共产主义的思想体系指导整个工作；用共产主义道德约束共产党员和先进分子的言行；提倡和表彰‘全心全意为人民服务’，‘个人服从组织’，‘大公无私’，‘毫不利己、专门利人’，‘一不怕苦、二不怕死’。现在已经进入社会主义时期，有人居然对这些庄严的革命口号进行‘批判’，而这种荒唐的‘批判’不仅没有受到应有的抵制，居然还得到我们队伍中一些人的同情和支持。每一个有党性、有革命性的共产党员，难道能够容忍这种状况继续下去吗？”……“我们一定要宣传、恢复和发扬延安精神，解放初期的精神，以及60年代初期克服困难的精神。”①

面对新形势、新任务、新矛盾和新问题，我们学习邓小平的论述，旗帜鲜明地坚持马克思主义在意识形态领域的指导地位，继承和发扬党的优良传统和作风，坚决抵制和纠正各种违背人民大众根本利益的奇谈怪论和错误言行，为全党和全国各族人民团结奋斗提供良好的社会氛围、强大的精神动力和可靠的思想保证。

温故而知新，继往又开来。弘扬白求恩“毫不利己专门利人”，“毫无自私自利之心的精神”，是时代的需要，也是建设中国特色社会主义的需要。我们每一个共产党员首先是各级领导干部，都应当始终践行“全心全意为人民服务”的根本宗旨，不断加强党性修养和人格修养，做一个有益于有利于人民的人，而不是一个有损于有害于人民的人；谨防由人民公仆异化、蜕化为人民公敌。

执笔人：王　健

① 中共中央文献研究室编:《毛泽东邓小平江泽民论党的建设》，中央文献出版社、中共中央党校出版社1998年版，第427、430页。

19 张思德精神

张思德精神的主要功能，就是教育、启发党员干部弘扬张思德精神，强化宗旨意识，进一步解决好“为了谁”（宗旨）的问题，更好地全心全意为人民服务。习近平在党的十九大报告上明确要求要把理想信念、宗旨教育作为党的建设的“根基”夯实打牢，要求全党“不忘初心，牢记使命”，其实质就是不忘人民，不忘为人民谋幸福、为民族谋复兴，彻底地为人民的利益而工作。

我们党的“宗旨”从哪里来？为什么“为人民服务”成为党的“宗旨”？当年领袖毛泽东面对张思德牺牲的事，看小想大、用小说大、以小见大，用“小人物”说大事、论大理，做出了一篇《为人民服务》的大文章。

1944年9月8日下午，在延安枣园村西山脚下一个小操场上，毛泽东参加了普通战士张思德的追悼会，并且没用讲稿即兴发表了著名的讲话。当时，毛泽东讲话及张思德追悼会的情况在《解放日报》上以《为人民的利益而死，是死有重于泰山》为题予以报道。1953年，毛泽东的讲话以《为人民服务》为题，收入了《毛泽东选集》。从一定意义上说，“为人民服务”宗旨的提出正始于此。

毛泽东亲自给张思德开追悼会，是因为其生前短暂29年人生中工作、为人特别好，领导喜欢、战友认可、老百姓夸奖。初夏时节被抽出去烧炭，本来快烧完要撤回来了，没想到噩耗传来人没了。好战友突然离去，人们感情上都很难接受，都很惋惜，一时成了爆炸性新闻，战友们四下都在议论这个事。张思德是毛泽东住处办公地窑洞前院子里的警卫战士。毛泽东不仅经常听到大家对张思德的好评价，而且有时直接将其表现看在眼里。张思德的牺牲所引发的这么大的反响，让毛泽东陷入了深入思考：国共两党二次合作中，多数国人对国民党比较熟悉，对共产党还不是太熟悉。如果我们的党员、我们的干部战士都能像张思德那样，在人们心目中有这样好的口碑和人气，我们赢得人民的支持拥护就是必然的。

张思德精神的实质，就是完全彻底地为人民服务，体现出两个忘我：忘我地工作、忘我地助人。具体形象地概括，就是“三个不忽悠”：不忽悠工作、不忽悠他人、不忽悠自己。尤其“不忽悠自己”就是说得少、做得多，甚至只做不说，做人做事低调、不事张扬。毛泽东说他最大的优点是：只做事不吭声，嘴巴都长到别人身上去了。张思德从军11年入党7年，3次负伤、3次过草地、4次翻雪山，当过通讯班战士、特务团战士和警卫战士。当兵打仗时是出了名的，冲锋陷阵、勇猛顽强、舍生忘死，绰号“小老虎”。在一次战斗中，他只身闯入敌阵，硬是从敌人机枪射手手中把机关枪抢下来，自己负了伤。他还哪用哪到，党让干啥就干啥。开荒种地、喂猪养鸡、纺线烧炭，干一行爱一行、专一行干好一行。他有三个一绝：(1)烧炭一绝。当地老百姓烧一窑炭要用十来天，而他仅需要用七八天。(2)打草鞋一绝。可以一夜打三双。其追悼会上，干部战士、老百姓共一千多人，大家泣不成声，因为很多人脚上穿的都是张思德给编的草鞋。(3)“说到做到”一绝。做事“不掉链子”，言必信、行必果，领导或他人交办的事，宁可自己扒层皮、掉块肉，也确保按时按质按量完成。张思德刚到中央警卫团时，由于军队整编，要精简人员，他由班长降到战士。当组织上征求意见时，他说:“当班长是革命需要，当战士也是革命需要。”高高兴兴地去站岗放哨、去烧炭，最后因炭窑崩塌而光荣牺牲。张思德是平凡人，做的也是平凡事，但他也是不平凡的，他是党的宗旨的化身，是做人的楷模、做事的标兵。

毛泽东《为人民服务》讲话，前三段和最后一句话特别重要。

毛泽东讲话第一段开宗明义，讲了共产党是啥、要干啥。是啥？是革命的队伍。要干啥？“完全是为着解放人民的，是彻底地为人民的利益工作的”。这一段可以说是讲清了一个关系，仆人与主人的关系；讲清了一种价值，共产党及其军队产生、存在、发展必要性的社会价值。

第二段讲了人的生死观、价值观、人生观问题。他说：人总是要死的，但死的意义有不同。“或重泰山”，“或轻鸿毛”。怎么叫死的有意义呢？怎么叫“重于泰山”呢？毛泽东说:“张思德同志是为人民利益而死的，他的死是比泰山还要重的。”咋看活得有价值这个问题？没有一定前提、原则、标准，谁也说不清。“穿衣戴帽各好一套，萝卜白菜各有所爱”。你愿做官，他愿发财，还有人愿做学问当专家。市场经济条件下价值多元，这都不失为很好的人生价值选择。毛泽东把共产党人的人生价值标准说到位、讲到家了。按照一些人的世俗标准，张思德不争名利，年纪轻轻就牺牲了，似乎是吃了大亏，但他不怕吃亏、乐意吃亏、勇于吃亏的人格人品，却在人们心中留下了一座永远不倒的丰碑，成为党和人民世代敬仰的光辉典范。有位学员听课后作诗谈体会说:“默默无闻话语少，忘我工作和助人。服务人民原生态，‘傻子精神’最为真。众人服气不靠嘴，心中有你重泰山。领袖悼文传千古，不朽悲歌靠做人。”毛泽东第二段话实质上又说清了一个关系，吃亏与丰碑的辩证关系；讲清了一种价值，共产党人人生标准的最高价值、最高境界。

前面我们说了吃亏与丰碑的道理，但谁认可你是丰碑呢？这就是毛泽东讲的第三段话，“因为我们是为人民服务的，所以，我们如果有缺点，就不怕别人批评指出。”“为人民的利益坚持好的，为人民的利益改正错的，我们这个队伍就一定会兴旺起来”。衡量一个人的工作咋样、为人咋样、人品咋样，衡量一个单位、一个组织、一个地方的工作质量咋样，最权威的评判人是人民群众。我们党和国家及一个地方、一个单位的工作往哪里努力？说到底就是实现人民群众的所思所想，顺民心合民意谋民利，这就是指南针的引导引领作用。我们常说工作要以马列毛邓等理论为行动指南，但这个指南是过程而不是目的。今天，我们就是要高举习近平新时代中国特色社会主义思想伟大旗帜，用以指导我们更好地奔向解决民心、民意、民利这件终极大事。毛泽东这段话又讲清了一个意义，度量衡和指南针的意义。讲清了一种价值，人民利益对于党和国家及各方面工作所具有的决定性作用的价值。习近平在十九大报告上提到“人民”二字多达二百多处，其分量、意义正在于此。

毛泽东讲话的最后一句是“使整个人民团结起来”。“今后我们的队伍里，不管死了谁，不管是炊事员，是战士，只要他是做过一些有益的工作的，我们都要给他送葬，开追悼会”。可见，开追悼会不是目的，而是方法和手段，目的是通过张思德的事，使人民团结起来并且认识到自己的利益，跟着共产党为实现自己的利益去战斗，这是毛泽东为什么给张思德开追悼会的良苦用心所在，也是张思德精神的最高境界——为人民服务！

执笔人：李世明

20　延安劳模精神

劳模精神，是延安精神的一种原生形态，它产生形成于延安时期的劳模运动中。劳模运动是随着边区大生产运动的发展，由局部到全面，逐步发展起来的。抗日战争进入相持阶段后，日本侵略者对各抗日根据地实行了极其残酷的“三光”政策，国民党顽固派对陕甘宁边区进行了军事和经济上的层层封锁。再加上，陕甘宁边区地处黄土高原西北部，地广人稀，土地贫瘠，交通不便，生产落后，这使得边区处于了极其困难的境地。面对如此严峻的现实，要抗战，要生存，就必须开展生产运动，毛泽东号召陕甘宁边区全体党政军民“自己动手，丰衣足食”，于是从 1938 年一直到抗战胜利前，陕甘宁边区开展了轰轰烈烈的大生产运动。在大生产运动初期，为了更广泛地动员和鼓励战时生产，提高工人的劳动热忱和纪律性，鼓励改良生产技术和生产工具，1938 年年初，陕甘宁边区举行了“延安工人制造品竞赛展览会”，延安开始了劳模运动。1940 年 1 月与 5 月，又先后举办了边区农业展览会与边区工业展览会，两会评选奖励了劳动英雄，少则数十名，多则数百名。从此，边区的劳模运动便逐渐开展起来，这个阶段初步涌现出了一批劳动英雄。

1942 年到 1943 年，随着大生产运动的全面开展，劳模运动也普遍发展开来。这一时期，边区留守各部队、机关、学校和其他工作方面都开展了劳模运动，产生了各自的英雄和模范。1942 年，劳动英雄不断涌现，工厂中出现了赵占魁，农村中出现了吴满有，合作社出现了刘建章，机关中出现了黄立德等著名的劳动典型，劳模运动开始形成了以个人来命名的运动阶段，其中最著名的就是吴满有运动和赵占魁运动。在吴满有运动和赵占魁运动的带动下，边区农业、工业和其他战线上涌现出大批的劳动英雄和模范工作者。为了树立样板，典型引路，在 1942 年年底到 1943 年年初召开的西北局高干会上，表彰奖励了成绩卓著的王震、习仲勋、黄静波等 22 名生产英雄。1943 年年初，党中央号召 1943 年边区要达到丰衣足食，这一号召得到了边区军民的积极响应，边区各系统迅速掀起了生产竞赛热潮，劳模运动也逐渐达到了高潮。1943 年 11 月 26 日，陕甘宁边区第一届劳动英雄与模范生产工作者大会和第三届生产展览会同时召开，朱德、彭德怀、林伯渠、贺龙等出席大会并讲话。毛泽东参观了展览会并邀请劳动英雄座谈，在招待劳动英雄代表会上发表《组织起来》的讲话，高度评价了劳动英雄们的作用。第一届劳动英雄大会后，边区的劳模运动随着生产运动的深入发展而进入一个更高阶段，从军事、政治、文化、卫生、司法等各项建设运动中产生出更多的劳模。1944 年 12 月 22 日，边区第二届劳动英雄与模范工作者大会开幕，出席会议的代表共 476 人，大会给 436 名英雄代表和 5 个先进集体颁发了奖金、奖状和奖旗。两次劳模大会把边区劳模运动推向了高潮。1944 年到 1945 年大生产运动和劳模运动得到更大发展。最终这场大生产运动和劳模运动粉碎了国民党的封锁，打破了制裁，不仅解决了边区的吃饭穿衣问题，挽救了边区政权的生存危机，更铸就了强大的延安劳模精神。在大生产运动中，毛泽东、周恩来、朱德、任弼时、林伯渠等中央领导都是身先士卒，亲身垂范，带头参加开荒种菜、捡粪、放线等劳动，更使这种精神进一步凝聚和升华，成为了一种可以战胜任何困难的巨大精神力量。

延安劳模精神有着丰富的内涵，在 1944 年 12 月 22 日召开的陕甘宁边区劳动英雄和模范工作者大会上，对延安劳模精神作了很好的概括与揭示，这就是：勇于创新，乐于奉献的精神；无限忠诚，埋头苦干的精神；以身作则，大公无私的精神。

勇于创新，乐于奉献的精神。劳动英雄在生产上成绩卓著，有新的创造，堪称榜样和典范，他们的思想意识和道德品质也为广大群众敬佩。如在党的培养教育下成长起来的特等劳动英雄赵占魁，陕甘宁边区第一个农民劳动英雄吴满有等，他们身上都闪烁着勇于创新、乐于奉献精神的光芒，尤其是在赵占魁身上表现得尤为突出。赵占魁是当时延安温家沟农具熔铁炉的看火工，他以厂为家、专挑重担，在高达 2000 摄氏度以上的熔铁炉旁，为制造犁铧和枪炮，夜以继日地冶炼铁水，被毛泽东称为中国式的斯达汉诺夫。同时，他更勤于钻研业务知识，改进熔炼技术，无私传授技艺，在他的努力钻研和实验下，使产品的合格率由过去的 40% 提高到了 65%，铜罐的化铜次数增加了两倍，并使耐火器材的耐火温度赶上了当时中国有名的安阳耐火器材，创造了一个又一个奇迹。

无限忠诚，埋头苦干的精神。在模范工作者的群体中，每位劳模都放射着无限忠诚、埋头苦干的精神光芒。如被誉为合作经济功臣的刘建章，在他的智慧和埋头苦干下，把延安南区合作社由一个小消费合作社，发展成了一个经营生产、消费、运输、信用的综合性合作社。南区合作社是党中央到陕北以后，于 1936 年 12 月 20 日在延安沟门上创办的一个小消费合作社。1937 年 3 月，刘建章接手南区合作社，他以实事求是的工作态度，冲破教条主义、公式主义，不拘守成规，制定实施了取消社员入股金额限制、不限制社员对股金处理的权利、不限制社员资格、不限制入股形式等一系列措施，并突破合作社的经营范围，将业务逐渐扩展到生产、运输、信用等各方面，使南区合作社成为综合性的大合作社。在他的掌舵下，南区合作社积极地开展了为群众代交公粮、包运公盐、代交人民的各种负担，优军优抗、代政府发放农贷、征收牲口税、安置难民等社会服务事业，南区合作社成了南区人民的经济中心，成了在政府和群众之间一座宽阔的桥梁。作为南区合作社的开办元老，刘建章始终保持着艰苦朴素的生活作风，认真遵守工作纪律，埋头苦干、一心为公，从来不考虑个人利益。1942 年 12 月，毛泽东在陕甘宁边区高干会上，为刘建章题词:“合作社的模范”。

以身作则、大公无私的精神。这是劳动英雄和模范工作者共同的精神特征。在陕甘宁边区的生产运动和经济建设中，涌现出许多科技劳模，群星荟萃，光彩耀人。以身作则，大公无私的精神在他们身上显现得淋漓尽致。如边区军事工业的领导者李强，他自学军工知识，以用带学，以学促用，有力地推动了解放区弹道学研究的发展。他以身作则、大公无私，尊重知识、尊重人才，发现、培养和使用了大批军工人才，为边区的军事工业发展作出了杰出贡献，1944 年 5 月被评为边区特等劳动英雄，并荣获毛泽东亲笔题写的奖状:“坚持到底”。还有边区化学工业的奠基者钱志道，边区石油开采与化工的领导者陈振夏，边区机械生产制造的带领者沈鸿等等，他们在各自的岗位上，都以身作则、大公无私、埋头苦干，践行着延安劳模精神的主题内涵。

陕甘宁边区所涌现出来的这些成千上万的劳动英雄和模范工作者，在当时产生了极大的社会效应，毛泽东在陕甘宁边区劳动英雄和模范工作者大会上将其概括为：带头作用、骨干作用、桥梁作用。在劳动中，劳模们创造了超过一般人的劳动标准和工作标准，他们在劳动中的优异表现成为了周围群众的学习楷模与榜样，起到了带头和骨干作用，同时边区政府再以劳模的标准号召群众，把低标准逐渐提高，把劳模的标准由个别逐渐普及一般，从而有效地推动了大生产运动的前进。劳模的突出表现，使他们在群众中树立了威信，成为团结群众的核心，从而也成了党和群众结合的桥梁。他们把群众的实际经验和具体要求带给领导，又把党的方针政策带到、贯彻到群众中去，使党和群众密切结合起来。总之，前所未有的大生产运动和劳模运动，产生了伟大的劳模精神，并成为动员和鼓舞边区人民战胜困难、坚持抗战的精神动力。当前，中国特色社会主义进入新时代，新时代新使命，迫切需要全社会弘扬劳模精神和工匠精神，营造劳动光荣的社会风尚和精益求精的敬业风气，加快建设知识型、技能型、创新型劳动者大军，为深化供给侧结构性改革、建设现代化经济体系提供有力的人才保障。

执笔人：谷少杰

21　延安五老精神

“延安五老”是指徐特立、吴玉章、谢觉哉、林伯渠、董必武。延安时期，他们在不同的工作岗位上为党和人民的事业做出了重要贡献。其中，徐老和吴老主要从事教育工作，林老主要从事政府工作，谢老主要从事参政议政工作，董老主要在国统区从事统战工作。在“五老”身上显示出老一辈革命家的高尚情操和崇高品格，他们对党忠诚，服务人民。“五老”精神说到底就是全心全意为人民服务的精神，集中体现为“甘为民仆耻为官”的精神、深入实际调查研究的精神、廉洁奉公的精神、自我批评的精神和关心群众疾苦的精神。这些精神体现在他们日常工作和日常生活中的一点一滴中。

一、甘为民仆耻为官的精神

红军长征到达陕北后，延安成为全国人民向往的圣地，一批批革命热血青年冲破重重阻碍来到延安，其中不少人进入自然科学院学习。他们的革命热情高昂，斗争情绪热烈，但起初还不懂得革命创业的艰难。刚来到自然科学院，有些学生过不惯艰苦的生活，不愿意吃小米、野菜、黑豆，个别人吃馒头还要剥皮；衣服脏了，要送给老乡洗。徐特立耐心地教育学生：“俭朴生活，不但可以使精神愉快，而且可以培养革命品质。”并勉励大家要“用勤俭克服贫困，以整洁维持精神”。在紧张的工作之余，徐特立经常在晚上组织读书会、漫谈会；到学生宿舍，同同学们谈理想，谈学习，激发大家艰苦创业奋发有为的革命热情。他常常同同学们谈心，谈到很晚，学生们要送他回宿舍，他总是一挥手诙谐地说：“自力更生嘛！”为了使学生树立正确的政治方向和确立艰苦朴素的工作作风，徐特立坚持贯彻教育与生产劳动相结合的方针，他鼓励大家要“树立人民公仆的理想，拜工农为师，学习他们艰苦朴素、艰苦奋斗的优良品德”。①

为了适应革命形势大发展的需要，中共中央决定扩大抗大，在原来一至八队的基础上又新增设了九至十四大队，把新增设的六个队统编成抗大第四大队。第四大队的学员来源广泛，除了从各地投奔延安的青年学生外，还有原东北军学兵队青年军官和原西北军青年学生队，另外还有来自国统区的共产党员以及与党有过工作关系的人员，还有归国青年侨胞，简直成了革命的军政干部综合学院。领导这个大队，培养出能迅速胜任抗日工作的干部，无疑是一副重担。中央决定，由董必武担任这个大队的政治委员。1937 年 2 月董必武正式就任。在他的带领下，第四大队成了学习和继承党的艰苦奋斗优良传统的大课堂。在这个温暖的革命熔炉里，每个学员的学习时间虽然只有短短的几个月，却都认为是一生中最难忘的黄金时光。

为了完成培育革命新生力量的任务，年届五十一岁的董必武精神百倍。他住在延安城东门外孔庙院内，却常常在城外的清凉山下营房、城

---

① 徐禹强、徐文浩主编：《万世师表徐特立》上卷，中国档案出版社 1998 年版，第 349—350 页。

内府衙街及城隍庙里出现。早晨，他在起床号之前起床，然后带队出操；上课时，他不是亲自授课，就是陪同邀请的中央领导人讲课；课余，他带领学员唱革命歌曲，看学员演戏、赛球，看列宁室的墙报。在生活上，他同普通学员一样吃小米、南瓜、土豆，有时同样吃给牲畜作饲料用的煮黑豆。他对青年的关心胜似父母，经常到学员宿舍问寒问暖，关心他们思想成长和生活状况。董必武被公认为是“培养一代人才的匠师”，“言传身教的楷模”。[①]

二、深入实际调查研究的精神

著名爱国将领续范亭曾赋诗赞誉林伯渠：“人人争识林老头，亲切有如家人父。灯前细谈几件事，米面油盐棉花布。”这是他对林伯渠深入实际调查研究关心群众利益的恰当评价。1941 年是边区征缴公粮最重的一年，边区参议会一结束，年近花甲的林伯渠冒着风雪严寒，亲自率领一支 20 多人的调查队，赴甘泉、富县进行调查研究。他带着这个问题深入农村，深入农民中了解群众的反映，并广泛听取群众对政府工作的意见。调查队采用“解剖麻雀”的方法，选择了甘泉县三区二乡为对象，把 20 多人分成多个小组，到行政村或自然村，一面参与行政工作，一面进行调查研究。他每到一个地方，群众就会络绎不绝地去看望他，向他诉说衷肠。凡和他谈过话的老乡，都异口同声地说：“这才是我们的主席呀！没有一点官架子，奇怪的是，我们的一切他都知道哩！”考察回来后，续范亭曾写诗赞誉他：“年来足迹遍神州，革命先锋一老牛。不学导引不

---

① 《董必武传》撰写组：《董必武传（1886—1975）》上，中央文献出版社 2006 年版，第 293—294 页。

避世，童颜鹤发自风流。”林伯渠深入实际、调查研究的精神，使干部和群众深受教育。他的甘泉、富县调查，为广大干部学习和坚持一切从实际出发、大兴调查研究之风带了好头。①

谢觉哉作为边区人民司法制度的奠基者，深知“民主政治的支柱在于广泛的乡村下层”，而选举运动的重要基础在于县乡选举。1936年，他深入中央直属县——保安县的麻子沟乡、叶沟乡、顺宁乡搞乡选试点，同群众同吃、同住，耐心细致、不厌其烦地给人民群众解答选举中的有关问题。他将乡选的试点经验在县区推广，实现了有史以来的第一次直接的、普遍的无记名选举，很快选出了乡、区、县的民主政府，达到了“搞成榜样，让全区以至各解放区都照着做”的预期目的。在司法审判工作中，谢觉哉同样重视调查研究，强调证据。有一次，他看到一份上报子洲县的一个土匪抢劫案的案卷，说这个抢劫犯曾作案50余起，释放后又重犯，不杀不足以平民愤。但案卷中并未说明这50余起抢劫案的时间、地点、被抢劫对象的姓名、抢劫后果等关键事实。他没有轻易批示照准，而是指示报案机关重新调查审理。经过复查，证实此人只抢劫过三次，曾被政府逮捕过，但经过教育后并未再犯，原来上报的案情是此人在抢救运动中乱供的，办案人员没有经过调查，仅凭口供就进行了判决。②

三、廉洁奉公的精神

1937年秋，董必武秘密地从延安去湖北，经过西安时出于安全要求

① 《林伯渠传》编写组:《林伯渠传》，红旗出版社1986年版，第174—271页。
② 马连儒:《谢觉哉评传》，湖南人民出版社1989年版，第215、231页。

要改变装束，打扮成国统区的绅士模样。当时的绅士，身穿长袍马褂，头戴礼帽，脚穿皮鞋。当跟随的工作人员上街采购时，董必武规定：只给他买一顶三块多钱的礼帽，一双最普通的皮鞋。工作人员认为太寒酸了。董必武说：我们共产党人是要革命，不是要讲阔气。同国民党比，要比革命，比谁是真正为亿万中国人民谋利益，比谁能得到中国劳苦大众的拥护。我们出来花一分钱，都要想到党中央、毛主席和解放区人民的艰苦生活，想到敌占区人民逃荒要饭的情景。我们不是要做“长命”绅士，只要扮演一个“舞台”绅士，穿戴得像个绅士样子上台应付就行了，下台后谁还穿它呀！买这么好的长袍马褂、礼帽、皮鞋，不是浪费吗？！这样的事情还有很多。在武汉期间，董必武经常要参加一些会议，还要同国民党的官员、民主人士、国际友人等会晤，每项活动都需要事先约定时间，没有一块手表，十分不方便，他身边的工作人员劝他买一块，他没有同意。工作人员坚持说：没有一块手表，掌握不好时间，会影响工作。但由于董必武坚持不肯多花钱，结果只花一块多钱买了一只又大又响的怀表，被大家称为“火车表”。董必武对这只便宜的怀表很满意，说：“这就很好，反正快慢误差不超过半个小时就行。有约会时，钟快了我晚点去，钟慢了我早一点去，不就调对了吗”。董必武是中共代表团的成员，又是我党参加国民参政会的七个参议员之一。他身居高位，又活动在南京、武汉、重庆这样的大都市里，可是他从来没有利用职权牟取私利，就是按照规定给他的待遇他也往往不要，而是给自己定了很低的生活标准。他每月可以领到一笔可观的参政员薪俸，他自己不用，都交给了组织。在南京办事处期间，董必武享受供给制，办公用品、日常生活用费均实报实销。越是这样，他越舍不得多花一分钱。由于年迈体弱，每天还要工作十多个小时，他经常感冒咳嗽。身边的人员劝他去医院，他却毫不介意地说：“这点小毛病算什么事，去医院看病可以供解放区一个人生活一年，不合算，我们自己弄一点中药吃就好了。”

四、自我批评的精神

1943年，谢觉哉虚岁六十，元旦这天，他口占诗一首，其中说："曾过两万日，欣逢六十春"，"事已年年旧，行须日日新。重生今打算，未惜鬓毛陈"。从这年一月开始，他连续写了十篇反省文章，"好的坏的，和盘托出"，其目的在于挖掘自己一生走向革命的积极和消极因素，确立自己今后继续改进的主要方向。1943年5月，谢觉哉在《六十自讼》一文中说："革命要求我贡献一切，要求我尽一切可能，而我所贡献却太渺小"，"假如我以前更努力些，特别是入党以后，我的成就也许更大些"，"我曾这样想：经历了许多患难而没有死，死去了无数同志而我没有死，应该还做几年的工作——打算十年，才对得住党，对得住已死的同志。"他充满信心地说："行年五十，当知四十九年之非"，"那末行年六十，也应该设法拟补五十九年以前的缺点，能够对党有较多的贡献"。[①]

吴玉章曾经作过深刻的自我剖析，"如果我们不自欺欺人，则我们这些小资产阶级知识分子，对于国家民族尽了什么责任呢？这样来一个自我反省，恐怕不汗颜的没有几个。我自己一反省就觉得'才无一技之长，手无缚鸡之力'，而还往往'夸夸其谈'，'哗众取宠'，党八股的余毒很深。这能免'欺世盗名'之诮吗？我虽从事革命十余年，只有力求前进到底不懈这一点足以自信自慰，其它能力太缺乏了"。[②]

① 马连儒：《谢觉哉评传》，湖南人民出版社1989年版，第270—272页。
② 《吴玉章文集》上卷，重庆出版社1987年版，第241页。

五、关心群众疾苦的精神

有一次，林伯渠发现一个孤寡老太婆经常提着筐子到厨房去捡未烧尽的煤核，因为她是小脚，提着装了煤核的筐子走山路实在困难。一天，他对谢觉哉夫人王定国说，“那个老太婆太苦了，捡点炭也拿不回去，你叫高世文（谢觉哉警卫员）给她送回去吧”。他把群众生活中的许多细小的事情都看在眼里，记在心上。关心群众疾苦的干部，自然会得到群众的拥护和爱戴。1945 年春节，延安市民代表和三百多人的大型秧歌队给林伯渠拜年，献上了写着“人民政府”四个金光闪闪大字的红旗。也是在这一年，74 岁高龄的李全海老人，带着陕北特产和两只大公鸡不远百里从临镇来延安看望使他过上幸福生活的林主席。①

作为主要从事教育工作的徐特立来讲，他视关心和爱护学生为他的职责，从来没有把自己看作领导。他在延安自然科学院期间的一个冬天，该地区突发流感，并迅速蔓延，当时医药缺乏，只能采用比较原始的方法来治疗。徐特立没有躲避，而是亲自参加并检查护理工作，煎药、做病号饭等等，忙个不停。同志们为了照顾他的健康，都劝他不要进病房，以免被传染，但他还是一个窑洞一个窑洞地去探望同志们的病情。②

“延安五老”为民服务、关心群众疾苦的宗旨意识，实事求是、深入实际调查研究的工作作风，廉洁奉公、自我批评的担当精神，为今天共产党员加强党性修养树立了光辉的榜样，提供了具体的参照。在党的群众路线教育实践活动、“三严三实”专题教育和“两学一做”学习教育中，广大党员，特别是领导干部，应以“延安五老”为标杆，不断锤炼

① 《林伯渠传》编写组:《林伯渠传》，红旗出版社 1986 年版，第 311 页。
② 武横主编:《抗日战争时期解放区科学技术发展史资料》第 1 辑，中国学术出版社 1983 年版，第 97 页。

自己的党性，真正在思想意识和实际工作中做到为民务实清廉，以实际行动做一名合格的党员。

党的十九大报告第十三部分“坚定不移全面从严治党，不断提高党的执政能力和领导水平”中，对党员干部的党性锻炼、政治觉悟和政治能力、政治担当提出了新的更高的要求。“延安五老”为民服务、关心群众疾苦的宗旨意识，实事求是、深入实际调查研究的工作作风，廉洁奉公、自我批评的担当精神，为新时代党员干部加强党性锻炼树立了光辉的榜样，为新时代党员干部提高政治觉悟和政治能力提供了具体的参照，为新时代党员干部把对党忠诚、为党分忧、为党尽职、为民造福作为根本政治担当提供了生动的示范。新时代广大党员干部，应以“延安五老”为标杆，不断锤炼自己的党性，提高政治觉悟和政治能力，增强政治担当，永葆共产党员的政治本色。

执笔人：郭建明

22　党的七大精神

为了争取抗日战争的最后胜利，把中国引向光明的前途，中国共产党于 1945 年 4 月 23 日至 6 月 11 日，在延安召开了第七次全国代表大会。七大的工作方针是：团结一致，争取胜利。七大的主要议程包括：毛泽东作《论联合政府》的政治报告，朱德作《论解放区战场》的军事报告，刘少奇作《关于修改党章》的报告，对报告进行讨论和总结，选举新的中央委员会，通过新的党章。

七大总结了中国共产党领导中国民主革命在二十四年中曲折发展的历史经验，特别是总结了八年抗战的经验，制定出打败日本侵略者，建立新中国的正确的纲领和策略；批评了党内的错误思想，系统地阐明了党的优良传统和作风，使全党的认识在马克思列宁主义、毛泽东思想的基础上统一起来；选举产生了以毛泽东为首的中央领导集体，使全党在组织上达到空前的团结。七大是中国共产党在民主革命时期召开的最后的、也是最重要的一次代表大会。毛泽东称赞这次大会是党内民主的模范、团结的模范、自我批评的模范。这三个模范所体现的民主的精神、团结的精神、自我批评的精神，再加上党的七大党章首次载入的群众路线精神，就构成了党的七大精神的主要内容。

党的七大充分体现了民主精神，是党内民主的实践运用和理论总结。首先，党的七大的民主精神充分体现在七大的选举活动上。选举不分以往是否犯过错误，要尽量照顾到各方面的革命力量。同时制定了正式的选举条例，规定了严格的选举程序，经过充分的讨论，最后无记名投票产生新的中央委员会。其次，党的七大的民主精神充分体现在七大会议文件上。七大的三个主要报告和新党章都是党内集体智慧的结晶。刘少奇在七大全体会议上作《关于修改党章》的主题报告，综合了各代表团在小组讨论中对修改党章报告提出的意见。最后，党的七大的民主精神体现在七大通过的党章对民主集中制的科学概括和深刻论述上。党的七大通过的党章指出："民主集中制，即是在民主基础上的集中和在集中领导下的民主。"① 毛泽东在七大报告中进一步阐述了民主集中制的内涵，指出："它是民主的，又是集中的"；毛泽东还特别强调，我们要实行"高度的民主和高度的集中"②，既要提倡党性，也要发展个性，党性即普遍性，个性即差别性。普遍性建筑在差别性上，③ 凡是党员所做的工作均应有党性，有个性，不能设想 120 万党员，变成 120 万块木头。④ 只要服从党，在此范围内就应尽量发展各人的长处，不要只喜欢那些纸糊泥造的人，应使党性和个性完全统一。这些论述直观而且准确地表达了民主集中制的内涵，成为建设党内民主的指导原则。关于民主集中制的基本原则，七大党章的概括更为全面，共有四条："党的各级领导机关由选举制产生；领导机关向选举自己的党组织作报告；党员个人服从所属党的组织，少数服从多数，下级组织服从上级组织，部分组织统一服从中

① 中共中央文献研究室、中央档案馆编：《建党以来重要文献选编》第 22 卷，中央文献出版社 2011 年版，第 538 页。

② 《毛泽东在七大的报告和讲话集》，中央文献出版社 1995 年版，第 205 页。

③ 《毛泽东在七大的报告和讲话集》，中央文献出版社 1995 年版，第 146 页。

④ 《毛泽东在七大的报告和讲话集》，中央文献出版社 1995 年版，第 224 页。

央；严格地遵守党纪和无条件执行决议”。党章还新增加了扩大党内民主的规定，同时也强调了党内集中，体现了民主和集中的辩证统一。①

党的七大充分体现了团结精神，选举产生的中央委员会，是一个具有很高威信，能够团结全党的坚强的中央领导集体。七大共选出正式中央委员 44 人，候补中央委员 33 人。中央委员会成员平均年龄 44.4 岁。其中，68—58 岁者 6 人，53—38 岁者 60 人，37—32 岁者 11 人。年龄最大的徐特立 68 岁，最小的习仲勋 32 岁。从文化水平看，大专以上 41 人，占 53.2%；中学毕业的 23 人，占 29.9%；相当于中等文化者（高校毕业经长期学习）13 人，占 16.9%。其中赴欧、美、日、苏学习工作者 43 人，占 55.9%。从党龄看，创建时期入党的 17 人，占 22.1%；大革命时期入党的 47 人，占 61%；土地革命时期入党的 12 人，占 15.6%；抗战初期入党的 1 人，占 1.3%。党龄最长的是毛泽东、董必武、陈潭秋、周恩来、林伯渠。最短的是 1938 年入党的万毅，党龄也有 7 年。领导和参加过南昌、秋收、广州起义的占 41.4%；参与领导其他武装起义的占 27.2%。领导和参加过红军长征的占 53.2%；参加过南方三年游击战争的占 11.7%。1945 年 6 月 19 日，党的七届一中全会召开第一次会议，选举毛泽东、朱德、刘少奇、周恩来、任弼时、陈云、康生、高岗、彭真、董必武、林伯渠、张闻天、彭德怀为中央政治局委员；选举毛泽东、朱德、刘少奇、周恩来、任弼时为中央书记处书记；选举毛泽东为中央委员会主席、中央政治局主席、中央书记处主席。一大批久经考验而又年富力强，善于正确贯彻执行党的路线方针政策的骨干力量，已经成长起来，成为我们党方方面面工作的领导者和组织者。他们紧密团结在以

① 中共中央文献研究室、中央档案馆编：《建党以来重要文献选编》第 22 卷，中央文献出版社 2011 年版，第 538 页。

毛泽东为核心的党中央周围，同心同德，开创中国革命的新局面。

党的七大充分体现了批评与自我批评的精神，代表们畅所欲言，勇于进行批评与自我批评，充分发扬民主，团结友爱气氛甚浓。党的七大阐明了积极开展批评和自我批评的重要性和必要性。毛泽东指出:“有无认真的自我批评，也是我们和其他政党互相区别的显著的标志之一。”[①]显然，毛泽东指明了开展批评和自我批评是我们党先进性的一个重要体现。谈到批评和自我批评的重要性时，毛泽东认为:“以‘惩前毖后，治病救人’为宗旨的整风运动之所以发生了很大的效力，就是因为我们在这个运动中展开了正确的而不是歪曲的、认真的而不是敷衍的批评和自我批评。”[②]党的七大提出了“惩前毖后，治病救人”“知无不言，言无不尽”“言者无罪，闻者足戒”“有则改则，无则加勉”等一系列正确开展党内批评的方针方法。党的七大代表们畅所欲言，认真负责，深入联系本地区、本单位实际和个人思想与工作，总结长期斗争的经验教训，勇于进行批评和自我批评。对以王明为代表的“左”倾机会主义或其他路线错误，坚持从团结的愿望出发，重视摆事实讲道理，进行具体分析，展开批评。一些犯过错误的同志主动进行自我批评，绝大多数获得代表们的谅解。在毛泽东的说服动员下，王明在七大上以 321 票再次当选为中共中央委员，在 44 名中央委员中排在倒数第 2 位，列博古之前。七大召开时，王明仍在病中。他是被用担架抬进大会会场的。参加完开幕式后，王明就离开了会场。这是王明一生中第一次也是最后一次以正式代表身份出席中国共产党的全国代表大会，出席时间大约 15 分钟。

党的七大充分体现了密切联系群众的精神，阐明了党同人民群众密

① 《毛泽东选集》第 3 卷，人民出版社 1991 年版，第 1096 页。
② 《毛泽东选集》第 3 卷，人民出版社 1991 年版，第 1096 页。

切联系的重要性和具体要求。毛泽东在政治报告中指出:“我们共产党人区别于其他任何政党的又一个显著的标志，就是和最广大的人民群众取得最密切的联系。”[①]对此，刘少奇解释说:“我们的这种群众路线，是只有无产阶级的政党才能具有的。我们的群众路线，也就是阶级路线，就是无产阶级的群众路线。我们对人民群众的这种观点，我们与人民群众的这种关系，是和一切剥削阶级对待人民群众的观点及其与人民群众的关系，根本不相同的。”[②]刘少奇在《论党》中专门论述了党的群众路线的极端重要性，将它提到了党的根本政治路线和组织路线的高度，从为了人民、服务人民、向群众负责、向群众学习、相信群众等方面概括了群众路线的基本内容。七大通过的新党章明确规定：同工人、农民及其他革命人民建立广泛联系；理解党和人民利益的一致性以及对党负责和对人民负责的一致性；倾听群众呼声，了解群众需要，向群众学习；帮助群众实现需要，启发提高群众的觉悟；警戒脱离群众的危险和防止清洗脱离群众的错误倾向。[③]七大党章虽没有提出“群众路线”，但首次把群众路线的基本精神明确载入，确立了密切联系群众的作风，初步构建群众路线的理论体系，表明党对群众路线的认识提高到了新的高度。此后，群众路线的思想作风和工作方法为全党熟悉和掌握，自觉普遍地运用在各项工作中。

朱德的军事报告和毛泽东报告中关于人民战争等论述，系统地总结了党领导武装斗争特别是抗日战争的经验，阐述了解放区战场创建、发展和壮大的历程与采取的人民战争的战略战术，科学地概述了人民军队、

① 《毛泽东选集》第3卷，人民出版社1991年版，第1094页。
② 《刘少奇选集》上卷，人民出版社1981年版，第343页。
③ 中共中央文献研究室、中央档案馆编:《建党以来重要文献选编》第22卷，中央文献出版社2011年版，第535页。

人民战争的基本特点，指出党的正确的政治方针和正确的军事方针相结合造成了人民军队、造成了解放区、造成了解放区的人民战争取得伟大胜利。这些经验归结到一点，就是党的人民军队、人民战争的军事路线。党领导的人民军队，是人民的子弟兵，它来自人民，紧紧地和中国人民站在一起，全心全意为人民服务，这是总的建军原则。

党的七大充分强调看齐意识。毛泽东在七大预备会议上说:“要知道，一个队伍经常是不大整齐的，所以就要常常喊看齐，向左看齐，向右看齐，向中间看齐，我们要向中央基准看齐，向大会基准看齐。看齐是原则，偏差是实际生活，有了偏差，就喊看齐。”[①]在党的七大闭幕式上他又发表了《愚公移山》的闭幕演讲。他要求代表回到各自的工作岗位去宣传大会路线，带领全党同志以“愚公移山”的精神，下定决心，不怕牺牲，排除万难，去争取胜利。毛泽东把中国共产党比作愚公，把中国人民大众比作“上帝”，他指出只有感动“上帝”，帝国主义和封建主义这两座山才能被推翻。[②]他教育大家，要永远坚持革命，决不中途妥协，要有敢于斗争，敢于胜利的彻底革命精神。中国革命胜利的经验证明，毛泽东思想这面光辉旗帜是我们从胜利走向更大胜利的根本保证。

七大为全面加强党的思想建设、组织建设和作风建设奠定了坚实的基础，从思想上、政治上和组织上为夺取新民主主义革命在全国的胜利、建立新中国作了充分准备，它以“团结的大会，胜利的大会”载入中国共产党的史册，党的七大精神永远闪耀着光辉!

今天中国特色社会主义进入了新时代，在新时代产生了习近平新时代中国特色主义思想，“八个明确”和“十四个坚持”为全党进行伟大斗

① 《毛泽东在七大的报告和讲话集》，中央文献出版社 1995 年版，第 146 页。

② 《毛泽东在七大的报告和讲话集》，中央文献出版社 1995 年版，第 234—235 页。

争，建设伟大工程，推进伟大事业，实现伟大梦想提供了行动指南。在新时代我们全党要汲取七大精神中的“民主精神”“团结精神”“批评和自我批评精神”与“密切联系群众精神”，增强看齐意识，在习近平新时代中国特色主义思想的旗帜下奋勇前进，为决胜全面建成小康社会、夺取新时代中国特色社会主义伟大胜利、实现中华民族伟大复兴的中国梦继续奋斗！

执笔人：郭建明

23 党的“三大优良作风”

1945年4月24日，毛泽东在党的七大作《论联合政府》的报告时，旗帜鲜明地指出了中国共产党的三大优良作风，即“理论和实践相结合的作风，和人民群众紧密地联系在一起的作风以及自我批评的作风。”[①]后经进一步凝炼和发展，最终形成为理论联系实际、密切联系群众、批评与自我批评的党的三大优良作风。党的三大优良作风的提出，为延安时期推进党的建设奠定了重要基础，也为新时期党的建设伟大工程提供了宝贵精神财富。

一、“理论联系实际”作风的形成

1919年，李大钊就表示:“一个社会主义者，为使他的主义在世界上发生一些影响，必须要研究怎么可以把他的理想尽量应用于环绕着他的实境。”[②]针对大革命失败的教训和土地革命初期党内盛行的教条主义和

① 《毛泽东选集》第3卷，人民出版社1991年版，第1094页。
② 《李大钊文集》第3卷，人民出版社1999年版，第3页。

把共产国际指示与苏联经验神圣化的错误倾向，1930年，毛泽东在《反对本本主义》中指出:“马克思主义的‘本本’是要学习的，但是必须同我国的实际情况相结合。”[①]首次旗帜鲜明地提出了理论联系实际的思想。1937年，毛泽东在《实践论》和《矛盾论》中深刻阐述了理论与实践相统一的重要性，为最终形成“理论联系实际”的作风奠定了思想理论基础。在党的六届六中全会上，毛泽东指出“对于中国共产党说来，就是要学会把马克思列宁主义的理论应用于中国的具体的环境”。[②]在整风运动期间，毛泽东写出了《〈共产党人〉发刊词》《新民主主义论》《〈农村调查〉的序言和跋》《改造我们的学习》《整顿党的作风》《反对党八股》等一批马克思列宁主义理论与中国革命实践相结合的著作。他在《农村调查》的序中首次使用了“理论和实际相联系”的提法，在《整顿党的作风》中进一步阐述理论联系实际的科学内涵，指出“中国共产党人只有在他们善于应用马克思列宁主义的立场、观点和方法，善于应用列宁斯大林关于中国革命的学说，进一步地从中国的历史实际和革命实际的认真研究中，在各方面作出合乎中国需要的理论性的创造，才叫做理论和实际相联系”。[③]为党确立理论联系实际的基本原则，奠定了理论基础。中共中央为指导全党整风运动，先后于1941年7月和8月发布了《关于增强党性的决定》和《关于调查研究的决定》，为党员干部深入社会调查研究，正确认识国情，从根本上克服理论脱离实际的主观主义、教条主义指出了明确的方向。延安整风大大弘扬了调查研究、一切从实际出发、理论联系实际的优良作风。毛泽东还在七大政治报告中指出，“马克思列宁主义的普遍真理一经和中国革命的具体实践相结合，就使中国革命

① 《毛泽东选集》第1卷，人民出版社1991年版，第111、112页。
② 《毛泽东选集》第2卷，人民出版社1991年版，第534页。
③ 《毛泽东选集》第3卷，人民出版社1991年版，第820页。

的面目为之一新”[①]，并说“马克思列宁主义的普遍真理和中国无产阶级和广大人民群众的革命斗争的具体实践相结合的时候，就成为中国人民百战百胜的武器”。[②]

二、“密切联系群众”作风的形成

李大钊曾经提出“非把知识阶级与劳工阶级打成一气不可”[③]的口号，体现了我党早期对密切联系群众重要性的充分认识。党的二大在《组织章程决议案》中指出：“我们既然是为无产群众奋斗的政党，我们便要‘到群众中去’，要组成一个大的‘群众党’”。[④]1925年，中共中央执委会在《组织问题议决案》中指出，中国革命运动的将来命运，全看中国共产党会不会组织群众、引导群众。1925年至1926年，毛泽东在《中国社会各阶级的分析》《国民革命和农民运动》《湖南农民运动考察报告》等文章中，初步阐述了中国社会各阶级的实际情况和革命与群众结合的重要性、必要性，其“理论联系实际”“密切联系群众”的思想开始萌芽。1929年，中共中央在给红四军前委的信中强调红军筹款、没收地主财产等工作一定要经过群众路线，首次提出了“群众路线”的概念。《古田会议决议》中也指出，红军要担负起宣传群众、组织群众、武装群众、帮助群众的任务。1934年，毛泽东在《关心群众生活，注意工作方法》一文中强调：“革命战争是群众的战争，只有动员群众才能进行战争，只

---

① 《毛泽东选集》第3卷，人民出版社1991年版，第1093页。
② 《毛泽东选集》第3卷，人民出版社1991年版，第1094页。
③ 《李大钊文集》第2卷，人民出版社1999年版，第287页。
④ 中央档案馆编：《中共中央文件选集》第1册，中共中央党校出版社1989年版，第90页。

有依靠群众才能进行战争。”[①]进一步促进了密切联系群众作风的形成。在党的六届六中全会上，毛泽东告诫全党：“共产党员决不可脱离群众的多数，置多数人的情况于不顾，而率领少数先进队伍单独冒进；必须注意组织先进分子和广大群众之间的密切联系。”[②]1943年，他在《关于领导方法的若干问题》中系统阐述了群众路线的内容和实施步骤，要求“在我党的一切实际工作中，凡属正确的领导，必须是从群众中来，到群众中去”。[③]刘少奇在《论共产党员的修养》中要求共产党员应有善于联系群众的修养，陈云也发表一系列文章，要求“把解决群众的切身问题列入地方党部的经常议事日程”[④]，进一步丰富了密切联系群众的思想内涵。党的马克思主义群众路线的基本工作方法是在整风运动的实践中总结出来的，又在整风运动中推广应用，使之成为全党干部所遵循的科学的工作方法。最终，在党的七大上，毛泽东指出：“全心全意为人民服务，一刻也不脱离群众，一切从人民的利益出发，而不是从个人或小集团的利益出发，向人民负责和向党的领导机关负责的一致性，这些就是我们的出发点。”[⑤]

三、“批评与自我批评”作风的形成

1927年，毛泽东为纠正红四军内出现的单纯军事观点等问题，提出的方法之一是：“发动地方党对红军党的批评和群众政权机关对红军的批

① 《毛泽东选集》第1卷，人民出版社1991年版，第136页。
② 《毛泽东选集》第2卷，人民出版社1991年版，第525、526页。
③ 《毛泽东选集》第3卷，人民出版社1991年版，第899页。
④ 《陈云文选》第1卷，人民出版社1984年版，第121页。
⑤ 《毛泽东选集》第3卷，人民出版社1991年版，第1094、1095页。

评，以影响红军的党和红军的官兵。”[①]《古田会议决议》中也强调“党内批评是坚强党的组织，加增党的战斗力的武器”，“批评的意义，是增加党的战斗力以达到阶级斗争的胜利”。[②]《古田会议决议》中还初步论述了批评的基本原则、方法、形式等，标志着批评与自我批评思想的初步形成。毛泽东还在《矛盾论》中指出：“党一方面必须对于错误思想进行严肃的斗争，另方面又必须充分地给犯错误的同志留有自己觉悟的机会。”[③]刘少奇在《论共产党员的修养》中强调：“去肃清自己一切不正确的思想残余以至某些不适合于共产主义利益的最微弱的萌芽。”[④]整风运动期间，中共中央在《关于增强党性的决定》中明确规定：“要用自我批评的武器和加强学习的方法，来改造自己，使适合于党与革命的需要。”[⑤]1942 年 4 月 3 日，中共中央宣传部向全党发布了《关于在延安讨论中央决定及毛泽东同志整顿三风报告的决定》，再一次强调在整风学习讨论中“每人都要深思熟虑，反省自己的工作及思想，反省自己的全部历史”[⑥]，“讨论与批评的态度，应该是严正的、彻底的、尖锐的，但又应该是诚恳坦白的，实事求是的，与人为善的态度”[⑦]。整风运动中全党范围普遍深入的批评与自我批评，既清算了存在于党内的不正之风，又推广了民主作风；既弄清了思想，又团结了同志；既密切了干群关系，又密切了党群关系，

---

① 《毛泽东选集》第 1 卷，人民出版社 1991 年版，第 88 页。

② 中央档案馆编：《中共中央文件选集》第 5 册，中共中央党校出版社 1990 年版，第 804、805 页。

③ 《毛泽东选集》第 1 卷，人民出版社 1991 年版，第 335 页。

④ 《刘少奇选集》上卷，人民出版社 1981 年版，第 121 页。

⑤ 中央档案馆编：《中共中央文件选集》第 13 册，中共中央党校出版社 1991 年版，第 147 页。

⑥ 中央档案馆编：《中共中央文件选集》第 13 册，中共中央党校出版社 1991 年版，第 364 页。

⑦ 中央档案馆编：《中共中央文件选集》第 13 册，中共中央党校出版社 1991 年版，第 365、366 页。

全党达到了思想上空前的团结和统一。在党的七大上，毛泽东强调“房子是应该经常打扫的，不打扫就会积满了灰尘；脸是应该经常洗的，不洗也就会灰尘满面。我们同志的思想，我们党的工作，也会沾染灰尘的，也应该打扫和洗涤”。[①]“对于我们，经常地检讨工作，在检讨中推广民主作风，不惧批评和自我批评，实行‘知无不言，言无不尽’，‘言者无罪，闻者足戒’，‘有则改之，无则加勉’，这些中国人民有益的格言，正是抵抗各种政治微生物侵蚀我们同志的思想和我们党的肌体的唯一有效方法。”[②]

党的三大优良作风是我党历经艰辛，从血与火的革命经验教训中得来的，是党的宝贵精神财富，是我们党区别于任何其他政党的显著标志，也是新的历史时期党面对“四大危险”“四大考验”的重要法宝。然而，从十八大以来全面从严治党的实践来看，革命时期的优良作风在新时期遇到了许多问题，比如，“四风”问题突出，不仅削弱了党群关系，还存在着理论脱离实际的情况，批评和自我批评的锐利武器变成了钝器，这对中国共产党提出了“自我革命”的要求。党的十八大以来，以习近平同志为核心的党中央着力解决党内存在的思想不纯、组织不纯、作风不纯等突出问题。群众路线教育实践活动要求党员领导干部拿起批评与自我批评的锐利武器，通过加强作风建设密切党同人民群众的联系。习近平指出:“加强和改进作风建设是保持党同人民群众血肉联系的有效途径，必须聚焦解决群众反映强烈的突出问题，以作风建设新成效汇聚起推动改革发展的正能量”，“教育实践活动有期限，但贯彻群众路线没

① 《毛泽东选集》第 3 卷，人民出版社 1991 年版，第 1096 页。
② 《毛泽东选集》第 3 卷，人民出版社 1991 年版，第 1096 页。

有休止符，作风建设永远在路上”。[1]党的十九大部署了新时代党的建设总体布局，作风建设是重要组成部分，“全面推进党的政治建设、思想建设、组织建设、作风建设、纪律建设，把制度建设贯穿其中，深入推进反腐败斗争”。[2]坚持理论联系实际，就是要积极学习理论，认真开展调查研究，将理论与实际结合起来，真正发现问题、研究问题、解决问题。坚持密切联系群众，必须认真践行党的根本宗旨，坚持真抓实干，不尚空谈，自觉接受人民群众的监督，把组织纪律和法律法规作为最高戒律，真正做到权为民所用、利为民所谋、情为民所系。坚持批评与自我批评，要坚持讲实话、讲真话、讲心里话，要保持眼界宽、思路宽、胸襟宽，听得进批评，永葆共产党员先进性。

执笔人：史　蕊

① 习近平:《扎实开展第二批教育实践活动　努力取得人民群众满意的实效》,《人民日报》2014 年 1 月 21 日。

② 习近平:《决胜全面建成小康社会　夺取新时代中国特色社会主义伟大胜利——在中国共产党第十九次全国代表大会上的报告》,《人民日报》2017 年 10 月 28 日。

◎ 第二编

延安精神的内涵精髓

延安精神包括哪些内容？2002年江泽民同志在延安考察的讲话中指出：延安精神的内容是“坚定正确的政治方向，解放思想实事求是的思想路线，全心全意为人民服务的根本宗旨，自力更生艰苦奋斗的创业精神”。2006年春节期间，胡锦涛同志视察延安，也从这四个方面论述了新时期继承弘扬延安精神的问题。2015年春节前夕习近平总书记回延安，再次强调了延安精神的这四点内容。本篇详细梳理了延安精神概念的含义和由来，阐释了延安精神的主要内容，并重点论述了坚定正确的政治方向是延安精神的灵魂，解放思想、实事求是是延安精神的精髓，全心全意为人民服务是延安精神的本质和核心，自力更生、艰苦奋斗是延安精神的显著特征，从理论层面对延安精神的主要内容、内涵精髓进行了系统全面的研究。

24　延安精神概念的含义和由来

延安精神是以中国共产党为核心的中华民族优秀分子，在延安时期为争取民族独立和人民解放事业的伟大斗争实践中，在极其艰苦的环境下，培养、形成和发展起来的理想追求、精神风貌、思想品德、工作作风的精华与结晶。延安精神是民族精神的升华，是革命精神的传承，是时代精神的体现。

2006年胡锦涛来延安和老区人民共度春节，在延安宾馆讲话中指出：延安精神是我们党的性质和宗旨的集中体现，是我们党的优良传统和作风的集中体现，是中国共产党人崇高品德和伟大情怀的集中体现。延安精神反映在理想信念、思想道德、精神风貌、工作作风、生活方式等各个方面。抗大精神、整风精神、南泥湾精神、白求恩精神、张思德精神等都是延安精神的原生形态。延安精神是各个原生形态精神的总汇；各个原生形态精神又是延安精神的生动体现，是原汁原味的延安精神。

1942年12月，毛泽东在中共西北局高干会上作《经济问题与财政问题》的书面报告中提出延安县同志们的精神。

不少学者认为毛泽东提出的“延安县同志们的精神”就是延安精神概念的提出。笔者认为“延安县同志们的精神”在延安时期只能是延安精神的一种原生形态，不能概括为延安时期形成的革命精神。另外，延安精神不是指“延安县同志们的精神”，而是指中共中央在延安创造的革命精神，不能把二者等同起来。

1959年9月，周恩来视察刚刚建成的中央广播大楼时，第一次使用了延安精神的概念，他对著名播音员潘捷、齐越说：“广播大楼建成了，比起延安的窑洞来条件好多了，一定要用延安精神做好工作。”

延安精神这一概念的正式提出是在20世纪60年代。1968年5月3日，《人民日报》《解放军报》发表社论，题目是《延安精神永放光芒》，第一次明确使用了“延安精神”的概念。社论指出：在长期斗争中用毛泽东思想培养起来的延安精神，代表了马克思列宁主义的彻底革命精神，代表了无产阶级的艰苦奋斗精神。

2002年4月，江泽民在延安考察时指出：“坚定正确的政治方向，解放思想、实事求是的思想路线，全心全意为人民服务的根本宗旨，自力更生、艰苦奋斗的创业精神，是延安精神的重要内容。”[①]江泽民在延安考察时关于延安精神的论述，对延安精神的内涵进行了全面的科学的提炼、归纳和概括，形成了当今人们对延安精神的共识。

执笔人：宋　炜

① 《江泽民在陕西考察工作强调：结合新实际大力弘扬延安精神　开创新世纪改革发展生动局面》，《人民日报》2002年4月3日。

25　延安精神的主要内容

延安，中国人民心中的革命圣地。1935 年 10 月，中央红军长征到达陕北吴起镇。1937 年 1 月 13 日，党中央机关由保安迁到延安。从此，延安成为指导中国革命的中心、照耀中华民族前程的灯塔。在这片古老的黄土地上，汇集了大批中华民族的优秀儿女，以毛泽东为代表的老一辈无产阶级革命家在这里生活战斗了十三个春秋。他们以坚定不移的崇高信念和勇于开拓的创业精神，使延安成为了中国革命的大本营和进行武装斗争的统帅部，并在拯救民族危亡的血与火中创造了辉煌业绩，培育了中华民族精神之魂——延安精神。延安的山水，记载着革命前辈的足迹和英名；延安的窑洞，蕴藏着炎黄子孙的理想和传统；伟大的延安精神成为我们战胜困难、开拓进取的不竭精神动力。

延安精神是中国共产党在延安时期全部优良传统和优良作风的高度概括，是中国共产党及其领导的根据地军民在革命实践中所表现出来的一种积极向上的精神风貌和优良作风。它是一个涵盖着丰富内容，集中反映党的思想路线、政治路线、组织路线，涉及政治、经济、军事、文化、社会，以及理论与实践、最高纲领与最低纲领、目标与政策、行动与作风等多方面统一为特征的博大的精神体系。从其原生形态上来看，延安精神包括抗大精神、整风精神、南泥湾精神、延安县同志们的精神、白求恩精神、张思德精神等。2015年春节前夕，习近平在陕西考察时指出，老一辈革命家和老一代共产党人在延安时期留下的优良传统和作风，培育形成的延安精神，是我们党的宝贵精神财富。

从总体上来说，延安精神的主要内容包括四个方面。

一、坚定正确的政治方向是延安精神的灵魂

政治方向对于中国共产党来说，主要是指它的革命理想、奋斗目标、革命道路。共产党人应该坚持的政治方向首先必须是正确的，同时必须是坚定不移、坚持到底的。因此，坚定正确的政治方向是中国共产党的根本特征，是体现党的先进性和纯洁性的主要标志。1938年4月9日，毛泽东在抗大第四期第三大队开学典礼上作的《在抗大应当学习什么？》的讲话中就明确指出，在抗大，“首先是学一个政治方向。政治方面可以有许多不同的方向，你们要学一个正确的政治方向，这就是打日本、怎样打日本、为什么日本帝国主义一定能打倒的正确的政治方向”。①1939年5月，在抗大三周年纪念会的讲话上，毛泽东全面论述了抗大的教育方针是“坚定正确的政治方向，艰苦奋斗的工作作风，灵活机动的战略战术”。②其中，“坚定正确的政治方向”成为抗大教育的首要方针。可见，在延安时期，无论条件怎样艰苦，环境多么恶劣，共产党人始终把正确的政治方向放在首要位置上，领导广大抗日军民，为着中华民族解放事业始终情绪饱满、士气高昂、坚定不移、顽强拼搏、不怕牺牲。战争年

① 《毛泽东文集》第2卷，人民出版社1993年版，第116页。
② 《毛泽东文集》第2卷，人民出版社1993年版，第188页。

代需要坚定正确的政治方向，和平建设时期更需要坚定正确的政治方向。每一名共产党员只有确立正确的政治方向，树立起强大的精神支柱，才能增添无穷的力量，自觉地为崇高的理想不懈奋斗。正如党的十九大报告中所强调的那样，坚定不移全面从严治党，必须把党的政治建设摆在首位。全党要坚定执行党的政治路线，严格遵守政治纪律和政治规矩，在政治立场、政治方向、政治原则、政治道路上同党中央保持高度一致。而如果丧失了正确的政治方向这一灵魂，丧失了对共产主义理想信念的坚守，就会腐化堕落，就会自绝于党，自绝于人民，成为党和人民事业的罪人。

二、解放思想、实事求是的思想路线是延安精神的精髓

实事求是是马克思主义的精髓，是毛泽东思想的精髓，是我们党的基本思想方法、工作方法、领导方法。1938 年 10 月，毛泽东在六届六中全会的报告中，第一次使用了“实事求是”的概念。1941 年 5 月，毛泽东在《改造我们的学习》一文中，对实事求是作出马克思主义的解释，指出:“实事”就是客观存在着的一切事物，“是”就是客观事物的内部联系，即规律性，“求”就是我们去研究。[①] 毛泽东还把实事求是形象地比喻为“有的放矢”，强调“共产党不靠吓人吃饭，而是靠马克思列宁主义的真理吃饭，靠实事求是吃饭，靠科学吃饭。”[②] 作为中国共产党人的创造性思维方式，解放思想、实事求是，是对唯物史观和唯物辩证法的继承与发展。经过整风运动，我们党不仅确立了实事求是的思想路线，破除了将共产国际指示神圣化的教条主义，而且将马克思主义中国化的

---

① 《毛泽东选集》第 3 卷，人民出版社 1991 年版，第 801 页。
② 《毛泽东选集》第 3 卷，人民出版社 1991 年版，第 801 页。

第一个理论成果——毛泽东思想确定为全党指导思想，全党达到了空前的团结和统一，凝聚力和战斗力大大增强，为抗战的最终胜利做了思想准备。延安时期坚持党的思想路线，主要表现为大兴学习理论之风、调查研究之风、求真务实之风、总结经验之风。因此，实事求是的思想路线既是延安精神形成的思想基础，又是延安精神的精髓。陈云说："在延安的时候，我曾经仔细研究过毛泽东起草的文件、电报，感到里面贯穿着一个基本指导思想，就是实事求是。那么，怎样才能做到实事求是？当时我的体会就是十五个字：不唯上、不唯书、只唯实，交换、比较、反复。"[①] 建立在实事求是基础上的延安精神，成为抗日战争和中国革命胜利的保障，更是我们党始终坚持的正确思想路线。那么，坚持实事求是的思想路线，用发展的眼光看问题，防止思想僵化，解放思想、与时俱进，同样是我们今天解决问题和困难的思想精髓所在。党的十八大以来，以习近平同志为核心的党中央坚持以马克思列宁主义、毛泽东思想、邓小平理论、"三个代表"重要思想、科学发展观为指导，坚持解放思想、实事求是、与时俱进、求真务实，坚持辩证唯物主义和历史唯物主义，紧密结合新的时代条件和实践要求，以全新的视野深化对共产党执政规律、社会主义建设规律、人类社会发展规律的认识，进行艰辛理论探索，取得重大理论创新成果，创立了习近平新时代中国特色社会主义思想。党的十九大通过的党章修正案把习近平新时代中国特色社会主义思想确立为我们党的行动指南，实现了党的指导思想的又一次与时俱进，为凝聚全党全国各族人民的思想共识和智慧力量，决胜全面建成小康社会，夺取新时代中国特色社会主义伟大胜利，实现中华民族伟大复兴的中国梦提供了行动指南。

---

① 《陈云文选》第 3 卷，人民出版社 1995 年版，第 371 页。

三、为人民服务的根本宗旨是延安精神的核心和本质

延安精神的价值层面集中表现在为人民服务这一命题中。全心全意为人民服务是中国共产党的根本宗旨，共产党人的一切言论行动，必须合乎最广大人民群众的根本利益，以得到人民群众衷心拥护为最高标准。1939 年 2 月，毛泽东在致张闻天的信中，首次提出了“为人民服务”的概念。1942 年，《在延安文艺座谈会上的讲话》中毛泽东再次强调，文艺是为人民的，是为着人民大众的。1944 年 9 月 8 日，毛泽东在张思德同志追悼大会上发表了《为人民服务》的著名讲演，第一次阐明了“为人民服务”这一中国共产党的历史使命和根本宗旨。1944 年 10 月，毛泽东在接见新闻工作者时特别强调，为人民服务，三心二意不行，半心半意也不行，一定要全心全意。从为人民服务到全心全意为人民服务，这一变化体现了为人民服务思想的发展和升华。1945 年 4 月 24 日，毛泽东在党的七大上所作《论联合政府》的政治报告中，对“为人民服务”作了进一步的阐述，并把和最广大人民群众取得最密切的联系看作是共产党人区别于其他任何政党的一个显著标志。他指出：“全心全意地为人民服务，一刻也不脱离群众；一切从人民的利益出发，而不是从个人或小集团的利益出发；向人民负责和向党的领导机关负责的一致性；这些就是我们的出发点。共产党人必须随时准备坚持真理，因为任何真理都是符合于人民利益的；共产党人必须随时准备修正错误，因为任何错误都是不符合于人民利益的。”[①] 延安时期，无论是党政工作人员，还是干部、战士，都自觉地为了人民谋利益、办好事，培养了党和人民的鱼水之情。毛泽东指出：“一切空话都是无用的，必须给人民以看得见的物质福

① 《毛泽东选集》第 3 卷，人民出版社 2007 年版，第 1094—1095 页。

利。”[①]延安时期我们党从陕甘宁边区的实际情况出发，制定经济发展的基本纲领和一系列方针政策，实行“发展经济，保障供给”的方针，形成了解放生产力和发展生产力的良好氛围。我们党和边区政府组织党政军民开展大生产运动，繁荣根据地的经济，通过合作互助、开展生产竞赛、奖励劳动英雄、安置难民等途径和措施，推动边区经济发展。同时大刀阔斧地“精兵简政”，解决“鱼大水小”问题，减轻人民负担，使边区人民生活水平不断提高，也使根据地不断巩固和发展。我们党还积极发展文化教育、医疗卫生事业，推动社会建设，使边区呈现人才两旺、兵强马壮的新气象。也正是因为党充分相信群众、依靠群众，才能使党的凝聚力、感召力不断增强，为夺取抗日战争的胜利奠定了深厚的群众基础。在当时的延安，到处传颂着老一辈无产阶级革命家时刻关心人民疾苦、倾听人民呼声、和人民群众打成一片、竭力为人民群众排忧解难的佳话。当年纽约《先锋论坛报》记者斯蒂尔访问延安后曾明确表示，共产党常常说的为人民服务，是货真价实的。全心全意为人民服务作为党的根本宗旨既是延安精神的核心，也永远是共产党人必须自觉践行的行为准则。2012 年，当选国家主席的习近平向人民作出庄严承诺:“我将忠实履行宪法赋予的职责，忠于祖国，忠于人民，恪尽职守，夙夜在公，为民服务，为国尽力，自觉接受人民监督，决不辜负各位代表和全国各族人民的信任和重托”[②]。习近平总书记是这样承诺的，更是这样践诺的。从“实现中国梦”“人民对美好生活的向往就是我们的奋斗目标”到“我最牵挂的还是困难群众，他们吃得怎么样、住得怎么样”“绝不让一个困难群众掉队”……一句句掷地有声的话语、一声声关怀备至的询问，无一不见证着习近平总书记

① 《毛泽东著作选读》下册，人民出版社 1986 年版，第 563 页。

② 习近平:《在第十二届全国人民代表大会第一次会议上的讲话》，人民出版社 2013 年版，第 1 页。

“一切为了人民”的治国历程，无一不见证着习近平总书记“为了人民的一切”的实际行动。全心全意为人民服务的根本宗旨，是党心系人民和为民担当的同频共振，体现了干事创业中的知行合一。“为了人民”需要“代入感”，更呼唤“同行者”，这是新时期党员干部的共同心声，也是上下同欲、共同努力的一致目标。为此，人民群众才与我们像石榴籽一样紧紧地抱在一起砥砺前行；亦为此，才能让一切困难、矛盾和问题变成实现中华民族伟大复兴的中国梦道路上的铺路石。

四、自力更生、艰苦奋斗的创业精神是延安精神的显著特征

自力更生体现着一种独立自主、自立自强的主体精神，是我们党在长期革命斗争中形成和发展起来的优良传统，也是我党战胜困难、求得胜利的一件重要法宝。中国抗日战争进入相持阶段以后，日本侵略者和伪军集中兵力“扫荡”共产党领导的抗日根据地，实施杀光、烧光、抢光的“三光”政策。国民党也加紧反共摩擦，不仅停发八路军的薪饷，还用几十万军队对陕甘宁边区进行军事包围、经济封锁，企图断绝外界对边区的援助。再加上华北地区连年的严重自然灾害，根据地军民生活处于极端困难的境地。1942 年 12 月，毛泽东在陕甘宁边区高级干部会议上作的《经济问题与财政问题》的报告中曾这样讲：“我们曾弄得几乎没有衣穿，没有油吃，没有纸，没有菜，战士没有鞋袜，工作人员在冬天没有被盖。国民党用停发经费和经济封锁来对付我们，企图把我们困死，我们的困难真是大极了。”[①] 面对极大的困难和严峻的挑战，共产党人

① 《毛泽东选集》第 3 卷，人民出版社 2007 年版，第 892 页。

愈是困难愈向前。毛泽东说:“共产党也有他的作风，就是：艰苦奋斗！这是每一个共产党员，每一个革命家的作风。”[①]广大抗日军民在党的领导下开展了生产自救的大生产运动。毛泽东、朱德、周恩来、任弼时等在日理万机的繁忙工作中，与全体军民一道参加生产劳动。延安时期发扬艰苦奋斗精神，具体表现为自己动手、丰衣足食；崇尚节俭、戒奢倡廉；励精图治、锐意进取。我们党依靠艰苦奋斗，把一个贫穷落后的延安变成了新民主主义的模范试验区。毛泽东称赞延安是“十个没有”：一没有贪官污吏；二没有土豪劣绅；三没有赌博；四没有娼妓；五没有小老婆；六没有叫花子；七没有结党营私之徒；八没有萎靡不振之气；九没有吃摩擦饭；十没有人发国难财。毛泽东在视察南泥湾时高兴地说：困难并不是不可征服的怪物，大家自力更生，吃的、穿的、用的都有了。目前我们没有外援，假定将来有了外援，也还是以自力更生为主。追昔抚今，不论我们党取得什么样的成就，都必须坚持艰苦奋斗，党的领导干部更是要带头艰苦奋斗。国民党统治区著名法学家陈瑾昆教授访问延安后，曾感慨地说:“解放区虽尚非天堂，非解放区则确为地狱。”党的十八大以来，我国经济发展独领风骚，深化改革多点突破，依法治国深入实施，人民生活继续改善，脱贫攻坚有力推进，国防和军队建设开创新局，全方位外交成果丰硕，从严治党全面推进。特别是党的十九大，指明了新时代中国特色社会主义发展方向，擘画了到本世纪中叶我国发展的宏伟蓝图，开启了全面建设社会主义现代化国家新征程。正如习近平所说:“中国特色社会主义进入新时代，意味着近代以来久经磨难的中华民族迎来了从站起来、富起来到强起来的伟大飞跃”[②]。而决胜全面建成小康社

① 《毛泽东著作专题摘编》下，中央文献出版社 2003 年版，第 2132—2133 页。

② 《中国共产党第十九次全国代表大会文件汇编》，人民出版社 2017 年版，第 8 页。

会，实现中国民族伟大复兴的中国梦需要更努力的奋斗。党的十九大报告指出：“中国民族伟大复兴，绝不是轻轻松松、敲锣打鼓就能实现的。全党必须准备付出更为艰巨、更为艰苦的努力”[①]。习近平在2018年春节团拜会上的讲话中指出：“只有奋斗的人生才称得上幸福的人生。奋斗是艰辛的，艰难困苦、玉汝于成，没有艰辛就不是真正的奋斗，我们要勇于在艰苦奋斗中净化灵魂、磨砺意志、坚定信念。”新时代是奋斗者的时代，只有更加始终坚持奋斗，切实把奋斗精神贯彻到进行伟大斗争、建设伟大工程、推进伟大事业、实现伟大梦想全过程，才能汇聚起同心共筑中国梦的磅礴力量。

延安精神是一个有机联系的整体，包括它的灵魂、精髓、本质、特征。延安精神是一种与时俱进的精神，它随着时代和实践的发展而不断得到新的发展，因而始终保持着历史的活力。中国共产党在延安时期创造出延安精神，更实践了延安精神。延安精神凝聚了党心，赢得了民心，为中国共产党的发展壮大，为抗日战争的胜利提供了巨大的精神力量。可以说，创造延安精神这一精神高地，是中国共产党人革命成功的重要秘诀。延安精神作为中国共产党人的伟大创造，是党夺取中国革命胜利的重要法宝，是中国共产党人的最宝贵的精神财富。正如习近平2015年在陕西考察时指出的，今天，全面从严治党要继续从延安精神中汲取力量。要把抓理想信念贯穿始终，提高辩证思维、系统思维能力，保持党同人民群众的血肉联系，始终为党和人民事业艰苦奋斗、不懈奋斗。

执笔人：王娜娜

① 《中国共产党第十九次全国代表大会文件汇编》，人民出版社2017年版，第12页。

26 坚定正确的政治方向是延安精神的灵魂

延安精神是以毛泽东为主要代表的中国共产党人在为民族独立和人民解放事业的不懈奋斗中，在延安时期的特殊环境下培养、形成和发展起来的崇高革命精神，它继承和发展了红船精神、井冈山精神、苏区精神和长征精神，是我们党的性质和宗旨的集中体现，是中国共产党人崇高品德和伟大情怀的集中体现。延安精神的基本内涵包括：坚定正确的政治方向、实事求是的思想路线、全心全意为人民服务的根本宗旨和自力更生、艰苦奋斗的创业精神。在延安精神的丰富内涵中，坚定正确的政治方向是它的首要内容，是它的灵魂。坚定正确的政治方向的实质内涵是中国共产党的领导；马列主义、毛泽东思想的指引；社会主义和共产主义的目标。

中国共产党作为中国工人阶级的先锋队，是中国各族人民利益的忠实代表。党的领导的实质，就是通过自己的纲领、路线和共产党员的先锋模范作用，对中国人民的革命和建设事业起到引导和向导的作用。列宁指出："党是阶级的先锋队；它的任务决不是反映群众的一般水平，而是带领群众前进。"[①] 毛泽东也同样强调："革命党是群众的向导，在革

① 《列宁全集》第 33 卷，人民出版社 2017 年版，第 92 页。

命中未有革命党领错了路而革命不失败的。”[①]为了引导群众前进，党就要依据历史发展的客观要求和广大人民群众的愿望，从实际出发确定不同历史时期的主要任务及实现这些任务的有效途径，作为团结全国人民共同奋斗的目标。这就是我们所说的正确的政治方向。如在抗日战争时期，日本帝国主义要灭亡中国的狂妄计划及其野蛮的侵略行径，使得每一个中国人都面临着生死存亡的问题。因而，驱逐日本帝国主义，争取光明的前途，成为中国人民共同的、根本的利益所在。中国共产党适时地举起了抗日救国这面大旗，正确地反映了当时中国的主要矛盾，及时地提出抗日救国十大纲领，指明坚持持久抗战，最后胜利是中国的这一正确的斗争方向，从而最大限度地把中国人民动员、团结在全民族抗战的旗帜之下，千千万万中华儿女为挽救民族的危亡、为自身的利益而战。正是在这一正确政治方向的指引下，实现了党提出的“打败侵略者，建设新中国”的战略目标。抗日战争胜利后，党依据当时的形势和人民的意愿，提出“和平、民主、团结”的方针，即贯彻七大主张的通过民主的联合政府的途径，实现建立新中国的目标。蒋介石发动全面内战后，党又及时地以自卫战争粉碎了国民党的军事进攻。转入战略进攻后不久，又提出“打倒蒋介石，解放全中国”的行动纲领，领导中国人民夺取解放战争的全面胜利。

中国共产党之所以能够成为中国革命的领导者和组织者，还因为它以马克思列宁主义作为自己的行动指南，掌握了科学的世界观和方法论，因而能够依据历史发展的客观规律和革命运动的实际进程，制定正确的纲领、路线，把革命斗争引向胜利。特别是抗日战争时期，正像毛泽东所说的，我们的党，一般地已经学会了使用马克思列宁主义的思想斗争

① 《毛泽东选集》第1卷，人民出版社1991年版，第3页。

的武器，已经从两条战线斗争中巩固和壮大起来了。这时在全党确立了把马克思列宁主义的普遍原理同中国革命实际相结合的思想原则，形成了理论联系实际、密切联系群众、批评与自我批评三大优良作风，使党能够紧密地从中国的实际出发，遵循“从群众中来，到群众中去”的工作路线和工作方法，从而使党能够制定和执行正确的路线、方针和政策。这时通过艰苦的革命斗争，已经造就了一批“懂得马克思列宁主义，有政治远见，有工作能力，富于牺牲精神，能独立解决问题，在困难中不动摇，忠心耿耿地为民族、为阶级、为党而工作”①的治党、治军、治国的优秀人才。并且在这一过程中，中国共产党在推进马克思主义中国化的进程中，走出了一条马克思主义中国化的新路子，实现了马克思主义普遍原理与中国革命具体实际相结合的第一次历史性飞跃，产生了中国化的毛泽东思想伟大成果。

我们党作为一个马克思主义政党，是以实现共产主义为最终目标的，在中国的条件下，如何把最终目标和当前任务有机地结合起来，正确处理最高纲领同最低纲领的辩证统一关系，是关系到我们能不能把革命引向胜利，能不能树立起坚定正确的政治方向的一个重要问题。毛泽东在这方面进行了正确的探索。早在大革命时期，毛泽东提出：民主革命胜利之后，中国应该首先建立一个“革命民众合作统治的国家”，其“终极”目标才是实现“世界大同”。这初步指明了两者之间的区别和联系。大革命失败后，如何判定中国社会和中国革命的性质，成为一个关系党的路线正确与否的重要问题。正是根据地建设的实践和反对“左”倾冒险错误的经验，使党深化了对民主革命和社会主义革命之间关系的认识。毛泽东指出：“现在的努力是朝着将来的大目标的，失掉这个大目标，就

① 《毛泽东选集》第1卷，人民出版社1991年版，第277页。

不是共产党员了。然而放松今日的努力，也就不是共产党员。”[①]这是党领导中国革命的重要的指导原则。毛泽东确立的新民主主义革命理论，科学地解决了中国革命两步走的联结点问题。也就是说，在民主革命胜利之后，决不可能去建立资产阶级专政的资产阶级共和国，“而是要建立以中国无产阶级为首领的中国各个革命阶级联合专政的新民主主义的社会，以完结其第一阶段。然后，再使之发展到第二阶段，以建立中国社会主义的社会。”[②]这就是中国的历史必由之路。毛泽东领导制定的新民主主义的政治、经济和文化纲领，就反映了上述特点。毛泽东的新民主主义理论给了我们一个重要的启示，即共产主义理想的确立，是中国革命和中国社会发展的正确选择，但要最终实现这个目标，无论在革命时期，还是在建设时期，都要通过不同的发展阶段才能逐步达到。因而，如何处理现实的发展阶段同终极目标的关系，是正确指导革命和建设的一个十分重要的问题。

总之，正确的政治方向，就是通过反帝反封建的民主革命走向社会主义，最终实现共产主义的方向。正确的政治方向在不同的历史时期，应该有着不同的具体表述。在抗日战争的历史条件下，坚定正确的政治方向要具体化为实现全面持久的抗战，达到“打败侵略者，建设新中国”的目的；在解放战争时期，具体化为“打倒蒋介石，解放全中国”的行动纲领。“坚定”，意味着实践上、行动上的“始终坚持”“持之以恒”，反对“左”和右的错误倾向，带领群众沿着正确的政治方向前进。坚定正确的政治方向，在行动上应具体体现为不论在何种艰难困苦、尖锐复杂的环境条件下，始终坚持中国共产党的领导；马列主义、毛泽东思想

① 《毛泽东选集》第 1 卷，人民出版社 1991 年版，第 276 页。
② 《毛泽东选集》第 2 卷，人民出版社 1991 年版，第 672 页。

的指引；社会主义和共产主义的目标。

当前，历史进入了新时代，中国共产党坚定正确的政治方向仍然是为实现共产主义而奋斗，而党在现阶段所要坚持的正确的政治方向，则是在习近平新时代中国特色社会主义思想指导下，带领全国各族人民建设中国特色社会主义，夺取中国特色社会主义的伟大胜利。因为中国特色社会主义是改革开放以来党的全部理论和实践的主题，是党和人民历尽千辛万苦、付出巨大代价取得的根本成就。中国特色社会主义道路是实现社会主义现代化、创造人民美好生活的必由之路，中国特色社会主义理论体系是指导党和人民实现中华民族伟大复兴的正确理论，中国特色社会主义制度是当代中国发展进步的根本制度保障，中国特色社会主义文化是激励全党各族人民奋勇前进的强大精神力量。所以，全党要更加自觉地增强道路自信、理论自信、制度自信、文化自信，既不走封闭僵化的老路，也不走改旗易帜的邪路，保持政治定力，坚持实干兴邦，始终坚持和发展中国特色社会主义。

执笔人：李瑞芳

27　延安时期坚定正确的政治方向的主要表现

中国共产党在延安时期始终坚持坚定正确的政治方向，集中到一点，就是“打败侵略者，建设新中国”。为了实现这一正确的政治方向，中国共产党进行了多方面的、卓有成效的努力，终于赢得了战争，赢得了人心。延安时期中国共产党坚持正确的政治方向主要体现在以下几个方面：

一是高举抗战的旗帜并在抗战中发挥了中流砥柱的作用。由于日本的入侵，中华民族面临着严重的民族危机，抗日救国是所有中华儿女共同的心声，在这个关键时刻，中国共产党适时地举起了抗日救国的大旗，使延安成为全国最进步、最革命、最民主的革命圣地，成为中国抗战的政治指导中心和坚强堡垒。当年，“到延安去！”曾经是一代青年的心灵呼唤和强烈愿望。在1937年8月召开的洛川会议上，中国共产党提出了全面的全民族的抗战路线和持久抗战、独立自主的山地游击战的战略方针。在抗日战争过程中，中国共产党提出和实行的正确的方向和目标、正确的路线和方针、正确的战略和策略以及坚忍的牺牲精神，成为全民族抗战的中流砥柱。党领导的人民抗日武装对敌作战12.5万次，消灭日、伪军171.4万人，其中日军52.7万人。同时，抗日游击战争也极大地发展了人民抗日力量，加速了中国革命的进程。敌后游击战争的广泛开展，不仅保存了原有的阵地，并且通过广泛发动和组织群众，极大地扩大了自己的阵地。抗日战争时期是中国共产党领导的人民革命力量大发展时期。据 1945 年 9 月的统计，经过八年抗战，人民军队由 4 万多人发展到 127 万人，革命根据地由一个陕甘宁边区发展到 19 个解放区，这些解放区包括中国西北、华北、华中和华南的广大区域，面积为 104.8 万平方公里，占全国总面积的 1/10；人口 12550 万，占当时全国人口的 1/4，为争取光明的中国创造了条件。这表明，中国共产党和人民军队在这场反侵略战争中，胜利地贯彻了自己确定的坚定正确的政治方向。

二是积极倡导、推动建立了抗日民主统一战线。1935 年 7、8 月间，共产国际第七次代表大会在莫斯科召开，这次大会把建立最广泛的世界反法西斯统一战线作为各国共产党的基本策略。根据共产国际七大精神，中共驻共产国际代表发表了《八一宣言》，宣言强调建立包括上层在内的统一战线，扩大抗日民族统一战线的范围。中央落脚陕北之后，日本发动了华北事变，民族危亡更加严重了。如何挽救民族危亡，如何联合尽可能多的力量进行抗日民族战争，成为摆在中国共产党和中国人民面前的最紧迫的问题。1935 年 12 月在陕西安定县（今子长）瓦窑堡召开的政治局会议上，中共中央明确提出建立抗日民族统一战线的新策略。在瓦窑堡会议精神的指导下，中共中央实现了西北的大联合。之后中国共产党对西安事变的和平解决是内战向抗战的转折，蒋介石答应停止“剿共”政策，联合红军抗日。在中国共产党的积极努力和推动下，以国共两党合作为中心，中国各族人民、各民主党派、各爱国军队、各阶层爱国人士以及海外华侨的抗日民族统一战线终于发展起来。在这个旗帜下，全国人民团结一致，开始了中国近代以来空前规模的民族革命战争。毛泽东在论述这个统一战线的意义时指出：“这在中国革命史上开辟了一个新纪元。这将给予中国革命以广大的深刻的影响，将对于打倒日本帝国主义发生决定的作用。”[①]在抗战过程中，尽管蒋介石坚持一党私利，使统一战线的目标和组织形式未能完全实现，但中共始终维护团结抗战的大局，坚持以斗争求团结和“有理、有利、有节”的原则，抑制了反共逆流，制止了对日妥协的倾向，最终使抗日民族统一战线得以维持下来。中国共产党实际上是抗日民族统一战线的核心和领导力量。

三是坚持以马克思主义理论为指导的新民主主义革命的方向。延安时期系统形成的新民主主义革命理论，使之成为引导中国人民自觉地在复杂环境中不断前进的旗帜。针对国民党蒋介石集团“共产主义不适合中国”，鼓吹“一个主义”“一个政党”“一个领袖”的叫嚣，毛泽东从1939年冬至1940年1月，写了《〈共产党人〉发刊词》《中国革命和中国共产党》《新民主主义论》等著作，第一次鲜明地提出了新民主主义的完整理论，对中国应该建立一个怎样的国家，这个国家的政治制度、经济制度、文化制度应该是怎样的，这个国家的前途是什么等问题，作了系统地回答，明确地阐述了共产党的观点。毛泽东认为：半殖民地半封建中国的社会性质，决定了中国革命必须分两个步骤来进行，第一步是民主主义革命，第二步是社会主义革命。而中国的民主主义革命在1919年五四运动以后，已经不是一般的民主主义革命而是新民主主义革命。新民主主义的革命，是无产阶级领导的人民大众的反帝反封建的革命。新民主主义革命的政治纲领，是推翻帝国主义和封建主义的压迫，在中国建立一个以无产阶级为领导的、以工农联盟为基础的各革命阶级联合专政的民主共和国。经济纲领是没收操纵国计民生的大银行、大工业、大商业，建立国营经济；没收地主土地，归农民所有，并引导农民发展合作经济；允许民族资本主义经济的发展和富农经济的存在。文化纲领是

① 《毛泽东选集》第2卷，人民出版社1991年版，第364页。

废除封建买办文化，发展民族的、科学的、大众的文化。正是在新民主主义理论的指导下，在由民族解放战争到人民解放战争历史转折的关头，中国共产党人解决了“敢不敢、能不能”通过人民战争打出一个新中国的问题。在4年的时间内，用小米加步枪打败了飞机加大炮，使中国革命赢得了最后胜利。

四是培养和造就一大批政治坚定的优秀的党的干部。毛泽东指出：“中国共产党是在一个几万万人的大民族中领导伟大革命斗争的党，没有多数才德兼备的领导干部，是不能完成其历史任务的。”[①]“政治路线确定之后，干部就是决定的因素。因此，有计划地培养大批的新干部，就是我们的战斗任务。”[②]中国共产党把延安打造成为培养治党、治军、治国英才的大熔炉。党中央和毛泽东从中国革命事业的需要和推进党的建设伟大工程的大局出发，着力解决了培养“什么样的人”这一事关革命事业兴衰成败的大问题。抗日战争期间，延安先后开办了抗大、陕北公学、鲁艺、中共中央党校、延安马列学院、安吴堡战时青年训练班、泽东青年干部学校、中国女子大学、延安民族学院、华北联合大学、延安自然科学院、八路军卫生学校、中国医科大学、白求恩护士学校、延安药科学校、军事学院、八路军军政学院、延安大学、行政学院、延安工人学校、炮兵学校、俄文学校、延安日本工农学校、政法学院、通讯学院、荣军学校、中共陕甘宁边区党校、边区行政学院、边区农业学校、边区医药学校等30余所干部学校。延安时期开创了我党干部教育的新局面，在人口稀少、经济文化落后的陕北能集中如此多的青年英才而教育之，为中国革命培养输送出成千上万的各类干部，也是中国教育史上的一大奇迹。

---

① 《毛泽东选集》第2卷，人民出版社1991年版，第526页。
② 《毛泽东选集》第2卷，人民出版社1991年版，第526页。

当前，中国特色社会主义进入了新时代，中国共产党坚定正确的政治方向就是不忘初心，牢记使命，高举中国特色社会主义伟大旗帜，决胜全面建成小康社会，夺取新时代中国特色社会主义伟大胜利，为实现中华民族伟大复兴的中国梦不懈奋斗，进而最终实现共产主义。这就要求中国共产党造就一支铁一般信仰、铁一般信念、铁一般纪律、铁一般担当的干部队伍，带领他们永远与人民同呼吸、共命运、心连心，永远把人民对美好生活的向往作为奋斗目标，以永不懈怠的精神状态和一往无前的奋斗姿态，继续朝着实现中华民族伟大复兴的宏伟目标奋勇前进。

执笔人：李瑞芳

28 坚持党的最高纲领和最低纲领的统一

中国特色社会主义进入了新时代以来，习近平多次谈到共产党员和领导干部要坚定共产主义理想、马克思主义信仰和中国特色社会主义信念。他指出，中国特色社会主义是党的最高纲领和基本纲领的统一。这就要求共产党员尤其是领导干部既要胸怀共产主义崇高理想，又要为党在社会主义初级阶段的基本路线和基本纲领而奋斗。

一个政党的纲领不仅表明一个政党的性质与宗旨，也集中体现了一个政党的成熟程度。在革命、建设的各个历史阶段，我们党既有每个阶段的基本纲领即最低纲领，也有确定长远奋斗目标的最高纲领，坚持最高纲领和最低纲领的辩证统一，是马克思主义的一条基本原则，也是中国共产党人的理想信念。延安时期中国共产党不仅始终坚持为共产主义事业而不懈奋斗的崇高理想，而且制定出切实可行的奋斗目标，把党的最高纲领与最低纲领统一起来，从而为中国革命指明了正确方向。

坚持党的最低纲领与最高纲领的辩证统一，是马克思主义的一项基本原则，早在《共产党宣言》中，马克思、恩格斯就明确指出“共产党人为工人阶级的最近的目的和利益而斗争，但是他们在当前的运动中同时代表运动的未来。”[①]这实际上揭示了无产阶级政党的最低纲领与最高纲领的关系。在领导国际共产主义运动中，马克思、恩格斯始终坚持党的最低纲领与最高纲领的辩证统一。后来，列宁在俄国社会民主工党第二次代表大会上，明确将党的纲领分为最低纲领和最高纲领，并联系俄国革命的具体实际深刻阐述了二者之间的联系。马克思主义经典作家关于党的纲领的基本原则，为中国共产党正确处理党的最低纲领与最高纲领之间的关系提供了重要的方法论指导。但这种思想指导仅仅是原则性的，还需要中国共产党人结合本国革命的具体实践，付出艰辛的探索和努力，从而不断地推进党的最低纲领与最高纲领的统一。

中国共产党在建党之初，党的一大旗帜鲜明地把实现社会主义、共产主义作为自己的最高纲领。党的一大制定了“推翻资本家阶级的政权”，“承认无产阶级专政”，“直到消灭社会阶级区分”，“消灭资本家私有制”，实现社会主义、共产主义的纲领，作为最高纲领是正确的。但是，当时中国是一个半殖民地半封建社会，不可能直接搞社会主义革命。党的二大认识到中国革命要分两步走，第一步民主主义革命，第二步社会主义革命，二大在坚持一大纲领所规定的党的最终奋斗目标即党的最高纲领的基础上，制定了党在现阶段反帝反封建的民主革命纲领，即党的最低纲领。这个纲领从中国社会的现状出发，既明确提出了党在现阶段的行动方针和革命任务，又坚持和包含了无产阶级政党为实现共产主义而奋斗的最高理想，初步认识了最低纲领与最高纲领的关系。

党的新民主主义革命最低纲领提出于党的二大，形成于1940年毛泽东的《新民主主义论》，成熟于1945年党的七大，到解放战争时期进一步得到发展完善。

① 《马克思恩格斯选集》第1卷，人民出版社2012年版，第434页。

作为马克思列宁主义在中国的运用和发展，毛泽东思想深刻分析了中国的历史特点和社会特点，全面揭示了中国革命的发展规律，尤其是中国革命各个不同发展阶段的具体规律，对中国共产党人在领导中国民主革命中坚持最高纲领与最低纲领的内在统一，实现和保持先进性提供了根本思想指导，起到了政治统帅作用。

延安时期，毛泽东深刻地论述了党的最高纲领和最低纲领的辩证关系，形成了一系列正确的论断，如“两篇文章，上篇与下篇，只有上篇做好，下篇才能做好”①。“一切中国共产党人，一切中国共产主义的同情者，必须为着现阶段的目标而奋斗”②，“只有经过民主主义，才能到达社会主义，这是马克思主义的天经地义”③；同时还规定了最低纲领是一般和具体的统一，使党的纲领体系层次渐具完备性，毛泽东在《论联合政府》一文中对此进行了系统的阐述，“这种共同纲领，可以分为一般性的和具体性的两部分”④，“但是在这个大阶段的各个小的阶段中，情形是变化了和变化着的，我们的具体纲领便不能不有所改变，这是当然的事情。”⑤另外还科学地规定了党在民主革命阶段胜利后的任务，为实现新民主主义革命的基本纲领向社会主义革命的基本纲领的转变，指明了一条光明的道路。“在将来阶段，在中国民族革命与民主革命得到彻底胜利后，中国共产党的任务是：根据中国社会经济发展的需要与国人民的意愿，经过必要步骤，为在中国实现社会主义与共产主义的制度而奋斗。”⑥

毛泽东指出：“我们共产党人从来不隐瞒自己的政治主张。我们的将

① 《毛泽东选集》第1卷，人民出版社1991年版，第276页。
② 《毛泽东选集》第3卷，人民出版社1991年版，第1059页。
③ 《毛泽东选集》第3卷，人民出版社1991年版，第1060页。
④ 《毛泽东选集》第3卷，人民出版社1991年版，第1055页。
⑤ 《毛泽东选集》第3卷，人民出版社1991年版，第1062—1063页。
⑥ 中国革命博物馆编：《中国共产党党章汇编》，人民出版社1979年版，第47页。

来纲领或最高纲领，是要将中国推进到社会主义社会和共产主义社会去的，这是确定的和毫无疑义的。我们党的名称和我们的马克思主义宇宙观，明确地指明了这个将来的、无限光明的、无限美妙的最高理想。”① 毛泽东深刻地阐述了实行新民主主义政策与实现共产主义二者之间的关系。他说：“每个共产党员入党的时候，心目中就悬着为现在的新民主主义革命而奋斗和为将来的社会主义和共产主义而奋斗这样两个明确的目标。”② 毛泽东坚决驳斥了国民党顽固派“承认三民主义就要收起共产主义”的谬论，明确指出新民主主义革命必须以共产主义思想为指导，共产党人要坚定共产主义信念。他说：“共产党人决不抛弃其社会主义和共产主义的理想，……中国共产党有自己的政治经济纲领。其最高的纲领是社会主义和共产主义，这是和三民主义有区别的。”③

与此同时，毛泽东又指出，共产主义事业既是人类历史上空前伟大的事业，也是人类历史上空前艰难的事业，走向共产主义要经过极其漫长的道路，尤其是在半殖民地半封建中国的特殊社会条件下走向社会主义和共产主义，中间不可避免地要经过长期的发展阶段。因此，毛泽东在强调不能放弃共产主义理想的同时，要求一切共产党人“必须为着现阶段的目标而奋斗”，“如果不为这个目标奋斗，如果看不起这个资产阶级民主革命而对它稍许放松，稍许怠工，稍许表现不忠诚、不热情，不准备付出自己的鲜血和生命，而空谈什么社会主义和共产主义，那就是有意无意地、或多或少地背叛了社会主义和共产主义，就不是一个自觉的和忠诚的共产主义者。”④

---

① 《毛泽东选集》第 3 卷，人民出版社 1991 年版，第 1059 页。
② 《毛泽东选集》第 3 卷，人民出版社 1991 年版，第 1059 页。
③ 《毛泽东选集》第 1 卷，人民出版社 1991 年版，第 259 页。
④ 《毛泽东选集》第 3 卷，人民出版社 1991 年版，第 1059—1060 页。

回顾总结延安时期中国共产党先进性建设的成功经验，联系我党保持先进性的历史经验，事实雄辩的证明，坚持最高纲领与最低纲领的辩证统一，是无产阶级政党在领导革命、建设和改革开放过程中实现和保持先进性所必须遵循的重要政治原则。无论何时，也不论是革命还是执政，坚持了这一原则，就夯实了无产阶级政党的先进性建设的政治基础，背离了这一原则则必然从根本上损害党的先进性建设，进而有导致党自我毁灭的危险。

最低纲领与最高纲领既相区别又相联系，是辩证统一的。没有最高纲领，我们就会迷失前进方向；没有最低纲领，我们就会丧失前进基础；没有正确的最低纲领，我们同样会丧失前进基础。正确地对待和把握两者的关系，对于革命、建设和改革的事业至关重要。

第一，通过坚定共产主义理想信念将两者统一起来。无论是党的最低纲领还是最高纲领，都是以共产主义为方向的。我们不能因为道路的漫长和资本主义仍然有较强的生命力而动摇共产主义的信念，也不应该因埋头业务、埋头经济工作而淡化共产主义理想。

第二，通过建设中国特色社会主义的实践将两者统一起来。无论是党的最低纲领还是最高纲领，都是以建设充分发展和高度发达的社会主义为前提的。今天的建设和奋斗，正是为未来的共产主义创造条件。共产主义社会的到来，就是在不断完成各阶段基本纲领的过程中实现的。

第三，通过树立唯物史观的科学精神将两者统一起来。资本主义必然灭亡，社会主义、共产主义必然胜利，这是马克思主义运用历史唯物主义武器，通过对人类社会发展规律进行考察基础上所得出来的科学结论。同样，对社会主义、共产主义的具体情况，我们也必须采用唯物史观的科学精神，让未来的实践去回答，而不对它们进行具体的设想和描述，只有这样才能把社会主义的现实与富强、民主、文明、和谐的社会主义现代化国家的大目标相统一起来。

习近平特别强调，我们既要坚定走中国特色社会主义道路的信念，也要胸怀共产主义崇高理想，矢志不移地贯彻执行党在社会主义初级阶段的基本路线和基本纲领，做好当前每一项工作。他还严厉批评了在对待共产主义崇高理想上的“一蹴而就论”和“虚无缥缈论”。他精辟地指出：“共产主义决不是‘土豆烧牛肉’那么简单，不可能唾手可得、一蹴而就，但我们不能因为实现共产主义理想是一个漫长的过程，就认为那是虚无缥缈的海市蜃楼，就不去做一个忠诚的共产党员。革命理想高于天。实现共产主义是我们共产党人的最高理想，而这个最高理想是需要一代又一代人接力奋斗的。如果大家都觉得这是看不见摸不着的东西，没有必要为之奋斗和牺牲，那共产主义就真的永远实现不了了。我们现在坚持和发展中国特色社会主义，就是向着最高理想所进行的实实在在努力。”①

更为重要的是，习近平指出：“衡量一名共产党员、一名领导干部是否具有共产主义远大理想，是有客观标准的，那就要看他能否坚持全心全意为人民服务的根本宗旨，能否吃苦在前、享受在后，能否勤奋工作、廉洁奉公，能否为理想而奋不顾身去拼搏、去奋斗、去献出自己的全部精力乃至生命。”因此，共产党员特别是领导干部都要坚持用这几条标准衡量和严格要求自己，坚持做最高纲领和基本纲领的统一论者，始终坚定共产主义理想信念，为实现“两个一百年”奋斗目标和中华民族伟大复兴的中国梦，作出应有的贡献。

执笔人：徐雯婷

① 习近平：《做焦裕禄式的县委书记》，中央文献出版社 2015 年版，第 5 页。

29 解放思想、实事求是是延安精神的精髓

解放思想、实事求是的思想路线是延安精神的精髓，它是贯穿延安精神各个方面的一条红线。

尤其需要强调的是，解放思想、实事求是的思想是中国革命与建设时期探索中国革命道路及中国特色社会主义道路的理论基础，为中国共产党始终坚持坚定正确的政治方向提供理论指南、实践保障。

坚持正确的政治方向，制定正确的政治路线，需要坚持理论联系实际，把马克思列宁主义的基本原理与中国革命和建设的具体实际相结合。毛泽东在《改造我们的学习》中曾经指出："要有目的地去研究马克思列宁主义的理论，要使马克思列宁主义的理论和中国革命的实际运动结合起来，是为着解决中国革命的理论问题和策略问题而去从它找立场，找观点，找方法的。这种态度，就是有的放矢的态度。'的'就是中国革命，'矢'就是马克思列宁主义。我们中国共产党人所以要找这根'矢'，就是为了要射中国革命和东方革命这个'的'的！这种态度，就是实事求是的态度。"①

① 《毛泽东选集》第3卷，人民出版社1991年版，第801页。

由此可见，实事求是思想路线作为延安精神的精髓，其巨大贡献就在于能够在哲学层面把唯物论与辩证法结合起来，把辩证唯物主义和历史唯物主义转化为具有中国特色和中国共产党特色的一整套立场、观点与方法，为中国共产党在中国革命的发展和中国特色社会主义建设的历史性实践中制定正确的政治路线，提供了科学的世界观和方法论的指导，成为中国共产党制定政治路线的理论指南。

民主革命时期，特别是抗日战争时期，中国共产党在民族战争中到底处于何种地位？中国的社会性质、历史特点，解决了中国革命的对象、动力、任务和性质等基本问题如何认识？怎样找到中国革命的独特道路，怎样才能制定中国新民主主义革命的路线？毛泽东在《中国共产党类民族战争中的地位》一文中说："共产党员应是实事求是的模范，又是具有远见卓识的模范。因为只有实事求是，才能完成确定的任务；只有远见卓识，才能不失前进的方向。"[①] 毛泽东进一步指出了实事求是的途径，他认为，要成为实事求是的模范，就要成为学习的模范，在日常的学习与生产生活中，他们每天可能都是民众的老师，但每天又都可能是民众的学生。共产党员只有向民众不断学习，向自身所在的环境不断学习，向统一战线中的友党友军学习，不断地了解他们，才能在工作上做到真正的实事求是。

以毛泽东同志为代表的中国共产党人正是在实事求是的思想路线指导下，才能对中国社会和中国革命的实际情况有着科学的认识，形成正确的政治路线。在《中国革命和中国共产党》一书中，毛泽东把中国革命运动的进程概括为帝国主义和中国封建主义相结合，把中国变为半殖民地和殖民地的过程和中国人民反抗帝国主义及其走狗的过程。通过对

① 《毛泽东选集》第 2 卷，人民出版社 1991 年版，第 523 页。

中国社会的深刻认知，中国共产党人确知中国当时的社会，是一个殖民地、半殖民地、半封建性质的社会，只有在此认知基础上，才能认清中国革命的对象、中国革命的任务、中国革命的动力、中国革命的性质、中国革命的前途和转变。正因为这样的社会性质，才造就了中国革命的现状，形成了中国革命的主要对象，那就是帝国主义和封建主义，就是帝国主义国家的资产阶级和本国的地主阶级。这是因为，正是帝国主义国家的资产阶级和地主阶级这二者阻碍着中国社会的前进，他们相互勾结以压迫中国人民，形成了中国革命的强大敌人。既然中国革命的敌人主要是帝国主义和封建地主阶级，那么中国革命的主要任务毫无疑义地是要打击这两个敌人，就是对外推翻帝国主义压迫的民族革命和对内推翻封建地主压迫的民主革命，其中最主要的任务则是推翻帝国主义的民族革命。

正因为中国社会的特殊性质，这才决定了中国革命的动力构成。中国的地主阶级是帝国主义统治中国的社会基础，他们在整体只能是中国革命的对象而不是革命的动力。但是，随着民族斗争的演进，一部分地主投降变成了汉奸，一部分虽留在抗日阵营但其立场已经动摇不定，而另一部分中小地主则还保有一定的抗日积极性，他们还有可能成为革命的动力；资产阶级中的大资产阶级是帝国主义豢养并为其服务的阶级，是中国革命的对象，民族资产阶级一方面受帝国主义的压迫和封建主义的束缚，与帝国主义及封建主义有矛盾而成为革命的力量之一；另一方面，由于他们在经济和政治上的软弱性，又没有彻底反帝反封建的勇气，具有双重性，当他们跟在买办资产阶级后面时，就有可能成为中国革命的敌人，具有充当反革命助手的危险；形形色色的小资产阶级由于受到帝国主义、封建主义和大资产阶级的压迫，是革命的动力之一；农民阶级日益分化成富农、中农和贫农，后二者成为中国革命的坚定支持者；

无产阶级与最先进的经济形式相联系，富于组织纪律性，没有私人占有的生产资料，受压迫最深，在共产党的领导下最有觉悟，且与中国农民有着天然的联系，拥有数量巨大的同盟军，是中国革命最基本的动力；游民等可以改造为中国革命的动力，但要防止他们的破坏性。

正是因为有了对中国社会实事求是的了解，毛泽东为代表的中国共产党人才能对中国革命动力因素作出如此科学、准确的分析与判断，才能在革命前进的政治路线中明确谁是我们的朋友，谁是我们的敌人，才能对中国革命的性质有科学的界定。毛泽东说："现阶段的中国革命究竟是一种什么性质的革命呢？资产阶级民主主义的革命，还是无产阶级社会主义性质的革命呢？显然地，不是后者，而是前者。"只是，他对中国革命性质的研究并未简单地停留在这一层面，他进一步分析认为，"现时中国的资产阶级民主主义革命，已不是旧式的一般的资产阶级民主主义的革命，这种革命已经过时了，而是新式的特殊的资产阶级民主主义的革命。"[①]在此基础上，毛泽东提出了著名的新民主主义革命论断，形成了对中国革命道路、方向与进程的科学判断。

经历了社会主义建设的曲折探索后，中国共产党在科学分析了十一届三中全会以来九年间我国发生的深刻变化，认为这一期间"我们紧紧把握住经济建设这个中心，使国民经济持续稳定增长。九年间国民生产总值、国家财政收入和城乡居民平均收入都大体上翻了一番。"但是，"我国的社会主义还处于初级阶段，我们必须从这个实际出发，而不能超越这个阶段。"因此，中央认为："正确认识我国社会现在所处的历史阶段，是建设有中国特色的社会主义的首要问题，是我们制定和执行正确的路线和政策的根本依据。"中国共产党正是在实事求是思想路线的指

① 《毛泽东选集》第 2 卷，人民出版社 1991 年版，第 646、647 页。

引下，才认清了我国的社会主义仍处于初级阶段这一客观事实，制定了“一个中心、两个基本点”这一社会主义初级阶段的总路线。

时至今日，以习近平同志为核心的党中央仍以实事求是思想路线为指引，提出了全面建成小康社会、全面深化改革、全面推进依法治国、全面从严治党的治国理政的战略布局，为实现中华民族全面复兴的伟大中国梦奠定坚实的理论基础。早在 2012 年 5 月，习近平同志在中央党校发表讲话，回顾了中国共产党追求实事求是的历史进程，强调了实事求是的极端重要性。

我们党是靠实事求是起家和兴旺发展起来的。正如邓小平指出的：“过去我们搞革命所取得的一切胜利，是靠实事求是；现在我们要实现四个现代化，同样要靠实事求是。”实事求是作为党的思想路线，它始终是马克思主义中国化理论成果的精髓和灵魂，即是毛泽东思想的精髓和灵魂，是包括邓小平理论、“三个代表”重要思想以及科学发展观在内的中国特色社会主义理论体系的精髓和灵魂；它始终是中国共产党人认识世界和改造世界的根本要求，是我们党的基本思想方法、工作方法和领导方法，是党带领人民推动中国革命、建设、改革事业不断取得胜利的重要法宝。回顾我们党 90 多年的历史可以清楚地看到，什么时候坚持实事求是，党就能够形成符合客观实际、体现发展规律、顺应人民意愿的正确路线方针政策，党和人民事业就能够不断取得胜利；反之，离开了实事求是，党和人民事业就会受到损失甚至严重挫折。胡锦涛在庆祝中国共产党成立 90 周年大会上的讲话中对坚持实事求是的重要性作了精辟论述。他说：“在历史上的一些时期，我们曾经犯过错误甚至遇到严重挫折，根本原因就在于当时的指导思想脱离了中国实际。我们党能够依靠自己和人民的力量纠正错误，在挫折中奋起，继续胜利前进，根本原因就在于重新恢复和坚持贯彻了实事求是。”实践反复证明，坚持实事求是，就能兴党兴国；违背实事求是，就会误党误国。[①]

2016年6月28日，习近平在中央政治局第三十三次集体学习时强调，我们党从成立之日起，就高度重视党内政治生活，在长期实践中逐步形成了以实事求是、理论联系实际、密切联系群众、批评和自我批评、民主集中制、严明党的纪律等为主要内容的党内政治生活基本规范。这是对马克思主义建党思想的丰富和发展，也阐明了实事求是在党内政治生活中的极端重要性，把实事求是融入日常、变为经常，体现了党一贯坚持实事求是的决心与态度。

历史反复证明，党的全部经验的核心，就是坚持实事求是，朝着坚定正确的方向前进；党在新民主主义革命时期形成的宝贵财富延安精神，其全部精髓就在于始终坚持实事求是；党在改革开放时期特别是十八大以来取得的历史性成就与历史性变革，全部精髓还在于始终坚持实事求是。

执笔人：王东仓

---

① 习近平：《坚持实事求是的思想路线》，《学习时报》2012年5月28日。

30 延安时期实事求是思想路线的主要表现

延安时期，中国共产党坚持实事求是的过程，也是其不断总结历史经验，不断在实践中认识真理、检验真理，把马克思主义与中国革命实际结合的过程，充分体现在中国共产党探索和确立实事求是思想路线的认识与实践过程中。

一、在六届六中全会阐述实事求是的思想路线

1938 年 9 月 29 日至 11 月 6 日，中共扩大的第六届中央委员会第六次全体会议在延安举行，目的在于“总结全国抗战以来的经验教训，确定党在抗战新阶段的基本方针和任务，解决党内一度出现的右倾错误，统一全党的认识和步调”[①]。在六届六中全会上，毛泽东代表中共中央政治局所作的《抗日民族战争与抗日民族统一战线发展的新阶段》的政治报告，成为这次会议的中心议题。毛泽东的报告从过去的历史经验讲到新

---

① 中共中央党史研究室:《中国共产党历史》第 1 卷（1921—1949）下册，中共党史出版社 2011 年版，第 519 页。

阶段的任务，再讲到完成任务应采取的态度与方法，自始至终贯穿着一条思想红线，深刻阐述了实事求是的思想路线。

在回顾遵义会议上斗争和将张国焘开除出党的两次党内斗争及其教训时，毛泽东强调其犯错误的重要原因之一即是由于不认识中国革命战争中的特点而生产的，亦即没有抓住中国革命的实际情况这个实事，也就没有掌握中国革命战争的特点，没有发现其中的客观规律，没能求是。例如，第五次反“围剿”斗争中的严重的原则错误，包含着不顾主客观条件的“左”的急性病倾向，这种倾向不利于革命战争，同时也不利于任何革命运动。张国焘的机会主义，其内容是他的退却路线、军阀主义和反党行为的综合，完全违背了中国革命斗争的实际情况，只有克服了这一错误带来的困难，才能回到中央的正确的路线上来。

要形成实事求是的正确思想路线，就应科学地对待马克思主义，“一切有研究能力的共产党员，都要研究马克思、恩格斯、列宁、斯大林的理论”，加强马克思主义的学习。因为，“指导一个伟大革命运动的政党，如果没有革命理论，没有历史知识，没有对于实际运动的深刻的了解，要取得胜利是不可能的”。科学地对待马克思主义，就不应该把他当作教条来看待，不只是学习马列的词句，而是学习他们研究现实和解决实际问题的实事求是的观点与方法：“不但应当了解马克思、恩格斯、列宁、斯大林他们研究广泛的真实生活和革命经验所得出的关于一般规律的结论，而且应当学习他们观察问题和解决问题的立场和方法……所以，普遍地深入地研究马克思列宁主义的理论的任务，对于我们，是一个亟待解决并须着重地致力才能解决的大问题。”另外，用马克思主义的方法批判地总结中国的历史遗产，也是中国共产党学习的一个重大任务，马克思主义的历史主义者，就不应当割断历史。“马克思主义必须和我国的具体特点相结合并通过一定的民族形式才能实现。马克思列宁主义的伟大力量，就在于这是和各个国家具体的革命实践相联系的。对于中国共产党说来，就是要学会把马克思主义列宁主义的理论应用于中国的具体的环境”，“离开中国特点来谈马克思主义，只是抽象的空洞的马克思主义。因此，使马克思主义在中国具体化，使之在其每一表现中带着必须有的中国的特征，即是说，按照中国的特点去应用它，成为全党亟待了解并亟待解决的问题。”[①]

要形成实事求是的正确思想路线，还必须认真克服自己队伍中的一些严重错误，“洋八股必须废止，空洞抽象的调头必须少唱，教条主义必须休息，而代之以新鲜活泼的、为中国老百姓所喜闻乐见的中国作风和中国气派。把国际主义的内容和民族形式分离起来，是一点也不懂国际主义的人们的做法，我们则要把二者紧密地结合起来。”[②]改正错误，弄懂中国的全部，时刻注意研究革命运动的全面及其发展这个重大课题，就需要共产党员的先锋模范作用，“共产党员应是实事求是的模范，又是具有远见卓识的模范，因为只有实事求是，才能完成确定任务；只有远见卓识，才能不失前进的方向。”只有“高度地发挥其先锋的模范的作用，才能动员全民族一切生动力量，为克服困难、战胜敌人、建设新中国而奋斗”。[③]

在这个报告中，毛泽东第一次明确使用了“实事求是”这一概念，全面阐述了实事求是地科学对待马克思主义，通过认真学习与研究，把马克思主义与中国革命的具体特点结合起来的观点，使得实事求是思想路线的内在精神与外在形式第一次有机结合起来了。实事求是的思想路线正是在这次会议上呼之欲出，初具雏形。

① 《毛泽东选集》第2卷，人民出版社1991年版，第532—534页。
② 《毛泽东选集》第2卷，人民出版社1991年版，第534页。
③ 《毛泽东选集》第2卷，人民出版社1991年版，第522—523页。

二、思想建设的前进方向

在 1939 年 10 月 4 日的《〈共产党人〉发刊词》中，毛泽东再次谈到了建设一个巩固的政党的问题。他说创办这个刊物“它的任务就是：帮助建设一个全国范围的、广大群众性的、思想上政治上组织上完全巩固的布尔什维克化的中国共产党”。[①] 他回顾了此前党的建设在第一个阶段的特点后认为，“由于没有经验，缺乏深刻的革命认识，还不善于将马克思列宁主义的理论和中国革命的实践相结合”。[②] 而第二阶段由于有了第一阶段的经验，由于党的干部更多地领会了马克思列宁主义的理论，更多地学会了将马克思列宁主义理论和中国革命的实践相结合，所以取得十年土地革命斗争的胜利。第三阶段虽取得相当成绩，但大批新党员没有受到应有教育，新组织还没有巩固，新干部对社会、历史和中国革命还不怎么懂，还需要在马克思列宁主义和中国革命的实践完全结合方面加深理解。毛泽东在这篇文章中提出的“马克思列宁主义理论与中国革命实践相结合”的命题，就是实事求是思想路线在思想建设上的具体化，为思想建设指出了前进的方向。

三、态度与方式

1940 年，毛泽东在《新民主主义论》中谈到文化问题时，提出了科学的态度应该是“实事求是”而不是“自以为是”和“好为人师”，那样狂妄的态度是决不能解决任何问题的。在谈到吸收外国进步文化的形式

---

① 《毛泽东选集》第 2 卷，人民出版社 1991 年版，第 602 页。
② 《毛泽东选集》第 2 卷，人民出版社 1991 年版，第 609—610 页。

问题时，他强调应该取其精华而弃其糟粕，“全盘西化”式的或形式主义的吸收外国的东西，在历史上已经吃过大亏了。由此，他联想到马克思主义在中国的运用，再次强调马克思列宁主义的理论与中国革命的具体实践应完全恰当地统一起来，和中华民族的文化特点结合起来，绝不能主观地、公式地运用它，这也算是在文化上的“实事求是”精神的体现。他为此号召全党要坚持以科学精神对待文化，积极地反对一切封建迷信的东西，积极地主张实事求是、主张客观真理、主张理论和实践一致。从具体策略到哲学层面的经验总结，再从政治理论到文化思想，毛泽东关于一切从实际出发、一切视具体情况，尊重客观规律、尊重科学的实事求是的思想，至此通过一系列论述，其已臻于完备。

四、思想路线的大教育

1942 年前后为了在全党范围内进行系统的马克思主义思想教育，中共中央在延安开展了整风运动。在整风期间，毛泽东先后作了《改造我们的学习》《整顿党的作风》《反对党八股》等报告。在这些文章里，毛泽东进一步地从思想问题上总结了过去中国共产党内路线的分歧，分析了广泛存在于党内的非马克思列宁主义思想作风，主要是主观主义的倾向，宗派主义的倾向和作为这两种倾向的表现形式的党八股。毛泽东号召开展全党范围的马克思列宁主义的教育运动，即按照马克思列宁主义的思想原则整顿作风的运动。这个号召，很快在中国共产党内外形成一场围绕怎样以从实际出发的观点，而不是以教条的、主观臆想的观点来对待马克思列宁主义原理；怎样才能使马克思列宁主义的原理与中国革命的实际情况相结合；怎样才算是客观、历史地正确对待 1931—1934 年这段时间党内两条路线的斗争，这样一些重大问题的大规模、大范围讨论。

其中，在《改造我们的学习》这一篇报告中，毛泽东重点批评了对待马克思列宁主义上存在的主观主义态度，说他们“华而不实，脆而不坚。自以为是，老子天下第一，‘钦差大臣’满天飞”。[①]他认为，这种主观主义的态度和作风会害己害人更会害了革命，是一种反科学的反马克思列宁主义方法，是共产党、工人阶级、人民群众和中华民族的大敌，是党性不纯的外在表现。在报告中，毛泽东第一次对实事求是的含义作了全新的科学解释。把实事求是的工作态度和工作方法提高到辩证唯物论的高度，升华为科学的世界观和方法论。通过这篇报告，毛泽东将实事求是思想路线，生动地表现为共产党人在实际工作中应该采取的客观、务实的作风，指出学风上应该采取的正确态度，将实事求是的思想路线，转化为实践层面更具可操作性的工作指南，是实事求是思想路线进一步成熟的表现。

另外，在《整顿党的作风》《反对党八股》等报告中，毛泽东又结合对主观主义，特别是教条主义学风的分析批判，进一步阐述了从实际出发、实事求是、理论和实践相统一的思想路线。毛泽东认为，党内还存在学风和党风不正的问题。“学风问题是领导机关、全体干部、全体党员的思想方法问题，是我们对待马克思列宁主义的态度问题，是全党同志的工作态度问题。”[②]为反对主观主义以改造学风，就需要明白，马列主义是马克思、恩格斯、列宁、斯大林等根据实际创造出来的理论，不是凭空想象出来的空头理论。对待这样求真务实的理论，就需要根据他们的理论来研究中国的历史实际和革命实际，一切从实际出发，用理论思考中国革命的实践；就需要真正领会马克思列宁主义的立场、观点和方法，

① 《毛泽东选集》第3卷，人民出版社1991年版，第800页。
② 《毛泽东选集》第3卷，人民出版社1991年版，第813页。

真正领会列宁和斯大林关于殖民地半殖民地革命和中国革命的理论，用以科学地分析中国的实际问题，找出它的发展规律。通过这样一番论述，一个马克思主义与中国革命实际结合的、科学的方法论跃然纸上：中国革命的实际问题，有待我们用马克思主义的理论去科学分析、深刻研究后，求得其发展的客观规律，实事求是作为中国化的马克思主义，在此又一次得到全面、深刻的阐述，其体系更为完备。

与此同时，毛泽东在《反对党八股》中继续将思想路线与实际作风联系起来，清理党内主观主义与教条主义思想，深化实事求是思想的理解与影响。比如在反对空话连篇、言之无物、长而空或短而空的文风时，他举了《资本论》的例子，用“到什么山上唱什么歌”和“看菜吃饭，量体裁衣”这两个谚语，生动地说明实事求是的正确态度，也说明了实事求是思想强大的现实生命力，把一个理论命题与实际生活中发挥重大作用的民间话语结合起来，也使这一思想具备了强烈的现实性与影响力。

经过理论上多次反复论述，实事求是的思想逐渐随着整风学习运动而深入到党员干部之中，逐步成为其世界观与方法论，在他们的学习和工作中潜移默化为一种思维习惯。经过延安整风运动和党的七大，实事求是的思想在全党蔚然成风，深入人心，不仅成为党中央制定各项方针政策的指导原则，而且为广大党员干部所普遍接受，成为全党的行动准则。至此，党的实事求是的思想路线基本确立起来，我们党坚持实事求是思想路线的表现也主要体现在这一过程中。

执笔人：王东仓

31 陈云论述如何做到实事求是

习近平指出，实事求是作为党的思想路线，它始终是马克思主义中国化理论成果的精髓和灵魂，它始终是中国共产党人认识世界和改造世界的根本要求，是我们党的基本思想方法、工作方法和领导方法，是党带领人民推动中国革命、建设、改革事业不断取得胜利的重要法宝。作为伟大的无产阶级革命家、政治家，杰出的马克思主义者，陈云视实事求是为党建工作的灵魂，认为实事求是“不是一个普通的作风问题”，是“马克思主义唯物主义的根本思想路线问题”，他终身坚持这一思想路线，为我们做出了榜样。

第一，陈云多次阐述了实事求是在工作中的极端重要性。1938 年 9 月，他在抗日军政大学讲授干部政策时，明确提出了自己的观点：“对于干部，不要‘抬轿子’，要实事求是。做到这些，才能算是真正的爱护人”[①]。1940 年 8 月，他在领导中央组织部审查干部的工作时，亲笔起草了中央组织部关于审查干部的总结，在这个总结中，有着这样一句名言：

① 《陈云文选》第 1 卷，人民出版社 1995 年版，第 122 页。

“实事求是的审查才是真正的严格”[①]。1940年11月，他说：“审查干部必须实事求是，客观、严格。”[②]他曾把实事求是称为可抵百万军队的力量，他说：“如果我们的同志都把心摆得非常正，非常实事求是，毫无个人主义，可以抵得十万军队、一百万军队，这是无敌的力量。”[③]

第二，在对“实事求是”这一思想路线深刻理解和掌握的基础上，在纠正“抢救运动”错误做法的过程中，陈云提出“不唯上、不唯书、只唯实”的原则，为正确掌握和坚持实事求是思想路线提供了有益补充和更具操作性的思想方法。陈云说：“在延安的时候，我曾仔细研究过毛主席起草的文件、电报。当我全部读了毛主席起草的文件、电报之后，感到里面贯穿着一个基本指导思想，就是实事求是。那末，怎样才能做到实事求是呢？当时我的体会就是十五个字：不唯上、不唯书、只唯实，交换、比较、反复。”“这十五个字，前九个字是唯物论，后六个字是辩证法，总起来就是唯物辩证法。”这15个字，可以说是陈云同志对20世纪20年代后期的国际共产主义运动的认识，以及对我们党内盛行的把马克思主义教条化、把共产国际决议和苏联经验神圣化错误倾向的有力批驳；是对毛泽东实事求是思想的具体发挥。

“不唯上”，是针对一些上级机关和领导人搞“一言堂”，一些下级机关和工作人员执行上级指示不从本地区、本部门、本单位的具体情况出发，机械地照转、照搬、照套而提出来的。它的含义并不是上级的话不要听，而是说各级机关和领导干部必须从人民的根本利益出发，把对上负责和对下负责统一起来，充分发挥自己的积极性和创造性，使上级的政策和决策依据自身的实际情况具体化，切实有效地加以执行。

---

① 《陈云文集》第1卷，人民出版社2005年版，第285页。
② 《陈云文选》第1卷，人民出版社1995年版，第213页。
③ 《陈云文选》第1卷，人民出版社1995年版，第297页。

“不唯书”，是针对当时一些领导人“以为上了书的都是对的”，搞本本主义、教条主义，将马克思主义教条化，将苏联经验神圣化，不联系中国实际，不将马克思主义理论和中国具体实践相结合而提出来的。“不唯书”不是说文件、书不要读，而是要认真读书，真正掌握科学理论的精髓，陈云同志说过：“我们的学习是学习马克思列宁主义的精神，学习他们观察问题的立场、观点和方法，而不是背诵教条”[①]。在认真学习的基础上，理论联系实际，理论和实践相结合。一方面用理论指导实践，使实践不陷入盲目的境地；另一方面，将实践中的具体经验上升为理论，并在实践中检验、修正、丰富和发展。它与不读书、轻视理论的经验主义毫无共同之处。

“只唯实”，就是一切从实际出发，理论联系实际，实事求是，在实践中检验和发展真理。“只唯实”的前提是尊重客观实际，“只唯实”的核心是按照客观规律办事。我们要坚持实事求是，就是要在了解情况、弄清事实的基础上，找到事物内部的必然联系即规律性，找出解决问题的办法。做到了“不唯上、不唯书、只唯实”，就从根本上解决了坚持唯物主义认识路线的立场问题。

第三，陈云从方法论的角度论述了做到实事求是的具体方法。

首先，坚持实事求是，要重视调查研究，弄清事实。每逢重大决策之前，陈云同志总要做大量调查研究，听取多方面意见。他说：“我们要坚持实事求是，就是要根据现状，找出解决问题的办法。首先要弄清事实，这是关键问题。”[②] 他还告诉我们：“要弄清事实并不容易。”要求我们要重视调查研究，反对本本主义，反对不从实际出发而主观臆断。他根

① 《陈云文选》第1卷，人民出版社1995年版，第143页。
② 《陈云文选》第3卷，人民出版社1995年版，第235页。

据自己的实践经验，提出了一些很有效的办法。如，他指出："我们做工作，要用百分之九十以上的时间研究情况，用不到百分之十的时间决定政策。所有正确的政策，都是根据对实际情况的科学分析而来的。有的同志却反过来，天天忙于决定这个，决定那个，很少调查研究实际情况。这种工作方法必须改变。要看到，片面性总是来自忙于决定政策而不研究实际情况。"[①]在这里，陈云同志不仅对实际工作中如何去实事求是做出了描述，而且，以量化的形式分析了弄清事实所占的比重，充分说明了通过调查研究弄清事实的关键作用。

认真阅读《陈云文选》可以清楚地看出，陈云做调查研究，一是认真、深入、细致，不弄清情况，决不罢手；二是亲自动手，甘当群众的小学生，善于引导群众讲话，讲真话；三是注重典型调查，认真解剖麻雀，把"下马观花"和"走马看花"结合起来；四是根据具体情况作具体分析，从不"一刀切"、简单化。

1990 年 1 月 24 日，陈云同浙江省党政军领导同志的谈话中，对如何做好调查研究又做了更加具体的指导，他说：搞调查研究有两种办法，一种是亲自率工作组或派工作组下乡下厂，这当然是十分必要的；另一种是每个高中级干部都有敢讲真话的知心朋友和身边工作人员，通过他们可以经常听到基层干部、群众的呼声。你李丰平同志是四川人，周围就有这种人。后一种调查研究，有"真、快、广"的特点。所谓真，就是他们敢于反映真实情况，敢讲心里话。因为他们信得过你，知道你不会整他们。我就有这样一些朋友。所谓快，就是当问题处于萌芽状态时，就能够及时发现。所谓广，就是全国各省市各行各业，都有许多高中级干部（包括离退休的）。在某种意义上讲，后一种调查研究比前一种调查

① 《陈云文选》第 3 卷，人民出版社 1995 年版，第 34 页。

研究更重要一些。两种调查研究都有必要，缺一不可。

其次，坚持实事求是，要注重交换、比较、反复。还是在同浙江省党政军领导同志的谈话中，陈云对这一方法进行了详细的论述。陈云说：交换，就是互相交换意见。比方说看这个茶杯，你看这边有把没有花，他看那边有花没有把，两人各看到一面，都是片面的，如果互相交换一下意见，那末，对茶杯这个事物我们就会得到一个全面的符合实际的了解。过去我们犯过不少错误，究其原因，最重要的一点，就是看问题有片面性，把片面的实际当成了全面的实际。作为一个领导干部，经常注意同别人交换意见，尤其是多倾听反面的意见，只有好处，没有坏处。比较，就是上下、左右进行比较。抗日战争时期，毛主席《论持久战》就是采用这种方法。他把敌我之间互相矛盾着的强弱、大小、进步退步、多助寡助等几个基本特点，作了比较研究，批驳了“抗战必亡”的亡国论和台儿庄一战胜利后滋长起来的速胜论。毛主席说，亡国论和速胜论看问题的方法都是主观的和片面的，抗日战争只能是持久战。历史的发展证明了这个结论是完全正确的。由此可见，所有正确的结论，都是经过比较的。反复，就是决定问题不要太匆忙，要留一个反复考虑的时间。这也是毛主席的办法。他决定问题时，往往先放一放，比如放一个礼拜、两个礼拜，再反复考虑一下，听一听不同的意见。如果没有不同的意见，也要假设一个对立面。吸收正确的，驳倒错误的，使自己的意见更加完整。因为人们对事物的认识，往往不是一次就能完成的。这里所说的反复，不是反复无常、朝令夕改的意思，而是充分的研究与思考。

最后，坚持实事求是，要有坚定的信仰和坚强的党性。无论处于顺境还是逆境，陈云同志始终坚守对马克思主义、共产主义的信仰不动摇。陈云说过，实事求是既容易做到，也难以做到，坚持实事求是还必须有不怕得罪人的勇气和大无畏的精神。在党的七大发言中他说：“我们要讲真理，不要讲面子。是什么就是什么，应该怎样就怎样。”在延安时期，陈云同志就把“革命的利益高于一切”“遵守党的纪律，严守党的秘密”“百折不挠地执行决议”作为共产党员的重要标准。坚持实事求是，讲起来容易，做起来难，在有压力或处于逆境的情况下就更难了，而陈云坚定的信仰和坚强的党性恰恰表现在这种情况下。

1958年“大跃进”运动中，急躁冒进的“左”倾思想很严重，许多人大讲高速度、高指标，“大干快上”“赶超英美”，而陈云则能立足于贫穷落后的中国国情观察问题，提出“反冒进”“降指标”的不同意见。1962年我国经济面临严重困难，同时“左”倾思想仍然甚嚣尘上。陈云知道提出不同意见政治风险很大，但是他说:“我担任全国经济的领导任务，要对党负责，对人民负责。此事既然看准了，找到了办法，提与不提，变与不变，关系到党的声誉，关系到人心向背，怎能拖延时机？”在中南海西楼会议上，陈云实事求是地提出了当前形势所面临的困难，认为要承认现实，正确地面对困难，决不能“逢人只说三分话”，打官腔，要讲真话，有意见就发表。由于陈云实事求是地估计了困难，又提出了克服困难的办法，使大家看到了光明前途。但在几个月后的北戴河会议上，陈云因此受到了“黑暗风”的严重批判，此后的处境很困难，直到“文革”结束。1978年党的十一届三中全会之前的中央工作会议上，当时的中央主要负责同志为继续推行“两个凡是”，为会议设置了只谈经济问题的框框。面对这种情况，陈云坚持实事求是的原则，顶住压力，提出要把工作重点转移到社会主义建设上来，首先要解决影响大、涉及面广的历史遗留问题。他列举了天安门事件、彭德怀的名誉恢复、康生的严重错误等六个问题。他的发言在简报上刊登后引起了与会代表的热烈反响，为突破“两个凡是”的思想禁锢、实现伟大的历史转折起到了重要作用。这些问题在与会代表的共同努力下，一一得到解决，使这次会议开成了解放思想、拨乱反正的会议。此后，邓小平在闭幕会上作了题为《解放思想、实事求是，团结一致向前看》的重要讲话。正因为有这些重大变化，十一届三中全会才得以胜利召开。陈云认为，能不能是非分明，敢不敢坚持原则，怕不怕得罪人是党风中的大问题。只有党内形成坚持原则，是非分明的风气，党的团结才有基础，社会风气才会随之好转。

执笔人：贾　婷

32 延安时期的批评和自我批评

党的十九大报告对十八大以来全面从严治党的经验进行了系统总结，其中明确提出：“坚持开展批评和自我批评，坚持惩前毖后、治病救人，运用监督执纪‘四种形态’，抓早抓小、防微杜渐。”而“四种形态”的第一种，也是运用最多，最充分体现我们党对党员关心爱护的就是“红脸出汗”“咬耳扯袖”，也就是批评和自我批评。批评和自我批评，是马克思主义政党建设中最革命、最富生气的武器。恩格斯曾指出：“伟大的阶级，正如伟大的民族一样，无论从哪方面学习都不如从自己所犯错误的后果中学习来得快。”[①]何谓批评与自我批评？“简言之，就是党组织、党员个人对党内同志，党员个人对党组织的缺点错误及时指出、深入剖析，在原则问题上进行积极的健康的思想斗争。”[②]

在2013—2014年全党上下开展的群众路线教育实践活动中，习近平提出：要借鉴延安整风经验，遵照“照镜子、正衣冠、洗洗澡、治治病”的十二字总要求，以“延安整风精神开展批评与自我批评”，“在批评和

① 《马克思恩格斯选集》第4卷，人民出版社1995年版，第432页。
② 刘云山：《关于批评和自我批评的几点认识》，《学习时报》2013年9月9日。

自我批评上好好下一番功夫”。毛泽东认为：延安整风最重要的经验就是我们党上上下下进行了一次“正确的而不是歪曲的、认真的而不是敷衍的批评和自我批评。”[①]延安整风的重要参与者——时任中央党校副校长的彭真同志总结道：“所谓整风运动，不是别的，就是采用批评与自我批评的方式，经过党员群众的自我教育，用马克思列宁主义的理论武器，来克服党内各种非无产阶级思想即非马克思列宁主义的倾向和思想。”[②]

那么，在延安整风中我们广大党员又是如何开展批评和自我批评的呢？在整风运动发动的1942年，为了帮助全党同志更好地拿起这一锐利武器，《解放日报》刊载了几十篇文章，专门阐述开展批评和自我批评的方法，其中较具代表性的文章有《自我批评从何着手》《关于批评方法问题的研究》《检查工作与自我批评》《批评者与被批评者应取的态度》《略谈批评》等。本文综合上述“原始文献”并结合领袖人物的经典论述，归纳几条实用经验，以飨读者。

第一，领导干部要带头做严肃的自我批评。延安整风成功的关键一环在于毛泽东带头做了认真、严肃地自我批评。从批评和自我批评二者进行的实际看，批评别人往往容易，真正难的是自我批评。毛泽东就曾坦言：“实行自我批评，是一个很难办到的事情，鲁迅也说解剖自己是困难的。”[③]“严人先严己，律人先律己”，批评他人，自己先要做到位。在延安整风中，毛泽东多次做了严格的自我批评，给党的高级干部作出了表率。例如，针对“审干”运动中的种种错误，他主动做自我批评以争得同志们的原谅，他道歉说：“整个延安犯了许多错误，谁负责？我负责，

---

① 《毛泽东选集》第3卷，人民出版社1991年版，第1096页。

② 彭真：《马克思列宁主义在中国的胜利》，《人民日报》1951年7月14日。

③ 中共中央文献研究室编：《毛泽东思想形成与发展大事记》，中央文献出版社2011年版，第259—260页。

因为发号施令是我。别的地方搞错了谁负责？也是我，发号施令的也是我。”“我是党校的校长，党校也搞错了，如果在座的有这样的同志，我赔一个不是。因为搞错了。”[①]

第二，必须首先认真学习党的文件，提高思想认识。“真正坚强的自我批评需要方法，需要首先充分懂得中央决定和毛泽东同志演说的事实，需要思想上精神上的郑重的准备。”[②]进行自我批评和批评首先需要党员做好思想准备，要做好准备，必须要反复阅读整风文件、深入思考，领会其精神，这样批评和自我批评才能既有矢、也有的，自己解剖才能深刻，也才能准确发现别人的错误。因此，开展批评首要的工作就是“把中央的文件更多读几遍，更多想几遍吧！只有能虚心学习的人，只有敢于认识自己，清算自己的人，只有有决心用正确的思想方法，正确的人生观武装自己，敢于认识自己的人，才能在战场上有效的缴敌人的械，并向死不缴械的敌人投出准确的，致命的一击。”[③]

第三，批评同志一定要出于公心。坚强的党性修养是我们开展好批评和自我批评的根本要素。一个真正的共产党员，他绝不会有“事不关己，高高挂起”的这种思想，而对其他同志的错误不理不睬，他应该把别人的错误看作自己的错误，对其进行严肃的批评，“因为一个党员，是整个党的一个分子，他们缺点和错误，多少总会影响到党的工作的。因此对于每个同志的批评，都应该站在党的立场上，以此为出发点，关心他，帮助他。”[④]批评同志是一件“最严重最负责的事，绝不可以草率从事”，刘少奇曾明确提出“必须首先是完全站在正确的党的立场上，站在

---

① 逄先知、金冲及主编：《毛泽东传（1949—1976）》，中央文献出版社 2011 年版，第 665 页。

② 《社论：自我批评从何着手》，《解放日报》1942 年 4 月 6 日。

③ 《社论：自我批评从何着手》，《解放日报》1942 年 4 月 6 日。

④ 王凯：《批评者与被批评者应取的态度》，《解放日报》1942 年 5 月 21 日。

为党的利益、工作的进步，为帮助其他同志改正错误和弄清问题的大公无私的立场上来进行。”[①]我们批评的目的是为了帮助同志进步，巩固党的团结，“完全是为了救人，而不是为了把人整死。”[②]相反，如果不是为了团结，不是为了进步，不是为了把事情弄好，而是“个人利益放在第一位，把革命利益放在第二位”，这样批评就异化为“个人攻击，闹意见，泄私愤，图报复。”[③]这种批评是“小人行径”，这样的批评者反而应该被批评。[④]

第四，批评要重调查研究，要有理有据。毛泽东曾说过：“党内批评要防止主观武断和把批评庸俗化，说话要有证据，批评要注意政治。”[⑤]没有调查，就没有发言权，我们批评同志，应该尽量全面的了解这个同志，这样才能有针对性开展批评，“批评者应注意调查被批评者的历史和出身，好处和坏处，主要方面和次要方面，即使不能全知，也要知道个大概。”“批评不能乱造名词，乱扣帽子，对一个人的错误断语，是要有证据的。”[⑥]反之如果不了解情况，批评就没有针对性，被批评者也不会真心信服，更遑论改正错误。毛泽东诤告我们：没有证据的胡说乱说，这种“主观主义的批评”，往往酿成党内的无原则的纠纷，破坏党的组织。[⑦]我们批评同志，是批评他们那些“对于党的路线，政策有违背，对于群众有坏影响”的缺点和错误，而对个人生活中一些无关原则的“小节”，则不要“吹毛求疵”，“否则就有把批评降到庸俗化非政治化的危险。”[⑧]

---

① 《刘少奇选集》上卷，人民出版社 1981 年版，第 209—214 页。
② 《毛泽东选集》第 3 卷，人民出版社 1991 年版，第 827—828 页。
③ 《毛泽东选集》第 2 卷，人民出版社 1991 年版，第 360 页。
④ 王凯：《批评者与被批评者应取的态度》，《解放日报》1942 年 5 月 21 日。
⑤ 《毛泽东选集》第 1 卷，人民出版社 1991 年版，第 92 页。
⑥ 王凯：《批评者与被批评者应取的态度》，《解放日报》1942 年 5 月 21 日。
⑦ 《毛泽东选集》第 1 卷，人民出版社 1991 年版，第 91 页。
⑧ 王凯：《批评者与被批评者应取的态度》，《解放日报》1942 年 5 月 21 日。

第五，批评同志的态度要端正，方法要得当。对党的组织、对同志、对工作的批评要适当，要有分寸。在批评同志时，批评者不应用盛气凌人的态度与教训人的口吻，而应该有诚恳坦白的帮助同志的精神，只有这样大家才能做到“知无不言，言无不尽”“言者无罪，闻者足戒”“有则改之，无则加勉”。批评是为了解决思想上的问题，针对思想问题，毛泽东指出：决不能采取鲁莽的办，批评“必须得当，就是说，要好好地说理。如果说理说得好，说得恰当，那是会有效力的”。[①]陈云也强调：批评只有采取“和颜悦色地说服人家，善意指出犯错误的原因和纠正错误的办法”这种态度，“才能使被批评者心服意满，问题才能够真正解决。”[②]要让别人接受批评，自己首先要估计到别人的长处，肯定其长处，再说缺点，这样批评就容易接受了。人有千面，面面峥嵘，每个同志的脾气秉性各不相同，批评要因人而异，对那些个性强的同志，我们的批评就要“有更多的耐心，准备做长期的说服教育工作，不要急于求成。”[③]

“全面从严治党要继续从延安精神中汲取力量。”重温延安整风中的一些好做法，就是为了我们今天能更好地拿起批评和自我批评的武器，“对作风之弊、行为之垢来一次大扫除”，以清除有些党员干部的“四种歪风”，纠正党员干部脱离群众的不良倾向，永葆我们党“全心全意为人民服务”的纯洁品质，确保党始终成为带领全国人民建设社会主义现代化国家，实现中华民族伟大复兴“中国梦”的领导核心。

执笔人：薛　琳

① 逄先知、金冲及主编：《毛泽东传（1949—1976）》，中央文献出版社 2011 年版，第 648 页。

② 《陈云文选》第 1 卷，人民出版社 1995 年版，第 116—117 页。

③ 王凯：《批评者与被批评者应取的态度》，《解放日报》1942 年 5 月 21 日。

33 全心全意为人民服务是延安精神的本质和核心

习近平在党的十九大报告上 203 次提到“人民”二字充分说明，我们党全部工作的目的就是为人民服务。延安之所以获得成功，从根本上说，就是我党把老百姓服务好了。

延安精神最本质、最核心的内容，就是党的“唯一宗旨”——为人民服务。此外，也有人认为是艰苦奋斗，还有人认为是实事求是思想路线。艰苦奋斗是方法、是手段、是过程，其目的还是为人民服务。流血牺牲、出大力流大汗、废寝忘食、百折不挠等都是过程，目的还是“为了谁”的问题。实事求是思想路线虽然从历史唯物主义的角度，揭示出人民群众创造历史的主体地位，但日常人们更多的是把实事求是作为做事成事的思想方法、解决问题的工具，是解决“咋干事”的问题。政治方向就是干啥，就是奔向哪里，往哪里走，最终还是要奔向为人民服务的目标。

比如毛泽东重视张思德这件事，最典型地代表和象征了党在延安时期，坚持把全心全意为人民服务，提到全党全军工作的最高位置，作为全部工作的出发点和落脚点。为什么要树立张思德这样一个典型模范人物?

一是坚持党的性质、宗旨和作风的需要。“一滴水见太阳”。性质决定宗旨，宗旨反映性质，作风体现、落实性质和宗旨。我们的共产党和共产党所领导的八路军、新四军是革命的队伍。为什么是革命的队伍？国民党反动派对老百姓不好，我们对老百姓好；他们欺压老百姓、社会财富分配极不公，我们带领老百姓把他们的反动政权推翻了，这就是革命的队伍。革命的队伍就要讲党和军队的性质（“我是谁”）、讲宗旨（“为了谁”），而性质、宗旨都要靠干部、战士的作风来体现和落实。所以，毛泽东讲，“张思德同志就是我们这个队伍中的一个同志”。不论你是干啥工作的，只要有了张思德这种精神、这种作风，干什么都可以干好。如果公众还不了解共产党，那么熟悉了张思德，就知道共产党及其军队是干啥的、是个什么形象。如果我们的干部战士不清楚怎么去干革命怎么去工作吗，那么去学习身旁的战友张思德。树立了张思德这样的典型，就是一种形象化的教育，让大家看得见、摸得着。人物立得住、叫得响，大家很认可。

二是教育干部战士树立正确的人生观、生死观、价值观的需要。毛泽东高度评价了普通一兵张思德的短暂人生，没白活也没白死，是死得其所，“是比泰山还要重的”。回答了共产党人人生观、生死观、价值观问题。张思德的牺牲也有人认为干得这么好却没提拔起来，太吃亏了。怎么看这个问题？毛泽东说清楚了。毛泽东的理念是：人的死是否有意义，是否重于泰山，不在于当没当官、当没当大官；不在于发没发财、钱有多少；不在于学历有多高、学问有多大；也不在于能力的强与弱、水平的高与低；也不在于活得长与短。就在于是不是尽其所能为人民、为他人、为社会去奉献、去奋斗甚至去牺牲。只要是这样做了，就是没白活，就是死得其所，就是重于泰山。在毛泽东的眼里，从军长到马夫，从司令员到炊事员只是分工不同，没有高、低、贵、贱三六九等之分，都是人民的勤务员。有志不在年高，无志空活百岁。有的人死了却永远活着，有的人活着却早就死了。

三是国共两党两军争取民心的需要。毛泽东用一个普通战士的事来讲清楚我们党的宗旨具有很强的现实针对性和实效性。当时的历史背景有四件大事：两件将要发生，两件正在进行。第一件事是抗战即将胜利。国共两党正在携手抗日，谁抗日最积极、贡献最大，谁的作风老百姓最喜欢、最欢迎，胜利后是继续合作、联合执政还是分道扬镳、二度开战；如果国共两党两军又打起来，老百姓跟谁走，拥护谁、支持谁，成了最关键、最现实，最紧迫需要作出回答、作好准备的大问题。两个中国前途之命运，这时是国共两党争抢民心、民意的一场"竞赛"。第二件事是转年就要召开七大。党走过20多年的路，曲曲折折，坎坎坷坷，究竟做些什么总结，哪一条是最核心最紧要的，要做出回答。第三件事是延安整风正在进行，结论还没有出来。第四件事是党的历史上最长的中央全会——六届七中全会正在进行，结论也没有正式作出来。四件大事的后三件，实质就是总结，其内涵有三个:（1）最高价值最大意义就是为人民服务。过去无论是"左"是"右"，对与错、胜与败，无论开多少会、多长会和搞多少活动，如果和为人民服务没关系，都没有意义。可能是一轮又一轮的军阀混战或政客间的争权夺势。老百姓可能不懂什么"左"倾右倾，主观主义、教条主义这些名词儿，但是谁对他好不好他懂，谁给他分了房子分了地，减了租子降了息他懂。京剧《智取威虎山》里我军小分队参谋长少剑波，赴东北林海雪原剿匪时，对老百姓说:"我们是工农子弟兵来到了深山。"来深山干啥来了？来解救贫苦老百姓来了，那些胡子土匪欺负压榨老百姓于水深火热之中，我们"要消灭反动派改地换天"。老百姓林勇奇怎么回答？"早也盼、晚也盼、眼睛欲望穿，却原来是自己的队伍来到了面前。"而国民党反动派的当官儿当兵的是咋骂老百姓的？"你们这帮穷光蛋还想翻身做主人，真是癞蛤蟆想吃天鹅肉。"这是完全不同的两种感情、两种关系。归根结底，只有为人民服务这件事，才是共产党和自己的政府、军队干事创业唯一的目标和目的！这才是真正意义的社会变革，破天荒地开创了中华民族历史的新纪元。这也是共产党和人民军队同国民党旧军阀、旧政府、旧官吏相比较的最根本区别。从本质上说，他们都是少数人为少数人的服务；只有我们是少数人（先锋队）为绝大多数人的谋利造福。（2）“座右铭”的意义。把“为人民服务”作为“座右铭”明明确确地提出来，提到国人，提到全党全军面前统领行动是最有实践意义的大事（尽管党一建立就是为人民服务，但作为科学的理论概念还没有正式提出来）。（3）党规党纪的意义。毛泽东在张思德追悼会上初步明确提出了党的宗旨，但要变为党规党纪，上升为全党的意志，是党的七大报告首次把“全心全意为人民服务”作为“我党我军的唯一宗旨”确定下来。

四是引领社会风尚的需要。毛泽东一生中亲自树立人让人们学习的典型，影响大、意义重大的中国人又是共产党员身份的有两个普通人，一个是张思德，一个是雷锋。这两个小战士的身世事迹惊人地相似。只是我们对雷锋事迹都熟悉，而对张思德还不太熟悉。两个“小人物”的事尽管发生的时间、年代、背景不同，但却都是把短暂的生命，投入到无限的为人民服务之中去的好榜样。毛泽东正是看好了“小人物”的大作为、大意义、大价值。他的良苦用心便是用“小人物”说大事，用“小人物”平凡的事论大理，用个人说组织，用人人知道、人人认可、服气的人和事，说出共产党及其政府、军队、干部战士自身建设必由之路的大事、大的发展趋势——必须全心全意为人民服务。两个“小人物”平凡人、平凡事所折射的是党的宗旨，他们都是做人的楷模、做事的标兵。

所以，我们对延安精神的解读、阐释，无论总结概括出多少条，如果离开了党的“唯一宗旨”——为人民服务这一最根本、最原则、最本质的问题去说古论今，就毫无意义。

执笔人：李世明

34　为人民服务是党的根本宗旨和价值追求

全心全意为人民服务是中国共产党人的唯一宗旨与终极价值追求，从为人民服务概念的提出到它第一次被正式写入党的章程，体现了共产党人在宗旨意识与价值观念领域里的为民情怀与不懈努力。

一、为人民服务思想是无产阶级价值观与资产阶级价值观斗争胜利的结果

我们党提出和践行为人民服务思想，与延安时期党所处的困难处境和我们党积极的理论探索有密切联系。

1939 年 1 月，国民党五届五中全会的召开标志着它政策重点由对外抗日转移到对内反共，开始推行消极抗日积极反共的反动政策。之后，国民党五届六中全会则进一步确定了以军事反共为主、政治反共为辅的方针。在这种背景下，国民党反动派掀起了第一次反共高潮。

在抗战进入相持阶段以后，日本帝国主义停止了正面战场的战略性进攻，并把对国民党政府以军事进攻为主，政治诱降为辅的方针，转变为以政治诱降为主、以军事打击为辅的方针。在这种情况下，国

民党统治集团中亲日派和英美派发生分裂，汪精卫亲日集团公开投敌，亲英美的蒋介石集团则继续留在抗战阵营中，但是，他们也表现出很大动摇性。1939 年 12 月，国民党胡宗南部侵占了陕甘宁边区的淳化、正宁、宁县等五个县城和边境的十六个区；中国共产党从抗战大局出发，一再忍让，在对其谈判未果后，被迫自卫反击，坚决打退了来犯之敌，恢复了陇东大部地区。在山西，阎锡山则发动了十二月事变，进攻抗日决死队（新军），新军和八路军协同作战，击退了来犯之敌，并从抗日大局出发，主动提出停止摩擦，后双方达成了停止武装冲突、划区抗战的协议；1940 年 2 月至 3 月间，国民党石友三、朱怀冰等部配合日伪进攻晋东南太行区的八路军总部，八路军一二九师与晋察冀南下部队相配合，歼灭朱怀冰部主力两个师的大部及反共游杂武装万余人。之后，八路军主动提出休战，双方议定以临（汾）屯（留）公路和长治、平顺、磁县一线为界，该线以北为八路军防区，以南为国民党军队防区。至此，国民党顽固派发动的第一次反共高潮被打退。

面对国民党顽固派的不断挑衅，除了给予必要的军事打击外，从政治和思想文化尤其是道德观上给予批判，从历史唯物论出发批判国民党的道德观，建立无产阶级政党先进的道德观也是非常重要的斗争手段。1939 年 2 月 20 日夜，毛泽东读完陈伯达《孔子的哲学思想》一文后，给张闻天写信表明自己对该文的几点看法，批判了“三达德”的糊涂观念。他说:“关于孔子的道德论，应给以唯物论的观察，加以更多的批判，以便与国民党的道德观（国民党在这方面最喜引孔子）有原则的区别。例如‘知仁勇’，孔子的知（理论）既是不根于客观事实的，是独断的，观念论的，则其见之仁勇（实践），也必是仁于统治老一阶级而不仁于大众的；勇于压迫人民，勇于守卫封建制度，而不勇于为人民服务的。知仁勇被称为‘三达德’，是历来的糊涂观念，知是理论，是思想，是计划，方案，政策，仁勇是拿理论、政策等见之实践时候应取的一二种态度，仁像现在说的‘亲爱团结’，勇像现在说的‘克服困难’（现在我们说的亲爱团结，克服困难，都是唯物论的，而孔子的知仁勇则一概是主观的），但还有别的更重要的态度如像‘忠实’，如果做事不忠实，那‘知’只是言而不信，仁只是假仁，勇只是白勇。还有仁义对举，‘义者事之宜’，可说是‘知’的范畴内事，而‘仁’不过是实践时的态度之一，却放在‘义’之上，成为观念论的昏乱思想。‘仁’这个东西在孔子以后几千年来，为观念论的昏乱思想家所利用，闹得一塌糊涂，真是害人不浅。我觉孔子的这类道德范畴，应给以历史的唯物论的批判，将其放在恰当的位置。”①

指出孔子提出的知、仁、勇“三达德”的错误实质和后人的胡乱解释，仅仅完成了对剥削阶级道德观的破拆工作，这是远远不够的。毛泽东并不满足于此，他要对这三个概念重新定义，进行新的唯物论的改造，创立无产阶级的道德观，为无产阶级所从事的现实斗争服务。于是，他以制定正确的理论政策释“知”，以“亲爱团结”释“仁”，以“克服困难”释“勇”，又加上做事“忠实”等，遂成别具一格的一家之言，提出仁于人民大众和勇于为人民服务的新道德观，第一次在道德观念层面使用“为人民服务”这一概念，第一次从道德观念上显示出共产党人的先进性，实可谓延安时期党的思想建设的破题和破冰之举。当然，毛泽东早在其青年时代就开始思考对旧道德如何改造，为人民服务道德观的产生，当属他长期思考的结果。在青年时代，毛泽东把自己心目中的圣贤仁人赋予胸怀天下万世的理想人格，朝着为大多数人民尽忠

① 《毛泽东文集》第 2 卷，人民出版社 1993 年版，第 162—163 页。

尽孝的认知与实践前进。关于“知”，他说:“圣人由于探得了作为‘宇宙之真理’的‘大本大源’，所以能通达天地，明贯过去现在未来，洞悉三界现象，如孔子之‘百世可知’，孟子之‘圣人复起，不易吾言’。孔孟对答弟子之问，曾不能难，惟在得一大本而已”。关于“仁”，他说:“彼仁人者，以天下万世为身，而以一身一家为腕。惟其爱天下万世之诚也，是以不敢爱其身家。身家虽死，天下万世固生，仁人之心安矣。”关于“勇”，他说:“在‘三达德’之中，智、仁体也，非勇无以为用。”

在读了陈伯达《孔子的哲学思想》两个月后，1939 年 4 月 29 日，毛泽东在延安党的活动分子会议上作《关于国民党所号召的国民精神总动员问题》的报告，对忠、孝、仁、义等传统道德概念作了进一步的发挥。他说:“对国家尽忠，对民族尽孝，我们赞成。忠孝是古代封建道德，我们要改变它，发扬它。就是要特别忠于大多数人民，孝于大多数人民，而不是忠于少数人，孝于少数人。至于仁义，同情大多数人，拥护大多数人，对大多数人有益处的，叫仁；对大多数人利益有关的事情，处理得当，叫义。如农民的土地问题，工人们的吃饭问题，处理得当，才算是真正的行义者。”[①]在报告中，毛泽东把忠孝与大多数人的利益问题、农民的土地问题、工人的吃饭问题联系起来，一种为人民服务的思想呼之欲出。毛泽东关于传统道德观念的这种发挥，建立在阶级分析与服务大众的理念基础上，与工农阶级的切身利益直接联系，表现出与当时的国民党政府为抗战发出的国民精神总动员号召中所抽象谈论的忠孝仁义有“原则的区别”。

---

① 陈晋:《毛泽东的文化性格》，中国青年出版社 1991 年版，第 158 页。

二、为人民服务由口号到纲领并写上党的旗帜，成为党的宗旨

1944 年 9 月 8 日，中央警备团战士张思德的追悼会在枣园后沟操场举行，毛泽东亲自参加追悼会并发表了著名的《为人民服务》演讲。通过这次演讲，毛泽东第一次从理论上深刻阐明了为人民服务的思想。这个演讲经整理后以《为人民服务》为题，发表在延安《解放日报》和国民党统治区的《新华日报》等报纸上，1953 年收入《毛泽东选集》第三卷。毛泽东在演讲中强调了我们党及其领导的八路军、新四军为着解放人民的革命队伍的性质，它的宗旨就是彻底地为人民的利益工作，是为人民服务的。人总是要死的，为人民利益而死，就比泰山还重，只有树立为人民利益而牺牲的生死观，才能跳出自私自利、替剥削阶级卖命的泥潭，成为革命队伍中的一员。为人民服务，就应该不怕别人批评和指出缺点，只要所提的意见对人民有好处，就坚决改正；为人民服务，就要团结奋斗，不怕牺牲，但要减少不必要的牺牲，相互关心、相互爱护、相互帮助；凡是为人民服务、为人民做过一些有益工作的人，不论职务高低，在其身后都要形成追悼、纪念的制度。从宗旨到制度，毛泽东将为人民服务的理念进行了深入阐释，在全党产生广泛影响，而且时间越久，影响越深远。

其后不久，为人民服务的理念得到进一步阐发，“为人民服务”演变为“全心全意为人民服务”。1944 年 10 月，毛泽东在接见新闻工作者时指出，为人民服务“三心二意不行，半心半意也不行，一定要全心全意为人民服务”，从情感与态度上指出了为人民服务应该采取的方式。1944 年 12 月 15 日，毛泽东出席陕甘宁边区参议会二届二次会议，作了题为《一九四五年的任务》报告，他在报告中强调：我们一切工作干部，不论职位高低，都是人民的勤务员，我们所做的一切，都是为人民服务，我

们有些什么不好的东西舍不得丢掉呢？这一番讲话，进一步指明了为人民服务的主体——无论职务高低，一切工作干部都是人民的勤务员，都有为人民服务的义务；也进一步明确了为人民服务的工作范畴——我们所做的一切，都是为人民服务，亦即一切工作都应以为人民服务为出发点。这样，为人民服务的责任主体和为人民服务的职责范围都讲得十分清楚，使为人民服务由一个口号变为可操作的行动纲领。

最后，党的七大把"中国共产党人必须具有全心全意为中国人民服务的精神"写入了党章。至此，为人民服务由一种思想理念发展成为制度规范，成为共产党人必须遵行的行动准则，是共产党人的唯一宗旨与终极价值追求。

经历了从站起来、富起来到强起来的伟大奋斗历程，中国共产党人始终不忘为人民服务的根本宗旨。2012 年年底习近平在河北阜平考察扶贫开发工作时曾讲："我们讲宗旨，讲了很多话，但说到底还是为人民服务这句话。我们党就是为人民服务的。中央的考虑，是要为人民做事。各级干部也不能眼睛总是向上。任何事情都要向上看看，向下看看。要经常问问自己，我们是不是在忙着与党的根本宗旨毫不相关的事情？有没有一心一意在为老百姓做事情？是不是在围绕党和国家中心任务而工作？古时候讲，食君之禄，忠君之事。现在就是要服务人民。多想想我们干的事情是不是党和人民需要我们干的？"[①] 党的十九大又明确提出，要不忘初心，牢记使命，为实现中华民族伟大复兴不懈奋斗，说到底，还是坚持全心全意为人民服务的根本宗旨和价值追求问题。

执笔人：王东仓

① 习近平：《做焦裕禄式的县委书记》，中央文献出版社 2015 年版，第 24 页。

35　延安时期为人民服务的体现

习近平在十九大报告中指出:“不忘初心，方得始终。中国共产党人的初心和使命，就是为中国人民谋幸福，为中华民族谋复兴。”再次宣示了中国共产党始终是中国人民和中华民族的先锋队，始终牢记自身所承担的光荣使命与历史重任，即“为人民服务”，这就是中国共产党的理想信念宗旨，这就是中国共产党的初心与精神道统，一以贯之，由始而终。

“全心全意为人民服务”这一宗旨是由毛泽东按照马克思主义基本原理与中华文明传统创新性结合而开创。全心全意为人民服务是延安精神的核心内容，正是因为中国共产党对人民的无限忠诚，一切从人民利益出发，一切为人民负责，所以才赢得了人民的拥护和支持。

一、全心全意为人民服务是党的一切工作的出发点

全心全意为人民服务是中国共产党的根本宗旨，是中国共产党区别于其他任何政党的一个显著标志。中国共产党从诞生之日起，就把为中国人民谋利益作为自己的奋斗目标。1945 年党的七大时，毛泽东在政治报告中完整地提出了为人民服务的思想，并把它上升为我党我军唯一宗

旨的高度。报告指出:“紧紧地和中国人民站在一起，全心全意地为中国人民服务，就是这个军队的唯一宗旨。”“全心全意地为人民服务，一刻也不脱离群众；一切从人民的利益出发，而不是从个人或小集团的利益出发；向人民负责和向党的领导机关负责的一致性；这些就是我们的出发点。”[①] 党的七大第一次把全心全意为人民服务作为党的宗旨列入党章。

延安时期，全心全意为人民服务并不只是一句空洞的口号，而是体现在党在具体工作中实实在在地为人民谋利益，真正做到把民族和人民利益放在高于一切的位置。在抗日战争中，中国共产党坚持全面抗战路线，实行一整套正确的战略战术，使日本帝国主义陷于人民战争的汪洋大海。在抗日根据地的各项建设中，党在确定任务，制定方针政策和工作作风上，都力求做到和当时当地的群众要求相适应，以全心全意为人民服务作为一切工作的出发点，把最广大人民群众的要求放在首位，党因此赢得人民群众义无反顾的支持，而党领导的革命队伍也因之“兴旺起来”。

党从诞生那天起，就以代表全国各族人民的根本利益为己任，以全心全意为人民服务为唯一宗旨。在长期斗争实践中，党深深扎根于群众之中，依靠群众克服困难，战胜敌人，从胜利走向胜利。同时，人民群众舍生忘死，保护党，紧紧依靠党的正确领导，才使黑暗的旧中国获得了新生。党把群众看成是取之不尽、用之不竭的力量源泉，群众把党看成是自己的忠实代表。

二、大力进行新民主主义经济建设

由于长期战争的影响，加上边区经济基础薄弱，大多数人民群众的

① 《毛泽东选集》第3卷，人民出版社1991年版，第1039、1094、1095页。

生活处于贫困状态，所以，党在集中精力领导抗战、发展生产的同时，非常注重人民生活的改善。中国共产党作为无产阶级和中华民族的先锋队，必须将人民群众的利益放在第一位，真正代表最广大人民的根本利益和要求。毛泽东说："老百姓拥护共产党，是因为我们代表了民族与人民的要求。但是，如果我们不能解决经济问题，如果我们不能建立新式工业，如果我们不能发展生产力，老百姓就不一定拥护我们。"① 毛泽东曾一针见血地指出："一切空话都是无用的，必须给人民以看得见的物质福利②。"

为切实保障农民的根本利益，边区政府坚持原则性与灵活性相结合的原则，根据不同时期实情，适时调整了土地政策。抗日战争时期，为调动各阶级抗日的积极性，同时又尽量保障农民利益，边区将土地政策由土地革命时期的"打土豪，分田地"改变为"地主减租减息，农民交租交息"；解放战争时期，为满足农民分得土地的强烈愿望，边区废除了"地主减租减息，农民交租交息"的政策，实行"耕者有其田"的政策，进而废除封建性和封建性剥削的土地制度，实现耕者有其田的土地制度。

为发展农业生产，边区政府动员农民组织变工队、扎工队、互助组、合作社等劳动互助组织，提高劳动生产效率。帮助农民改良耕作技术，推广优良品种。除此之外，还积极组织农民开垦荒地，兴修水利。为战胜严重经济困难，坚持抗战，切实减轻人民负担，边区本着"发展经济，保障供给"的方针，大力发展农业、工业、商业、贸易等生产活动，还开展了轰轰烈烈的大生产运动。大生产运动使中国共产党在物质基础方面立于不败之地；在克服严重的物质生活困难方面，起了决定性的作用；

① 《毛泽东文集》第 3 卷，人民出版社 1996 年版，第 147 页。
② 《毛泽东文集》第 2 卷，人民出版社 1993 年版，第 467 页。

而且还锻炼了队伍，培养了人才，切实增进了党群之间的血肉联系。

为克服严重的物质困难，根本解决机构庞大、脱产人员过多，而根据地的供给能力有限这一“鱼大水小”的矛盾，边区深入开展了精兵简政运动。精兵简政运动不但克服了严重的物质困难，提高了机构人员素质和工作效率，而且还切实减轻了人民负担，融洽了军民、政民关系。

在抗战后期的几年中，经过边区军民的努力，陕甘宁边区的各种经济成分都有了很大的发展。就工业而论，由于公私并进，分散经营，以及采取以手工业为主的形式，使边区的工业品基本上实现了自给。到1943年，边区的耕地面积不断扩大，边区实现了粮食自给，略有盈余；以后粮食产量逐年提高，部分农户实现了“耕三余一”，边区大部分农户家家有余粮，出现了丰衣足食的可喜景象。

在八年抗战胜利结束之后，“人民的物质生活不但没有降低，反而比以前普遍改善了……从前乞丐到处可见，现在早已绝迹了。”[①]经济建设有力地推动了革命战争的发展，广大人民群众紧密团结在党的周围，成为革命事业取之不尽、用之不竭的力量源泉。

三、大力进行新民主主义政治建设

延安时期，国内外许多人不仅把延安看作“革命圣地”，而且视之为“民主的摇篮”，对延安的民主精神给予高度赞誉。这是因为，党领导下的延安和各抗日根据地在当时努力探索实施民主政治的有效途径，以保障人民的民主自由权利。

① 陕西省档案馆、陕西省社会科学院编:《陕甘宁边区政府文件选编》第1辑，陕西人民教育出版社2013年版，第7、8页。

1. 实行普遍、自由、直接、平等的选举原则

人民当家作主，体现在人民参政、议政、主政的各个方面，尤其体现在实行普遍的选举制方面。边区政府于1937年5月通过了《陕甘宁边区选举条例》，制定了“普遍、自由、直接、平等”的选举原则。依照选举条例的规定，除极少数汉奸特务、依法被剥夺公民权的犯罪分子和神经病患者以外，凡居住在边区境内的人民，年满18周岁，不分民族、阶级、党派、性别、职业、宗教信仰、财产状况、文化程度和居住期限，都有选举权和被选举权。就是说，工人、农民、小资产阶级和一切赞成抗日与民主的地主、富农、资本家以及国民党人士，均享有同等的选举权利，他们不但可以参加各级参议会参议员的选举，而且都有被选为参议员和政府公职人员的权利。陕甘宁边区的区、县、乡三级参议会都由选民直接选举产生。候选人的提名，采取各抗日党派、团体联合或单独推荐、选民有一定人数联署推荐三种方式。正式候选人的名额多于应选名额，实行差额选举。在不妨害选举秩序的原则下，可以进行竞选。当时的口号是:“民主政治，选举第一，没有选举，就没有民主，没有民主，就没有革命。”把选举上升到民主政治的首要高度。投票采取选民所能接受的多种方式，如识字的用选票，识字不多和不识字的用划圈、划杠、划点、投豆、投纸团、烟头烧洞等办法，一人一票，谁要选谁就选谁，谁也不能控制谁。这样做，体现了真正民主选举的精神，调动了选民的积极性。选举制的推行，极大地唤起了人民群众的政治热情，提高了普通老百姓的政治觉悟，许多足不出户的小脚老太太骑着毛驴翻山越岭来参加选举。

2. 着力进行“三三制”政权建设

边区在创建民主模范政府过程中，创立了一种崭新的政治体制——“三三制”政权。“三三制”政权在人员分配上，共产党员、左派进步分子和中间分子各占三分之一。如果在选举中出现多于三分之一的情况，

共产党员就主动退出。“三三制”政权的组织架构由参议会、政府和法院三部分组成。在这一政治体制中，最具特色的是各级参议会的设立，它是通过普遍、平等、直接、无记名的方式选举产生的，是真正的议政机关和边区各级政权的最高权力机关、监督机关，是边区人民当家作主的主要组织形式，是人民代表大会制度的雏形。

“三三制”政权的创建，反映了各阶层人民的利益要求，使边区各级政府具有了广泛的代表性，对于提高边区政府的号召力，调动社会各界建设边区的积极性十分有益。也为抗日民主政权吸纳了大量优秀人才，有效地提高了边区各级政权机关的工作效率。

3. 群众检查政府工作

陕甘宁边区政府强调，要把选举和检查工作相结合，目的是发现问题，以便改进；识别人才，以便改选。检查工作是改选人员的基础，因此在选举中让老百姓对政府工作进行大检查，让干部对照选举这面镜子来看一看自己的优点和缺点。正如 1940 年 5 月 23 日《新华日报》的文章所说:“竞选人保证自己当选的唯一办法，是自己本身曾经是抗日最积极分子，曾经是为大多数人谋利益的分子，曾经是以自己的行动得到大多数人爱戴和拥护的分子。”这样做的结果，既通过选举促进了工作，尤其是促进了干部作风的转变，又选举出了人民信任的各级代表（参议员）。选举活动，是选举人和被选举人在互动过程中进行的。《陕甘宁边区抗战时期施政纲领》第十三条规定:“建立便利人民的司法制度，保障人民有检举与告发任何工作人员罪行之自由”。第十四条规定:“建立工作检查制度，发扬自我批评，以增进工作的效能。”

边区民主政治建设不仅极大地推进了边区民主政治进程，而且也由此赢得了广大人民的衷心拥护和海内外的广泛赞誉。华侨领袖陈嘉庚通过对延安实地考察，发现陕甘宁边区官兵平等、官民平等，领导干部廉洁自律、艰苦奋斗，与国统区的等级森严、贪污腐化、铺张浪费形成鲜明对比，从而在思想上发生了根本性的转变，由一个不折不扣的拥蒋派转化为坚定的拥毛派，并断言："国民党必败，共产党必胜"，"中国的希望在延安。"边区卓有成效的廉政建设，为边区赢得了"实行民主真行宪，只见公仆不见官""民主的政治，廉洁的政府"的美誉。

四、大力进行新民主主义文化建设

由于旧中国贫穷落后，再加上自1840年以来长期战争的破坏，造成20世纪三四十年代整个中国的文化状况极为落后的局面，延安和陕甘宁边区这样的偏僻山区几乎就是文化教育的一块荒地，知识分子如凤毛麟角，90%的人都是文盲。为改革边区这种落后的文化面貌，党中央非常重视文化事业的发展，不断出台各种政策来指导文化建设。

1. 边区高度重视文艺工作，大力加强文艺建设

延安时期，中国共产党在边区相继成立了中国文艺协会、陕甘宁边区文化界救亡协会以及一些剧社、剧团、乐团、合唱团等文艺演出团体，出版了《中国文艺》《大众文艺》《边区戏剧》等许多刊物，还成立了鲁迅艺术学院及其他一些艺术学校和各类培训班，创作出一大批为人民喜闻乐见的好作品。为解决非无产阶级思想倾向对文艺工作的侵扰，1942年5月，党在延安召开了著名的文艺座谈会。在《边区文艺座谈会上的讲话》中，毛泽东强调：文艺的中心问题，基本上是一个为群众的问题和一个如何为群众的问题。文艺工作者要把立足点逐渐移到工农兵、无产阶级这方面来。在该讲话精神的指导和激励下，广大文艺工作者深入群众、深入生活，创作出了许多反映群众生活的优秀文艺作品，大大推动了文艺和工农兵结合的进程，充分保障了人民群众的文化权益。

2. 高度重视并大力发展教育事业

陕甘宁边区先后创办了中国人民抗日军政大学、鲁迅艺术学院、中国女子大学、延安大学等一大批干部学校，培养了一大批治党治国的精英人物。边区还大力高度重视并大力发展中小学教育，创办了一大批中小学校，使中学由抗战前的三所发展到1942年的十一所，小学由1937年春的三百二十所学生五千人，发展到1945年上半年的一千三百七十七所学生三万多人。此外，边区还通过开展扫盲运动，办识字班、夜校、冬校等方式，大力开展普及文化知识的成人社会教育，切实保障人民的受教育权益。

由于党对人民文化事业和知识分子作用的高度重视，延安时期的文化建设取得了巨大成就：恢复和创办了各类高等院校，抗大、陕北公学、鲁艺等高校相继建立，中小学校的数量和在校人数大幅度增加，质量也逐步提高，外来的知识分子和青年学生成为文化教育战线的一支主力军；科学事业也有较快发展，成立了自然科学院，学术研究的空气日益高涨；革命文艺事业空前繁荣，大量文艺工作者本着文艺为人民大众服务的精神，创作了大批有益于抗战、有益于民族，为人民群众所喜闻乐见的文艺作品，对启发人民觉悟起了重要的宣传鼓动作用。所有这一切都给原来愚昧落后、死气沉沉的边区带来了生气勃勃、精神焕发的新气象，边区内新人新事层出不穷，新思想新风尚蔚然成风，人民群众的文化利益得到了最大限度的实现。

五、始终坚持党的群众路线

全心全意为人民服务，同群众保持血肉联系，是延安共产党人的优良传统和作风，也是延安精神的思想基础。延安时期是党的群众路线的成熟发展时期，也是我党历史上党群关系最密切，党的群众路线执行最好的时期之一。

中国共产党是以全心全意为人民服务作为自己根本宗旨的。但怎样才能服务得好，怎样才能使党的各项决定都能符合人民利益，根本保证就是从群众中来，到群众中去。所以，党中央要求群众工作者必须“深入乡村，深入家庭……与群众生活打成一片，真正了解群众的切身要求，并能反映其要求。”[①]1942 年，陕甘宁边区政府的一项决议规定：“政府人员要经常收集与了解人民的情绪与需要，作为制定各种具体政策的账本。”[②]当时，各级党政干部坚持到基层去，到群众中去，把群众的意见收集起来，去粗取精，形成路线方针政策，然后再到群众中去由群众的实践加以检验。延安及陕甘宁边区党和政府的一系列文件大都经历了这样的过程。比如 1946 年 4 月 23 日颁布的《陕甘宁边区宪法原则》中有这样的规定：“人民有免于经济上偏枯与贫困的权利。保证方法，为减租减息与交租交息，改善工人生活与提高劳动效率，大量发展经济建设，救济灾荒，抚养老弱贫困”，这正是人民群众意愿和利益在宪法中的反映，是党坚持群众路线的写照。延安整风以后，各级党政干部更加自觉地放下架子，甘心情愿地做群众的小学生，同人民群众打成一片，广大文艺工作者纷纷上前线，进工厂，到农村，创作出大量优秀的文艺作品为人民服务。

延安时期，我们党与人民群众的关系达到了水乳交融的程度，出现过领袖与老百姓相互拜年的动人情景；出现过妻送夫、母送子、争先恐

① 中央档案馆、陕西省档案馆编：《中共陕甘宁边区党委文件汇集》（1940—1941），中共陕西省委党校印刷厂 1994 年版，第 295 页。

② 甘肃省社会科学历史研究室编：《陕甘宁革命根据地史料选辑》第 1 辑，甘肃人民出版社 1981 年版，第 252 页。

后参加子弟兵的感人事迹；出现过千千万万人民群众用小推车、毛驴和扁担支援战争的壮丽场面。一切革命政党，其生命力的根本源泉都在于人民群众的真心拥护，一旦失去人民，革命党在政治上便将死亡。我们党之所以能得到人民的信赖和爱戴，最主要的保障就是党始终不渝地坚持群众路线。

全心全意为人民服务不仅是我党在延安时期形成的一整套优良的革命传统和革命精神——延安精神的最重要组成部分，而且也是延安精神的实质和核心。正是由于党在延安时期认真实践为中国最广大人民谋利益的宗旨，才使党赢得越来越多人们的支持和拥护，愿意为党的事业奋斗终生，党也由此获得领导中国革命并取得胜利的资格和能力，才能在战火纷飞的年代克敌制胜，取得革命的胜利。

在新的历史时期，全心全意为人民服务仍然是我党必须践行的根本宗旨。党的十八大以来，习近平再次接续并重塑了中国共产党人一以贯之的初心与精神道统——为人民服务，共产党人始终以人民为中心，深深扎根人民、紧紧依靠人民、发展为了人民。在党的十九大报告中，“人民”二字一共出现了 203 次，可谓直指人心，动人心弦。他在十九大报告中指出，坚持立党为公、执政为民，践行全心全意为人民服务的根本宗旨，把党的群众路线贯彻到治国理政全部活动之中，把人民对美好生活的向往作为奋斗目标，依靠人民创造历史伟业。

执笔人：徐雯婷

36　毛泽东与黄炎培论“历史周期率”的现实启示

1945 年 7 月，抗日战争胜利在即，国民党公然拒绝了共产党提出的成立联合政府的主张，国共关系陷入僵局，内战爆发的危险摆在人们面前。在这种情况下，为缓和国共矛盾，化解政治危机，7 月 1 日，黄炎培等六位国民参政员访问延安。在一次单独交谈中，毛泽东问黄炎培来延安考察有何感想，黄炎培坦诚地说：“一部历史，‘政怠宦成’的也有，‘人亡政息’的也有，‘求荣取辱’的也有。总之没有能跳出‘其兴也勃焉，其亡也忽焉’这周期率。中共诸君从过去到现在，我略略了解的了。就是希望找出一条新路，来跳出周期率的支配。”黄炎培的这一问题是对我国几千年封建社会“君子之泽，五世而斩”这一历史现象的概括总结。纵观我国封建社会的历史，我们发现，虽然出现过“文景之治”“光武中兴”“贞观之治”“康乾盛世”等一些繁荣景象，但很少维持长久，历史周期率似乎成了一种无法摆脱的历史必然。黄炎培希望中国共产党能找到一条跳出历史周期率的新路，这就是“黄炎培难题”。对于这一问题，毛泽东回答道：“我们已经找到新路，我们能跳出这周期率。这条新路，就是民主。只有让人民来监督政府，政府才不敢松懈。只有人人起来负责，才不会人亡政息。”毛泽东的回答和在延安考察期间的所见所闻所感，化解了萦绕在黄炎培心头的疑虑，事后他写下对毛泽东回答的感想:“我想，这话是对的。只有大政方针决之于公众，个人功业欲才不会发生，只有把每一地方的事公之于每一地方的人，才可使地地得人、人人得事。把民主来打破这个周期率，怕是有效的”，按照这个办法，中国共产党在延安“集中这一大群有才有能的文人武人，来整理这一片不小也不算大的地方，当然会有良好的贡献。”这就是关于历史周期率谈话的来龙去脉。

对于黄炎培的疑问，毛泽东用“民主”两个字做了精辟的回答。之所以能得出这个结论，一方面是基于他对于这一问题长久而深入的关注和思考。在周期率谈话前的 1944 年 3 月 19 日，郭沫若在重庆《新华日报》上发表了《甲申三百年祭》，对李自成领导的农民起义失败的原因作了总结。毛泽东 1944 年 4 月 12 日在中共中央西北局高级干部会议上和 5 月 20 日在中央党校所作的讲演《学习和时局》中特别谈及此文，说:“近日我们印了郭沫若论李自成的文章，也是叫同志们引为鉴戒，不要重犯胜利时骄傲的错误。”在毛泽东的倡导下，延安《解放日报》于 1944 年 4 月 18 日、19 日两天，全文转载了《甲申三百年祭》。1944 年 11 月 21 日，毛泽东致信郭沫若，再次赞赏《甲申三百年祭》，并指出:“我们把它当整风文件看待。小胜即骄傲，大胜更骄傲，一次又一次吃亏，如何避免此种毛病，实在值得注意。”毛泽东在这封信中还流露出在当时国内外大好形势下自己的心境:“我虽然兢兢业业，生怕出岔子，但说不定岔子从什么地方跑出来，你看到什么错误缺点，希望随时示知”。由此可见，毛泽东对历史周期率问题一直是高度关注的，也对此进行了深入的研究和思考。另一方面是基于对我们党在陕甘宁边区的治理经验，特别是民主建设经验的一种反思和总结。延安时期，陕甘宁边区和各抗日根据地是享誉中外的“民主政治的模范区”，中国共产党在这里发展民主政治，建设民主政权，通过“三三制”、普选制等一系列民主制度的推行，充分保障人民的民主权利，自觉接受人民监督，不断改进工作作风，密切了党群干群关系，逐渐赢得人民的拥护和支持。

今天，中国特色社会主义进入了新时代。党的十九大报告指出，我们党面临的执政环境是复杂的，影响党的先进性、弱化党的纯洁性的因素也是复杂的，党内存在的思想不纯、组织不纯、作风不纯等突出问题尚未得到根本解决。要保持党的长期执政和国家的长治久安，实现“两个一百年”的奋斗目标，我们必须从历史中汲取营养，从毛泽东破解“黄炎培难题”的启示中寻找跳出周期率的制胜之道。

一、牢记“两个务必”，树立忧患意识

“生于忧患，死于安乐。”1949 年，在全国革命胜利前夜，为避免胜利之后发生“其亡也忽”的悲剧，毛泽东对全党提出“两个务必”的谆谆告诫，为即将执掌全国政权“建设一个新世界”的中国共产党人拒腐防变敲响警钟。今天，成立近 98 年、执政近 70 年、实行改革开放 40 多年的中国共产党所面临的形势与当年从西柏坡到北京时的形势极为相似：巨大的胜利与巨大的考验并存。一方面是改革开放取得了巨大成就；另一方面是党内出现了居功自傲、虚骄浮躁的风气，面临着严峻复杂的一系列挑战和问题。要实现全面建成小康社会宏伟目标，要夺取新时代中国特色社会主义伟大胜利，实现中华民族伟大复兴的中国梦，我们党面临的“赶考”远未结束。2018 年 1 月 5 日，习近平在新进中央委员会的委员、候补委员和省部级主要领导干部学习贯彻习近平新时代中国特色社会主义思想和党的十九大精神研讨班上的重要讲话中强调：前进的道路不可能一帆风顺，越是取得成绩的时候，越是要有如履薄冰的谨慎，

越是要有居安思危的忧患，绝不能犯战略性、颠覆性错误。面对波谲云诡的国际形势、复杂敏感的周边环境、艰巨繁重的改革发展稳定任务，我们既要高度警惕“黑天鹅”事件，也要防范“灰犀牛”事件；既要有防范风险的先手，又要有应对和化解风险挑战的高招；既要打好防范和抵御风险的有准备之战，也要打好化险为夷、转危为机的战略主动战。

因此，我们必须以史为鉴，对历史周期率问题保持高度警惕，始终牢记“两个务必”，始终树立忧患意识，不断加强作风建设，使我们党永远保持创新的动力、永葆先进性和纯洁性，“把人民对我们党的‘考试’、把我们党正在经受和将要经受各种考验的‘考试’考好，努力交出优异的答卷”。

二、健全监督体系，有效制约权力

“十目所视，十手所指。”在革命、建设和改革的不同历史时期，我们党面临着各种风险和挑战，最根本的挑战来自党自身。保持党的肌体健康，要靠密切联系群众，更要靠强化监督制约，从而不断发现问题、纠正偏差、吐故纳新。延安时期，我们党通过发扬民主，接受监督，广泛听取各方意见，同最广大人民群众保持最密切的联系，从而赢得民心，在与国民党艰苦卓绝的较量中赢得胜利。今天，我们党作为已经从领导全国人民为夺取全国政权奋斗的党，成为领导人民掌握全国政权并且长期执政的党；作为已经从受到外部封锁和实行计划经济条件下领导国家建设的党，成为对外开放和社会主义市场经济条件下领导国家建设的党。一方面，更加需要在工作中发扬民主精神，发展民主政治，充分保障人民的知情权、参与权、表达权、监督权，实现民主选举、民主决策、民主管理、民主监督。要建立健全“基层群众自治制度”，扩大公民有序政治参与，做到人民依法直接行使民主权利，管理基层公共事务，真正做到让“人人起来负责”。另一方面，更加需要加强对权力的监督，真正探索出一条实现自我净化的有效路径。党的十八大以来，以习近平同志为核心的党中央坚定不移全面从严治党，增强党自我净化、自我完善、自我革新、自我提高能力，审时度势作出深化国家监察体制改革的重大决策部署，十三届全国人大一次会议通过宪法修正案和监察法，选举产生中华人民共和国国家监察委员会及其领导人员，标志着中国特色国家监察体制已经形成。要扎实推进党的纪律检查体制和国家监察体制改革，构建起集中统一、权威高效的中国特色国家监察体制，实现党内监督和国家机关监督、党的纪律检查和国家监察有机统一，推进国家治理体系和治理能力现代化。

三、增强法治意识，坚决依法办事

“法行国治，法弛国乱。”深化依法治国实践，建设社会主义法治国家，关键在各级领导干部，要坚持把抓住“关键少数”作为重要方法，发挥党员、干部的模范带头作用。党领导立法、保证执法、支持司法、带头守法，要通过各级党组织和全体党员的具体行动来实现。党的十九大报告提出:“各级党组织和全体党员要带头尊法学法守法用法，任何组织和个人都不得有超越宪法法律的特权，绝不允许以言代法、以权压法、逐利违法、徇私枉法。”党组织和党员、干部既要坚持高标准，更要守住底线，在厉行法治上当模范、作表率，带头强化对法治的追求、信仰和执守，真正将法治思维和法治方式变成想问题、办事情的思想自觉和行为习惯。一方面，各级领导干部要充分认清依法办事的极端重要性，牢固树立法治理念，要以信念上的坚定带动行为上的自觉，以行为上的自觉维护法治的尊严。要树立法律面前人人平等的理念，任何个人和组织都不能凌驾于法律之上，游离于法纪之外。另一方面，要坚决依法办事。依法办事不仅仅体现在工作生活中遵纪守法，更重要的是体现在行使权力的过程中要提高依法行政和服务管理社会的水平，促进严格执法、公正执法和文明执法。无论在何时、何地、何人，都不因位高权重而无视法律，不因人情干预而践踏法律，不因一知半解而曲解法律，确保一切领导行为都符合宪法和法律的规定。对不依法办事、不依法行政的行为，也要旗帜鲜明地予以坚决制止，严肃处理，营造良好的行政环境和执法氛围。

昨天的成功并不代表着今后能够永远成功，过去的辉煌并不意味着未来可以永远辉煌。我们党执政正反两方面的经验，世界上一些社会主义国家和政党演变的教训都揭示了一个道理：马克思主义政党夺取政权不容易，巩固政权更不容易；只要马克思主义政党不出问题，社会主义国家就出不了问题，我们就能够跳出“其兴也勃焉，其亡也忽焉”的历史周期率。

执笔人：贾　婷

37　延安时期的民主政治建设

延安时期，陕甘宁边区和各抗日根据地是享誉中外的“民主政治的模范区”。发展民主政治，建设民主政权，是陕甘宁边区及各抗日根据地建设的一个突出特点，同国统区国民党一党专政，剥夺人民民主权利形成了鲜明对比，为开辟敌后抗日根据地，进而夺取抗日战争的胜利奠定了坚实的基础。延安时期的民主政治建设主要体现在以下几个方面。

一、实行民主选举，发展民主政治

选举制度是政治制度重要的组成部分，是民主政治的基础工程。选举权是公民基本的政治权利。赋予人民真实而广泛的民主选举权利是保障人民当家做主的第一要义。延安时期的民主选举，内容丰富，形式生动，堪称中国历史上民主选举的典范。边区政府于 1937 年 5 月通过了《陕甘宁边区选举条例》，制定了“普遍、自由、直接、平等”的选举原则。在边区政府和各抗日根据地开展广泛深入的选举运动。例如，1937 年、1941 年和 1945 年就组织了三次大规模的选举，通过普遍、平等、无记名、发表竞选演说、差额选举、看政绩、发挥新闻舆论作用等形式，由老百姓选出自己信任的政府和官员。选民们非常珍惜来之不易的选举权利，对选举什么样的人尤为关心和慎重，他们编写《选举小调》，用歌声表达自己的心声："民主政治要实行，选举为了老百姓，咱们选举什么人？办事又好又公平，还不要私情。"选举制的推行，极大地唤起了人民群众的政治热情，提高了普通老百姓的政治觉悟，许多足不出户的小脚老太太骑着毛驴翻山越岭参加选举。为了便于不识字的选民参加选举，表达他们的政治意愿，行使他们的政治权利，有些地方还创造了"豆选""香头烧洞"选举等便于操作的选举方式。据统计，边区在 1937 年第一次民主选举中参加的选民占总选民的 70% 以上；在 1941 年第二次选举中参加的选民占总选民的 80% 以上；在 1945 年 3 月到 1946 年 3 月第三次选举中参加的选民平均占选民总数的 82.5%，有的地区最高达到 96%。通过普遍平等的选举，边区建立了与人民血肉相连、鱼水相依的真正代表民意的各级政权。共产党支持人民当家作主的政治理念成为活生生的现实。

二、重视法制建设，保障人民权利

民主与法制是民主政治的基本特征，二者相辅相成。民主是法制的基础，法制是民主的保障，发展民主必须健全法制，使民主法制化。

延安时期，陕甘宁边区大力推进法制建设，保证边区一切事务有法可依，有法必依。颁布了边区政府施政纲领和一系列法规条例，初步形成和建立了严格的执法环境和公正的司法制度，例如，行政法有《陕甘宁边区政府组织条例》、土地法有《陕甘宁边区土地所有权条例》《陕甘宁边区土地租佃条例》、刑事法律有《陕甘宁边区抗战时期惩治汉奸条例（草案）》、婚姻法有《陕甘宁边区婚姻条例》等，这些法律法规对于陕甘宁边区政府依法行政起了重要的作用。

此外，在这一时期，党将人权保障纳入法制轨道，在 1941 年 5 月 1 日中央政治局批准的《陕甘宁边区施政纲领》中明文规定："保障一切抗日人民（地主、资本家、农民、工人等）的人权、政权、财权及言论、出版、集会、结社、信仰、居住、迁徙之自由权，除司法系统及公安机关依法执行其职务外，任何机关部队团体不得对任何人加以逮捕审问或处罚，而人民则有用无论何种方式，控告任何公务人员非法行为之权利"。尤其值得注意的是，延安时期，我们党制定了迄今为止第一个也是唯一一个保障人权的专门法律《陕甘宁边区保障人权财权条例》，以法律形式详细规定了人民的各项民主自由权利，这无疑是延安时期民主政治建设方面一个巨大的成就。

三、创新政治体制，发展统一战线

为发展抗日民族统一战线，调动各个阶层团结抗日的积极性，延安时期，在陕甘宁边区和各抗日民主根据地，中国共产党在政权组织结构和运行机制上，创造性地实行"三三制"原则，即"在人员分配上，应规定为共产党员占三分之一，非党的左派进步分子占三分之一，不左不右的中间派占三分之一"，"上述人员的分配是党的真实的政策，不能敷衍塞责。"① 在实践中，党很注意尊重在参议会、政府和司法机关任职的党外人士的意见，让他们有职有权。例如，边区副主席李鼎铭曾在政务会上很少发言，在讨论问题时，总说"俺没有意见"，可是事后要签发文件时，他却不肯执行。原来他说"没意见"实际上是有意见。发现这个问

① 《毛泽东选集》第 2 卷，人民出版社 1991 年版，第 742 页。

题后，李维汉找他征求意见，李鼎铭坦率地说："你们党上都决定了，把我这个副主席当摆设"，"现在同级把我当客人，下级把我当傀儡"，这个尖锐的批评引起了政府内党团的重视，很快商定了两条办法：一是每周举行一次向边区政府主席、副主席汇报工作会，参议会常驻副议长和政府正、副秘书长参加，由各厅、处、院主管人员轮流汇报，有问题当场商量解决。二是各厅、处、院向政务会议提出有关方针、政策、计划和其他重要议题时，除经党组研究外，还须向李鼎铭副主席汇报，取得同意后再提交会议讨论。结果，"李鼎铭很高兴，态度完全变了。不作客人，而作主人了。不讲'你们党上'，而讲'我们团体'了。"当英国记者问李鼎铭是否有权，"李鼎铭爽朗地笑着回答：'我有职有权'"。[①] 谢觉哉在陕甘宁边区第三届参议会上的讲话中指出：这样的民主，各阶层——农民、工人、资本家、地主、资产阶级，都有出路，都在发展的路上、抛弃旧的不好的生活的路上前进，在互让互助的建设中走到进一步的团结。

"三三制"原则的实行使抗日根据地的政权性质发生了重大的变化，这个新政权因共产党员和左派分子占到三分之二而使共产党的方针政策能够得到有效的贯彻，从而确保了新民主主义的政治方向；又因其将政权基础扩大至工农群众以外的其他阶级阶层而使其更具有了鲜明的民主性。

四、厉行廉洁政治，坚持从严治党

"共产党是为民主、为人民谋利益的政党，它本身决无私利可图。它

① 西北五省区编纂领导小组、中央档案馆编著：《陕甘宁边区抗日民主根据地》（回忆录卷），中共党史资料出版社 1990 年版，第 25 页。

应该受人民的监督，而决不应该违背人民的意旨。”[①]贪污腐化行为，在共产党的队伍中，是绝不允许的。这一时期，为保证公务人员廉洁从政，建设廉洁政府，我们党制定颁布了《惩治贪污暂行条例》《陕甘宁边区政纪总则》等法律法规，对政府工作人员的行为进行了严格的约束。例如，《陕甘宁边区施政纲领》明确规定“厉行廉洁政治，严惩公务人员之贪污行为，禁止任何公务人员假公济私之行为，共产党员有犯法者从重治罪”。《惩治贪污暂行条例》规定，贪污500元以上者，即处死刑或5年以上有期徒刑。《惩治贪污条例（草案）》规定：凡边区所属之机关部队及公营企业人员有克扣或截留应行发给或缴纳财物、买卖公用物品从中舞弊、盗窃侵吞公有财物等十种行为者，即以贪污论罪，并视贪污数目之多寡与影响之大小确定量刑幅度。这一时期，对贪污犯萧玉璧判处死刑，体现了中国共产党从严治党，建设廉洁政府的决心。

五、肃清封建思想，树立平等理念

延安时期的中国共产党人，废除封建等级制度和特权思想，极力肃清过去凡事按领导人意志办的“人治”作风，树立法制观念，强化依法行政的意识，初步形成了严格执法和公正司法的制度环境。在党群关系方面，各级干部牢记“全心全意为人民服务”的宗旨，始终和群众打成一片，工作上吃苦在前，生活上享受在后。“只见公仆不见官”，就是对延安时期党的干部群体作风的真实写照。在上下左右的相互关系上，是同志式的平等关系，毛泽东的伙食标准同普通工作人员一样，每天3钱盐、5钱油，吃小米饭。党的领袖随时欢迎各行各业、不同阶层的人前来

① 《毛泽东选集》第3卷，人民出版社1991年版，第809页。

谈心，反映问题，提出建议。军民之间，广泛开展拥政爱民和拥军优属活动，结成了深厚的军民鱼水之情。在中国共产党领导下，边区社会团结稳定，人民群众心情舒畅，斗志昂扬，各项事业欣欣向荣，充满生机，实现了社会的和谐发展，充分体现出民主政治巨大的优越性。

延安时期民主政治建设对于今天健全人民当家作主制度体系，发展社会主义民主政治有着重要的启示和借鉴意义。今天，我们坚持的中国特色社会主义政治发展道路，是近代以来中国人民长期奋斗历史逻辑、理论逻辑、实践逻辑的必然结果，是坚持党的本质属性、践行党的根本宗旨的必然要求。发展社会主义民主政治就是要体现人民意志、保障人民权益、激发人民创造活力，用制度体系保证人民当家作主，真正把我国社会主义民主政治的优势和特点充分发挥出来，从而为人类政治文明的进步作出充满中国智慧的贡献。

执笔人：贾　婷

38　自力更生、艰苦奋斗是延安精神的显著特征

自力更生、艰苦奋斗是博大精深的延安精神的重要组成部分，并且是延安精神在形成过程中培育的首要内容，是延安精神的显著特征。

1938 年 4 月，毛泽东在陕北公学开学典礼上的讲话中说："共产党人的作风就是艰苦奋斗。""我们要提倡艰苦奋斗，艰苦奋斗是我们的政治本色。"

1949 年 10 月 26 日，毛泽东在《给陕甘宁边区人民的复电》中指出："我并且希望全国一切革命工作人员永远保持过去十余年间在延安和陕甘宁边区工作人员中所具有的艰苦奋斗的作风。"从毛泽东对延安精神这些最早、最精辟的经典论述中，我们可以深刻领悟到艰苦奋斗是延安精神的重要内容和显著特征，是中国共产党人的本色，这种本色的外化形式、外在表现，就是自力更生、艰苦奋斗的优良传统和作风。由此可见，艰苦奋斗已经成为中国共产党和中华民族永恒的精神支柱。

艰苦奋斗的优良传统作风是中华民族勤奋刻苦俭朴的传统美德在今天的继续和发展。倡俭崇实、吃苦耐劳、自强不息是伟大的中华民族最坚实最基础的品格之一，也是民族得以繁衍壮大、生生不息的保证。这种品格的培育形成源自中华民族以农立国，因为农业生产受着自然环境

的制约，经常遭遇自然灾害的侵袭，所以依托土地生存的中华民族必须养成倡俭崇实、吃苦耐劳、战天斗地、自强不息的品格，只有如此，才能抗御天灾，积累财富，求得发展，推动社会进步。

作为延安精神显著特征的艰苦奋斗精神，继承了中华民族倡俭崇实、吃苦耐劳、自强不息的传统美德，但不是简单的重复式的继承，而是赋予了它新的内容和生命。如果说，传统的倡俭崇实、吃苦耐劳、自强不息还带有迫于艰难的生产生存环境而表现出来的自发的抗争精神的话，那么，自力更生、艰苦奋斗的延安精神则不再是一般谋求生存的抗争，而是同反映人类社会发展规律的共产主义理想相联系，同共产党的性质、宗旨相依存，是无产阶级在世界观、人生观、价值观方面的生动体现。艰苦奋斗精神，就是为实现党的历史使命不畏艰难困苦，不怕流血牺牲，勇敢开拓进取，顽强拼搏不息的大无畏的革命精神。依靠这种精神，中国共产党带领中国人民打败了国内外一切敌人，克服了无数的艰难险阻，不断开创革命和建设事业的新局面，从胜利走向新的胜利。正因为艰苦奋斗是延安精神的重要内容和显著特征，是中国共产党人的政治本色和优良作风，是战胜敌人、克服困难、取得胜利的法宝，所以党的各代领导集体都视艰苦奋斗为传家宝，代代相传，并把它写入党章，写入党的基本路线，始终如一地坚持和发扬艰苦奋斗的优良传统和作风，从而使我们在改革开放和四个现代化建设中取得了举世瞩目的伟大成就，使我们国家健步迈上小康社会。

作为延安精神显著特征的艰苦奋斗精神，在挽救国家和民族危亡的艰苦岁月里，党中央和毛泽东同志在延安领导全国人民进行艰苦卓绝的民族解放战争和国内革命战争，经历了难以想象的艰难困苦。靠自力更生、艰苦奋斗，我们党打败了日本帝国主义，推翻了国民党的反动统治；靠自力更生、艰苦奋斗，开展大生产运动，我们克服了陕甘宁边区遇到的极大的经济困难，这是延安精神最显著的特征。我们今天实行改革开放，从国外引进资金和技术，对加快我国的发展是有利的。但我国社会主义建设成功与否，关键还在自己的努力。我们要实现跨越式发展，赶超世界先进水平，不依靠自己的力量，不发挥创造精神，是根本不可能实现的。对外开放和自力更生，相辅相成、辩证统一。我们通过对外开放来加快发展自己，而我们的对外开放必须以自力更生为立足点，贯彻以我为主，为我所用的原则。

作为延安精神显著特征的艰苦奋斗精神，在改革开放取的辉煌成就的今天依然凝聚党心民心，激励全党和全国人民为实现国家富强、民族复兴共同奋斗的强大精神力量，是我们党保持同人民群众血肉联系的一个重要法宝。改革开放以来，我国的综合国力不断提高，人民的生活不断改善，讲排场、比阔气、奢侈浪费、贪图享受的风气有所滋长，在一些人的心目中，艰苦奋斗已经过时了。建设有中国特色的社会主义，就是要不断提高人们的物质文化生活水平，发扬艰苦奋斗的精神与这个目标不仅不矛盾，恰恰是相互统一、相互促进的。我们要实现社会主义现代化建设的远大目标，完成中华民族复兴的伟大事业，道路还很长，困难还很多，必须发扬艰苦奋斗的创业精神。正如胡锦涛所提出的："历史和现实都表明，一个没有艰苦奋斗精神作支撑的民族，是难以自立自强的；一个没有艰苦奋斗精神作支撑的国家，是难以发展进步的；一个没有艰苦奋斗精神作支撑的政党，是难以兴旺发达的。"我们要结合中国特色社会主义建设的实际，大力宣传自力更生、艰苦奋斗的创业精神，大力宣传不怕困难、勇于拼搏、埋头苦干、敢于创新的先进人物，鼓舞人民在现代化事业中建功立业。

作为延安精神显著特征的艰苦奋斗精神，也是习近平新时代中国特色社会主义思想丰富内涵的应有之义。今天，中国特色社会主义进入了新时代，实现中华民族伟大复兴中国梦，依然需要发扬艰苦奋斗精神。正如在党的十九大报告中，习近平告诫全党：“行百里者半九十。中华民族伟大复兴，绝不是轻轻松松、敲锣打鼓就能实现的。全党必须准备付出更为艰巨、更为艰苦的努力。”

执笔人：何　磊

39　延安时期艰苦奋斗精神的主要体现

艰苦奋斗是中国共产党的传家宝，在中国共产党走过的近 98 年历程中，最能体现艰苦奋斗精神的时期就是延安时期。延安时期中国共产党人的艰苦奋斗精神，一是体现在克服各种艰苦环境和条件上。经过二万五千里长征的艰难困苦，到达延安之后，我们党处在生死存亡的关头。要生存下去，需要克服种种困难，而克服各种困难的唯一途径就是艰苦奋斗。红军初到陕北后，每人每天只有 5 分钱的菜钱，1 元钱的月薪，连起码的生活必需品毛巾、鞋袜等都无钱购买。当地的群众也过着"端上饭碗照影影，睡在炕上望星星，身穿羊皮垒补丁"的艰苦生活。面对这样的境况，除了自力更生艰苦奋斗，别无选择。1939 年 5 月，毛泽东告诫全党:"我们民族历来有一种艰苦奋斗的作风，我们要把它发扬起来。要把现在许多人中间流行的那种自私自利、贪生怕死、贪污腐化、萎靡不振的风气，根本改变过来。"为了克服严重的物质生活困难，坚持抗战又不加重人民的负担，从 1939 年起，陕甘宁边区掀起了轰轰烈烈的大生产运动。歌曲《二月里来》《生产大合唱》《南泥湾》等都反映了当时的艰苦奋斗景象。

延安时期中国共产党人的艰苦奋斗精神，二是体现在大生产运动的艰苦创业上。当年，八路军一二〇师三五九旅开进荒无人烟的南泥湾，他们的口号是:“一把镢头一支枪，生产自给保卫党中央。”在开垦南泥湾的过程中，官兵们开展了劳动竞赛，涌现出了“气死牛”式的劳动英雄李位和赵占魁。李位创造了一天开荒3亩7分6的业绩，一位老农赞叹道:“两头牛1天才能耕2亩地，他一把镢头就能挖3亩多，真要气死牛了。”赵占魁随后又以4亩1分1的纪录超过了李位。三五九旅的指战员们用惊人的毅力创造了丰硕的劳动成果。1940年，他们开荒种地5000多亩，此后连年递增，1941年为1.12万亩，1942年为2.68万亩，1943年增加到10万亩。1943年收粮1.5万石，蔬菜590多万斤，完成了“2人1猪，1人1羊，10人1牛”的指标。到1944年他们开荒35万多亩，不仅实现了全部经费、物资自给，而且还向边区政府上缴了1万石公粮。朱德总司令到南泥湾视察时兴奋地赋诗称赞:“去年初到此，遍地皆荒草。夜无宿营处，破窑也难找。今辟新市场，洞房满山腰。平川种嘉禾，水田栽新稻。屯田仅告成，战士粗温饱。农场牛羊肥，马兰造纸俏。”

延安时期中国共产党人的艰苦奋斗精神，三是体现在勤俭办一切事业方面。开荒种地，解决的是吃饭问题，其他物质和文化需求的满足也离不开艰苦奋斗。边区的工业生产白手起家，发展迅速。1935年10月，中央红军到达陕北后，建立了一些小规模的被服厂、印刷厂、军事修械所等，总共不到300名工人。1938年，工业专家沈鸿从上海带来10部机器、7名工人和两箱科技书籍，从此边区有了机器厂。随后，边区建立了纺织厂、造纸厂、农具厂、制革厂、制鞋厂、石油厂、制药厂等。经过广大军民的艰苦努力，边区的工厂由1938年的4家发展到1944年的120多家，产业工人也发展到1.2万多人。在一些工业品的生产中，员工们克服了许多难以想象的困难，保证了任务的完成。部分军工用品有了较大的增加，民用工业品如纸张、印刷、油墨、肥皂、毛毯、毛巾、鞋袜、食油、食盐等，供给率达到80%—100%。边区文化教育的发展也是勤俭办事。美国记者埃德加·斯诺曾经这样描绘红军大学:“以窑洞为教室，石头砖块为桌椅，石灰泥土糊的墙为黑板，像这种完全不怕轰炸的‘高等学府’，全世界恐怕只有这么一家。”当时创办的各类学校有中央研究院、中共中央党校、中国人民抗日军政大学、鲁迅艺术学院、民族学院、陕北公学等20多所，全部都是因陋就简建立起来的，为革命以及建设年代培养了大批的人才。

延安时期中国共产党人的艰苦奋斗精神，四是体现在中央领导人廉洁奉公和厉行节约的高尚品格上。特别需要强调的是，延安时期毛泽东、刘少奇、周恩来、朱德等中央领导人在践行艰苦奋斗精神方面以身作则，率先垂范。例如，众所周知的“吃饭要照镜子”的故事。延安时期，陈云是中共中央政治局委员、中央组织部长。中组部开始住在延安城内，日本飞机轰炸延安城之后，搬到北门外大约两公里处一山坡上的窑洞里。山脚下有一饭馆名叫“西北菜社”，顾客很多。特别是归国华侨和国民党地区一些官员富豪的子女，跑到延安来学习，寻找抗日救国的道理，但是不习惯生活上的艰苦，经常去“西北菜社”解馋。那些人很有钱，每次都要许多菜，显得十分阔气，吃不完就扔掉，毫不在意，同延安一般人的艰苦日子形成鲜明的对比。陈云看到这种铺张浪费现象十分反感。在一次群众大会上，陈云作报告，大力倡导艰苦朴素、勤俭节约的作风，反对铺张浪费，批评了随意扔掉饭菜的恶劣现象，并提出“吃饭要照镜子”——不仅要把饭菜吃完，还要端起盘子来，用馒头擦干净盘底的油迹，此时干净明亮的瓷盘子，可以像镜子一样照看自己的脸。于是，“吃饭照镜子”这句名言就深入人心并流传下来。

执笔人：何　磊

40　党的领袖是艰苦奋斗的楷模

“艰难困苦，玉汝于成。”艰苦奋斗是一种精神追求，它要求一个党、一个组织，甚或个人，为达到目标而不畏艰难、锐意进取，是指人们在改变现状、开创未来的过程中所表现出来的坚忍不拔、顽强拼搏、奋发向上的精神风貌。

艰苦奋斗是中国共产党的优良传统。回望历史，没有艰苦奋斗就没有中国共产党伟大光辉的历程；立足当前，没有艰苦奋斗就没有今天党所取得的伟大成就；放眼未来，没有艰苦奋斗党也无法取得新的胜利，失去艰苦奋斗也就失去了马克思主义政党的本色。在延安时期，毛泽东打满补丁的衣服、朱德用马尾毛做的牙刷、任弼时还用着长征期间缴获国民党的被子、彭德怀用降落伞布做的背心、林伯渠用绳子缠着一条腿的眼镜等等，这些老一辈革命家的点滴小事，凝聚成一股巨大的“东方魔力”，也折射出中华民族的“兴国之光”。在新中国成立伊始，毛泽东给延安人民的复电中殷切希望：“全国一切革命工作人员永远保持过去十余年间在延安和陕甘宁边区的工作人员中所具有的艰苦奋斗的作风。”在改革开放之初，邓小平讲：“延安时候我们有什么？物质条件很差，就靠精神文明，靠有理想，靠坚强的信念，什么困难都能克服！在某种情况下，这种精神有决定意义。”[①]

习近平总书记曾指出：“中国革命历史是最好的营养剂。”今天我们重温延安时期老一辈革命家艰苦奋斗的崇高精神，就是为了更好地传承这一历史基因。展望不远的未来，全党同志弘扬艰苦奋斗精神，苦干实干、锐意进取，将会凝聚中华民族的磅礴伟力，为实现民族复兴的中国梦而携手前行。

一、毛泽东论中国共产党“艰苦奋斗”的深刻内涵

“一勤天下无难事，人间万事出艰辛。”对党员来说，要增添本领就要吃苦，要增强党性修养，就更要下“苦功夫”。毛泽东将吃苦这个品质看得很重，认为能否吃苦是判断一个革命者的重要标志。例如，在晚年，他经常教育子女和身边工作人员说：不能吃苦瓜，就不能革命。延安时期，毛泽东始终强调共产党员要“艰苦奋斗”。1938年3月12日，在纪念孙中山逝世13周年的讲话中，他号召中国共产党人“发扬艰苦奋斗、不屈不挠、再接再厉的革命精神”。不到一个月，他在陕北公学第二期开学典礼的讲话中再次指出：“中国共产党也有他的作风，就是：艰苦奋斗！这是每一个共产党员，每一个革命家的作风。”在转年的“五一”节庆祝大会上，他特别讲道：“这种坚定正确的政治方向，是与艰苦奋斗的工作作风不能脱离的，没有坚定正确的政治方向，就不能激发艰苦奋斗的工作作风，没有艰苦奋斗的作风，也就不能执行坚定正确的政治方向。”在七大上，面临即将拉开的“两个中国”命运之决战，他不仅用“愚公移山”的寓言故事，启迪全党党员要“下定决心，不怕牺牲，排除万难，

① 中共中央文献研究室编：《邓小平年谱（1975—1997）》下，中央文献出版社2004年版，第838页。

去争取胜利”，更是直接教导大家，“艰难困苦给我们锻炼本领的机会”，“艰难困苦能使我们的事业成功”。

在毛泽东看来，“艰苦奋斗”不仅仅是一个人要吃苦，更是要通过全党“艰苦创业”、自力更生，实现“独立自主”。所谓独立自主，“就要坚持中国的事情必须由中国人民自己做主张、自己来处理。”[①]一个人做到“千磨万击还坚劲，任尔东西南北风”已属不易，实现党和国家的“独立自主”则更难。在延安时期，我们党能成功应对抗日战争相持期的困难局面和国民党顽固派发动的“三次反共高潮”，离不开大生产运动中奠定的深厚物质基础。为了克服物质上的困难，毛泽东发出了“自己动手，丰衣足食”的号召，开展了大生产运动。在1938年12月8日召开的后方军事系统干部会上，他讲道：我们现在钱虽少但还有，饭不好但有小米饭，要想到有一天没有钱、没有饭吃，那该怎么办？……我们来一个动员，我们几万人下一个决心，自己弄饭吃、搞衣服穿，衣、食、住、行统统由自己解决。转年9月16日，他向全国人民通告：中国共产党“不能学国民党那样，自己不动手专靠外国人，连棉布这样的日用品也要依靠外国。我们是主张自力更生的。我们希望有外援，但是我们不能依靠它，我们依靠自己的努力，依靠全体军民的创造力”。

二、周恩来坚持艰苦朴素的革命本色

“周恩来同志是严于律己、清正廉洁的杰出楷模。”[②]在延安时期，

① 习近平:《在纪念毛泽东同志诞辰120周年座谈会上的讲话》,《人民日报》2013年12月27日。

② 习近平:《在纪念周恩来同志诞辰120周年座谈会上的讲话》,《人民日报》2018年3月2日。

周恩来负责长江局和南方局的领导工作，战斗在统战工作的最前线，在此期间，他以共产党员坚定的信念、崇高的理想、伟大的人格、勤奋的工作、简朴的生活，不仅赢得了国统区社会各阶层群众的认可和尊敬，而且也为中国共产党塑造了良好的国际形象。从周恩来“衣食住行”的点滴小事中，我们可窥见其艰苦奋斗精神之一斑。

1937 年秋，周恩来要去石家庄会见卫立煌将军。警卫人员考虑到周恩来总是废寝忘食地工作，长期睡眠不足，需要好好休息，就想给他买包厢票。周恩来知道此事，立刻加以阻止。警卫员只好说：“那就只买软卧吧！”周恩来还是不同意，“不要软卧，就买普通票。路不长，在车上只过一个晚上嘛！”警卫员又以“安保”为由劝他，周恩来进一步讲：“三等车上穷人多嘛，和劳动群众在一起，目标小，又安全、花钱又少、多好啊！”火车到站后，接站人找遍了包厢、软卧，都没看见周恩来，还以为没到。但他万万没想到，周恩来竟同普通旅客一起，从三等车厢走下来，感言：“周将军这样廉洁奉公，真是可敬可佩！”

1938 年 5 月 25 日，周恩来要主持世界学联代表团接待会，除有各党派、各群众团体代表外，还有外国友人参加，共四百多人。如此大型的活动，周恩来穿什么样的衣服呢？这使警卫员犯了愁，为了改变外国人眼中八路军的“叫花子”形象，他特地为周恩来选了一套高级中山服。周恩来笑着说：“我穿这件衣服，不会叫人瞧不起的，我们不是穿戴漂亮叫人景仰，而是要拿出抗日救国的实际办法来叫人不敢轻视，再说，毛主席、朱总司令不也是穿着旧军服，便衣接见外国人吗？我们在大城市里，可不能丢掉我军艰苦奋斗的优良传统啊！”

在重庆工作的八年中，他的工作比大家都忙，睡觉比大家都少，但是生活水准却和大家一样，每天三钱盐、五钱油。工作紧张时，每天只能睡两三个小时。同志们看见他累瘦了，吃饭时给他加了一个菜，他却说:“八路军在前线卧冰踏雪战斗，吃的是窝窝头，我们在后方没有理由要求更多的享受。”他的衣着和大家一样，一年两套灰军装。有一套会客穿的西服，是几年前做的，裤子已经磨破了。管理人员配制了一条同样颜色的裤子。他严肃地提出了批评，说艰苦朴素是共产党人的本色，穿补丁裤子照样可以接待客人。

三、朱德率领人民军队自力更生、艰苦创业

习近平指出:学习朱德同志“就是要学习他心系人民、艰苦朴素的公仆情怀。”[①]抗战期间，朱德大多时间都是战斗、生活在后方根据地。在根据地，朱德不仅带头勤俭，和普通同志过着“一起吃苦的幸福”，而且投身“大生产运动”的洪流之中，用自己的实际行动战天斗地，展现出革命军人“敢教日月换新天”的开创精神。

当朱德看到边区的“财政经济建设虽有某些成绩，实在入不敷出，以致几月来未发一文零用，各机关、学校、军队几乎断炊”，深感非采取重大措施，不足以扭转局面。因此，他邀请正在延安的中共南方局常委董必武、延安自然科学院院长徐特立和边区财政经济工作的几个负责人一起到各地去视察工、农、商各业的情况，进行调查研究。1940年秋、冬，他先后发表《论发展边区的经济建设》《参观边区工厂后对边区工人的希望》《完成一九四一年度财政经济计划》等文章，阐述他对发展边区经济的构想。他认为，发展边区经济建设最基本的困难有两个:“首先就没有大量的流动资金。其次，我们的技术人员和熟练工人还远不足

① 习近平:《在纪念朱德同志诞辰130周年座谈会上的讲话》，《人民日报》2016年11月30日。

以应付工作发展中的需要，我们缺乏重工业机器，现在自制不能，又难于购买。”怎样解决资金不足的问题？经过调查，朱德把注意力集中到在陕甘宁边区蕴藏量很大、又是人们生活必需品的食盐上来。朱德考虑到，如果把盐销到附近需要食盐的陕西、山西、河南各地，不就可以换回大量资金吗？当时，这些地区缺盐，正是“千载一时的机会，不可错过。”朱德明确地提出：“现在，自力更生是目前全党全军之极重大任务。”“我的意见先从盐下手。”“定边盐池为陕北经济策源地。”“我们下紧急令，派军队全体动员。首先从盐井来冲锋，冲破这些困难。”

四、历史启示

习近平强调：“抓改进工作作风，各项工作都很重要，但最根本的是要坚持和发扬艰苦奋斗精神。”艰苦奋斗，核心在“奋斗”二字，是一种生活态度、一种行为方式、一种精神品质、一种价值导向、一种作风形象，是中国共产党人宝贵的政治本色。空谈误国，实干兴邦。“社会主义是干出来的。”我们全党干部践行艰苦奋斗精神，就是要锤炼出一种不怕艰难困苦、自强不息的英雄气概，就是要锤炼出一种锐意进取、开拓创新的与时俱进精神，就是要锤炼出一种真抓实干、戒奢以俭的优良作风。

在群众路线教育实践活动中，习近平强调：“全党同志要不断学习领会‘两个务必’的深邃思想，始终做到谦虚谨慎、艰苦奋斗、实事求是、一心为民”。胡锦涛也曾告诫全党干部：“坚持艰苦奋斗，根本目的就是要为最广大人民的根本利益而不懈努力，不断把人民群众的利益维护好、实现好、发展好。”“历览前贤国与家，成由勤俭败由奢”。丢了艰苦奋斗、勤俭节约的传家宝，民心就会被极大销蚀，党的执政基础就会受到严重损害。如今，我们的经济与国力迅速发展，但“由俭入奢易、由奢人俭难”的道理未曾改变，共产党人吃苦在前、享受在后、始终跟老百姓同甘共苦的要求也未曾改变。谁忘记了这个道理，谁违背了这个要求，谁就有脱离群众的危险，谁就失去了作为共产党人的光荣。

艰苦奋斗精神是实现国家发展和民族振兴的强大精神动力。习近平同志在2018年新春之际向全国人民发出倡议，“幸福都是奋斗出来的。……奋斗本身就是一种幸福。只有奋斗的人生才称得上幸福的人生。”①国家要发展、民族要生存，任何时候都离不开艰苦奋斗精神，我们党正是靠艰苦奋斗创业，靠艰苦奋斗发展壮大，靠艰苦奋斗创造辉煌。邓小平曾讲：“中国搞四个现代化，要老老实实地艰苦创业。我们穷，底子薄，教育、科学、文化都落后，这就决定了我们还要有一个艰苦奋斗的过程。”②实现民族复兴要靠中国精神。赵乐际同志指出：“艰苦奋斗是共产党人的传家之宝，是中华民族的传统美德，是凝聚人民群众的精神力量，是实现中国梦的重要保证。坚持和发扬艰苦奋斗精神，既要能吃苦，严于律己、勤俭修身，又要能奋斗，夙夜在公、勤勉工作。”③

执笔人：薛　琳

① 习近平：《在2018年春节团拜会上的讲话》，《人民日报》2018年2月15日。

② 《邓小平文选》第2卷，人民出版社1994年版，第257页。

③ 《赵乐际在中国浦东井冈山延安干部学院春季开学典礼上强调　艰苦奋斗精神永远不能丢》，《人民日报》2013年3月23日。

◎ 第三编

延安精神的时代价值与现实意义

习近平指出，“伟大的延安精神是党的性质和宗旨的集中体现，是党的优良传统和作风的集中体现”，延安精神是我们党的宝贵精神财富，“今天全面从严治党要继续从延安精神中汲取力量”。本篇多层面多角度论述了延安精神的时代价值和现实意义。弘扬延安精神要与时代精神相结合，使之成为推动党和人民事业发展的强大精神动力；弘扬延安精神要坚定理想信念，高举中国特色社会主义伟大旗帜不动摇；弘扬延安精神要坚持解放思想、实事求是，奠定实现“两个一百年”奋斗目标的思想基石；弘扬延安精神要坚持以人民为中心的理念，践行全心全意为人民服务的根本宗旨和价值追求；弘扬延安精神要坚持自力更生、艰苦奋斗，为实现中华民族复兴的中国梦提供不竭动力；弘扬延安精神要切实加强党的建设，将党建设成为领导中国特色社会主义事业的核心力量；弘扬延安精神要符合思想政治教育规律，要加强对青少年的教育，领导机关和领导干部要率先垂范，要着力健全制度和完善机制。延安精神既有科学民主的理性精神，又有以人为本的人文情怀，还包括独立自主、艰苦奋斗的伟大革命意志，是知、情、意诸方面有机结合而成的统一体，是中国共产党人永远的精神家园。

41 党的领导人倡导弘扬延安精神

延安精神是引导和哺育无产阶级革命者坚持自力更生、艰苦奋斗的创业精神，使革命力量由小到大，由弱到强。延安精神把共产党人和革命者融入到广大人民群众之中，官兵一致，军民一致，水乳交融，使中国共产党获得了最广大人民群众的拥护和支持，这是中国共产党从胜利走向胜利的最大政治优势。党的领导人在各个时期都坚持倡导大力弘扬延安精神，并形成了许多经典论述。

一、新中国成立初期，党的领导人对延安精神的论述

1949 年 10 月 26 日，毛泽东在新中国成立后的第二十六天，就复电给他熟悉的陕北父老乡亲，称“延安和陕甘宁边区，从 1936 年到 1948 年曾经是中共中央的所在地，曾经是中国人民解放斗争的总后方。延安和陕甘宁边区的人民对于全国人民是具有伟大贡献的。我祝愿延安和陕甘宁边区的人民继续团结一致，迅速恢复战争的创伤，发展经济建设和文化建设。我并且希望，全国一切革命工作人员永远保持过去十余年间在延安和陕甘宁边区的工作人员中所具有的艰苦奋斗的作风”。

1957年2月27日，毛泽东在《关于正确处理人民内部矛盾的问题》一文中写道："要使全体干部和全体人民经常想到我国是一个社会主义的大国，但又是一个经济落后的穷国，这是一个很大的矛盾。要使我国富强起来，需要几十年艰苦奋斗的时间，其中包括执行厉行节约、反对浪费这样一个勤俭建国的方针。"

二、改革时期，党的领导人对延安精神的论述

在1980年1月16日，邓小平针对中国如何实现四个现代化问题讲道："中国搞四个现代化，要老老实实艰苦创业。我国穷，底子薄，教育、科学、文化都落后，这就决定了我们还要有一个艰苦奋斗的过程。"

在1980年12月25日，邓小平在《贯彻调整方针，保证安定团结》的讲话中指出："在长期革命战争中，我们在正确的政治方向指导下，从分析实际情况出发，发扬革命和拼命精神，严守纪律和自我牺牲精神，大公无私和先人后己精神，压倒一切敌人、压倒一切困难的精神，坚持革命乐观主义、排除万难去争取胜利的精神，取得了伟大的胜利。搞社会主义建设，实现四个现代化，同样要在党中央的正确领导下，大大发扬这些精神。如果一个共产党员没有这些精神，就决不能算一个合格的共产党员。不但如此，我们还要大声疾呼和以身作则地把这些精神推广到全体人民、全体青少年中间去，使之成为中华人民共和国的精神文明的主要支柱，为世界上一切要求革命、要求进步的人们所向往，也为世界上许多精神空虚、思想苦闷的人们所羡慕……我们一定要宣传、恢复和发扬延安精神、解放初期的精神，以及六十年代初期克服困难的精神。我们要自己坚定信念，然后才能教育和团结教育群众提高信心。"

1981年11月，邓小平在接见美国财政部长里甘时指出："中国如果

不普遍提倡艰苦奋斗，勤俭节约，要在本世纪末实现生产总产值翻两番的目标就不能达到。建设中国的社会主义，我们的新提法就是建设一个高度文明，高度民主的社会主义现代国家。所谓高度文明，就是人民要有理想，要个人利益服从整个国家和民族的利益，要守纪律，要有道德，要坚持我们历来的艰苦奋斗传统，否则我们的事业是人不会有希望的。这件事不容易。过去我们做得不错。'文化大革命'前，我们一直坚持了延安传统，延安精神。现在中国不需要完全那样做了，但那种精神仍然需要。"

1989 年，江泽民首次视察延安时指出:"自力更生、艰苦奋斗的延安精神没有过时。抗日战争、解放战争的艰苦岁月要发扬延安精神，社会主义初级阶段也离不开延安精神，否则，我们的社会主义是很难建成的。全党同志，一定要结合新的实际，大力弘扬延安精神，使延安精神成为我们党在新世纪团结和带领人民不断开创有中国特色社会主义事业新局面的强大精神动力，使延安精神永放光芒。

三、新时期，党的领导人对延安精神的论述

2002 年 4 月，江泽民在陕西考察工作。他强调，"在新的历史条件下，在充满新的希望、也充满新的挑战的征途上，我们始终要大力弘扬延安精神。延安精神，体现了我们党马克思主义政党的性质，体现了我们党与时俱进的思想风范，体现了我们党与人民同呼吸、共命运的优良作风，体现了中国共产党人一往无前的奋斗精神。无论过去、现在和将来，延安精神都不能丢。坚定正确的政治方向，解放思想、实事求是的思想路线，全心全意为人民服务的根本宗旨，自力更生、艰苦奋斗的创业精神，是延安精神的主要内容。"

1995年1月，胡锦涛在陕西考察工作时指出:“延安精神是党的宝贵财富，要世世代代继承下去，发扬下去。在新的形势下，一要发扬百折不挠的革命坚定性。坚定不移地推进改革开放和现代化建设，增强必胜的信念。二要坚持实事求是的思想路线，求实务实，狠抓各项工作的落实。三要坚持自力更生、艰苦奋斗、勤俭建国、艰苦创业的精神，克服困难，进一步增强自尊心、自信心，团结一致，把各项工作关键是把经济建设搞上去。四要全心全意为人民服务，密切党同人民群众的联系，保持优良传统，坚决刹住虚报浮夸，弄虚作假，拉花架子等不良作风，要扎扎实实做几件取信于民的事情。”

2004年4月，胡锦涛在陕西考察工作时的讲话中指出:“延安精神是我们党的优良传统和宝贵财富，过去是、今天仍然是我们战胜困难、取得胜利的法宝，我们坚持和发扬延安精神，很重要的就是要大力弘扬求真务实精神、大兴求真务实之风。”

2009年，胡锦涛在安塞县学习实践科学发展观活动联系点考察时的讲话中指出:“延安精神是我们党的性质和宗旨的集中体现，是我们党的优良传统和作风的集中体现，是中国共产党人崇高品德和伟大情怀的集中体现。”

习近平2009年在陕西调研中指出:“伟大的延安精神教育滋养了几代中国共产党人，始终是凝聚人心、战胜困难、开拓前进的强大精神力量。弘扬延安精神，要把坚定正确的政治方向放在第一位，牢记全心全意为人民服务宗旨，坚持解放思想、实事求是、与时俱进，始终牢记‘两个务必’，保持延安时期那么一种忘我精神、那么一股昂扬斗志、那么一种科学精神，为建设和发展中国特色社会主义不懈奋斗。”

习近平2010年致电延安精神研究会时指出:“伟大的延安精神是党的性质和宗旨的集中体现，是党的优良传统和作风的集中体现。要结合新的实际大力弘扬延安精神，以求真务实作风切实加强和改进新形势下党的建设，为推动科学发展、促进社会和谐提供强大精神动力和坚强组织保证。”

2015 年春节前夕，习近平在陕西考察时指出：“老一辈革命家和老一代共产党人在延安时期留下的优良传统和作风，培育形成的延安精神，是我们党的宝贵精神财富。今天全面从严治党要继续从延安精神中汲取力量。”

执笔人：何　磊

42 弘扬延安精神要与发扬时代精神相结合

延安精神是中国共产党的宝贵财富，是党的精神支柱。在新时期新形势下，延安精神焕发出强大的生命力，蕴含着巨大的时代价值。

延安精神是时代的产物。延安精神形成于20世纪三四十年代，是在反帝反封建的新民主主义革命的背景下产生的。从1935年到1948年，中共中央和毛泽东在这里领导、指挥了抗日战争和解放战争，奠定了中华人民共和国的基石，谱写了可歌可泣的历史篇章。这一时期的延安，孕育了光照千秋的延安精神。延安精神形成时期也是中国革命由挫折走向胜利、党由幼年走向成年的重要发展阶段。这一阶段，我们党在继承北伐战争和土地革命战争光荣传统的基础上，形成了由毛泽东亲自倡导、全党共同培育的延安精神。延安精神是我们党、也是中华民族的宝贵精神财富，它对中国历史发展进程产生着巨大和深远的影响，在中国的革命和建设中发挥了巨大的精神动力作用。延安精神包括实事求是、理论联系实际的精神、全心全意为人民服务的精神和自力更生艰苦奋斗的精神。延安精神的本质是解放思想、实事求是。延安精神引导和哺育无产阶级革命者牢固树立马克思主义的世界观和方法论，牢固树立全心全意为人民服务的宗旨，激励着一代又一代中国共产党人为实现民族独立、人民解放和共产主义远大理想而前仆后继，英勇奋斗。延安精神引导和哺育无产阶级革命者坚持自力更生、艰苦奋斗的创业精神，使中国革命力量由小到大，由弱到强。延安精神把共产党人和革命者融入到广大人民群众之中，官兵一致，军民一致，水乳交融，使我们党获得了最广大人民群众的拥护和支持，这是我们党走向胜利的最大政治优势。

时代精神是时代变化的精神概括和集中体现。马克思认为，时代精神是由一定历史发展的不同阶段决定的。时代精神是历史的产物，是历史时代的本质特征及其发展趋势在社会心理、群众情绪以及精神文化等方面的反映，以整体性和普遍性的形式综合地表现了人们的共同愿望和要求，是思想体系反映社会经济关系和政治制度的一个重要环节。时代精神具有丰富的内涵和鲜明的特征。时代精神是在一个社会最新的创造性实践中孕育和激发出来，是一个社会最新的精神气质、精神风貌和社会时尚的综合体现。时代精神不是一成不变的，是一个不断丰富和发展的动态过程。时代精神的发展离不开中华民族优秀文化传统，时代精神与民族精神的统一是开拓创新与发扬传统的统一。

民族精神是一个民族经过一定时期的生活实践，形成具有稳定性的民族意识、民族心理和民族品质的精神因素，是一个民族赖以生存的精神支柱。民族精神作为民族优秀传统文化的结晶，成为时代精神的历史文化底蕴。而民族精神又是随着社会实践的发展而发展的，民族精神也要与时俱进，时代精神和民族精神是一个历史发展的范畴，时代精神是民族精神对当代的继承和发展，民族精神是时代精神的历史基础和历史渊源，其本质是一种建设，一种创新，是在创造中继承，在继承中发展。民族精神具有强大的社会凝聚力和社会的整合功能，是国家兴旺发达、繁荣富强的精神力量。爱国主义是中华民族精神的核心。中国共产党诞生之后，在领导中国人民争取民族独立和民族富强的斗争中，不断结合时代和社会发展要求，丰富和发展了民族精神。在艰苦卓绝的中国革命斗争中，以毛泽东为代表的老一辈无产阶级革命家在延安时期创造了伟大的延安精神，是中华民族精神的精华，是对中华优秀文化传统的继承和升华，具有鲜明的民族特色和时代品格特征。延安精神是在马克思列宁主义科学思想指导下，吸取了中华民族几千年的优秀文化传统，同时又在长期革命斗争中不断增添新的内容，与时俱进，从一定意义上说，弘扬延安精神就是在弘扬中华民族精神基础上弘扬时代精神。

几十年来，随着我国革命、建设、改革事业的不断发展，延安精神已经超越了时空界限，成为全党和全国人民重要的精神支柱，成为我们党的性质和宗旨的集中体现、我们党的优良传统和作风的集中体现和中国共产党人崇高品德和伟大情怀的集中体现，并随着实践的发展变化与时俱进地以新的形式表现出来。延安精神经历了重大的时代创新过程，革命时期，它集成了井冈山精神、长征精神，延展为西柏坡精神；在社会主义建设与改革发展新时期，发扬光大，产生了抗美援朝精神、大庆精神和铁人精神、雷锋精神、焦裕禄精神、“两弹一星”精神、改革开放精神、孔繁森精神、载人航天精神、抗震救灾精神等一系列富于新的时代内涵、表现新的精神风貌、适应新的时代使命的精神形态，实现着新的价值。随着我们党的历史方位及其时代使命的转变，党的自身建设的任务也在不断地发生着变化。我们党作为马克思主义先进政党，它所承担的历史使命及其素质、能力、品质、精神状态是随着时代的发展而发展提高的。在革命、建设和改革发展的各个时期，造就了具有鲜明时代特色的革命精神、建设精神和改革精神，构成了中国共产党精神的时代演进历程，充分表现了延安精神的时代价值。我们在改革开放和经济社会发展实践中孕育而成的时代精神，具有丰富的内涵、鲜明的特征和独特的本质：以改革创新为核心，与时俱进为特征。延安精神的丰富内涵中，坚定正确的政治方向是灵魂。毛泽东强调："革命党是群众的向导，在革命中未有革命党领错了路而革命不失败的。"[①] 习近平强调指出，我们党是一个具有长期奋斗历史和优良革命传统的党，也是一个紧跟时代步伐、善于与时俱进的党。党的建设必须坚持继承和创新相结合，结合时代条件发扬党的光荣传统和优良作风。在新的历史时期，我们要坚定正确的政治方向，这是坚持党的正确领导的重要体现，是广大人民群众的根本利益所在。在改革开放和现代化事业发展的关键时刻，我们更要坚持和发扬自力更生、艰苦奋斗的创业精神。我们要更加深刻地认识到，如果失去自力更生、艰苦创业的精神，就失去了改革创新的能力，就会失去核心竞争力，在世界竞争中就会失败，中国梦、强国梦、复兴梦都会成为空谈。我们要增强忧患意识，弘扬延安时期的为人民服务精神，切实践行群众路线，真正实现为人民服务，保持政治上的廉洁作风，增强法治精神，健全社会主义法制，为构建和谐社会而努力！

总之，延安精神有着鲜明的时代性、先进性和传承性，是我们党的优良传统和宝贵财富。在新时期新阶段新形势下，在实现中国梦的具体奋斗过程中，在实现中华民族伟大复兴的伟大征程中，我们要紧密结合时代精神民族精神进一步弘扬延安精神，为我们党在新时期新历史条件下团结和带领人民全面建设小康社会、不断推进中国特色社会主义伟大事业提供强大的精神动力。

执笔人：孙翠玉

① 《毛泽东选集》第 1 卷，人民出版社 1991 年版，第 3 页。

43 延安精神是推动党和人民事业发展的强大精神动力

社会发展需要精神动力。什么是精神动力？从精神动力存在和发生作用的社会形态来看，主要表现为精神创造力、精神凝聚力、精神约束力。最早科学系统地对精神动力做出论述的是马克思主义经典作家。马克思早在《〈黑格尔法哲学批判〉导言》一文中就明确指出，理论一经群众掌握就会变成物质力量，明确肯定作为理论的精神可以变为推动群众实践活动的物质力量。我们理解，马克思所说的理论力量就是一种精神力量。恩格斯在《路德维希〈费尔巴哈及德国古典哲学的终结〉》一书中指出："就单个人来说，他的行动的一切动力，都一定要通过他的头脑，一定要转变为他的意志的动机，才能使他行动起来。推动人类从事活动的一切都要通过人的头脑，甚至吃喝也是由于通过头脑感觉的饥渴而开始，并且同样由于通过头脑感觉的饱足而停止。外部世界对人的影响表现在人的头脑中，反映在人的头脑中，成为感觉、思想、动机、意志，总之，成为理想的意图，并且以这种形态变成理想的力量。"由此可见，在恩格斯看来，感觉、思想、动机、情感、意志等精神因素都可以成为推动人行动的精神动力。在该书中，恩格斯明确提出了"精神动力"的概念，并对此进行了阐释。列宁在马克思和恩格斯经典理论继承的基础上，进一步指出，

"共产主义是我们的理想和信念。无产阶级正是从这个理想中得到最强烈的斗争动力。"[①]"我们力量的主要源泉在于工人很自觉、很英勇，始终得到劳动农民的同情和支持。我们取得胜利的原因在于：我们党和苏维埃政权把当前的一切困难和任务直接告诉劳动群众；善于发挥群众的热情、积极性和英勇精神，把鼓起的革命干劲集中用于当前最重要的任务。"[②]"现在最主要的任务之一，也许就是最主要的任务是尽量广泛地发扬工人阶级以及一切被剥削劳动者在创造性的组织工作中所表现地这种独创精神"[③]。从上述表述中，我们可以看到，列宁从社会主义和共产主义事业发展地角度对精神动力进行了论述。他认为，人民群众的独创精神和革命精神是社会主义事业和共产主义目标实现的力量源泉和胜利保证。通过这种表述，列宁高度肯定了精神动力在社会主义事业发展中的力量和作用。

在领导中国革命和建设的长期过程中，毛泽东对精神动力在社会发展中的作用有着高度的评价，特别重视革命和建设过程中精神因素的作用。毛泽东在马克思列宁主义经典作家关于精神动力基本观点的基础上，结合中国革命和建设的具体实践，不断探索，提出了具有独创性的精神动力思想。"人是要有一点精神的"，被认为是毛泽东精神动力观的主要命题。毛泽东认为，这是革命的需要，建设的需要，人的发展的需要。[④]邓小平在他的论述中则直接使用了"精神动力"这一概念。他说，"如果我们不是马克思主义者，没有对马克思主义的充分信仰，或者不是把马克思主义同中国自己的实际相结合，走自己的道路，中国革命就搞不成功，中国现在还会是四分五裂，没有独立，也没有统一。对马克思主义的信仰是中国革命胜利的

① 《马克思恩格斯列宁斯大林论科学社会主义》第4卷，中国人民大学出版社1988年版，第35页。

② 《列宁全集》第37卷，人民出版社1986年版，第301页。

③ 列宁：《怎样组织竞赛？》，1929年1月20日《真理报》第17号。

④ 刘晓玲：《毛泽东的主体精神动力观》，《毛泽东思想论坛》1997年第2期。

一种精神动力。”[①]邓小平明确肯定了马克思主义信仰是一种精神动力。他还指出，“一个党，一个国家，一个民族，如果一切从本本出发，思想僵化，迷信盛行，那就不能前进，它的生机就停止了，就要亡党亡国。……只有解放思想，坚持实事求是，一切从实际出发，理论联系实际，我们的社会主义建设才能顺利进行，我们党的马列主义、毛泽东思想理论也才能顺利发展。”[②]邓小平认为在社会主义建设大业中，“没有一股闯的精神，没有一股‘冒’的精神，没有一股气呀、劲呀，就走不出一条好路，走不出一条新路，就干不出新的事业。”[③]在邓小平看来，实现把我国建设成为富强、民主、文明的社会主义现代化国家这一目标，需要调动每一个中国人的积极性，而精神动力则是调动人的积极性的激励因素，推动社会向前发展。

2015 年春节前夕，习近平在陕西考察时指出：老一辈革命家和老一代共产党人在延安时期留下的优良传统和作风，培育形成的延安精神，是我们党的宝贵精神财富。延安精神是以毛泽东为代表的老一辈革命家，在国难当头、生死考验中锤炼出来的一种伟大的民族精神和崇高的革命精神。延安精神在艰难困苦的革命斗争中，成为全党和全体革命者共同追求革命理想的强大精神动力，成为凝聚全党和全国人民的巨大力量，并最终取得革命胜利。今天，我们正处于改革开放的关键时期，新的形势任务对我们党提出了新的更高的要求。面对新的形势、新的任务，我们在推进各项改革建设深入进行的同时，在学习贯彻习近平新时代中国特色社会主义思想，学习贯彻十九大精神的过程中，必须大力弘扬延安精神，充分发挥延安精神的强大精神动力，为实现中国梦、实现中华民族的复兴，推动党和人民事业稳步发展。

---

① 《邓小平文选》第 3 卷，人民出版社 1993 年版，第 62—63 页。
② 《邓小平文选》第 2 卷，人民出版社 1993 年版，第 143 页。
③ 《邓小平文选》第 3 卷，人民出版社 1993 年版，第 372 页。

延安精神是推动党和人民事业发展的强大精神创造力。延安精神是马克思主义与中国具体实践相结合，充分汲取中华民族精神的精华，形成了具有强大生命力和创造力的革命传统和作风。延安时期是党和人民创造力空前迸发的时期。在新的历史时期，我们需要继承和发扬延安精神，进一步光大这种创造力，实现中华民族的全面振兴。延安精神激励我们在中国特色社会主义建设过程中，同新的历史任务相结合，进行理论和实践的双重探索，并将探索结果予以总结提升，进而提出新的实践道路和前进方向。坚定不移的深化改革是当代中国面临的艰巨任务。如何完成这个任务，需要我们从延安精神中汲取精神动力，我们更应该大力弘扬延安精神，充分发挥延安精神的自力更生、自我创新精神，要始终坚持实事求是，坚持理论联系实际，坚持在实践中具体问题具体分析，不断推动和实现理论创新、制度创新、文化创新，通过创新使中华民族在世界竞争中立于不败之地。

延安精神是推动党和人民事业发展的强大精神凝聚力。历史发展的精神动力首推民族精神。“一个民族、一个国家，如果没有自己的精神支柱，就等于没有灵魂，就会失去凝聚力和生命力。有没有高昂的民族精神，是衡量一个国家综合国力强弱的一个重要尺度。综合国力，主要体现在经济实力和技术实力，这种物质力量是基础，但也离不开民族精神、民族凝聚力，精神力量和文化实力是综合国力的重要组成部分。”[①]精神凝聚力对一个国家、民族至关重要。没有精神凝聚力的国家和民族是可悲的，不但不会有所发展，反而还会倒退。我们的国家和社会要坚持和深化改革开放不动摇，坚持反腐倡廉，坚持法治，最终实现中国梦，实现中华民族的崛起，物质力量是基础，内在的精神凝聚力则是延安精神等

① 江泽民:《在西安事变六十周年纪念大会上的讲话》,《人民日报》1996 年 12 月 13 日。

中华民族精神的一脉相承，是中华民族勤劳朴实、艰苦奋斗、自强不息等优秀民族精神品质的集中体现，是党和人民事业发展的伟大凝聚力所在。延安精神可以激发我们党和人民的归属意识、进取意识和奋斗意识，凝聚全党和全社会的各方面力量，具有强大的精神凝聚力，从而形成推动党和人民事业前进的强大精神动力。

延安精神是推动党和人民事业发展的强大精神约束力。延安精神诞生于革命年代，内容丰富，源远流长。在中国共产党建党 90 多年的历史中，延安精神无疑是我们兴党创业、建国执政的强大精神武器。直至今日，延安精神仍对我们党和人民事业的稳定持续发展提供着强大的精神动力和智力支持。20 世纪 70 年代末期以来，我国进入改革开放的重要历史时期，党和人民事业发展进入了前所未有的关键时期。随着对外开放的不断扩大和深入，政治经济体制改革的深入，我们面临的国内外环境日趋复杂多变，如果经受不住考验，我们党和人民的伟大事业就会陷入改变性质的危险。习近平在“7·26”重要讲话中向全党发出告诫，“全面从严治党依然任重道远”。并要求：全党要坚持问题导向，保持战略定力，推动全面从严治党向纵深发展，把全面从严治党的思路举措搞得更加科学、更加严密、更加有效，确保党始终同人民想在一起、干在一起。在新的历史条件下充分发扬延安精神的艰苦奋斗精神，需要我们每个党员干部都从自身做起，加强自身道德品质修养，在党员理想信念教育方面加大砝码。只有大力弘扬延安精神，充分发挥延安精神在新时代的强大精神约束力，把延安精神贯穿于惩治和预防腐败的各个方面和环节，使我们党始终如一地保持纯洁性、先进性，使广大领导干部始终保持先锋模范作用，推动党和人民事业健康持续发展。

执笔人：孙翠玉

44　延安精神“过时论”是错误的

在延安，中国共产党孕育了光照千秋的延安精神。延安精神在中国的革命和建设中发挥了巨大作用，对中国历史发展进程产生着深远影响。同时，延安精神也体现了鲜明的民族特色，展现了伟大的时代风貌。今天，当再次谈及延安精神时，一些人由于对那段火热激情的历史和延安精神本身缺乏深入了解，主观片面地认为以延安精神为代表的中国革命时期的成功经验，并不适于今天，延安精神“过时论”的错误认识由此出现。特别是在资产阶级自由化思潮泛滥的情况下，社会上更是掀起了一股否定党的历史功绩和优良传统的思潮。有人说，传统教育不是向前看而是向后看，已经落后了。有人说，革命传统是在战争年代形成的，现在要搞商品经济，它已经过时了。实际上，延安精神“过时论”的论调是非常错误的。

一、延安精神“过时论”的错误表现

1. 延安精神“过时论”的错误论调没有认识到延安精神的永恒性

延安精神是以毛泽东同志为代表的中国共产党人在延安时期的特殊

历史条件下，在领导革命斗争艰难困苦的环境中，逐步培育和形成的理想信念、道德品格、工作作风、生活方式等革命精神和风貌的总称。延安精神是时代的需要，是历史的产物，具有鲜明的时代特征，更具有永恒性。按照马克思主义的观点，一定的精神总是在一定时代的物质基础上产生的，但一种精神一旦形成，就具有相对的独立性和历史的继承性。延安精神作为一种先进的社会意识，必然不会因为那个时代的结束而失去作用，而应随着历史的发展继续发扬光大。

2. 延安精神“过时论”的错误论调没有认识到延安精神是中华民族民族精神的继承和弘扬

延安精神不仅具有鲜明的时代性，从整个中华民族的发展史上看，延安精神同样具有民族性。延安精神不是在空地上产生的，它是对中华优秀文化传统和民族精神的继承、创新和超越。延安精神是1840年鸦片战争以来中国人民英勇奋斗、百折不挠精神的集中体现，是中国人民革命精神发展的重要里程碑。中国共产党从成立之日起，就既是中华优秀传统文化的忠实传承者和弘扬者，又是中国先进文化的积极倡导者和发展者。在五千多年的历史发展中，中华民族形成了以爱国主义为核心的团结统一、爱好和平、勤劳勇敢、自强不息的伟大民族精神。延安精神是民族精神创造性转化和创新性发展的产物。延安精神与“坚定信念、艰苦奋斗、实事求是、敢闯新路、依靠群众、勇于胜利”的井冈山精神，与“坚韧不拔、自强不息、勇往直前”的长征精神，与“救亡图存、不畏艰险、和衷共济、勇于牺牲”的红岩精神，与“爱国、创业、求实、献身”的大庆精神，与“热爱祖国、无私奉献、自力更生、艰苦奋斗、大力协同、勇于攀登”的“两弹一星”精神，与“万众一心、众志成城、不怕困难、顽强拼搏、坚韧不拔、敢于胜利”的抗洪精神，与“万众一心、众志成城、团结互助、和衷共济、迎难而上、敢于胜利”的抗击非典精神等，都反映了中华民族在长期的共同生活和社会实践基础上形成的，为民族大多数成员所认同和接受的进步的思想品格、价值取向及道德规范，它们毫无疑问是民族精神的重要组成部分，是民族存续的精神血脉，是民族团结的精神纽带，是民族兴盛的精神资源。因此，延安精神是一种基于中国革命时代的思想文化，也是对中国共产党人认识社会特征的高度概括，是自强不息民族精神的继承和弘扬。

3. 延安精神“过时论”的错误论调没有认识到延安精神内涵上的开放性

延安精神不是封闭的，而是一个开放性的体系，能够沟通现实与未来。开放性是延安精神的重要内容和显著特征，贯彻于延安精神从萌芽、形成到发展的全过程。伟大的延安精神体现了我们党马克思主义政党的性质，体现了我们党与时俱进的思想风范，体现了我们党与人民同呼吸、共命运的优良作风，始终是凝聚人心、战胜困难、开拓前进的巨大精神力量。延安精神的开放性和与时俱进的品质永远都具有强大生命力，都是党的宝贵精神财富。

二、延安精神的本质内涵进一步说明延安精神不会过时

延安精神是我们党克敌制胜的坚强精神支柱，是中国特色社会建设的强大精神动力。从本质上看，延安精神是一种与时俱进的精神，具有经久不息的强大生命力，集中体现了我们党的优良传统，是推动党和国家事业不断前进的重要保证。新中国成立初期，毛泽东就提出要“永远保持过去十余年间在延安和陕甘宁边区的工作人员中所具有的艰苦奋斗的作风”。在新的历史时期，邓小平强调：“在长期革命战争中，我们在正确的政治方向指导下，从分析实际情况出发，发扬革命和拼命精神，严

守纪律和自我牺牲精神，大公无私和先人后己精神，压倒一切敌人、压倒一切困难的精神，坚持革命乐观主义、排除万难去争取胜利的精神，取得了伟大的胜利。搞社会主义建设，实现四个现代化，同样要在党中央的正确领导下，大大发扬这些精神。如果一个共产党员没有这些精神，就决不能算是一个合格的共产党员……我们一定要宣传、恢复和发扬延安精神、解放初期的精神，以及六十年代初期克服困难的精神。我们首先要自己坚定信心，然后才能教育和团结群众提高信心。"[①] 江泽民指出："在新的历史条件下，在充满新的希望、也充满新的挑战的征途上，我们始终要大力弘扬延安精神。延安精神，体现了我们党马克思主义政党的性质，体现了我们党与时俱进的思想风范，体现了我们党与人民同呼吸、共命运的优良作风，体现了中国共产党人一往无前的奋斗精神。无论过去、现在和将来，延安精神都不能丢。"1989 年江泽民视察延安，明确指出："自力更生、艰苦奋斗的延安精神没有过时，抗日战争、解放战争的艰苦岁月要发扬延安精神，社会主义初级阶段也离不开延安精神。否则，我们社会主义是难搞成的"。胡锦涛强调"延安精神是我们党的优良传统和宝贵财富，过去是、今天仍然是我们战胜困难、取得胜利的法宝。"习近平 2015 年春节前夕视察陕西时强调："我们党是一个具有长期奋斗历史和优良革命传统的党，也是一个紧跟时代步伐、善于与时俱进的党。党的建设必须坚持继承和创新相结合，结合时代条件发扬党的光荣传统和优良作风。老一辈革命家和老一代共产党人在延安时期留下的优良传统和作风，培育形成的延安精神，是我们党的宝贵精神财富。今天，全面从严治党要继续从延安精神中汲取力量。要把抓理想信念贯穿始终，提高辩证思维、系统思维能力，保持党同人民群众的血肉联系，始终为

① 《邓小平文选》第 2 卷，人民出版社 1994 年版，第 367—369 页。

党和人民事业艰苦奋斗、不懈奋斗。”因此，对于我们党、国家和民族而言，延安精神是永远不会过时的，它是万古长青的。在当前实现中华民族伟大复兴中国梦的道路上，我们一定要在新的时代条件下，继承和弘扬伟大的延安精神，破除延安精神“过时论”的错误认识，立足新的时代条件，更加深刻理解新时代赋予延安精神新的内涵，在新时代继续继承和弘扬伟大的延安精神。

三、延安精神永放光芒

延安，这座革命的圣地，成为几十年间历代中国共产党人思想意识上最牢固的纽带。延安精神是中国共产党人时时汲取的最丰富的精神营养来源，延安精神中的实事求是原则、艰苦奋斗的精神、为人民服务的宗旨是中国共产党人永不过时的精神支点。延安精神中固有的“内核”和不变的“基因”，充分体现着中国共产党的先进性和纯洁性。延安精神，是民族精神的升华，是革命精神的结晶，是时代精神的显现，汇集了中华民族的优良品质和我们党在长期艰苦卓绝的革命斗争中的一切优良作风和传统，是中国共产党和中国人民不可缺少的、科学的、具有永恒价值的精神财富。

延安精神在抗日战争、解放战争时期，为我们渡过困难发挥了巨大作用。延安精神作为我们党的优良传统和宝贵精神财富，过去是，今天仍然是我们战胜困难、取得胜利的法宝。时代和实践的发展不断赋予延安精神新的时代内涵，延安精神还始终保持着巨大的生命力和历史活力。延安精神有着无限的生命力，她与以爱国主义为核心的民族精神、以改革创新为核心的时代精神融为一体，共同构成社会主义核心价值体系。时代在发展，延安精神也在发展，在今天发展社会主义市场经济条件下，在构建社会主义和谐社会的时期，延安精神增加了解放思想、与时俱进、科学发展的思想内涵，这些内涵使延安精神更有价值。今天，中国特色社会主义进入新时代，要深入学习贯彻习近平新时代中国特色社会主义思想和党的十九大精神，统筹推进“五位一体”总体部署，协调推进“四个全面”战略布局，决胜全面建成小康社会，实现“两个一百年”奋斗目标、实现中华民族伟大复兴的中国梦，更需要不断从延安精神中汲取政治智慧和精神力量，让延安精神放射出新的时代光芒！

执笔人：王娜娜

45 弘扬延安精神要坚定理想信念

理想信念是精神力量的源泉。有了崇高的理想信念，人才会有坚韧不拔的决心和持之以恒的毅力。弘扬延安精神必须首先解决共产主义理想信念是否坚定的问题。“革命理想高于天”，习近平在谈到理想信念时指出，“有一个道理要反复讲，就是党的干部必须永不动摇信仰，矢志不渝为中国特色社会主义共同理想而奋斗。理想信念是一个国家、民族和政党团结奋斗的精神旗帜，理想信念动摇是最危险的动摇。”[①]“坚定理想信念，切实解决好世界观、人生观、价值观这个‘总开关’问题。‘总开关’问题没有解决好，这样那样的出轨越界、跑冒滴漏就在所难免。在作风问题上，起决定作用的是党性。衡量党性强弱的根本尺子是公、私二字。作为党的干部，就是要全心全意为人民服务，就是要诚心诚意为党和人民事业奋斗，就是要讲大公无私、公私分明、先公后私。只有一心为公，事事出于公心，才能有正确的是非观、义利观、权力观、事业观，才能把群众装在心里，才能坦荡做人、谨慎用权，才能光明正大、

① 《大胆使用批评和自我批评有力武器——习近平总书记参加河北省委常委班子专题民主生活会纪实》，中国政府网，2013 年 9 月 27 日。

堂堂正正。”[①]“理想信念是共产党人的精神之‘钙’，必须加强思想政治建设，解决好世界观、人生观、价值观这个‘总开关’问题。”[②]只有始终坚持崇高理想、坚定信念，延安精神才能得到真正发扬，延安精神才能真正推广到上至各级领导干部，下至广大群众中来。要发扬我们党在革命战争年代形成的优良传统，把自力更生、艰苦奋斗、独立自主、实事求是、为人民服务的精神彻底贯彻并发扬光大，牢固树立和坚定建设中国特色社会主义的共同理想。

延安精神诞生于战火纷飞的革命战争年代。中国共产党在艰苦的战争环境下，能够战胜各种艰难险阻，创造彪炳史册的伟大业绩，让世界感受到“东方魔力”，让人民看到胜利之光，依靠的就是坚定的理想信念。共产党人对马克思主义的信仰，对社会主义和共产主义的信念，是其不变的政治灵魂，是其永远的精神支柱。一般认为延安精神应包含以下几方面内容：坚定正确的政治方向，实事求是的思想路线，全心全意为人民服务的根本宗旨，自力更生、艰苦奋斗的创业精神，坚持真理、修正错误的批评与自我批评的优良作风。毫无疑义，在延安精神的丰富内涵中，坚定正确的政治方向是它的首要内容，是它的灵魂。党的性质和宗旨决定了党在每个阶段的政治纲领、政治路线和政治目标必须服从于共产主义的理想。社会主义、共产主义的理想和信念，是党的根本政治要求和价值取向。毛泽东强调：“革命党是群众的向导，在革命中未有革命党领错了路而革命不失败的。”[③]党的领导首先是政治领导，这种领导

① 《大胆使用批评和自我批评有力武器——习近平总书记参加河北省委常委班子专题民主生活会纪实》，中国政府网，2013 年 9 月 27 日。

② 中共中央文献研究室、中央党的群众路线教育实践活动领导小组办公室编：《关于党的群众路线教育实践活动论述摘编》，党建读物出版社、中央文献出版社 2014 年版。

③ 《毛泽东选集》第 1 卷，人民出版社 1993 年版，第 3 页。

具体化为政治方向、政治原则和重大决策的领导，也就是用正确的路线、方针、政策引导各革命阶级进行解放斗争，通过民族主义走向社会主义，并最终实现共产主义。所以说，正确的政治领导就是公开树起的一面旗帜，一座灯塔，有助于人民群众了解前进的目标，是群众认识自己的利益，并且团结起来为之奋斗。[①]

弘扬延安精神，坚持崇高理想，坚定理想信念是当前国内外环境的客观要求。20世纪70年代末期以来，中国实行改革开放，建设中国特色社会主义。与此同时，国际国内环境发生巨大变化，对我们弘扬延安精神坚持理想信念提出了巨大的挑战。经济全球化的强烈冲击，使得一个地球的理念越来越普遍。经济全球化对中国政治、经济、文化和意识形态都产生了重要影响。在带给中国众多机遇的同时，也使中国面临前所未有的挑战。西方资本主义价值观不仅影响到我们的青少年，也影响到我们的党员干部。新民主主义革命后的中国所坚持的以马克思主义为指导的、坚持社会主义根本制度、坚持共产主义理想目标的主流意识形态受到了严重冲击。改革开放在为中国经济带来腾飞的同时，也使得中国的社会主义从传统的社会主义迈向了中国特色社会主义。在中国特色社会主义与传统社会主义之间的继承发展过程中，人们面临着很多困惑：到底什么是马克思主义，如何才能够坚持马克思主义？什么是社会主义，如何坚持社会主义？习近平指出："共产主义决不是'土豆烧牛肉'那么简单，不可能唾手可得、一蹴而就，但我们不能因为实现共产主义理想是一个漫长的过程，就认为那是虚无缥缈的海市蜃楼，就不去做一个忠诚的共产党员。革命理想高于天。实现共产主义是我们共产党人的最高理想，而这个最高理想是需

① 教育部邓小平理论和"三个代表"重要思想研究中心：《在新的历史条件下继承和弘扬延安精神》，《求是》2006年第13期。

要一代又一代人接力奋斗的。”① 因此，越是在这样复杂的环境下，越是要弘扬延安精神，越是要始终坚持崇高理想和坚定理想信念。我们坚信坚持马列主义的基本原理，即马列主义的立场、世界观和方法论。在新的历史时期，我们需要坚持和发扬毛泽东思想活的灵魂，即实事求是、群众路线和独立自主。在当代中国，坚持马克思主义就是坚持马克思主义基本原理与中国实际的结合，坚持以邓小平理论、“三个代表”重要思想、科学发展观和习近平新时代中国特色社会主义理论构成的中国特色社会主义理论体系，就是坚持不断发展的马克思主义。

应承认，改革开放几十年来，由于市场经济的负面影响，对利益最大化的追求，导致价值观扭曲；经济全球化导致资本主义的一些不良影响和消极观念对社会主义价值观和理想信念造成冲击；苏东社会主义失败使人怀疑马克思主义、共产主义，怀疑共产党的领导；在意识形态的宣传中，缺乏对现实的了解和针对性，对主流价值观的宣传不够；在人才培养和干部人才考核输送上，过于重视 GDP 和所谓领导才能，忽视了对马克思主义世界观和社会主义、共产主义理想信念的考察，使得我们的一些党员干部在对理想信念的追求上出现了严重的偏差。一些党员干部理想信念严重缺失，违背了中国特色社会主义的发展方向，背离了共产主义目标和方向。有的特权思想严重，“不见公仆只见官”，权位思想严重，官僚主义、特权主义比比皆是，对人民漠不关心，对社会主义事业冷漠。有的党员干部大搞权钱交易，信奉拜金主义、享乐主义和极端个人主义，贪污腐败、权力寻租成为他们的理想和信念。还有的党员干部主张人性本私，认为实现共产主义理想渺茫，于是就主张搞民主社会主义等等。所有这些都说明，当前，弘扬延安精神，坚持崇高理想坚定

① 习近平:《做焦裕禄式的县委书记》，中央文献出版社 2015 年版，第 5 页。

信念具有时代的紧迫性。

弘扬延安精神，坚持坚定正确的政治方向，是党的领导的重要体现，是广大人民群众的根本利益所在。在新的历史时期，我们要结合时代精神大力弘扬延安精神，全面贯彻党的“一个中心两个基本点”的基本路线，在新的历史条件下坚持坚定正确的政治方向。我们要坚信社会主义和共产主义的理想信念，坚持以科学发展的态度来看待马克思主义，这是由我们党的性质和宗旨决定的，我们必须坚持把共同理想与最高理想统一起来。必须坚持实事求是的思想路线。作为延安精神的重要组成部分，毛泽东在延安为中央党校题写的“实事求是”四个大字，高度概括了党的思想路线的丰富内涵。延安精神蕴涵的实事求是的优良作风，对我们今天的中国特色社会主义建设具有普遍而长远的指导意义。必须坚持“全心全意为人民服务”的宗旨。中国共产党从诞生之日起，就以对人民事业无限忠诚，实践着为人民服务的宗旨。毛泽东指出：“共产党人的一切言论行动，必须以合乎最广大人民群众的最大利益，为最广大人民群众所拥护为最高标准。”[①] 这就要求共产党和党的干部树立对人民高度负责的观点，不但要以这个正确的路线、方针和政策体现群众的意愿，为群众谋利益，而且要把这种观点内化为自己的工作路线和工作方法，真正践行从群众中来，到群众中去的群众路线。必须坚持自力更生、艰苦奋斗的精神。必须坚持批评与自我批评的作风。党员干部既要胸怀共产主义的崇高理想，又要坚定走中国特色社会主义道路信念；既要坚决贯彻执行党的路线方针政策，又要在社会主义建设实践中坚决落实理想信念。

执笔人：孙翠玉

---

① 《毛泽东选集》第 3 卷，人民出版社 1991 年版，第 1096 页。

46 高举中国特色社会主义伟大旗帜不动摇

坚持高举中国特色社会主义伟大旗帜不动摇，是全面深化改革、推进国家治理体系和治理能力现代化，实现“两个一百年”的奋斗目标、实现中华民族伟大复兴中国梦的根本保证。习近平同志指出：“高举中国特色社会主义伟大旗帜，强调中国特色社会主义是党和人民九十多年奋斗、创造、积累的根本成就，必须倍加珍惜、始终保持、不断发展，号召全党不懈探索和把握中国特色社会主义规律，永葆党的生机活力，永葆国家发展动力，奋力开拓中国特色社会主义更为广阔的发展前景。”

党的十八大以来，中国特色社会主义在理论创新上取得巨大突破，在系统回答新时代坚持和发展什么样的中国特色社会主义、怎样坚持和发展中国特色社会主义这个重大时代课题的过程中，创立了习近平新时代中国特色社会主义思想，为全党全国人民实现中华民族伟大复兴的中国梦，为夺取新时代中国特色社会主义伟大胜利提供了行动指南，不仅意味着中国特色社会主义在中国的发展取得了新成就，同时也在世界上高高举起了中国特色社会主义伟大旗帜，为世界人民贡献了中国智慧和中国方案。“中国特色社会主义进入新时代，意味着近代以来久经磨难的中华民族迎来了从站起来、富起来到强起来的伟大飞跃，迎来了实现中华民族伟大复兴的光明前景；意味着科学社会主义在21世纪的中国焕发出强大生机活力，在世界上高高举起了中国特色社会主义伟大旗帜；意味着中国特色社会主义道路、理论、制度、文化不断发展，拓展了发展中国家走向现代化的途径，给世界上那些既希望加快发展又希望保持自身独立性的国家和民族提供了全新选择，为解决人类问题贡献了中国智慧和中国方案。”[①]坚持这一伟大旗帜不动摇，就是要坚持道路自信、理论自信、制度自信、文化自信，这为我们回答了举什么旗、走什么路、向着什么样的方向和目标前进这个事关党和国家发展全局的战略问题，也为我们坚持坚定不移地推进中国特色社会主义伟大事业指明了方向。

一、中国特色社会主义伟大旗帜的科学内涵

习近平同志指出：“中国特色社会主义，承载着几代中国共产党人的理想和探索，寄托着无数仁人志士的夙愿和期盼，凝聚着亿万人民的奋斗和牺牲，是近代社会发展的必然选择，是发展中国、稳定中国的必由之路。”党的十八大阐明了中国特色社会主义道路、中国特色社会主义理论体系、中国社会主义制度的科学内涵及其相互联系，强调：中国特色社会主义道路是实现途径，中国特色社会主义理论体系是行动指南，中国特色社会主义制度是根本保障，三者统一于中国特色社会主义伟大实践。这是中国特色社会主义最鲜明的特色。

1. 旗帜是方向

旗帜涵盖了我们党的政治目标、政治纲领、政治理念，具有引领方

① 习近平：《决胜全面建成小康社会 夺取新时代中国特色社会主义伟大胜利——在中国共产党第十九次全国代表大会上的报告》，《人民日报》2017年10月28日。

向、凝聚力量的根本作用。只有把旗帜树立起来，党员干部和全国各族人民才会看清方向、道路和目标。从邓小平在党的十二大开幕词中第一次明确提出:“走自己的道路，建设有中国特色的社会主义”，之后历经30余年到党的十八大召开，这一主题始终一以贯之，毫不动摇。改革开放的伟大成就也表明，只有中国特色社会主义才是当代中国发展前进的根本方向，只有高举中国特色社会主义伟大旗帜，才能不断推进中国特色社会主义事业发展。

2. 道路是途径

历经90余年的奋斗，特别是改革开放30余年的发展，我们党始终坚持独立探索的精神，在挫折与失败中不断奋起，开辟了符合中国国情的发展道路，即走中国特色社会主义道路。改革开放以来，从党的社会主义初级阶段“一个中心、两个基本点”的提出，到党的十八大提出的经济建设、政治建设、社会建设、文化建设、生态文明建设的“五位一体”的发展战略，我们党一次次对中国道路赋予新的具体阐释。实践证明，中国特色社会主义道路这一原创性的科学发展之路，既体现了社会主义的基本原则，又符合中国的具体国情和时代要求，彰显了它巨大的生命力，是完全正确的。

3. 理论是指南

在延安时期，我们党就找到了一条建设自身理论体系的道路，那就是实现马克思主义中国化。毛泽东思想的诞生为我们党赢得新民主主义革命的胜利和新中国的成立奠定了坚实的理论基础。改革开放是我们党第二次将马列主义原理与中国实际相结合的伟大实践，形成了包括邓小平理论、“三个代表”重要思想、科学发展观在内的中国特色社会主义理论体系，这是对马列主义和毛泽东思想的坚持和发展。这一伟大理论体系破除了新中国成立后对马列主义的教条理解，再一次用马克思主义的世界观和方法论，结合中国的时代特征，实现了马克思主义中国化的第二次飞跃，以全新的视角回答了在中国建设什么样的社会主义，怎样建设社会主义这个根本问题，是我们党最宝贵的精神财富。

4. 制度是保障

中国特色社会主义制度是中国特色社会主义事业前进方向和发展道路的重要保障。自新中国诞生，我们党就对社会主义制度进行了一系列的探索和实践，特别是改革开放以来，我们党从政治、经济、文化、社会等各方面体制进行改革，逐步建立了中国特色社会主义制度体系。这一制度体系包括人民代表大会制度的根本政治制度、中国共产党领导的多党合作和政治协商制度、民族区域自治制度以及基层群众自治制度等基本政治制度，中国特色社会主义法律体系，公有制为主体、多种所有制经济共同发展的基本经济制度，以及建立在这些制度基础上的经济体制、政治体制、文化体制、社会体制等各项具体制度。中国特色社会主义制度有利于保持党和国家的活力，调动广大人民群众和社会各个方面的积极性、主动性和创造性，有利于解放和发展生产力，推动经济社会全面发展，有利于集中力量办大事，真正实现国家富强、民族复兴、人民富裕的伟大目标。

二、高举中国特色社会主义伟大旗帜不动摇，体现了共产党人的政治自觉和政治自信

中国特色社会主义伟大旗帜体现了我们党在新时期的指导思想，指明了我们的发展道路、奋斗目标、伟大理想，表明了我们党继续推进中国特色社会主义伟大事业的信心和决心。

1. 坚持中国特色社会主义伟大旗帜不动摇是历史和人民的选择

从 1840 年以来，中华民族一直孜孜以求一条救国救民的道路。实践

证明，资本主义在中国行不通，唯有中国共产党找到的马列主义实现了国家和民族独立。新中国成立后对社会主义的曲折探索，促使中国共产党再一次痛定思痛，重新认真审视中国国情，提出走有中国特色的社会主义道路。中国特色社会主义是一百多年来科学社会主义理论与实践在中国发展的结晶，改革开放30余年的发展也表明这条路是行得通的，是正确的，是中国共产党带领全国人民走出的一条人类社会发展史上前所未有的道路，这是历史的选择、人民的选择。

2. 中国特色社会主义伟大旗帜反映了当代中国发展进步的根本方向

邓小平曾指出:“中国搞社会主义，强调要有中国特色。”[①] 中国特色社会主义伟大旗帜是科学社会主义在中国的原创，它符合中国国情，从一开始就显示了巨大的优越性。通过改革开放前、后两个阶段的纵向比较，以及通过国际横向比较，中国生产力的解放和发展，经济社会的日新月异，人民生活水平的不断提高，综合国力的不断增强，都强有力的证明了中国特色社会主义是一条强国之路、富民之路，应该坚定不移的走下去，这是中国进步发展的方向，而坚持中国特色社会主义伟大旗帜不动摇就是对当代中国发展进步方向的不动摇。

3. 全面深化改革需要坚持中国特色社会主义伟大旗帜不动摇

当前，我们对社会主义的认识，对中国特色社会主义规律的把握，已经达到一个前所未有的高度，但还有许多问题没有弄清楚、弄明白，对于一些重大问题的研究还有待进一步深化和探索。我们已经进入改革的深水区和攻坚期，发展进入关键期，社会矛盾进入多发期，面对的改革发展稳定任务之重前所未有，面对的挑战和困难之多也前所未有，

---

① 《邓小平文选》第3卷，人民出版社1993版，第213页。

这些与我们党面临的“四种危险”“四大考验”交织在一起，具有长期性、复杂性、艰巨性。面对问题和困难，坚持中国特色社会主义伟大旗帜不动摇，就是要以发展的眼光，以开拓创新的精神，充分发挥历史主动性和创造性，在发现问题、解决问题的过程中，始终推进中国特色社会主义的理论创新、实践创新、制度创新、文化创新以及其他各方面的创新。

三、高举中国特色社会主义伟大旗帜不动摇，沿着中国特色社会主义伟大道路奋勇前进

新的历史时期，高举中国特色社会主义伟大旗帜，是一场新的斗争和考验，需要把握好以下几个方面。

1. 要进一步认识和把握历史和社会发展规律

举什么旗走什么路，旗帜错了，路线也会随之产生偏差。能否正确认识历史和社会的发展规律，事关能否对社会发展方向作出科学判断，事关能否确定正确的目标旗帜。新中国成立后，对社会主义的发展规律认识不清，导致旗帜出现偏差，使社会主义事业偏离正确的轨道。改革开放的实施，在于我们正确认识了社会主义发展规律，打出了正确的旗帜，我们的事业才回到了正确的道路上。中国特色社会主义不仅是中国共产党带领中国人民开创中华民族复兴的伟大创造，也代表着人类对历史的反思与总结、对社会主义的不断探究。如何正确把握社会主义发展规律，如何对未来发展趋势作出科学判断，这是避免旗帜偏离正确轨道的关键。坚持高举中国特色社会主义伟大旗帜，只有不断将我们对自身执政规律、社会主义建设规律、人类社会发展规律新的认识结合起来，赋予旗帜新的内涵，才能推动中国特色社会主义事业取得新的胜利。

2. 要继续推进马克思主义中国化

事物是不断变化发展的，马列主义也是一样。恩格斯曾经说过："马克思的整个世界观不是教义，而是方法。它提供的不是现成的教条，而是进一步研究的出发点和供这种研究使用的方法。"从党的七大把毛泽东思想写在我们党的旗帜上，到把邓小平理论、"三个代表"重要思想、科学发展观写入党章，实现马克思主义中国化已经成为全党全国共识，这是共产党人的政治基因。在理想信念问题上，习近平同志非常坚定、非常鲜明地指出，中国特色社会主义"是我们理想的旗帜"。"对马克思主义的信仰，对社会主义和共产主义的信念，是共产党人的政治灵魂"。他强调，革命理想高于天。坚定理想信念，是对高级干部第一位的要求，是建设高素质干部队伍第一位的任务，是加强青年教育的关键和根本。今后，根据中国国情的实际和中国特色社会主义发展，实现马克思主义中国化的新成果是我们党面临的一项重要课题，也是保障正确高举旗帜的基础。当前西方敌对势力始终在对我们的意识形态领域进行不断的渗透，国内思想利益多元化，一些党员干部空谈马列主义、曲解马列主义、回避马列主义，使得一些群众跟随举错了旗、不举旗。要高举中国特色社会主义伟大旗帜，必须要坚持马列主义，坚持马克思主义中国化，坚持把自己的实践经验上升为马克思主义中国化的最新成果，使之成为我们党的事业的科学指南。

3. 要勇于迎接挑战和困难

我国仍处于并将长期处于社会主义初级阶段的基本国情没有变，发展中国特色社会主义仍然是一项长期的艰巨的任务，在这个过程中，必须进行具有许多新的历史特点的伟大斗争，这其中既有资源、货币、市场、领土、环境的斗争，也有意识形态、网络、反民族分裂的斗争，这些斗争对我们高举中国特色社会主义伟大旗帜来说，都是挑战和困难。

我们党成立 90 余年来，是在不断进行伟大斗争的进程中一步步成熟壮大的，积累了丰富宝贵的经验，我们要积极借鉴这些经验，以强烈的忧患意识，通过沉着冷静、果断决策，密切联系群众，加快经济社会建设，加强党的建设，来应对这些挑战和困难，将中国特色社会主义伟大旗帜长期坚持举下去，使我们既不走封闭僵化的老路，也不走改旗易帜的邪路，只有这样，才能更好地坚持中国道路、弘扬中国精神、凝聚中国力量。

实践充分证明，中国特色社会主义是中国共产党和中国人民团结的旗帜、奋进的旗帜、胜利的旗帜。只有高举中国特色社会主义伟大旗帜不动摇，坚定不移坚持和发展中国特色社会主义，才能实现推进现代化建设、完成祖国统一、维护世界和平与促进共同发展三大历史任务；才能决胜全面建成小康社会；才能在 2035 年在我国基本实现现代化；才能在新中国成立一百周年时将我国建设成为富强民主文明和谐美丽的社会主义现代化强国；才能夺取新时代中国特色社会主义伟大胜利、实现中华民族伟大复兴的中国梦、实现人民对美好生活的向往。

执笔人：史　蕊

47　弘扬延安精神与践行社会主义核心价值体系

延安精神和社会主义核心价值体系是中国共产党人在革命和社会主义建设两个不同时期所培育和形成的关于价值理念、力量之源和精神支柱的概括和诠释，但二者都是对中华民族优秀文化的继承，都是与时代结合的产物，在本质上是一致的。延安精神是社会主义核心价值体系的重要精神源头与理论基础，社会主义核心价值体系是延安精神在改革开放新时代的继承、发展和升华。延安时期作为一段历史已经成为过去，但延安精神作为我党的优良传统和宝贵精神财富，具有穿越时空的旺盛生命力，它在我国社会主义建设事业中发挥了巨大作用，已经得到全国人民的广泛认同。当前，中国特色社会主义进入新时代，需要我们更加自觉地弘扬延安精神，把延安精神融入到社会主义核心体系中，增进共识、凝聚人心，更好地构筑中国精神、中国价值、中国力量，为人民提供精神引导。

一、弘扬延安精神，巩固马克思主义指导地位

马克思主义指导思想是社会主义核心价值体系的灵魂，决定着社会

主义核心价值体系的性质和方向，践行社会主义核心价值体系首先必须坚持马克思主义的指导地位。延安精神是坚持马克思主义指导地位的光辉典范，是马克思主义中国化第一次历史性飞跃的产物。延安精神的形成和发展过程，就是以马克思主义为指导，并使马克思主义中国化的过程，延安精神与马克思主义中国化是完全一致的。在延安时期，中国共产党人始终坚持以马克思主义作为指导思想，将马列主义普遍真理和中国革命具体实践相结合，形成了中国作风与中国气派的马克思主义——毛泽东思想。在此期间，开展了著名的延安整风运动，在全党确立了实事求是的思想路线，开展的大生产运动中，形成了自力更生、艰苦奋斗的创业精神，号召全体军民学习张思德，树立了全心全意为人民服务的根本宗旨等等。延安精神就是这个时期延安作风和优良传统的集中体现，是中国共产党所从事的理论创造和革命实践的综合体现，可以这样说，延安精神本身就是马克思主义中国化的产物，是党的创新理论重要组成部分，坚持马克思主义指导思想就必须弘扬延安精神。弘扬延安精神，践行社会主义核心价值体系，就要把延安精神融入到马克思主义指导思想之中，是理论之要求也是实践之必须。当今世界正处在大发展大变革大调整时期，当代中国正发生着广泛而深刻的变化，国际上西方敌对势力极力鼓吹马克思主义“过时论”“空想论”“失败论”，推行、输出所谓的自由、民主、平等、博爱等普世价值，对社会主义国家进行意识形态领域的渗透和攻击。国内随着改革开放和社会主义市场经济的深入，新自由主义、民主社会主义、历史虚无主义的等社会思潮也泛滥成灾，马克思主义在国家意识形态中的指导地位面对空前挑战。必须看到，意识形态越是复杂，就越需要坚持指导思想的一元性。我们要继续发扬延安整风的学习态度和方法，系统掌握马克思主义科学体系，坚持马克思主义基本原理，同时解放思想、实事求是、与时俱进，坚持用发展着的马克思主义指导实践，把推进马克思主义中国化作为义不容辞的责任。

二、弘扬延安精神，坚定中国特色社会主义共同理想

坚定正确的政治方向是延安精神的灵魂，是延安时期党和根据地军民进行革命斗争的政治保证，也是延安精神留给我们的宝贵经验。对于中国共产党人来说，坚定正确的政治方向，就是坚定不移地代表中国人民的根本利益，使自己的政治主张成为团结全国人民共同奋斗的一面旗帜、一座灯塔，通俗的讲就是干什么，追求什么，即坚持我们的共同理想。延安时期，我们的政治方向就是抗日救国，拯救民族危亡，并实现民族独立、人民解放，它代表着当时中国人民的根本利益，我们也正是确立并坚定坚持了这个正确的政治方向，竖起了这面大旗，才凝聚了人心，吸引了民力，鼓舞了士气，指引着全国人民最终赶走了日本侵略者，打败了国民党顽固派，建立了新中国。革命年代虽然过去了，但延安精神中坚定正确的政治方向永远不会过时。今天，我们践行社会主义核心价值体系，就要找到这个正确的政治方向，找到凝聚人心，汇集力量的共同理想。这个政治方向就是中国特色社会主义共同理想，就是在中国特色社会主义理论指导下，在中国特色社会主义道路上，在中国特色社会主义制度保障下，在中国特色社会主义文化滋养中，最终实现中华民族的伟大复兴。中国特色社会主义共同理想，突出了社会主义核心价值体系的现实依据，是社会主义核心价值观的主题。在社会主义现代化建设的今天，中国特色社会主义是全国各族人民共同的价值目标和根本方向，集中表达了现阶段我国各族人民的根本利益和共同愿望。今天，我们弘扬延安精神，践行社会主义核心体系，就要坚定坚持中国特色社会主义共同理想不动摇、不懈怠，以此来统一思想，凝聚人心，汇集力量，

实现中华民族的伟大复兴。

三、弘扬延安精神，坚持民族精神和时代精神

以爱国主义为核心的民族精神和以改革创新为核心的时代精神是社会主义核心价值体系的精髓，培育和践行社会主义核心价值体系，就要高扬爱国主义旗帜，坚持改革创新道路，为中华民族的伟大复兴凝聚力量、激发活力。延安精神是中华民族在五千多年的文明发展进程中特别是在近代以来在抵御外辱的斗争实践中形成的伟大民族精神，是全国各族人民献身于“抗日救国”的爱国主义的最高体现。延安时代是中华民族爱国主义最为高涨的时代，中国共产党着眼于全民族的根本利益，高举“抗日救国”旗帜，吸引着中华民族的优秀儿女从四面八方奔赴延安，又从延安奔赴全国各地，投身于伟大的民族革命中，他们抛头颅、洒热血，前赴后继，充分表现了他们高尚的爱国主义奉献精神。另外，延安精神也是开拓创新的时代精神的体现。延安时代是一个富于创新开放的时代，在此时期，中国共产党人创立了毛泽东思想，实现了马克思主义中国化的第一次历史性飞跃，实事求是的思想路线，要求创新，更包含着创新。在具体的实践中，我们党在边区建设中，创立了一系列涉及政治、经济、文化和社会各方面的新制度，如“三三制”、减租减息、精兵简政、民主选举等，体现了鲜明的时代特征。可以这样说，延安精神是民族精神和时代精神汇流而成的中国精神，是中国共产党精神的最高体现，是构筑社会主义核心价值体系的重要内容。新时代，践行社会主义核心价值体系，要把延安精神融入到民族精神和时代精神之中，继续继承和弘扬中华民族一切优良传统，又要面向世界，坚持改革创新的时代精神，从而紧紧把握住社会主义核心价值体系建设的这一精髓。

四、弘扬延安精神，打牢社会主义道德基础

在社会急速变革时期，道德规范缺失很容易显现，社会成员因此很容易陷入道德迷茫的境遇，必须要打牢公认的道德规范系统来支持。所以，今天处于社会转型关键时期的中国，培育和践行社会主义核心价值体系的一个重要内容就是在全社会形成人们普遍认同的、共同遵守的基本社会道德规范。以“八荣八耻”为主要内容的社会主义荣辱观，反映了社会主义道德根本要求，体现了当代中国社会基本价值原则与行为准则。而延安精神中所反映、体现的中国共产党人崇高道德风范和人格魅力，是社会主义荣辱观的最好诠释。作为道德范畴的延安精神具体表现为：毫不利己、专门利人的集体主义精神；争取民族独立、国家富强的爱国主义精神；勤俭节约、廉洁奉公的高尚情操；坚持真理、修正错误的求实精神；密切联系群众，为人民服务的公仆意识和民主精神；纪律严明、官兵平等的团结友爱精神等。这些道德观念，是我们党根植于实践形成的宝贵的遗产，在本质上与以“八荣八耻”为核心的社会主义荣辱观是根本一致的。延安精神所体现的崇高道德品质和道德境界不但对以往革命的胜利具有积极作用，而且在机遇与挑战并存的今天，仍是推动我国人民努力奋斗的精神动力，是克服社会转型时期出现的极端个人主义、拜金主义、享乐主义等消极道德现象的强大武器。今天，在新的历史条件下践行社会主义核心价值体系，需要我们弘扬延安光荣革命传统，把延安精神所体现的道德情操融入到社会主义荣辱观中，寻找它与社会主义荣辱观相一致的道德风尚，以此凝聚多样化时代的道德共识，最终使社会主义道德规范真正内化为人民的普遍共识和自觉行动。

执笔人：谷少杰

48 弘扬延安精神要始终坚持解放思想、实事求是

延安精神思想内涵十分丰富，主要包括“坚定正确的政治方向，解放思想、实事求是的思想路线，全心全意为人民服务的根本宗旨，自力更生、艰苦奋斗的创业精神”。延安精神，是“井冈山精神”“长征精神”的继承和发展，是我们党的性质和宗旨的集中体现，是我们党的优良传统和作风的集中体现，是中国共产党人崇高品德和伟大情怀的集中体现。它过去是、现在是、将来也永远是中国共产党和中华民族取之不尽、用之不竭的宝贵精神财富。实践证明，越是伟大的事业，往往越是需要弘扬延安精神。而弘扬延安精神，最根本、最核心的就是要始终坚持解放思想、实事求是。

一、解放思想、实事求是是延安精神的精髓

解放思想，实事求是是延安精神的精髓。解放思想，实事求是，就是要坚持一切从实际出发，理论联系实际，把马克思主义基本原理与中国革命具体实践相结合。弘扬延安精神，就是要坚持解放思想、实事求是的思想路线。我们党之所以能在延安时期坚持解放思想、实事求是，

并将其确立为党的思想路线，是有其根源的。建党后，“左”和右的错误不断，特别是“左”的错误，在党内统治的时间较长，危害极大。为使全党真正树立实事求是的思想路线，并使其成为全党的意志和灵魂，毛泽东号召并带头学习马克思主义。毛泽东指出：“马克思主义必须和我国的具体特点相结合并通过一定的民族形式才能实现。马克思列宁主义的伟大力量，就在于它是和各个国家具体的革命实践相联系的。……离开中国特点来谈马克思主义，只是抽象的空洞的马克思主义。因此，使马克思主义在中国具体化，使之在其每一表现中带着必须有的中国的特性，即是说，按照中国的特点去应用它，成为全党亟待了解并亟须解决的问题。洋八股必须废止，空洞抽象的调头必须少唱，教条主义必须休息，而代之以新鲜活泼的、为中国老百姓所喜闻乐见的中国作风和中国气派。”①

遵义会议后，党虽然已在政治上、政策上、组织上纠正了“左”和右的错误，但是，由于没有来得及从思想路线的高度和深度对造成过去“左”、右倾错误的根源进行挖掘与清除，所以在指导思想上即在对待马克思主义的态度上，一直存在着两种截然不同的态度：一个是以毛泽东为代表的把马克思主义基本原理同中国革命实际紧密结合的实事求是的正确态度，另一个是以王明为代表的把马克思主义基本原理作为一成不变的教条、顽固坚持一切从经典著作和主观意志出发的错误态度。为解决这个问题，从 1942 年 2 月到 1945 年 4 月，毛泽东领导我们党开展了延安整风运动。经过全党范围的马克思主义思想教育和思想解放运动，全党特别是高级干部从根本上端正了对待马克思主义的态度，学会了运用马克思主义的立场、观点和方法分析和解决中国革命的实际问题，

---

① 《毛泽东选集》第 2 卷，人民出版社 1991 年版，第 534 页。

分清了党的历史上两次胜利和两次失败的路线是非，克服了党内曾经盛行的把马克思主义教条化、把共产国际决议和苏联经验神圣化的错误倾向，深刻认识到了只有解放思想、实事求是才是符合马克思列宁主义、符合中国实际的唯一正确的思想路线，并认真总结建党以来正反两方面的历史经验，特别是在深刻总结教条主义不顾国情，盲目照抄照搬经典作家的本本，照抄照搬苏联的经验、道路和模式，几乎葬送党和革命事业的沉痛教训的基础上，在全党确立了解放思想、实事求是的思想路线，确立了毛泽东思想的指导地位，使人们的思想从王明“左”倾路线造成的精神枷锁下解放出来，使以毛泽东为核心的第一代中央领导集体逐渐为全党所接受所公认，使全党达到了空前的团结和统一，从而实现了马克思主义与中国实践相结合的第一次伟大的历史性飞跃，为新民主主义革命的胜利奠定了坚实的思想政治基础。

二、弘扬延安精神与坚持解放思想、实事求是的时代特色

延安精神是永恒的，也是发展的。在不同历史时期，延安精神适应时代要求，体现时代特点，具有时代价值。弘扬延安精神，坚持解放思想、实事求是的思想路线，必须从实际出发，积极探索，勇于创新。解放思想、实事求是的思想路线，不仅为创造性地解决不同历史时期中国革命和建设的一系列重大问题提供了重要的思想指南，而且也彰显了共产党人对社会发展规律的敏锐把握能力和与时俱进、不断创新的优秀品质，在不同时期创造和弘扬了特色鲜明的时代精神。

抗战时期，我们党已从遭受严密封锁的狭小天地走出来，成为国家政治生活中举足轻重的大党，受到全国人民越来越密切的关注。全国

人民渴望了解我们党对时局和未来前途的看法，而我们党要在抗日民族统一战线中坚持独立自主，就必须在全国人民面前旗帜鲜明地提出区别于其他党派的政治主张，把人们吸引和团结在自己的旗帜下。为此，毛泽东以惊人的顽强毅力和巨大的政治勇气进行了艰辛的理论探索和思想创新。在《〈共产党人〉发刊词》《中国革命和中国共产党》《新民主主义论》等著作中，毛泽东旗帜鲜明地提出新民主主义的完整理论，回答了中国现阶民主革命和未来建设新中国的一系列根本问题。他明确地提出："我们共产党人，多年以来，不但为中国的政治革命和经济革命而奋斗，而且为中国的文化革命而奋斗；一切这些的目的，在于建设一个中华民族的新社会和新国家。"在党的七大政治报告中，毛泽东深刻地阐明了我们党的纲领、政策，回答了谁是中国革命的主要动力、抗战及国家的前途，中国革命的对象、任务、性质和前途等重大问题，成为指导中国社会向前发展的根本性理论纲领。

新时期，我们弘扬延安精神，重新确立了党的思想路线。党中央在团结带领全国人民建设中国特色社会主义的伟大进程中，坚持解放思想、实事求是，自觉把思想认识从那些不合时宜的观念、做法和体制的束缚中解放出来，从对马克思主义的错误的和教条式的理解中解放出来，从主观主义和形而上学的桎梏中解放出来，做到思想上不断有新解放，实践上不断有新创新，极大地丰富和发展了马克思主义。由邓小平理论、"三个代表"重要思想和科学发展观等重大战略思想组成的中国特色社会主义理论，就是我们党在新阶段发展马克思主义的最新理论成果。胡锦涛强调指出："延安精神是我们党的优良传统和宝贵财富，过去是、今天仍然是我们战胜困难、取得胜利的法宝，我们坚持和发扬延安精神，很重要的就是要大力弘扬求真务实精神、大兴求真务实之风。"我们党 90 多年的历史、新中国 60 多年的历史、改革开放 30 多年的历史，无可辩驳地证明，凝聚了党的历代领导集体和全体共产党人心血智慧的解放思想、实事求是的思想路线，是我们党唯一正确的思想路线。只有毫不动摇地坚持这条路线，党才能永葆勃勃生机，立于不败之地；国家才能繁荣昌盛、充满活力；人民才能安居乐业、和谐幸福。只有毫不动摇地坚持这条路线，才能深刻认识和正确把握共产党的执政规律、社会主义的建设规律、人类社会的发展规律，才能发展中国、发展社会主义、发展马克思主义。

这些在不同历史时期和特定历史阶段形成的时代精神，无一不蕴含着解放思想、实事求是的思想内核，它们是在具体实践中对延安精神的继承和发扬，是紧密结合时代实际的发展和创新，在本质上同延安精神是一脉相承的，为完成不同历史时期的中心任务提供了强有力的精神动力和思想保证。

三、全面深化改革时期弘扬延安精神更加需要始终坚持解放思想、实事求是

马克思说："人们自己创造自己的历史，但是他们并不是随心所欲地创造，并不是在他们自己选定的条件下创造，而是在直接碰到的、既定的、从过去承继下来的条件下创造。"这告诫我们，想问题、办事情，一定要从实际出发、从世情出发、从国情出发、从党情出发，既要解放思想，又要实事求是，还要与时俱进，这在本质上与弘扬延安精神是一致的。

党的十八大以来，我们党以巨大的政治勇气和强烈的责任担当，提出一系列新理念新思想新战略，出台一系列重大方针政策，推出一系列重大举措，推进一系列重大工作，解决了许多长期想解决而没有解决的

难题，办成了许多过去想办而没有办成的大事。我们党和国家的事业发展不仅取得了历史性的成就，而且还发生了历史性的变革。正如党的十九大报告中指出的：今天，我们比历史上任何时期都更接近、更有信心和能力实现中华民族伟大复兴的目标。但是，我国是一个大国，在我们这样一个拥有 13 亿多人口的国家全面深化改革，开辟中国特色社会主义道路，“绝不是轻轻松松、敲锣打鼓就能实现的”，而是还有很长的路要走，绝非易事。在前进道路上，我们将进行许多具有新的历史特点的伟大斗争。我国改革经过 40 年，已进入改革深水区、发展关键期，正处于爬坡过坎的紧要关口。可以说，容易的、皆大欢喜的改革已经完成了，好吃的肉都吃掉了，剩下的都是难啃的硬骨头。因此，我们必须以强烈的历史使命感，最大限度地集中全党全社会智慧，最大限度地调动一切积极因素，敢于啃硬骨头，敢于涉险滩，以更大决心冲破思想观念的束缚、突破利益固化的藩篱，推动中国特色社会主义伟大事业向前发展。

我们党成立九十多年的历史经验证明，什么时候我们坚持了解放思想、实事求是的思想路线，我们的事业就会取得成功，什么时候我们背离了解放思想、实事求是的思想路线，我们的事业就会遇到挫折，越是党的事业发展的关键时期，越是需要坚持解放思想、实事求是的思想路线。坚持解放思想、实事求是，是党的事业前进的重要保证。可以说，解放思想、实事求是是我们制胜的法宝。

实践没有止境，创新也没有止境。我们要突破前人，后人也必然会突破我们，这是社会前进的必然规律。我们一定要适应实践的发展，以实践来检验一切，自觉地把思想认识从那些不合时宜的观念、做法和体制的束缚中解放出来，从对马克思主义的错误的和教条式的理解中解放出来，从主观主义和形而上学的桎梏中解放出来，既要坚持马克思主义基本原理，又要谱写新的理论篇章；既要发扬革命传统，又要创造新鲜经验。要善于在解放思想中统一思想，用发展着的马克思主义指导发展着的实践。

当然，解放思想不是离经叛道、胡思乱想，实事求是不是实用主义、自以为是。改革要坚持正确的方向。坚持什么样的改革方向，决定着改革的性质和最终成败。全面深化改革，涉及经济体制、政治体制、文化体制、社会体制、生态文明体制和党的建设制度改革，其广泛性、深刻性前所未有。随着我国发展面临的国际国内环境发生深刻复杂变化，各种思想文化相互激荡，各种矛盾相互交织，各种诉求相互碰撞，各种力量竞相发声，开出各式各样的“改革药方”，推进改革的敏感程度、复杂程度前所未有。在这种情况下，如何确保改革沿着有利于党和人民事业发展的方向前进，是我们党领导和推进改革必须解决的重大课题。这就要求我们胆子要大、步子要稳。胆子要大，就是改革再难也要向前推进，敢于担当，敢于啃硬骨头，敢于涉险滩。步子要稳，就是方向一定要准，行驶一定要稳，尤其是不能犯颠覆性错误。因此，我们必须始终保持清醒头脑，不为各种错误观点所左右，不为各种干扰所惑，不生搬硬套西方思想理论和制度模式；必须大力弘扬延安精神，坚持党的思想路线，该改的坚决改，不能改的坚决守住；牢牢把握全面深化发展的社会主义正确方向，为实现“两个一百年”的宏伟目标和中华民族伟大复兴的中国梦而努力奋斗。

执笔人：黄先禄

49 解放思想是发展中国特色社会主义的一大法宝

解放思想是党的思想路线的本质要求，是发展中国特色社会主义的一大法宝。改革开放以来，解放思想一以贯之于马克思主义中国化的历史进程之中，并不断推动着中国特色社会主义的创新发展。实践证明，建设中国特色社会主义，离不开解放思想；发展中国特色社会主义，更离不开解放思想。党的十八大之后，我国经济社会发展进入新阶段。站在新的历史起点上，习近平深刻思考党和国家的奋斗历程和前途命运，指出:“改革开放是决定当代中国命运的关键一招，也是决定实现‘两个一百年’奋斗目标、实现中华民族伟大复兴的关键一招。”“我们要进一步解放思想，争做时代弄潮儿，以自我革新的勇气和胸怀，跳出条条框框限制，克服部门利益掣肘，找准改革突破的方向和着力点，确保改革取得成功”。党的十九大以来，围绕“坚持和发展什么样的中国特色社会主义、怎样坚持和发展中国特色社会主义”这个重大时代课题，习近平反复强调要坚持解放思想、实事求是、与时俱进、求真务实。

在这里，习近平郑重强调了解放思想对于全面深化改革的重要意义，开启了发展中国特色社会主义的新的里程碑。

一、解放思想是发展中国特色社会主义的理论武器

解放思想是马克思主义的内在品质。作为马克思主义的一个基本命题，解放思想既深深植根于马克思主义的基本原理，又衔接着中国共产党从新民主主义到社会主义初级阶段艰辛的思想探索和理论成就。因此，解放思想既是毛泽东思想的深层理论根源，也是中国特色社会主义理论形成的理论基础。纵观马克思主义的发展史，可以说就是一部“解放思想”的运动史、一部思想不断批判与不断解放的历史。

马克思主张对一切旧的思想观念进行批判，但这种批判是和科学性结合在一起的。他指出：“凡是把理论引向神秘主义的神秘东西，都能在人的实践中以及对这个实践的理解中得到合理的解决”①，基本原理的实际运用“随时随地都要以当时的历史条件为转移”②。“在德国的条件下，法国的文献完全失去了直接实践的意义，而只具有纯粹文献的形式”③。他旗帜鲜明地宣示“我不主张我们树起任何教条主义的旗帜”④，要求“从世界本身的原理中为世界阐发新原理”⑤。

恩格斯认为马克思主义是科学，是在实践基础上批判地吸取了人类思想的精华，总结无产阶级和劳动人民的实践经验，概括人类历史和社会发展规律的科学理论体系。⑥为此，恩格斯要求，不仅要把马克思主义当作科学去研究，而且要完整准确地掌握马克思主义。他强调：“马克思的整个世界观不是教义，而是方法。它提供的不是现成的教条，而是进

① 《马克思恩格斯选集》第1卷，人民出版社1995年版，第56页。
② 《马克思恩格斯选集》第1卷，人民出版社1995年版，第248页。
③ 《马克思恩格斯选集》第1卷，人民出版社1995年版，第298页。
④ 《马克思恩格斯选集》第1卷，人民出版社1995年版，第416页。
⑤ 《马克思恩格斯选集》第1卷，人民出版社1995年版，第418页。
⑥ 李新泰：《马克思主义学风论》，中共中央党校出版社2001年版，第15页。

一步研究的出发点和供这种研究使用的方法。"[①]他反对那种想从马克思原著中寻找时时、事事、处处都永远适用的定义、公式、口号、方案的做法，主张一切从实际出发，实事求是，把理论与实践结合起来。[②]

列宁认为"马克思的观点极其彻底而严整，这是马克思的对手也承认的，这些观点总起来就构成作为世界各文明国家工人运动的理论和纲领的现代唯物主义和现代科学社会主义。"[③]但他还认为"马克思主义的原则决不在于背诵词句的多少，不在于永远遵守'正统的'公式，而在于促进广泛的工人运动，促进群众的组织和主动性。"[④]"因为他所提供的只是总的指导原理，而这些原理的应用具体地说，在英国不同于法国，在法国不同于德国，在德国又不同于俄国。"[⑤]他主张必须反对理论与实际相脱节的教条主义。他认为，"'教条'是一个多么方便的字眼！只要把论敌的理论稍加歪曲，只要用'教条'这个唬人的字眼掩饰这种歪曲那就万事大吉了！"[⑥]如果忽视了这些，把马克思主义当作教条，"就会把马克思主义变成一种片面的、畸形的、僵化的东西，就会抽掉马克思主义的活的灵魂"。[⑦]

延安时期，毛泽东就认为，中国共产党人必须把马克思主义与中国的实际紧密地结合起来，否则，不是产生教条主义，便会滋生经验主义。一方面，"我们需要'本本'"，"马克思主义的'本本'是要学习的"[⑧]，因为"马克思、恩格斯、列宁、斯大林的理论，是'放之四海而皆准'的

① 《马克思恩格斯文集》第10卷，人民出版社2009年版，第691页。
② 李新泰:《马克思主义学风论》，中共中央党校出版社2001年版，第18页。
③ 《列宁选集》第2卷，人民出版社1995年版，第418页。
④ 《列宁选集》第2卷，人民出版社1995年版，第240页。
⑤ 《列宁选集》第4卷，人民出版社1995年版，第161页。
⑥ 《列宁全集》第6卷，人民出版社1995年版，第376页。
⑦ 《列宁选集》第2卷，人民出版社1995年版，第278页。
⑧ 《毛泽东选集》第1卷，人民出版社1991年版，第111—112页。

理论。”[①]另一方面，“必须同我国的实际相结合”[②]，“不应当把他们的理论当作教条看待，而应当看作行动的指南”[③]，“一定要纠正脱离实际情况的本本主义”[④]，因为“离开中国特点来谈马克思主义，只是抽象的空洞的马克思主义。”[⑤]他的《反对本本主义》正是反对本本主义和教条主义、解放思想的宣言书。他曾在1958年3月的成都会议上，正式提出“解放思想”的理论概念。他说:“讲这些，是为了解放思想，把思想活泼一下。脑子一固定，就很危险。”[⑥]因此，毛泽东是党的解放思想实践的倡导者和党的解放思想理论的开创者。

二、解放思想是发展中国特色社会主义的实践经验

何谓解放思想？邓小平在改革开放初期就指出:“我们讲解放思想，是指在马克思主义指导下打破习惯势力和主观偏见的束缚，研究新情况，解决新问题。”[⑦]这是他第一次从党的思想路线的高度阐述了解放思想的内涵和功用。为此，他认为，“一个党，一个国家，一个民族，如果一切从本本出发，思想僵化，迷信盛行，那它就不能前进，它的生机就停止了，就要亡党亡国。”他强调，“解放思想，就是使思想和实际相符合，使主观和客观相符合，就是实事求是”；“只有思想解放了，我们才能正确地以马列主义、毛泽东思想为指导，解决过去遗留的问题，解决新出现的一系列问题，正确地改革同生产力迅速发展不相适应的生产关系和上层

① 《毛泽东选集》第2卷，人民出版社1991年版，第533页。
② 《毛泽东选集》第1卷，人民出版社1991年版，第111—112页。
③ 《毛泽东选集》第2卷，人民出版社1991年版，第533页。
④ 《毛泽东选集》第1卷，人民出版社1991年版，第111—112页。
⑤ 《毛泽东选集》第2卷，人民出版社1991年版，第534页。
⑥ 《毛泽东文集》第7卷，人民出版社1999年版，第375页。
⑦ 《邓小平文选》第2卷，人民出版社1994年版，第279页。

建筑，根据我国的实际情况，确定实现四个现代化的具体道路、方针、方法和措施”。[①] 改革开放以来，期间的每一次解放思想都是我国改革开放的关键时期，每一次解放思想都是中国特色社会主义实践的创新发展。40 多年以来的实践证明，没有解放思想，就不会实事求是；没有解放思想，就不会拨乱反正，开辟中国特色社会主义新道路；没有解放思想，就不会创造性地研究解决新问题，进一步推进中国特色社会主义向前发展。改革开放的历史实际上就是一部解放思想的历史。

1. 围绕“什么是社会主义、怎样建设社会主义”这一基本问题解放思想，推动改革开放

“什么是社会主义，怎样建设社会主义”是一个完整的大问题，其中“什么是社会主义”的问题更为根本，这个问题不清楚，就不可能解决好“怎样建设社会主义”的问题。从历史上看，历史的发展将这个问题提到人们面前的时候，往往是社会主义的发展遇到前所未有的困难甚至危机的时候。在 1921 年春天的经济和政治危机中，列宁深刻地体会到根据书本争论社会主义纲领的时代已经过去，今天只能根据经验来谈论社会主义。这个认识上的突破，使他放弃了战时共产主义，不再搞余粮收集制，转而实行粮食税，开始走向新经济政策。为此，邓小平明确指出：“不解放思想不行，甚至于包括什么叫社会主义这个问题也要解放思想。”[②] 特别是在“文化大革命”和“苏东剧变”这两场危机发生之后，邓小平对“什么是社会主义”这一根本问题思考和谈论得更多。通过反思前一场危机，在 1978 年开展“实践是检验真理的唯一标准”的大讨论中，突破了“两个凡是”的思想藩篱，揭开了改革开放的序幕，实现了党的工作重心

① 《邓小平文选》第 2 卷，人民出版社 1994 年版，第 143 页。
② 《邓小平文选》第 2 卷，人民出版社 1994 年版，第 312 页。

的战略转移。通过反思后一场危机，在1992年发表南方谈话，突破了姓“资”姓“社”的思想束缚，确立了社会主义市场经济体制，开辟了中国特色社会主义的崭新道路。

2. 围绕“建设什么样的党、怎样建设党”这个重大问题解放思想，加强党的建设

“建设什么样的党、怎样建设党”，是改革开放中提出的一个极其重大的问题，没有马克思主义，就没有马克思主义政党；而没有马克思主义政党的实践，就没有马克思主义的发展，马克思主义一旦被僵化，就会失去自己的生命力，桎梏实践的发展。中国共产党是马克思主义先进政党，是中国革命、建设和改革事业的领导核心。但先进性是一个历史范畴，过去先进不等于现在先进，更不等于永远先进。历史一再证明，办好中国的事情，关键在党。党的建设如何，关系着中国特色社会主义事业的成败与否。在新的历史条件下，面对改革开放的新形势、新任务，要保持党的先进性和战斗力，使党真正成为中国特色社会主义事业的领导核心，就必须创造性地解决好建设什么样的党、怎样建设党的基本问题。我们党坚持解放思想，基于长期执政、对外开放和发展社会主义市场经济的特殊条件，就加强和改进党的建设提出了重大思想理论，突出强调了以时代发展的要求审视党的建设，把党的执政能力建设和先进性建设作为主线，以改革创新精神全面推进党的建设新的伟大工程。

3. 围绕“实现什么样的发展、怎样发展”这个基本问题解放思想，推进科学发展

发展是硬道理，但“实现什么样的发展、怎样发展”，这既是一个世界性的当代问题，也是一个人类社会发展中的普遍性问题。新中国成立初期，在中国的大规模工业化建设刚刚起步不久，毛泽东就在《论十大关系》中探讨过这个问题。新的历史时期，邓小平高度关注发展问题，把发展生产力同社会主义性质密切联系起来，提出“一个中心、两个基本点”的基本路线，强调社会主义物质文明和精神文明都搞好才是有中国特色社会主义，强调在改革开放中推进发展，积极学习借鉴人类发展的成功经验，科学谋划我国的发展战略，明确提出分“三步走”基本实现现代化的战略步骤。在深化改革的历史时期，我们党进一步解放思想、实事求是、与时俱进，提出“三个代表”重要思想，把发展问题同党的性质、党的执政理念联系起来，提出发展是我们党执政兴国的第一要务，必须把坚持党的先进性和发挥社会主义制度的优越性落实到发展先进生产力、发展先进文化、实现最广大人民的根本利益上来，推动社会全面进步，促进人的全面发展。新世纪新阶段，我们党解放思想、开拓创新，从世界的发展形势和我国的发展任务出发，提出以人为本、全面协调可持续的科学发展观，对什么是发展、为什么发展、怎样发展，发展为了谁、发展依靠谁、发展成果由谁享有等重大问题进行了富有创造性的探索，取得了丰硕的理论成果，深化和丰富了对人类社会发展规律的认识，使我们党对发展问题的认识达到了新的高度。

三、解放思想是发展中国特色社会主义的制胜法宝

邓小平曾指出:“一个党，一个国家，一个民族，如果一切从本本出发，思想僵化，迷信盛行，那它就不能前进，它的生机就停止了，就要亡党亡国。”如果说，改革开放是中国的第二次革命，那么解放思想就是这一革命的先声。改革开放的过程，就是思想解放的过程。经历了 40 多年波澜壮阔的变革，在新的时代实践中，同样需要新的思想引领。改革开放永无止境，解放思想永无止境。解放思想在我党的历史上发挥了重大的作用和巨大的威力，也必将在我们新的历史实践中继续发挥重大作

用和巨大威力。今天，以习近平同志为核心的党中央领导的中国特色社会主义伟大事业进入了新的历史起点，解放思想也必将进入一个新的更高境界。党的十八届三中全会明确提出“进一步解放思想、进一步解放和发展社会生产力、进一步解放和增强社会活力”的时代强音，其中解放思想是前提，是解放和发展社会生产力、解放和增强社会活力的总开关。面对新形势新任务，全面建成社会主义小康社会、建成富强民主文明和谐的社会主义现代化国家，实现中华民族伟大复兴的中国梦，必须在新的历史起点上进一步解放思想，全面深化改革，不断推进中国特色社会主义的伟大事业，不断开拓中国特色社会主义更为广阔的发展前景，不断增强中国特色社会主义的道路自信、理论自信、制度自信，大力提升马克思主义中国化的新境界。

第一，解放思想，必须加强党的领导。我们的党从诞生之日起，就是一个以马克思主义理论为基础的政党。回顾40多年来的改革历程，改革之所以能够顺利推进并取得历史性成就，根本原因在于我们党始终坚持正确的改革方向和改革立场，既不走封闭僵化的老路，也不走改旗易帜的邪路，排除各种干扰，确保改革不变质、不走样。解放思想不是离经叛道、胡思乱想，实事求是不是实用主义、自以为是。改革要坚持正确的方向，坚持什么样的改革方向，决定着改革的性质和最终成败。加强和改善党对全面深化改革的领导，必须把牢牢把握正确方向摆在第一位。全面深化改革，从根本上说是为了更好地坚持和发展中国特色社会主义。因此，习近平多次强调，中国特色社会主义是三位一体的统一，道路是实现途径，理论体系是行动指南，制度是根本保障。不断完善和发展中国特色社会主义制度，是坚持全面深化改革正确方向的根本保障。我们所进行的全面深化改革是有方向、有立场、有原则的。正如他所指出的，中国是一个大国，决不能在根本性问题上出现颠覆性的错误，有些不能改的，再过多长时间也不能改。面对复杂形势和各种风险考验，我们既要有冒的勇气、闯的劲头，更要有战略定力和底线思维。只有这样，全面深化改革才能发展中国，发展社会主义，发展马克思主义。

第二，解放思想，必须立足中国国情。毛泽东早就说过："共产党员对任何事物都要问一个为什么，都要经过自己头脑的周密思考，想一想它是否合乎实际，是否真有道理，绝对不应盲从，绝对不应提倡奴隶主义。"[①] 他在审阅党的八大报告稿时写道："我国是一个东方国家，又是一个大国。""我国不但在民主革命过程中有自己的许多特点，在社会主义改造和社会主义建设的过程中也带有自己的许多特点，而且将来建成社会主义社会以后还会继续存在自己的许多特点。"[②] 当前，全面深化改革，必须立足于我国长期处于社会主义初级阶段这个最大实际，坚持发展仍是解决我国所有问题的关键这个重大战略判断，以经济建设为中心，发挥经济体制改革牵引作用，推动生产关系同生产力、上层建筑同经济基础相适应，推动经济社会持续健康发展。因此，我们一定要牢记社会主义初级阶段基本国情，认清全面建成小康社会、实现社会主义现代化、巩固和发展社会主义制度的重要性、长期性、艰巨性，增强聚精会神搞建设、一心一意谋发展的坚定性，提高想问题、办事情决不可脱离实际的自觉性，清醒而又顽强地为实现党的历史使命而扎实奋斗、不懈奋斗，自觉把"一个中心"和"两个基本点"统一于发展中国特色社会主义的伟大实践。

第三，解放思想，必须尊重改革实践。中国共产党人是实践的唯物主义者。尊重实践，就是要坚持实践是检验真理的唯一标准。只有勇于

---

① 《毛泽东选集》第 3 卷，人民出版社 1991 年版，第 827 页。

② 中共中央文献研究室编:《建国以来毛泽东文稿》第 6 册，中央文献出版社 1992 年版，第 143 页。

实践，才能解放思想，获得真理。邓小平说：“我们现在所干的事业是一项新事业，马克思没有讲过，我们的前人没有做过，其它社会主义国家没有干过，所以没有现行的经验可学。我们只能在干中学，在实践中摸索。”[①]全面深化改革必然涉及深层次问题、深层次矛盾，涉及利益关系的深度调整，其复杂程度、敏感程度、艰巨程度，一点都不亚于40多年前的改革开放。这就是说，在新的历史时期，在新的历史任务面前，我们没有现成的答案可循，没有现成的经验可学，唯一的办法就是敢闯敢试，不断地在实践中创新，在创新中实践，通过实践获得新认识、新理论，通过实践来检验认识，再通过实践进一步完善和丰富理论，最终形成真理性的认识。同时，我们还要适应实践的发展，以实践来检验一切，并且，善于在解放思想中统一思想，用发展着的马克思主义指导新的实践。

执笔人：黄先禄

① 《邓小平文选》第3卷，人民出版社1993年版，第258—259页。

50 推进改革和发展要靠实事求是

党的十八大以来，为推进中国特色社会主义的伟大实践，实现中华民族的伟大梦想，习近平发表了一系列重要讲话，其中始终贯穿了马克思主义、毛泽东思想和中国特色社会主义理论体系一以贯之的一条红线，就是马克思主义哲学的世界观和方法论，最根本的就是实事求是。实事求是是马克思主义、毛泽东思想的精髓，也是中国特色社会主义理论的精髓。我们党成立 90 多年的实践反复证明，坚持实事求是，就能兴党兴国；违背实事求是，就会误党误国。

一、实事求是是我们党的思想路线的核心

“实事求是”，不是现代词语，它是一个古代成语。虽然马克思、恩格斯没有直接用过“实事求是”这个词汇，但他们创立的辩证唯物主义和历史唯物主义，突出强调的就是实事求是。实事求是是马克思主义活的灵魂。正如列宁在《论共产主义》一文中所指出的，“马克思主义的精髓，马克思主义的活的灵魂：对具体情况作具体分析。”

“实事求是”源自于中国传统文化，是在与马克思主义的结合中，与

中国革命、建设、改革伟大事业的具体实践中，生动而具体地转化为具有中国特色的思维方式。“实事求是”一词最早出自于班固《汉书》中的《景十三王传·河间献王传》，讲的是西汉景帝第三子河间献王刘德“修学好古，实事求是”，用以褒赏汉初古经文学派刘德的严谨态度与求实学风。刘德之所以能够养成“实事求是”的态度，其中较为重要的原因是受到了先秦儒学思想渊源的熏染。这一治学态度得到了西汉年间大多数古经文学家的坚持和传承。“实事求是”之风历经后世坎坷辗转，再度萌发于朱熹、王阳明，真正恢复于明清之际，由乾嘉学派将“实事求是”推向了古代历史的辉煌顶峰。

中国古人做学问时的“实事求是”的学风深深地影响了毛泽东。1938 年，毛泽东在《中国共产党在民族战争中的地位》一文中开始使用“实事求是”这个概念。毛泽东指出:“共产党员应是实事求是的模范，又是具有远见卓识的模范。因为只有实事求是，才能完成确定的任务；只有远见卓识，才能不失前进的方向。”1940 年，毛泽东在《新民主主义论》一文中阐释了“实事求是”是一种科学的态度，他指出新民主主义的文化是反对迷信和封建思想的，它主张实事求是，是一种理论和实践相统一的科学，也唯有科学的态度和负责的精神，才能够引导我们民族的解放之路。到了 1941 年，毛泽东在《改造我们的学习》一文中明确了“实事求是”的哲学内涵，他认为要解决中国的革命理论和实际问题，要有一种态度，那就是“实事求是”的态度，对于这种态度，他解释说:“‘实事’就是客观存在着的一切事物，‘是’就是客观事物的内部联系，即规律性，‘求’就是我们去研究。”他认为，这种态度就是党性的表现，就是理论和实际统一的马克思列宁主义的作风。毛泽东的这些论断不仅继承了中国传统哲学的思想，而且还用辩证唯物主义认识论改造了“实事求是”，使“实事求是”成为一个不仅包含了认识论的思想，而且还包含了唯物论、辩证法等重要思想的科学的哲学命题。1945年，“实事求是”被写进七大党章。从此，“实事求是”这一辩证唯物主义思想路线，便在全党确立了起来。此后，邓小平提出的“解放思想，实事求是”，江泽民提出的“与时俱进是马克思主义的理论品质”，胡锦涛提出的“求真务实”，习近平提出的“实事求是是马克思列宁主义的精髓和灵魂，是毛泽东思想的精髓和灵魂，是包括邓小平理论、‘三个代表’重要思想以及科学发展观在内的中国特色社会主义理论体系的精髓和灵魂”等，都大大丰富了“实事求是”的内容，他们不照搬本本，不照搬外国经验，将这一理论同中国的实际相结合，从而使其成为党的马克思主义思想路线的核心。

二、实事求是是指导革命、建设和改革的科学方法

毛泽东曾经指出:“无产阶级的最尖锐最有效的武器只有一个，那就是严肃的战斗的科学态度。共产党不靠吓人吃饭，而是靠马克思列宁主义的真理吃饭、靠实事求是吃饭、靠科学吃饭。”实事求是是党的“生命线”，我们党是靠实事求是起家和兴旺发展起来的。作为党的思想路线，实事求是始终是马克思主义中国化理论成果的精髓和灵魂，始终是中国共产党人认识世界和改造世界的根本要求，始终是党带领人民推动中国革命、建设、改革事业不断取得胜利的科学方法。

民主革命时期，中国是一个非常落后的国家，当时的中国受本国封建势力和外国侵略者的双重压迫，具有半殖民地和半封建的性质。中国革命如何走，这个答案在书本上是找不到的，对于我们，必须从中国实际出发，抓住社会发展的必然规律，走自己的革命道路。但是，在20世纪20年代末30年代初，我们党内有些人却把马克思主义教条化，把苏联经验和共产国际决议神圣化，他们没有深入理解马克思主义基本原理

的本质，不懂得马克思主义基本原理的实际应用，而只是照搬照抄别国经验，将本不适应中国国情的方法运用到解决我国的现实问题之中，从而使中国革命道路受到重大影响。与教条主义者相反，毛泽东把马克思列宁主义基本原理与中国具体实际结合起来，深入社会实践，深入农村，调查研究，从而得出“实事求是”的方法，那就是打破城市中心论的旧框架，采取农村包围城市、武装夺取政权的道路。这条道路适合中国的具体国情，打破了教条主义和本本主义的束缚，是一条从中国的实际国情出发而得出的新的革命道路的理论。正是在“实事求是”思想路线的指引下，我们党走上了适合中国国情的革命新道路，领导中国人民取得了新民主主义革命的伟大胜利，创建了中华人民共和国。

新中国成立后，毛泽东和全党继续坚持“实事求是”的思想路线，取得了对农业、手工业和资本主义工商业的社会主义改造的伟大胜利，建立了社会主义制度，并对中国式社会主义道路进行了初步探索。邓小平继承了毛泽东“实事求是”的思想，并将这一哲学思想运用到中国实际。正是在这一思想的影响下，我国走上了改革开放的道路，国家的经济开始恢复，并不断快速发展。到 20 世纪 90 年代中国特色社会主义建设面临的环境发生了深刻变化，以江泽民同志为代表的中国共产党人，坚持把马克思主义与我国的实际相结合，在解放思想、实事求是的基础上强调了与时俱进的重要性，推动了我们党基本理论的不断创新。在这一段时间，我国的经济、社会建设不断向前发展，人民的生活不断改善。以胡锦涛同志为代表的中国共产党人，坚持发扬求真务实、开拓进取精神，坚持实践基础上的理论创新，紧密结合新世纪新阶段国际国内形势的发展变化，提出以人为本、实现科学发展，构建和谐社会、建设社会主义新农村、建设创新型国家、树立社会主义荣辱观、推动建设和谐世界、加强党的先进性建设等重大战略思想和重大战略任务，开拓了马克思主义中国化的新境界。以习近平同志为代表的中国共产党人，大力弘扬党的优良作风，坚持以坚强的党性来保证做到实事求是，坚持与解放思想、开拓进取有机统一起来，勇于变革、勇于创新，永不僵化、永不停滞，在深入研究新情况、不断解决新问题的实践中，讲实情、出实招、办实事、求实效，努力开创各项工作新局面，自觉做坚持实事求是的表率。

回顾我们党 90 多年的历史可以清楚地看到，党的一切成功，归根到底靠的是实事求是；党出现的失误和挫折，根本原因是背离了实事求是。也就是说，什么时候坚持实事求是，党就能够形成符合客观实际、体现发展规律、顺应人民意愿的正确路线方针政策，党和人民事业就能够不断取得胜利；反之，离开了实事求是，党和人民事业就会受到损失甚至严重挫折。实践证明，办好中国的事，只有坚持实事求是才行，脱离实际、搞“左”的或者右的都不行。力戒空谈，追求实干，不管到什么时候，都应该是我们这个社会的共识。空谈误国，实干兴邦，不管到什么时候，共产党人都应该始终坚守这个理念。

三、坚持实事求是，全面深化改革

2014 年 8 月，习近平在纪念邓小平同志诞辰 110 周年座谈会上指出：“我们纪念邓小平同志，就要学习他始终坚持实事求是的理论品质。实事求是，是邓小平同志一生最重要的思想特点，也永远是中国共产党人应该遵循的思想方法。”这也正如邓小平本人所指出的：“过去我们搞革命所取得的一切胜利，是靠实事求是；现在我们要实现四个现代化，同样要靠实事求是。”当前，中国特色社会主义进入了新时代，这是党的十九大作出的一个重大政治判断。这一判断，明确了我国发展进入了新的历史方位。这一新的历史方位，意味着近代以来久经磨难的中华民族迎来了从站起来、富起来到强起来的伟大飞跃，迎来了实现中华民族伟大复兴的光明前景；意味着科学社会主义在21世纪的中国焕发出强大生机活力，在世界上高高举起了中国特色社会主义伟大旗帜；意味着中国特色社会主义道路、理论、制度、文化不断发展，拓展了发展中国家走向现代化的途径，给世界上那些既希望加快发展又希望保持自身独立性的国家和民族提供了全新选择，为解决人类问题贡献了中国智慧和中国方案。站在新的历史方位上，我国社会主要矛盾已经转化为人民日益增长的美好生活需要和不平衡不充分的发展之间的矛盾。这一主要矛盾的变化，反映了我国发展的实际状况，揭示了制约我国发展的问题所在。因此，从十九大到二十大，是"两个一百年"奋斗目标的历史交汇期。我们既要全面建成小康社会、实现第一个百年奋斗目标，又要乘势而上，开启全面建设社会主义现代化国家新征程，向第二个百年奋斗目标进军。即从2020年到2035年，在全面建成小康社会的基础上，再奋斗十五年，基本实现社会主义现代化。从2035年到本世纪中叶，在基本实现现代化的基础上，再奋斗十五年，把我国建成富强民主文明和谐美丽的社会主义现代化强国。面对新时代新要求，面临新的历史方位和新的时代坐标，都对我们坚持和更好地贯彻实事求是的思想路线提出了新的更高的要求。

一要坚持"实事"与"求是"的统一。"实事"是客观存在，"求是"是通过细致艰苦的研究达到对客观存在的正确认识，两者从本质上讲是事物发展及其被认识的过程，只有以"求是"的态度、方法和目的去认识"实事"，才能得出规律性的结论，达到实事求是的目的，两者是有机统一的。一方面，要坚持实事求是，最基础的工作就在于搞清楚"实事"，了解实际、掌握实情。这就要求我们必须不断对实际情况作深入系统而不是粗枝大叶的调查研究，使思想、行动、决策符合客观实际，切实做到耳聪目明、心中有数，最重要的就是要清醒认识和准确把握我国社会主义初级阶段的基本国情。另一方面，要坚持实事求是，最关键的在于“求是”，即就是要探求和掌握事物发展的规律。对事物客观规律的认识，只能在实践中完成。勇于实践、善于实践，在实践中积累经验、进行理论升华，再用以指导实践、推动实践，在实践中使认识得到检验、修正、丰富和发展，这是认识客观规律的根本途径，也是把握客观规律的必由之路。

二要坚持理论与实践的统一。理论联系实际，是马克思主义活的灵魂。理论若不和革命实践联系起来，就会变成无对象的理论；实践若不以革命理论为指南，就会变成盲目的实践。因此，“对于马克思主义的理论，要能够精通它、应用它，精通的目的全在于应用”[①]。从中国共产党的历史看，正是因为始终坚持理论与实践的统一，才取得了毛泽东思想和中国特色社会主义理论体系两大理论成果，加深了对共产党执政规律、社会主义建设规律和人类社会发展规律的认识，进而完成了新民主主义革命、社会主义革命和改革开放等三件大事，实现了民族独立和人民解放，确立了社会主义基本制度，开创、坚持、发展了中国特色社会主义。今天，坚持理论联系实际，就是要用马克思主义理论武装全党，牢牢把握社会主义初级阶段这个最大国情，牢牢立足社会主义初级阶段这个最大实际，自觉把马克思主义理论同全面深化改革实践结合起来，不离开马克思主义谈中国实际，不离开中国实际谈马克思主义；就是要充分发挥主观能动性，勇于探索、勇于创造，始终站在改革的最前沿、干在改革的第一线，自觉当好改革的组织者、实践者和推动者。

三要坚持实事求是与解放思想的统一。实事求是是在特定的理论框架和认识水平上实现的。如果所依据的理论已经落后于科学发展和时代

① 《毛泽东选集》第3卷，人民出版社1991年版，第815页。

特征，那么就必然难以得出科学的结论，作出正确的决策，这就需要在实事求是的过程中不断实现认识主体的理论提升、思想进步。今天，我们正在从事的中国特色社会主义事业，“马克思没有讲过，我们前人没有做过，其他社会主义国家也没有干过，没有现成的经验可学。我们只能在干中学，在实践中摸索。”[①]我们思想解放的力度，决定着我国改革突破的深度。全面深化改革，必须把握解放思想这个关键，努力把思想解放的要求上升到更高层次、更深程度、更广领域上，把解放思想的要求落实到一系列重要理念、观念和意识的创新上，使思想解放进入到一个新的境界；必须以一往无前的勇气、雷厉风行的气概，敢于闯难关、敢于涉险滩，坚决冲破一切妨碍发展的思想观念，坚决改变一切妨碍发展的做法和观念，坚决革除一切影响发展的体制弊端；必须立足世情、国情和党情，将阶段性目标和长远目标结合起来，以更宽广的视野、更开放的思维，啃掉阻碍和影响发展的硬骨头，有效化解发展不够快、发展不充分、发展不协调、发展不平衡的矛盾和问题，推动改革不断向纵深发展，全面提升我国经济、政治、社会、文化和生态文明建设发展水平。

坚持实事与求是的统一，可以探求事物的真实面目和发展规律；坚持理论与实践的统一，可以推动事物的顺利发展；坚持实事求是与解放思想的统一，可以在新的环境中探寻新的规律、实现新的突破。三个统一融为一体，步步递进，互为支撑，这正是全面准确地理解和把握实事求是所必须始终遵循的基本原则，也是推进改革和发展所必须始终坚持的行动指南。

执笔人：黄先禄

---

① 《邓小平文选》第3卷，人民出版社1993年版，第258页。

51 弘扬延安精神与推动科学发展

延安精神，是我们党在延安时期形成的并在革命战争中逐渐发展起来的一系列优良传统和作风，是以毛泽东为代表的老一辈无产阶级革命家把马克思主义的科学理论与中华民族的优良传统相结合而产生的具有中国特色的无产阶级革命精神。2002 年 3 月 31 日，江泽民在陕西考察时对延安精神的内涵作了权威性的概括："坚定正确的政治方向，解放思想、实事求是的思想路线，全心全意为人民服务的根本宗旨，自力更生、艰苦奋斗的创业精神，是延安精神的重要内容。"坚定正确的政治方向是延安精神的灵魂，坚定正确的政治方向是指始终坚持以马克思主义为指导思想，始终怀着共产主义的理想信念，坚定不移地代表着广大人民的根本利益，自觉地为中国人民的根本利益而奋斗终身。实事求是的思想路线是延安精神的精髓。实事求是的思想路线是指把马克思主义的基本原理同中国革命的实际结合起来，推动马克思主义中国化，依据中国的国情，理论联系现实，不搞教条主义和书本主义，立基于实践基础上的理论创新。全心全意为人民服务是延安精神的本质。在延安时期，"全心全意为人民服务"已经成为党的根本宗旨，成为共产党人言行的出发点和归宿。毛泽东指出："共产党人的一切言论行动，必须以合乎最广大人民群众的最大利益，为最广大人民群众拥护为最高标准。”自力更生、艰苦奋斗的创业精神是延安精神的标志。艰苦奋斗是党的工作作风和思想作风，是党的光荣传统和政治资本，是凝聚党心民心的强大精神力量。2006年年初胡锦涛在陕西考察时对延安精神的时代价值提出了新的评价：“延安精神是我们党的性质和宗旨的集中表现，是我们党的优良传统和作风的集中表现，是中国共产党人崇高品德和伟大情怀的集中表现”。从时间上看，延安精神既是优良的传统，又是与时俱进的时代精神。从空间上看，延安精神既是中国的，也是世界的，既反映了中华民族的优秀品格，也体现了人类的优秀品质。

党的十六届三中全会提出“坚持以人为本，树立全面、协调、可持续的发展观，促进经济社会和人的全面发展”，按照“统筹城乡发展、统筹区域发展、统筹经济社会发展、统筹人与自然和谐发展、统筹国内发展和对外开放”的要求推进各项事业的改革和发展。科学发展观的第一要义是发展，核心是以人为本，基本要求是全面协调可持续，根本方法是统筹兼顾。科学发展观是马克思主义关于发展的世界观和方法论的集中体现，是对党的三代中央领导集体关于发展的重要思想的继承和发展，是我们党站在历史和时代的高度，深刻总结我国社会主义建设实践经验、吸收世界经济社会发展和人类文明进步崭新成果提出的关于发展的最新理论成果。科学发展观不仅是我国当前统领经济社会发展全局的重要指导思想，而且是实现全面建设小康社会和建设社会主义现代化国家必须长期坚持的重要指导思想，并且是发展中国特色社会主义必须坚持和贯彻的重大战略思想。

科学发展观与延安精神具有内在的密切联系，是在新的时代条件下对延安精神的继承和发展。在发展理念上从为人民服务到以人为本。在发展战略上从持久战到可持续发展。可持续发展战略沿用了《论持久战》

的科学方法，通过对我国经济发展中遇到的新情况、新问题的客观分析，提出了解决经济与生态环境协调发展的问题。在思想路线上从解放思想到与时俱进。科学发展观“与时俱进”的思想路线是继承延安时期党实事求是、解放思想的理论成果。在发展方法上从矛盾分析到统筹兼顾。科学发展观继承了矛盾论的方法论，运用矛盾普遍性的观点分析了发展的规律性，提出了统筹兼顾解决各种矛盾，实现建设和谐社会的战略目标。在发展路径上从自力更生到自主创新。自力更生并不是盲目排外，而是基于自立自强的艰苦奋斗精神。自主创新同样需要发扬自力更生、艰苦奋斗精神，这样才能在全球竞争中立于不败之地。

党的十八届五中全会坚持以人民为中心的发展思想，鲜明地提出了创新、协调、绿色、开放、共享的发展理念。新发展理念反映了坚持人民主体地位的内在要求，彰显了人民至上的价值取向，深刻揭示了实现更高质量、更有效率、更加公平、更可持续发展的必由之路，是关系我国发展全局的一场深刻变革。创新，必须把创新摆在国家发展全局的核心位置，不断推进理论创新、制度创新、科技创新、文化创新等各方面的创新，让创新贯穿党和国家一切工作，让创新在全社会蔚然成风。协调，必须牢牢把握中国特色社会主义事业总体布局，正确处理发展中的重大关系，重点促进城乡区域协调发展，促进经济社会协调发展，促进新型工业化、信息化、城镇化、农业现代化同步发展，在增强国家硬实力的同时注重提升国家软实力，不断增强发展整体性。绿色，必须坚持节约资源和保护环境的基本国策，坚持可持续发展，坚定走生产发展、生活富裕、生态良好的文明发展道路，加快建设资源节约型、环境友好型社会，形成人与自然和谐发展现代化建设新格局，推进美丽中国建设，为全球生态安全做出新贡献。开放，必须顺应我国经济深度融入世界经济的趋势，奉行互利共赢的开放战略，坚持内外需协调、进出口平衡、引进来和走出去并重、引资和引技引智并举，发展更高层次的开放型经济，积极参与全球经济治理和公共产品供给，提高我国在全球经济治理中的制度性话语权，构建广泛的利益共同体。共享，必须坚持发展为了人民，发展依靠人民，发展成果由人民共享，做出更有效的制度安排，使全体人民在共建共享发展中有更多获得感，增强发展动力，增进人民团结，朝着共同富裕方向稳步前进。创新、协调、绿色、开放、共享的发展理念，是管全局、管根本、管长远的导向，具有战略性、纲领性、引领性。新发展理念，指明了“十三五”乃至更长时期我国的发展思路、发展方向和发展着力点，要落地生根、变成普遍实践，关键在各级领导干部的认识和行动。

五大发展理念是对科学发展观中全面协调可持续发展理念的进一步拓展和深化，在新形势下传承了延安精神。以人民为中心的发展理念，体现了我们党全心全意为人民服务的根本宗旨，体现了人民是推动发展的根本力量的唯物史观，体现了逐步实现共同富裕的目标要求，是对延安精神中坚定正确的政治方向的传承。协调，注重的是解决发展不平衡问题，开放，注重的是解决内外联动问题，协调、开放是对我国经济发展进入新常态、世界经济复苏低迷形势提出的治本之策，是新形势下延安精神中实事求是思想路线的鲜明体现。创新，注重的是解决发展动力问题，是新形势下延安精神中自力更生、艰苦奋斗创业精神的集中体现。绿色，注重的是解决人与自然和谐共生问题，注重的是解决社会公平正义问题，是延安精神中全心全意为人民服务的宗旨意识的根本体现。

在习近平新时代中国特色社会主义思想的十四个基本方略中，第四个基本方略是坚持新发展理念。这一理念指出，发展是解决我国一切问题的基础和关键，发展必须是科学发展，必须坚定不移贯彻创新、协调、绿色、开放、共享的发展理念。在新时代弘扬延安精神，需要把延安精神与进行伟大斗争、推进伟大事业、实现伟大梦想结合起来，融入贯彻落实以人民为中心的五大发展理念的新实践中，使延安精神焕发出新的生机和活力。

弘扬延安精神，推动科学发展，必须坚定理想信念，把握政治方向，提升思想境界。现阶段，坚定正确的政治方向就是不忘初心，牢记使命，高举中国特色社会主义伟大旗帜，决胜全面建成小康社会，夺取新时代中国特色社会主义伟大胜利，为实现中华民族伟大复兴的中国梦不懈奋斗。为此，要强化学习，学习马克思主义基本原理，学习习近平新时代中国特色社会主义思想，学习日新月异的科学文化知识；要善于思考，掌握马克思主义的精髓，明辨是非，抵御腐朽没落思想观念和生活方式的侵蚀；要把握全局，做到了解全局，服从全局，服务全局，增强政治意识、大局意识、核心意识、看齐意识，在思想上政治上行动上与以习近平同志为核心的党中央保持高度一致。

弘扬延安精神，推动科学发展，必须解放思想、实事求是、与时俱进，把握事物规律。延安时期，我们党解放思想、实事求是，科学总结正反两方面的经验，成功推进了马克思主义中国化，产生了毛泽东思想，为中国新民主主义革命的胜利提供了最强有力的理论武器。当前中国特色社会主义进入了新时代，我们党紧密结合新的时代条件和实践要求，形成了习近平新时代中国特色社会主义思想。我们要以习近平新时代中国特色社会主义思想为指导，落实四个全面的战略布局，贯彻五大发展理念。这需要继续解放思想，注重调查研究，坚持实事求是，做到与时俱进；这需要辩证对待历史，客观对待现实，勇于面对未来，科学把握时代脉搏；这需要做到知真情、听真话、求真知，推进工作创新发展；这需要做到反对形而上学、主观主义，不唯书、不唯上、只唯实；这需要坚持思维的系统性、开放性、多维性，全面把握事物内在规律。

弘扬延安精神，推动科学发展，必须以人民为中心，执政为民，提高为民服务能力。延安时期，我们党提出了“为人民服务”的口号并且认真实践，密切了党群关系、赢得了民心，使党的凝聚力和战斗力大大加强，充分体现了中国共产党全心全意为人民服务的根本宗旨。科学发展观是新的历史条件和时代条件下践行全心全意为人民服务宗旨的本质要求。五大发展理念是新形势下坚持以人民为中心的发展思想的具体体现。在推动科学发展、贯彻五大发展理念的过程中，要大力弘扬延安精神，做到尊重人民主体地位，从人民群众的丰富实践中获得新思路，从人民群众的拥护支持中获得新源泉；做到解决民生热点问题，全面攻克精准扶贫，要对群众有真感情，要有真举措，要重长远规划，实实在在地解决群众衣食住行、养老就医、子女教育等与生活息息相关的民生问题。

弘扬延安精神，推动科学发展，必须自力更生，艰苦奋斗，自主创新。延安时期，我们党通过自力更生、艰苦奋斗，克服了重重困难，突破了国民党的包围和封锁，实现了生产自给、生活和谐。当前，推动科学发展，仍须大力发扬自力更生、艰苦奋斗的精神，不断在实践中开拓创新，做到与时俱进。要围绕党的十九大确立的宏伟目标谋创新，要立足现有条件寻创新，要以科学的态度求创新，做到运用新思想、新观点、新方法，研究新情况，解决新问题，创建新体制。

执笔人：郭建明

52 牢固树立马克思主义的群众观

群众观是马克思主义唯物史观的核心和灵魂，也是我们党的基本政治观点，具体来说，马克思主义群众观是指马克思主义关于人民群众的总的看法和基本观点。中国共产党对群众观点的集中阐述则主要体现在党的七大和十三届六中全会上。1945 年 5 月，刘少奇在中国共产党第七次全国代表大会上所作的《关于修改党章的报告》中，第一次对党的群众观点作了集中阐述，将其概括为："一切为了人民群众的观点，一切向人民群众负责的观点，相信群众自己解放自己的观点，向人民群众学习的观点。"[①]1990 年 3 月，党的十三届六中通过的《中共中央关于加强党同人民群众联系的决定》对党的群众观点作了新的理论表述，将其概括为："牢固树立人民群众是历史创造者的观点，向人民群众学习的观点，全心全意为人民服务的观点，干部的权力是人民赋予的观点，对党负责与对人民负责相一致的观点，党要依靠群众又要教育和引导群众前进的观点。"[②]这个表述比较全面地概括了党的群众观点的主要内容和精神实质。

① 《刘少奇选集》上卷，人民出版社 1981 年版，第 354 页。

② 中共中央文献研究室编:《十三大以来重要文献选编》中，人民出版社 1991 年版，第 938 页。

一、人民群众是历史创造者的观点

在马克思主义产生之前，唯心史观长期占据着社会历史观领域，它把人民群众排除在历史活动之外，用观念意识、绝对精神或英雄人物来解释历史的发展。唯物史观对历史发展的真正动因作了科学的解释，认为思想确实是人们行动的精神动力，但在这种精神、意识的背后还隐藏着“动力的动力”，那就是人们的劳动实践活动，“整个所谓世界历史不外是人通过人的劳动而诞生的过程”[①]。毛泽东将其概括为：“人民，只有人民才是创造世界历史的动力。”[②]人民群众是历史的创造者，是推动历史发展的决定力量，这种决定力量体现在社会生活的各个方面，作为生产力中最活跃、最革命的因素，它是社会物质财富的创造者，是社会精神财富的创造者，是社会变革的决定力量。关于马克思主义群众观内容，经典作家并没有集中论述，目前研究者也没有形成统一认识，不过我们认为要言不繁，“人民群众是历史的创造者”，就是马克思主义群众观的最主要内容和首要观点。它深刻揭示了党的马克思主义群众观的根基，突出了党的群众观的历史唯物主义的哲学理论和客观基础。

二、向人民群众学习的观点

向人民学习的观点，是马克思主义群众观中的一个重要内容。传统历史观，囿于阶级性，历来贬低人民群众的观念认识，极力宣扬少数英雄人物意志的地位与作用，唯物史观则还原了人民群众的社会认识主体

① 《马克思恩格斯文集》第 1 卷，人民出版社 2009 年版，第 196 页。
② 《毛泽东选集》第 3 卷，人民出版社 1991 年版，第 1031 页。

地位，认为人民群众之中蕴藏着认识世界的智慧，有着改造世界的经验。1941年3月，毛泽东在《〈农村调查〉的序言和跋》中就提出了一句至理名言："群众是真正的英雄，而我们自己则往往是幼稚可笑的"[①]，所以毛泽东在多个场合反复强调，党员干部要虚心向群众学习，要拜人民群众为师，"恭恭敬敬地学，老老实实地学"[②]。1956年，邓小平在《关于修改党的章程的报告》中指出，"一个党和它的党员，只有认真地总结群众的经验，集中群众的智慧，才能指出正确的方向，领导群众前进。"[③]事实也证明，我们党之所以在革命、建设和改革的各个时期，能够带领全国各族人民取得一个又一个伟大胜利，重要原因就在于我们能深入群众，向群众学习，不断总结历史经验，制定出了符合时代要求和人民愿望的方针政策，从而得到了人民群众的信任、支持与拥护，获得了力量之源。

三、全心全意为人民服务的观点

全心全意为人民服务的观点，深刻揭示了党的群众观的目的，是党的性质和宗旨在群众观点中的具体体现，也是中国共产党区别于其他政党的显著标志之一。在《共产党宣言》中，马克思恩格斯鲜明地指出，"过去的一切运动都是少数人的，或者为少数人谋利益的运动。无产阶级的运动是绝大多数人的，为绝大多数人谋利益的独立的运动。"[④]那么，作为这个阶级先锋队的共产党，也就是为谋求工人阶级和广大人民群众的利益而存在和运动的政党。这也决定了共产党在领导无产阶级革命事业

① 《毛泽东选集》第3卷，人民出版社1991年版，第790页。
② 《毛泽东选集》第4卷，人民出版社1991年版，第1481页。
③ 《邓小平文选》第1卷，人民出版社1994年版，第218—219页。
④ 《马克思恩格斯选集》第1卷，人民出版社1912年版，第411页。

的全部活动中，无论是执政前暴力革命的夺权斗争，还是执政后的建设工作，都要以全心全意为人民服务为唯一宗旨。我们党是马克思主义同中国工人运动相结合的产物，作为彻底的马克思主义政党，自诞生之日起就把“一切为了群众”作为革命的出发点和最终归宿，明确规定党的一切奋斗和工作都是为了造福人民。所以在党群关系上，中国共产党始终把人民群众视为党的“上帝”，视为哺育、滋养党的“土地”与“水”，要求党员干部犹如保卫自己的“眼睛”一样保卫人民。

四、干部的权力是人民赋予的观点

“干部的权力是人民赋予的”，这是中国共产党马克思主义群众观的核心，它突出强调了执政党及其干部的权力来源，并揭示了权力的本质在于为人民服务，体现了正确的权力观。历史唯物主义认为，人民群众是历史的主体，是历史的创造者，人民群众的利益、意志、愿望体现着社会发展的要求和方向，人民群众的社会实践最终决定历史发展的结局，所以人民群众是一切权力的最终源泉，是真正的权力所有者。毛泽东从人民群众是社会发展的主体出发，明确回答了我们的权力是占人口90%以上的广大劳动群众给的。社会主义国家的一切权力属于人民，这是国家宪法和法律明确规定的。不过由于我们现在仍然处于社会主义的初级阶段，受社会生产力水平以及社会分工的限制，人民群众还不可能全部直接管理国家和社会公共事务，只能由群众选出代表来进行管理。所以，执政的共产党是受人民群众的委托执掌国家权力的，其权力来源于人民群众，是人民群众所赋予的，所以权力必须为人民服务，只能为人民所用，同时，要逐渐地吸收尽可能多的人来运用国家权力，参与国家管理事务。

五、对党负责与对人民负责相一致的观点

对党负责与对人民负责相一致的观点，揭示了马克思主义群众观的本质。中国共产党是中国工人阶级的先锋队，同时也是中国人民和中华民族的先锋队，全心全意为人民服务是中国共产党的唯一宗旨，所以从根本上讲，中国共产党是全国各族人民利益的忠实代表，除了人民的利益外，中国共产党是没有自己的特殊利益的。党的鲜明性质和根本宗旨，就决定了对党负责与对人民负责的一致性。但是，对于这个观点又要具体客观地看待。在中国共产党成立的90多年奋斗史中，总体上看，党始终是代表了中国最广大人民群众的根本利益的，然而，党确实也犯过一些错误。错误既有全局性的，如“文化大革命”，也有局部性的失误，这是客观存在的事实，这些错误无论是何种性质和何种层次的，都是与人民利益相违背的。在这种情况下，就要求每个党员以人民利益为根本出发点和立足点，坚持好的，改正错的，真正做到如毛泽东所说的：“我们的责任，是向人民负责。每句话，每个行动，每项政策，都要符合人民的利益，如果有了错误，定要改正，这就叫向人民负责。”①

六、党要依靠群众又要教育和引导群众前进的观点

人民群众是社会发展的主体，是历史发展的推动者，工人阶级必须依靠本阶级的群众力量和全体劳动人民的群众力量，才能实现自己的历史任务。毛泽东在整个理论创造和革命实践生涯中，始终注重人民群众的力量，反复强调中国共产党的力量源泉是广大人民群众。他指出：“只

① 《毛泽东选集》第4卷，人民出版社1991年版，第1128页。

要我们依靠人民，坚决地相信人民群众的创造力是无穷无尽的，因而信任人民，和人民打成一片，那就任何困难也能克服。”[①]事实也是如此，我们党的每一项事业的成功，都是领导人民群众一起奋斗的结果。依靠群众就要相信群众，相信群众自己能够解放自己，正如《国际歌》中唱到的：从来没有什么救世主，也不靠神仙皇帝，要创造人类的幸福全靠群众自己。所以从根本上来说，我们党所领导进行的各项事业，是群众自己的事业。但是强调一切依靠人民，强调人民群众的主体地位，并不是放弃党的教育和引导而盲目崇拜群众自发性。实践证明，没有马克思主义先进理论的指导和无产阶级政党的领导，无产阶级群众的斗争就会陷于涣散、分散，就不可能使自己获得彻底解放。对此董必武曾指出，“没有党的领导，群众利益是不能实现的”，因为“象群众长远的利益或最高的利益，群众自身往往是看不见的，必须有党的领导，群众才不致走错路”[②]。在社会主义建设初期，曾经有一段时间由于我们忽视了对群众的教育引导，使他们迷失在了斗争与批判中，最终出现了“文化大革命”这样激进的“群众运动”，结果给我们的各项事业造成了重大损失，今天必须引以为戒。

当前，我们要牢固树立马克思主义群众观就是要求我们坚持以人民为中心，坚持立党为公、执政为民，践行全心全意为人民服务的根本宗旨，把人民对美好生活的向往作为奋斗目标，依靠人民创造历史伟业。

执笔人：谷少杰

---

① 《毛泽东选集》第 3 卷，人民出版社 1991 年版，第 1096 页。
② 《董必武选集》，人民出版社 1985 年版，第 174 页。

53 弘扬延安精神与促进社会和谐

以毛泽东同志为代表的中国共产党人在延安十三年历史中创造了伟大的延安精神，它包括坚定正确的政治方向，解放思想、实事求是的思想路线，全心全意为人民服务的根本宗旨，自力更生、艰苦奋斗的创业精神。延安精神是我们党将马克思主义普遍原理与中国革命实践相结合的产物，为我们党赢得抗日战争、解放战争的胜利，建立新中国提供了强大的精神动力。当前，我们党面临着全面深化改革，实现“两个一百年”奋斗目标和中华民族伟大复兴的中国梦的历史重任，这是推进中国特色社会主义伟大事业的战略伟业，也是促进社会和谐的根本途径。2010 年 5 月 18 日，习近平在给中国延安精神研究会第五次会员代表大会的贺信中强调:“弘扬延安精神，对于推进中国特色社会主义事业、实现中华民族伟大复兴具有重要意义。”

一、促进社会和谐必须坚定正确的政治方向

坚定正确的政治方向是延安精神的灵魂。坚定正确的政治方向就是要始终增强政治意识、大局意识、核心意识、看齐意识，“全党要坚

定执行党的政治路线，严格遵守政治纪律和政治规矩，在政治立场、政治方向、政治原则、政治道路上同党中央保持高度一致”。[①]长征结束后，到达延安的红军只有3万余人，但正是这3万余人始终坚信共产主义远大理想，坚持以马克思主义为指导，坚信中国共产党的领导，在延安艰苦的环境中，始终把党的宗旨、要求、目标作为行动指南，始终同党中央保持高度一致，始终致力于把自身理想、作风、纪律等优良传统凝聚在一起，充分吸收中华优秀传统文化，结合时代的变迁，最终形成了一种新的民族精神形态——延安精神。这个过程中，共产党人把抗日救亡和民主独立这一阶段性目标与实现共产主义完美结合起来，在抗日救亡这面旗帜下，吸引了一大批优秀人才，锻造了一大批治党治国治军的优秀党员干部，带领全国各族人民克服一切困难，创造了延安十三年的伟大成就。从1840年以来的历史实践证明，只有共产主义、社会主义才能救中国，只有走中国特色社会主义道路才能发展中国。中国特色社会主义道路，是我们党在新的历史时期的新的阶段性目标，它体现了党和人民群众对历史与社会发展脉络的探索成果，体现了全国各族人民对美好生活的向往和追求，这也是实现社会和谐的根本。要实现和谐社会，就必须要始终增强看齐意识，同党中央保持高度一致，在思想和灵魂深处筑牢根基，把实现中国特色社会主义作为自己的理想信念毫不动摇，绝不走封闭僵化的老路和改旗易帜的邪路。

---

① 习近平：《决胜全面建成小康社会　夺取新时代中国特色社会主义伟大胜利——在中国共产党第十九次全国代表大会上的报告》，《人民日报》2017年10月28日。

二、促进社会和谐必须构建社会主义核心价值观

党的十九大报告指出:“文化自信是一个国家、一个民族发展中更基本、更深沉、更持久的力量。必须坚持马克思主义，牢固树立共产主义远大理想和中国特色社会主义共同理想，培育和践行社会主义核心价值观，不断增强意识形态领域主导权和话语权，推动中华优秀传统文化创造性转化、创新性发展，继承革命文化，发展社会主义先进文化，不忘本来、吸收外来、面向未来，更好构筑中国精神、中国价值、中国力量，为人民提供精神指引。”① 社会主义核心价值体系是社会主义先进文化，吸收了中华民族优秀文化和人类文明发展成果，反映了我们国家社会主义制度的本质和核心利益，是当代中国社会进步本质的主流观念体系。建设社会主义核心价值体系是为了实现人的自由全面发展，体现了以人为本的思想，指明了共同富裕的目标，彰显了公平正义的核心理念，是促进社会和谐的精神支柱。当前社会思潮呈现多样化趋势，一些错误思潮严重干扰和影响了社会主义核心价值观的形成和践行，阻碍了中国特色社会主义的推进和社会和谐的构建。构建社会主义核心价值观，就要增强主流意识形态领域，发挥主流价值体系的主导和引领作用，把人民群众的思想和价值取向都凝聚到正确的历史和社会走向上来，推动中国特色社会主义的发展。延安精神作为我党在延安时期培育的精神财富，是构建社会主义核心价值观的重要源泉。弘扬延安精神，最根本、最核心的任务就是为构建社会主义核心价值观服务，从而最终促进社会和谐。

---

① 习近平:《决胜全面建成小康社会　夺取新时代中国特色社会主义伟大胜利——在中国共产党第十九次全国代表大会上的报告》,《人民日报》2017 年 10 月 28 日。

三、促进社会和谐必须坚持党的优良传统和作风

理论联系实际、密切联系群众、批评和自我批评三大优良作风不仅是延安时期党的宝贵精神财富，也是延安精神的重要组成部分，更是新时代党执政的宝贵资源。党的十九大指出："持之以恒正风肃纪。我们党来自人民、植根人民、服务人民，一旦脱离群众，就会失去生命力。加强作风建设，必须紧紧围绕保持党同人民群众的血肉联系，增强群众观念和群众感情，不断厚植党执政的群众基础。凡是群众反映强烈的问题都要严肃认真对待，凡是损害群众利益的行为都要坚决纠正。"[①]理论联系实际，在推进中国特色社会主义事业中，就是坚持实事求是的思想路线，不断将马克思主义普遍原理与中国实际相结合，形成马克思主义中国化的最新成果，增强党员干部和人民群众的理论自信。密切联系群众，就是要坚持为人民服务的根本宗旨，在尊重社会和历史发展规律的基础上，尊重人民群众的主体地位，保持与人民群众的血肉联系，把崇高的社会目标与人民群众的根本利益结合起来，自觉维护好人民群众的利益，充分发动人民群众的力量，引导人民群众走中国特色社会主义道路，坚持道路自信。批评和自我批评，就是要加强党的自身建设，培育形成良好的党风政风。党风决定政风，党风在一定程度上就是政风，党风政风又决定社风民风。党风纯不纯，关乎着社风民风纯不纯、社会风气好不好，又会影响党风政风。只有把党风政风搞好了，社会风气也会随之净化，党的建设伟大工程和中国特色社会主义伟大事业才能进一步推进，才会促进社会和谐。

---

① 习近平：《决胜全面建成小康社会　夺取新时代中国特色社会主义伟大胜利——在中国共产党第十九次全国代表大会上的报告》，《人民日报》2017年10月28日。

四、促进社会和谐必须坚持自力更生、艰苦奋斗的创业精神

中华民族自古就以不畏艰难困苦著称于世，素有勤俭持家、艰苦朴素、自强不息的品质，这是渗透于民族血脉中的优秀基因。中国共产党正是吸收了中华民族优秀传统，在延安时期创造了自力更生、艰苦奋斗的精神，新中国成立后的铁人精神、雷锋精神、“两弹一星”精神等，更是将自力更生、艰苦奋斗的精神发扬光大。邓小平强调，“中国搞四个现代化，要老老实实地艰苦创业”。改革开放使当前我国经济社会飞速发展，经济总量已经跃居世界第二，综合国力显著增强，人民生活水平大幅提高，但人口多、底子薄，人均国内生产总值还比较低，长期处于社会主义初级阶段的基本国情没有变，人民日益增长的物质文化需要同落后的社会生产之间的矛盾没有变，我国作为世界最大的发展中国家的国际地位没有变，这种情况对社会和谐造成了极大影响。要实现社会和谐，就必须集中全党全国人民的智慧和力量，充分发挥自力更生、艰苦奋斗的精神，努力打造属于国家和民族的核心竞争力，不断提升国家综合国力，努力构建“五位一体”的新格局，把改革开放的红利进一步惠及到全体人民群众，坚定不移地推进中国特色社会主义、“两个一百年”奋斗目标和中华民族伟大复兴的实现。党的十九大要求全党同志要保持“永不懈怠的精神状态和一往无前的奋斗姿态”。即使在客观环境已经不再艰苦的新时代，十九大报告仍然号召艰苦奋斗：“全党一定要保持艰苦奋斗、戒骄戒躁的作风，以时不我待、只争朝夕的精神，奋力走好新时代的长征路。”①

执笔人：史　蕊

① 习近平：《决胜全面建成小康社会　夺取新时代中国特色社会主义伟大胜利——在中国共产党第十九次全国代表大会上的报告》，《人民日报》2017年10月28日。

54　弘扬延安精神要坚持自力更生、艰苦奋斗

“自己动手”“丰衣足食”大家耳熟能详，它是什么时候提出来的呢？

抗日战争进入战略相持阶段后，日军对解放区实行大规模的军事进攻，实行残酷的“扫荡”和经济封锁，妄图彻底摧毁敌后抗日根据地。国民党顽固派也积极推行反共政策，停止了给人民军队的粮饷，加上连年不断的自然灾害，使解放区出现了极其严重的困难局面。面对严重困难怎么办？为了坚持长期抗战，夺取抗战最后胜利，中共中央发出了开展大生产运动的号召。1938 年 12 月 20 日《新中华报》发表了《广泛开展大生产运动》的社论，要求各解放区指战员“一面工作一面生产，把工作与生产联系起来”。1939 年 2 月，毛泽东在延安生产动员会上作了生动而深刻的讲话，他说：“面对严重的困难，我们是饿死呢？解散呢？还是自己动手呢？饿死是没有一个人赞成的，解散也是没有一个人赞成的。还是自己动手吧！这就是我们的回答。”1943 年，毛泽东视察南泥湾时又对自力更生进行了深入的论述。

抗日战争将要胜利的时候，针对一些人迷信武器，不相信人民群众力量的错误认识，毛泽东在 1945 年 8 月 13 日延安干部会议上所作

的《抗日战争胜利后的时局和我们的方针》演说中，提出了“自力更生”的原则。他说：“我们的方针要放在什么基点上？放在自己力量的基点上，叫做自力更生。我们并不孤立，全世界一切反对帝国主义的国家和人民都是我们的朋友。但是我们强调自力更生，我们能够依靠自己组织的力量，打败一切中外反动派。”从此“自力更生”就成了中国共产党和中国人民相信自己、依靠自己，战胜一切艰难险阻的斗争口号。

很多人认为，自力更生、艰苦奋斗是在艰难困苦时期不得已而做的事情，今天，国家富裕了，经济发展了，人们生活水平提高了，不再需要自力更生、艰苦奋斗的精神了。特别是曾经吃过苦的老一辈人，过上了好日子，有了条件，生怕自己的孩子、孙子再受自己曾经受过的苦，总是把最好的给了儿女、子孙，让这些孩子从生下来起就泡在蜜罐里，不愁吃、不愁穿，过着安逸富足的生活。这样做真的就对吗？

自力更生、艰苦奋斗的精神真的过时了吗？

2015 年 2 月中旬，习近平在陕西省考察工作结束时，进一步强调了自力更生、艰苦奋斗的重要意义。他说，“我们党是靠自力更生、艰苦奋斗起家的。‘靡不有初，鲜克有终’。虽然我国已经成为世界第二大经济体，各方面实力大大增强，生活条件大大改善，但我们绝不能丢掉自力更生、艰苦奋斗的传家宝。自力更生、艰苦奋斗是我们共产党人的品质，是我们立党立国的根基，也是党员、干部立身立业的根基”。很多领导干部来到中国延安干部学院学习后，都深深地认为，延安精神不能丢，自力更生、艰苦奋斗的创业精神不能丢。自力更生、艰苦奋斗的创业精神是延安精神的重要组成部分，新时代继承弘扬延安精神，就是要始终坚持自力更生、艰苦奋斗的创业精神不丢。

一、革命战争年代形成的宝贵精神财富

延安时期，党中央和中央红军曾面临重重困难。蒋介石调集了几十万军队包围边区，实行严密的军事包围与经济封锁，要“困死八路军，饿死八路军”。陕北向来地广人稀，土地贫瘠，养活数万军队与干部，无疑是件非常困难的事情。毛泽东回忆那时的情景说：“我们曾经没有衣穿，没有油吃，没有纸，没有菜，战士没有鞋袜，工作人员冬天没有被子盖，我们的困难真是大极了。”1939 年 2 月，毛泽东在延安生产动员大会上针对根据地日益严重的经济困难局面，提出了“自己动手”的口号。随后各根据地逐步开展了大生产运动。“自己动手，丰衣足食”的口号作为各根据地克服经济困难，实现生产自给的努力目标。

自力更生、艰苦奋斗，是指在没有外力的帮助下，通过自己的力量在艰苦的环境下全力拼搏，没有条件就千方百计地创造条件的一种顽强的革命精神。各抗日根据地处于极端困难时期，根据地的生产遭到严重破坏，财政经济状况和军民生活都处于非常困难的状态。为战胜严重困难，坚持持久抗战，争取最后胜利，八路军三五九旅在王震旅长的率领下，开赴延安东南的南泥湾垦荒屯田。部队刚到这里时，几十里没有人烟，仅有的村镇只有几户人家，几间破烂不堪的窑洞。山民和牧民几乎都患有大骨节病，因为那里的水中有一种致病的化学物质。举目四望，只见一座座荒凉的山坡，坡上长满了齐人高的蒿草，荆棘横生；深山尽是遮天蔽日的树林，野猪野鸭成群；沟底则是黑暗阴森的溪流，浸泡着腐烂的古木和野兽的尸骨。原始森林里的落叶有一尺多厚，人走进去，仿佛走在橡皮上面，忽上忽下，行动艰难。

在这样荒凉的地方如何生存，如何发展生产？王震提出“一把镢头一支枪，生产自给保卫党中央”的口号，从旅长到每一个战士、勤务员、炊事员，无一例外地参加生产，开荒种地。没有房子住，战士们就用树枝搭起简易的帐篷，露宿在山林野谷之中。没有粮食，就赶到100里甚至数百里以外去背粮、运盐。没有菜吃，就到河边山上去挖野菜，打野兽。没有衣穿，夏天光着膀子，冬天砍柴烧炭取暖。缺少开荒工具，就运盐到国民党统治区去换农具，从倒塌的古庙中抬来破钟、从敌人扔下的弹片和破坏的铁轨中打铁制造工具。

部队初到南泥湾时，天很冷，还下着雪，夜间露宿，寒风刺骨，虎啸狼嚎，使人久久难以入睡。直到后来搭起临时帐篷，挖了土窑洞，情况才好一点。但战士们发扬革命乐观主义精神，唱着自编的歌曲："窑洞草房好军营，茅草床铺软腾腾，三尺厚雪绫罗被，茂密梢林好屯军。"树立坚定的抗日必胜的理想信念，克服了难以想象的实际困难。

到1944年，战士们开荒26.1万亩，把梢林满山、荆棘遍野的南泥湾，变成了五谷丰登的"陕北好江南"。他们不仅用勤劳开创了丰衣足食的局面，而且创造出了"南泥湾精神"。

延安时期，毛泽东亲自种菜，周恩来带头纺线，朱德与战士一起开荒，大生产运动取得了巨大成效。在延安，毛泽东等党的领袖同普通战士一样，都住窑洞，都参加大生产运动；延安的小礼堂，条件非常简陋，既没有固定座椅，也没有现代光电设备，但就是在这里首演了气势磅礴的《黄河大合唱》，召开了具有深远历史意义的党的第七次全国代表大会；在延安，我们还可以看到毛泽东用过的小炕桌，刘少奇用过的小闹钟，周恩来用过的小瓷碗，朱德用过的小凳子，任弼时用过的小纺车……这一切，无不昭示着一种精神，一种自强不息、艰苦奋斗的精神。延安精神是在全党上下的共同努力下，在自力更生、艰苦奋斗的斗争中形成和发展起来的。自力更生、艰苦奋斗的精神是凝聚党心民心军心，战胜无数困难的强大精神力量。

二、革命胜利后始终坚持的奋斗精神

毛泽东在革命真正要取得胜利的时候，依然保持清醒的态度，提出了两个务必："务必使同志们继续地保持谦虚、谨慎、不骄、不躁的作风，务必使同志们继续地保持艰苦奋斗的作风。"

新中国成立以来，党领导全国人民坚持独立自主、自力更生、不怕挫折、团结一致、艰苦奋斗的拼搏精神，战胜了许多困难，初步建立起了相当规模、技术水平较高的工业化体系和一套独立的、比较完整的国民经济体系，取得了一系列社会主义建设的成就；一大批油田发现并基本建成；原子弹、导弹、核潜艇、卫星和载人航天、民航大飞机都要研制成功；新型杂交水稻成功培育；南京长江大桥建成等。在当时一穷二白的极端困难条件下，我们国家却在短短一二十年的时间内都取得了成功，从而创造了世界科技发展史上的奇迹。这一切靠的是什么？靠的就是这种自己动手、丰衣足食、自力更生、艰苦奋斗的精神。外国人有的，我们要有，外国人没有的，我们也要有。邓小平在多种场合反复强调："艰苦奋斗至少要讲六十到七十年，即使将来生活好了，也还要艰苦奋斗。"

改革开放以来，一部分党员干部忘记了自己的政治本色，开始学会了享乐主义、生活中奢靡之风盛行。有少数干部信念动摇，追求享受，利用职权公款吃喝玩乐，工作拈轻怕重，不愿吃苦出力，遇到困难和矛盾绕着走，不愿意到艰苦的地方和单位工作，更不想创造性地开展工作；在公务活动中，讲排场、比阔气，铺张浪费，不重实效。现实生活中，有些党员干部搞腐化，公款吃喝、公费旅游、公车私用，在社会上影响极坏。之所以出现这些情况，就是党员干部丢掉了艰苦奋斗的精神，这是万万要不得的。

三、自力更生、艰苦奋斗永远在路上

艰苦奋斗是中华民族的传统美德，是我们党的光荣传统和政治本色。2013年习近平在党的群众路线教育实践活动工作会议上强调，党的群众路线教育实践活动的主要任务聚焦到作风建设上，集中解决形式主义、官僚主义、享乐主义和奢靡之风这“四风”问题。经过长期的集中整治，“四风”现象慢慢离我们而去，艰苦奋斗的优良作风又回来了。

习近平在多种场合强调始终坚持“自力更生、艰苦奋斗”的重要意义。他到武汉重型机床集团有限公司考察时十分有感触地说，工业化很重要，我们这么一个大国要强大，要靠实体经济，不能泡沫化。自力更生任何时候都不能少，我们自己的饭碗主要装自己生产的粮食。他在中国科学院西安光学精密机械研究所视察时强调，“核心技术靠化缘是要不来的，必须靠自力更生。科技人员要树立强烈的创新责任和创新自信，面向经济社会发展主战场，面向国际科技发展制高点，努力多出创新成果，为实施创新驱动发展战略、建设创新型国家多作贡献。”

自力更生体现着一种自立自强的主体精神，是我们争取胜利的立足点。艰苦奋斗体现着一种不畏艰难，积极进取，勤俭创业的奋斗精神，是中国共产党人的政治本色。中国人民通过发扬自力更生、艰苦奋斗精神，取得了抗日战争、解放战争的伟大胜利。在建设社会主义新中国过程中，继续发扬自力更生、艰苦奋斗精神，取得了一个又一个辉煌成果，揭开了中华民族伟大复兴的序幕。如今，在实现中华民族伟大复兴中国梦的历史进程中，全党和全国人民要继续发扬自力更生、艰苦奋斗的创业精神，在全面建成小康社会的发展进程中，取得新的伟大成就。

执笔人：刘小瑞

55　弘扬延安精神坚决反对腐败

延安时期是中国共产党转危为安、由弱变强的时期。中国共产党人在延安时期形成的延安精神，是战胜敌人、取得革命胜利的精神支柱。坚持全心全意为人民服务和艰苦奋斗就必须坚决反对腐败。当前，吸收延安时期反对腐败的历史经验，也有利于更好地应对当前复杂的形势。

一、强调思想教育的引导作用

延安时期，为了加强党的作风建设和反对腐败，中共中央始终重视对党员干部的为人民服务宗旨的教育问题。毛泽东多次从理想信念的角度强调党员的作风建设问题。西安事变和平解决后的国共合作初期，他就强调共产党员在政府工作中应该作十分廉洁、多做工作、少取报酬的模范，在民众运动中应该是群众的朋友，而不是群众的上司，共产党员任何时候都不应该把个人利益放在第一位，而应该服从于民族的和人民群众的利益。他还指出，共产党是为民族、为人民谋利益的政党，它决无自己的私利可图，应该接受人民的监督，而决不应该违背人民的旨意。毛泽东还把国民党和共产党进行了比较，他说:“利用抗战发国难财，官吏即商人，贪污成风，廉耻扫地，这是国民党区域的特色之一。艰苦奋斗，以身作则，工作之外，还要生产，奖励廉洁，禁绝贪污，这是中国解放区的特色之一。”①

此外，中共中央也很重视对腐败现象的打击，通过反对官僚主义的作风，加强廉政思想教育。延安整风时期，任弼时针对领导机关中的一些官僚主义作风，他批评道，极少数的官僚主义化了的分子，虽是出身于工农群众，也知道群众的苦难和要求，但是染上了剥削阶级的思想意识，不仅不好好地为群众办事，反而企图爬到群众的头上，利用自己的地位去发财致富，无法无天。这种官僚主义倾向的坏作风，是应当开展群众的斗争来反对的。那些极少数思想上已经蜕化了的官僚主义分子，是必须从政府、军队和党的机关中排除出去的。不然，我们的新的工作作风是无法建立起来的。刘少奇也强调:“为了整个革命的利益，我们不应该姑息那些官僚主义者及贪污浪费者。这在全党全军中必须进行深入解释和动员，为革命的胜利、我们的光明前途与新中国的创造而节省一切可以节省的物质资财。对民力、对物质资财的不爱惜，无异于对党对革命不负责任，无异于犯罪。”②

二、重视规章制度的约束作用

延安时期，中国共产党面对艰难的生存环境，在通过思想教育加强反腐败斗争的同时，很重视制度建设。在物资匮乏的革命战争年代，浪费同样是一种腐败行为。毛泽东强调:“节约是一切工作机关都要注意的，

① 《毛泽东选集》第3卷，人民出版社1991年版，第1048页。
② 《刘少奇选集》上卷，人民出版社1985年版，第225页。

经济和财政工作机关尤其要注意。实行节约的结果，可以节省一大批不必要的和浪费性的支出，其数目可以达到几千万元。从事经济和财政业务的工作人员，还必须克服存在着的有些还是很严重的官僚主义，例如贪污现象，摆官架子，无益的‘正规化’，文牍主义等等。”[①]刘少奇也指出，各级财政机关对粮食的不够注意，浪费太大，浪费粮食严重地损害民力，对中国共产党产生了不良的政治影响，他号召干部艰苦生活，实行严格的反对贪污浪费的斗争，并通过颁布严格的法令，来惩罚那些贪污浪费公款公粮者。

陕甘宁边区作为中共中央的所在地，边区政府建立了统收统支的财政制度，颁布了会计制度、预算制度、统一贸易制度，清晰划分了收入、支出、保管和审核等环节，相互制约，以防止贪污浪费现象的发生。边区政府还规定，公私费用必须严格分开，一切私人开支，均“不能出公家账”。禁止办“高级酒席”，不论公家还是私人，不得铺张浪费。所有工作人员都不发薪水，只实行最低的津贴制度，津贴收入不得超过普通工人的工资水平。

三、当前反对腐败的主要思考

弘扬延安精神需要坚决反对各种形式的腐败行为。虽然中国共产党已经由革命党变成了执政党，国家经济实力今非昔比，人民的生活水平有了很大的提高，但是，面对复杂的国内外形势，仍需要继承和发扬延安精神，坚决反对腐败贪污、奢靡享受等不正之风。延安时期加强党的作风建设和反对腐败的历史经验也给我们很多现实启示，在加强思想教

① 《毛泽东选集》第 3 卷，人民出版社 1991 年版，第 896 页。

育的同时，也需要加强制度建设。此外，也需要认真研究当前部分领导干部腐败的特点，有针对性地加强反腐败的斗争。

腐败行为可以分为自主型腐败和附属型腐败。自主型腐败是领导干部利用职务之便，主动地牟取不当利益的腐败行为。如果高级领导干部非常清廉，下级干部的自主型腐败相对较少，但是自主型腐败具有更强的隐蔽性，也不能忽视。由于下级干部对高层领导在职务提升方面有高度的依赖性，如果高级领导干部清正廉洁，下级干部一般不敢主动获取不当得利并进行贿赂，因为一旦被领导发现就面临丧失领导信赖的危险。因此，这类腐败往往以更为隐蔽的方式存在，比如，通过利用领导职务为他人提供有价值的信息、协调关系、处理难题等间接地交换利益。自主型腐败更隐蔽的形式是单位内的内部交易，包括极为隐蔽或间接的利益交换。这种自主型腐败一般造成的后果较轻，社会影响比较小。在不良的政治生态环境下，附属型腐败更为常见。附属型腐败是低级领导干部在主要领导干部的腐败中参与谋划、实施和获得不当利益。这是腐败的主要类型，也是危害最大的类型，往往以窝案或塌方式腐败的形式出现。附属型腐败实际上属于公共权力寻租的范畴，领导干部是腐败的主要一方，中下级领导干部和一般工作人员的腐败具有附属性质，在腐败中扮演了参谋或帮凶的角色。在主要领导受贿或索贿的过程中，其他人员作为中间人或介绍人，对领导不便直接出面办理或者说明的，由其来做，同时也在这个过程中获得了直接利益，或者取得了领导的更大信赖，为以后获得提拔奠定基础。

加强思想建设对治理领导干部腐败具有重要意义。如习近平所说，理想信念是共产党人的精神之“钙”，缺钙就会得软骨病。延安精神是中国共产党人革命胜利的重要保障，新时期传承和发扬延安精神有利于干部的清正廉洁。干部腐败不论属于什么类型，都有思想上的问题。继承全心全意为人民服务的精神，才能以党和人民的利益为重，更少地考虑个人得失，拒绝利益的诱惑。发扬艰苦奋斗的精神，就能够更好地抵制享乐主义，防止为了物质享受和贪图富贵而贪污受贿。特别是在市场经济时期，随着经济的发展，大部分群众的生活水平有了较大的提高，部分先富起来的人条件更为优越。传承延安精神，发扬艰苦奋斗的优良传统，有利于纠正攀比心理，努力为党和人民的事业奋斗终生。

根除腐败问题，既要注重建立健全内在防御机制，也应纳入法制化的框架下来解决。首先，要尽可能去除党员干部对特定领导的高度依赖性，使其在实际工作中纳入集体领导之下，这需要严格落实领导干部民主集中制的相关要求，防止流于形式；其次，对于领导干部要定期民主评议，使其接受其他领导干部和群众的监督，对于有较多意见的领导干部及时调整岗位；最后，领导干部的晋升严格遵循干部选拔任用工作条例，在讨论决定干部选拔任用问题时，如果涉及领导干部的亲属或朋友关系的情况，本人应该回避，由党委其他人员表决，避免裙带关系的形成。

执笔人：刘传磊

56 党和人民需要长期艰苦奋斗

艰苦奋斗是中国共产党人的优良作风，共产党人在革命战争年代正是依靠艰苦奋斗战胜了各种困难，最终取得了革命的胜利。延安时期是中国共产党转危为安、由弱变强的时期，回顾这一时期共产党人的艰苦奋斗历程，能够为新时期更好地继承艰苦奋斗的优良作风、弘扬延安精神提供精神动力。

一、延安时期的艰苦奋斗

抗日战争全面爆发后，随着“西安事变”的和平解决，蒋介石被迫答应国共合作，国民党政府向八路军提供了比较多的军用物资。1938 年前后，中共中央、陕甘宁边区政府和八路军、新四军的供给，绝大部分来自于国民政府调拨的薪饷以及华侨、国际友人的捐赠。但是，1939 年国共关系逐渐紧张，1940 年国民党发动了第一次反共高潮，完全停发了八路军的军饷、弹药和被服等供给，并对陕甘宁边区进行全面的军事包围和经济封锁。此时，陕甘宁边区脱离生产的干部和战士达到了 7 万多人，共产党面临严重的经济困难和财政危机。毛泽东在《抗日时期的经济问题和财政问题》中说:“我们曾经弄到几乎没有衣穿，没有油吃，没有纸，没有菜，战士没有鞋袜，工作人员在冬天没有被盖。国民党用停发经费和经济封锁来对待我们，企图把我们困死，我们的困难真是大极了。”由于财政严重地入不敷出，边区政府向农民征收的公粮迅速增加，不仅导致了边区物价飞涨，而且引起了群众的不满情绪。中央为渡过难关，不得不通过发动大生产运动增加了供给，而且通过反对浪费减少了需求，最终渡过了难关。

共产党人之所以能够形成艰苦奋斗的作风，一方面在于高级领导干部的严格要求。1938 年 10 月，毛泽东在《各方动员战胜敌人对晋察冀边区的进攻》中指出:“在党政军民中进行深入的政治动员，建立起持久抗战胜利信心，争取持久，准备艰苦奋斗，是一切工作的重心。”1939 年 5 月，毛泽东在《国民精神总动员的政治方向》中强调:“我们民族历来有一种艰苦奋斗的作风，我们要把它发扬起来。要把现在许多人中间流行的那种自私自利，贪生怕死，贪污腐化，萎靡不振的风气，根本改变过来。”1943 年 4 月，朱德在《革命军队的纪律》中强调，在军队中，绝对禁止一切贪污、腐化、浪费的行为。在解放战争初期，朱德也指出:“为了解决自卫战争中的财政供应问题，必须一面发展生产，一面用大力整理财政，缩减一切可缩减的人员，节省一切非切要的开支。由上级负责人以身作则，降低干部生活水平，表扬艰苦奋斗的作风，严禁铺张浪费、贪污腐化，犯者要加以严办。只有这样，根据地的长期的坚持才有保障。”刘少奇也多次对粮食浪费问题、对民力和物质资财的不爱惜问题提出批评，认为这种行为是对革命的不负责任，是犯罪。另一方面，相关规章制度的制定和落实发挥了重要的规范作用。1942 年 12 月，毛泽东在《抗日期间的经济问题和财政问题》中指出:“经济和财政工作机构中的不统一、闹独立性、各自为政等恶劣现象，必须克服，而建立统一的、指挥如意的、使政策和制度能贯彻到底的工作系统。这种统一的系统建立后，工作效能就可以增加。”中共中央各机关和陕甘宁边区政府建立了相关的财政制度，严格各项收支，不允许铺张浪费。同时，上至边区政府主席，下至乡政府乡长，都不发薪饷，实行最低的津贴制度。

二、新时期仍然需要艰苦奋斗

1949 年 10 月 26 日，毛泽东在接到延安人民恭贺新中国成立的贺函后，给延安和陕甘宁边区人民的复电中再次强调艰苦奋斗，他号召“全国一切革命工作人员永远保持过去十余年间在延安和陕甘宁边区的工作人员中所具有的艰苦奋斗作风。”复电强调了共产党在革命取得胜利成为执政党后，不能丢掉在革命战争时期形成的艰苦奋斗作风。

共产党是在艰苦奋斗中成长壮大的，通过艰苦奋斗赢得了广大人民群众的信任和拥护支持。虽然现在人民的物质生活条件是延安时期无法比拟的，但是仍然要牢记“成由勤俭败有奢”的古训，发扬艰苦奋斗的传统。在接管北京之前，毛泽东告诫全党同志要坚持“两个务必”：一是务必保持谦虚、谨慎、不骄、不躁的作风；二是务必保持艰苦奋斗的作风。“两个务必”是针对革命取得胜利后可能会出现的居功自傲、贪图享受的情况提出的警告。此后，邓小平、江泽民、胡锦涛、习近平等党和国家领导人在各个时期都强调要保持艰苦奋斗的优良作风。但是，共产党已经从一个革命党，发展成为执政党，执政环境也从外部封锁和实行计划经济，转变成为对外开放和发展社会主义市场经济。这一深刻变化，使党的干部面临着权力和利益的双重诱惑和考验。在诱惑面前，一些党员干部丢弃了艰苦奋斗的优良作风，贪图享受、骄奢淫逸，从“人民公仆”变为“人民主人”。有的甚至利用公权力寻租，通过老乡会等非组织活动结党营私，构建固化的利益集团，牟取非正当的垄断利益，给家属、亲朋好友服务，走向党的反面，威胁着党的执政基础。在新的时代条件下，领导干部在工作和生活上，都需要弘扬艰苦奋斗的优良传统，自觉抵御不良风气的诱惑，才能推进党和国家事业的发展。

习近平也指出，国家的财力虽然是不断增加了，但决不能大手大脚糟蹋浪费！要坚持勤俭办一切事业，坚决反对讲排场比阔气，坚决抵制享乐主义和奢靡之风。在我们社会主义国家，决不能发生旧社会那种“朱门酒肉臭、路有冻死骨”的现象。到新中国成立100年时，要实现建成富强民主文明和谐美丽的社会主义现代化国家的目标，实现中华民族伟大复兴中国梦更需要长期艰苦奋斗。

三、新时期弘扬艰苦奋斗精神的保障措施

改革开放后，随着经济的快速发展和人民生活水平的大幅度提高，一些人先富起来，奢靡之风在一定范围内兴起。在这种大的环境下，部分领导干部抛弃艰苦奋斗的主要表现是：一边努力工作，一边贪污享受。因此，针对当前的问题，发扬艰苦奋斗的优良作风重点在“艰苦”二字。

首先，需要各级领导带头。中共中央政治局关于改进工作作风密切联系群众的规定，为全党各级领导发挥了示范带头作用。“八项规定”提出以来，先后公布了大批违反规定的案件，有效地扭转了奢靡之风。不过，习近平曾强调：“改进工作作风的任务非常繁重，‘八项规定’是一个切入口和动员令，‘八项规定’既不是最高标准，更不是最终目的，只是我们改进作风的第一步，是我们作为共产党人应该做到的基本要求。”因此，各级领导需要继续发挥带头示范作用，以身作则，并严格要求本地区、本部门的各级干部，弘扬艰苦奋斗的优良作风。

其次，需要进一步严格执行相关规章制度。2015 年 10 月，中共中央印发的《中国共产党廉洁自律准则》和《中国共产党纪律处分条例》，为全面从严治党树立了道德高线和纪律底线。《中国共产党廉洁自律准则》简明扼要，但是，为所有中共党员提供了行为标准。《中国共产党纪律处分条例》坚持纪法分开、纪在法前、纪严于法，强调他律，划出了领导干部不可碰触的底线。严格执行厉行节约反对铺张浪费的各项规定，要切实厉行节约，坚决制止奢侈浪费。所有党组织都应该严格执行这些党纪党规，对于违反规定的党员，尤其是领导干部要认真查摆问题，给出适当的处理，实现约束作用。同时，积极推进财政预决算、“三公”经费和行政经费公开，严格控制行政经费支出，进一步完善相关财务管理制度，为严肃整治公款大吃大喝、用公款相互宴请等行为发挥积极作用。

最后，各级党组织要切实担负起管理责任，加强对党员干部的教育。教育活动要避免泛泛而谈，不能回避重要问题，要认真结合单位具体实际开展，深入剖析典型问题，切实做到入脑入心。教育要取得实效，还必须注意与相关规章制度结合，切实做到思想引导和制度约束的融合。思想教育还要和发展中的具体困难相结合，讲清楚面临的国内外形式和发展障碍，最终使党员干部牢固树立“过紧日子”的思想，认真发挥职能作用，坚持勤俭为民。

执笔人：刘传磊

57　弘扬延安精神要切实加强党的建设

从生成机理看，延安精神是中国共产党在延安时期不断加强自身建设的品质积淀。从本质内涵看，延安精神是中国共产党人党性的集中体现。历史和现实都充分表明，延安精神的形成、发展和党的建设紧密联系在一起，继承和弘扬延安精神要切实加强党的建设。

一、不断加强理想信念教育，使党员领导干部始终坚守延安精神之坚定正确政治方向的灵魂

坚定正确的政治方向是延安精神的灵魂，而政治方向则是指人们的政治理想、革命信念和奋斗目标，具有很强的阶级性和时代性。无产阶级及其政党的政治方向就是为实现共产主义而奋斗的崇高理想和坚定信念。延安时期，党领导人民在极其艰苦、复杂的民族斗争和阶级斗争中，之所以能够始终保持清醒的政治头脑和旺盛的革命斗志，靠的就是正确的政治方向的指引和激励。因此，新时期大力弘扬延安精神的首要一点，就是继续加强理想信念教育，牢牢把握正确政治方向这条红线不动摇。

1945 年党的七大上，刘少奇在《关于修改党章的报告》中指出：

我们党从它产生时起，就以无产阶级的立场去领导中国的资产阶级革命，就以马克思列宁主义的普遍真理与中国工人运动和中国革命的具体实践相结合，就具有无产阶级先进政党的各种优良作风。也证明并要求了我们党从来就是一个无产阶级的、马克思列宁主义的政党。特别是在延安时期，中国共产党站在无产阶级的立场和中华民族的立场，坚持把马克思主义基本原理和中国革命具体实践相结合，创立了毛泽东思想，开辟了农村包围城市、武装夺取政权的中国特色革命道路。真正解答并奠定了中国共产党的使命，也解答了我们党要走的路、要把握的方向。

党的十八大以来，以习近平同志为核心的党中央也深刻认识到了这一点，并且一针见血地指出党发展存亡的关键问题。习近平曾多次在党内强调，党的先进性和党的执政地位不是一劳永逸、一成不变的，过去先进不等于现在先进，现在先进不等于永远先进；过去拥有不等于现在拥有，现在拥有不等于永远拥有。在决胜全面建成小康社会、夺取新时代中国特色社会主义伟大胜利的新形势下，我们加强党的建设，就是要坚定正确的政治方向，始终把党的政治建设摆在首位，用习近平新时代中国特色社会主义思想武装全党，与时俱进、开拓创新，确保党始终走在时代前列，始终成为全国人民的主心骨，始终成为实现中华民族伟大复兴中国梦的坚强领导核心。

二、始终遵循理论与实际相统一的教育原则和方针，使党员领导干部牢牢把握延安精神之实事求是的理论和思想基础

理论和实际相统一，不仅是马克思主义的一个基本原则，也是干部

教育培训的基本方针。1937年10月，毛泽东在《目前抗战形势与党的任务报告提纲》中就指出："加强党内的马列主义的教育，理论与实际的一致。"[①]当时，张闻天也强调我们的干部不仅要利用一切机会来学习理论，更要使实际与理论联系起来。为此，我们必须改善教育工作，坚决反对过去的公式主义和教条主义的残余，使我们的干部学会能够使用马克思列宁主义的方法，去分析具体的环境，并从这种分析中得出一定的行动方针，成为统一理论与实际的人。在这样的精神指导下，李维汉在1939年5月召开的干部学习动员大会的报告中，也指出理论与实际联系起来的原则无疑是教育事业中最基本的原则。随后，《中央关于干部学习的指示》《中央关于办理党校的指示》《关于在职干部教育的指示》等文件，都明文强调了理论与实际相统一的教育原则和方针。也正是因为遵循了实事求是的思想路线，延安时期的中国共产党在全党大兴学习理论之风、调查研究之风、求真务实之风、总结经验之风。直到今天，我们党自上而下组织党的群众路线教育实践活动、"三严三实"专题教育，推进"两学一做"学习教育常态化制度化等切实改进党的作风的各项"接地气"的重要举措，其主题、宗旨、要义、活动内容无一不是来源于此，所倡导的、所反对的也全部来源于延安时期坚持实事求是思想路线的优良传统和作风。

可以说，不论何时何地，只有坚持理论与实际相结合，才能推进我们的各项工作，只有坚持理论联系实际，才是真正地学习贯彻《干部教育培训工作条例》和全国党校工作会议精神，也才是对延安精神的真正继承和弘扬。

---

① 《毛泽东文集》第2卷，人民出版社1993年版，第60页。

三、切实加强党的群众路线、群众观点和群众工作方法教育，使党员领导干部时刻牢记延安精神之全心全意为人民服务的本质内涵

群众路线是党的三大法宝之一，也是毛泽东思想活的灵魂之一。1943年6月，毛泽东在《关于领导方法的若干问题》中指出："在我党的一切实际工作中，凡属正确的领导，必须是从群众中来，到群众中去。"[①]在党的七大上，他又特别指出：我们共产党人区别于其他任何政党的一个显著标志，"就是和广大人民群众取得最密切的联系"。"全心全意地为人民服务，一刻也不脱离群众；一切从人民的利益出发，而不是从个人或小集团的利益出发；向人民负责和向党的领导机关负责的一致性；这些就是我们的出发点。"[②]也正是在七大上，我们党把群众路线的基本精神载入党纲和党章中。总之，在延安时期我们党就形成了一切为了人民群众、全心全意为人民服务、一切向人民群众负责、相信群众自己解放自己和向人民群众学习等群众观点以及从群众中来、到群众中去，一般号召和个别指导相结合，领导与群众相结合等一系列群众工作方法。这些群众路线、群众观点和群众工作方法既是延安精神孕育形成的重要实践指导，也是延安精神的重要内容和体现。全心全意为人民服务的根本宗旨是延安精神的本质内涵。因此，全心全意为人民服务既是衡量共产党员一切言行的根本标准，也是大力弘扬延安精神的本质要求。

党的十八大以来，以习近平同志为核心的党中央紧紧抓住并率先垂范的群众路线教育实践活动，目的就在于使全党再次接受群众路线教育，

---

① 《毛泽东选集》第3卷，人民出版社1991年版，第899页。
② 《毛泽东选集》第3卷，人民出版社1991年版，第1094—1095页。

重温“一切为了群众，一切依靠群众，从群众中来，到群众中去”的深刻内涵，充分发挥和用好群众路线这一我们党的政治优势。历史告诉我们:我们党之所以“得民心”，是因为“一切为了人民”;之所以“得天下”，是因为“一切依靠人民”。我们党的最大政治优势是密切联系群众，党执政后的最大危险是脱离群众。在新形势下，我们只有把实现好、维护好和发展好人民群众的根本利益作为一切工作、特别是基层党组织建设的出发点和落脚点，坚持立党为公、执政为民，坚持权为民所用、情为民所系、利为民所谋，坚持问政于民、问需于民、问计于民，才能始终获得人民群众的拥护和支持。在党的十九大报告中，习近平再次振聋发聩地告诫全党:“一个政党，一个政权，其前途命运取决于人心向背。人民群众反对什么、痛恨什么，我们就要坚决防范和纠正什么。”[①] 只有这样，才是在真正地继承和弘扬延安精神。

四、继续加强艰苦奋斗等优良作风教育，使党员领导干部牢牢把握延安精神之艰苦奋斗的主要特征

在延安的艰苦岁月里，自力更生、艰苦奋斗是激励全体军民克服重重困难，不断走向胜利的巨大精神动力。在此艰苦卓绝的斗争实践中，中国共产党带领陕甘宁边区的军民坚持自己动手、丰衣足食，形成了崇尚节俭、戒奢倡廉、励精图治、锐意进取的优良作风和精神。因此，自力更生、艰苦奋斗是延安精神的重要特征。大力弘扬延安精神，自然离不开要继续发扬自力更生、艰苦奋斗的创业精神。毛泽东曾指出，有嘴

① 《中国共产党第十九次全国代表大会文件汇编》，人民出版社 2017 年版，第 49 页。

上的马克思主义，还有手和足的马克思主义。艰苦奋斗就是足，没有足是不能走路的。延安时期如此，新时代也要如此，这是由我国的基本国情和我们党肩负的重要历史使命决定的。

党的十八大再次重申了我国处于并将长期处于社会主义初级阶段的基本国情以及我国发展的新的阶段性特征，在现阶段坚持艰苦奋斗的优良传统，就是我们党基于这一最大国情的一种理性自觉。在资源矛盾、社会发展、体制改革等方面，这种传统精神在反对浪费、反对“四风”、建设节约型社会等方面，具有很强的现实意义。而且，党的十八大提出了“两个一百年”奋斗目标，习近平又适时提出了实现中华民族伟大复兴中国梦。党的十九大开启全面建设社会主义现代化国家的新征程。这些重要历史使命的完成，也必然离不开全党、全国各族人民的艰苦奋斗。当然，发扬艰苦奋斗的传统和作风，也要不断地赋予它新时代的内容。现阶段倡导艰苦奋斗，不是要人们再去过革命时期的“苦日子”，也不是要否定合理的物质利益，而是要大力提倡艰苦奋斗、自强不息、与时俱进、开拓创新的精神，永葆共产党人的政治本色，老老实实艰苦创业，踏踏实实艰苦奋斗，用党员素养的提升来保障提升党组织的凝聚力和战斗力。在2018年的新年贺词中，习近平指出:“幸福都是奋斗出来的”[①]。在第十三届全国人民代表大会第一次会议上的讲话中，他热情颂扬了中国人民是具有伟大创造精神、伟大奋斗精神、伟大团结精神、伟大梦想精神的人民。[②]

执笔人：李后东

① 《国家主席习近平发表二〇一八年新年贺词》，《人民日报》2018年1月1日。

② 习近平:《在第十三届全国人民代表大会第一次会议上的讲话》，《人民日报》2018年3月21日。

58 中国共产党的政治优势和长期执政的最大危险

一、什么是我们党的政治优势和长期执政的最大危险

2011年，胡锦涛在纪念建党90周年讲话中指出：“90年来党的发展历程告诉我们，来自人民、植根人民、服务人民，是我们党永远立于不败之地的根本。以人为本、执政为民是我们党的性质和全心全意为人民服务根本宗旨的集中体现，是指引、评价、检验我们党一切执政活动的最高标准。全党同志必须牢记，密切联系群众是我们党的最大政治优势，脱离群众是我们党执政后的最大危险。我们必须始终把人民利益放在第一位，把实现好、维护好、发展好最广大人民根本利益作为一切工作的出发点和落脚点，做到权为民所用、情为民所系、利为民所谋，使我们的工作获得最广泛最可靠最牢固的群众基础和力量源泉。”[①]这段话讲得很深刻、很精辟、很到位，把我们党的执政目的、执政基础和党同人民群众之间的关系讲得非常清楚。而且明确告诫全党同志必须牢记：“密切

① 中共中央文献研究室编：《十七大以来重要文献选编》下，中央文献出版社2013年版，第441页。

联系群众是我们党的最大政治优势，脱离群众是我们党执政后的最大危险”。这一告诫振聋发聩，促人深思警醒。党的十八大以来，习近平结合新的时代特点，不仅多次指出脱离群众的危险，还特别指出最具代表性的“四风”问题，指出：“‘四风’是违背我们党的性质和宗旨的，是当前群众深恶痛绝、反映最强烈的问题，也是损害党群干群关系的重要根源。党内存在的其他问题都与这‘四风’有关，或者说是这‘四风’衍生出来的。‘四风’问题解决好了，党内其他一些问题解决好了，党内其他一些问题解决起来也就有了更好条件。”①

二、如何以最大政治优势防止最大危险

马克思主义政党是新型的工人阶级政党，密切联系群众是这个党区别于其他政党的显著标志。无论是革命战争时期还是和平建设时期，无论是夺取政权还是巩固政权，人民群众始终是马克思主义政党的力量源泉和胜利之本。什么时候马克思主义政党能够密切同人民群众保持血肉联系，党的事业和一切工作就有了坚实的根基，就能顺利发展、不断前进；如果脱离了群众，失去人民群众的拥护和支持，马克思主义政党及其事业就会遭受挫折，面临严重的危险。中国共产党作为马克思主义政党，经过不懈努力，党的地位已经发生了历史性的变化。执政地位既为广大党员干部提供了为人民服务的有利条件，也容易使一些党员干部沾染官僚主义习气，滋长特权思想。执政以前，在残酷的革命战争和艰苦的生活环境中，党离开群众就无法生存，这个时候党找群众、联

① 中共中央文献研究室编：《十八大以来重要文献选编》上，中央文献出版社2014年版，第314页。

系群众的自觉性很强。执政以后，由于地位变了，手中有权力，人民群众也把自己的幸福、命运、利益全部寄托在党的身上，很多事是变成群众找党。这样能否正确对待和运用人民赋予的权力，能否始终保持与人民群众的血肉联系，能否永远做到不脱离群众，始终是我们党面临的一个十分严峻的考验。新形势下，尤其是一些党员干部中发生的形式主义、官僚主义、享乐主义、奢靡之风等“四风”问题，必须下大力气解决。习近平在十八届中央政治局常委与中外记者见面时强调:“打铁还需自身硬。我们的责任，就是同全党同志一道，坚持党要管党、从严治党，切实解决自身存在的突出问题，切实改进工作作风，密切联系群众，使我们的党始终成为中国特色社会主义事业的坚强领导核心”。[①] 所谓不断提高领导水平和执政能力，提高拒腐防变和抵御风险的能力，从某种意义上说，关键在于提高密切联系群众、防止脱离群众的能力。

马克思主义认为，人民群众不仅是历史的创造者，而且是推动人类社会前进的主要力量。古今中外无数历史事实反复证明，人心向背是关系到任何一个国家政权或政党生死存亡的决定性因素。早在20世纪抗日战争时期，民主人士黄炎培在延安窑洞中就向毛泽东提出了封建王朝“其兴也勃焉，其亡也忽焉”兴衰周期率问题，毛泽东回答说已找到了解决的办法，就是“民主”。“民主”就是人民当家作主，人民是国家真正的主人。毛泽东当时就看到了“水能载舟，亦能覆舟”是一条不以任何阶级、任何政党的意志为转移的客观规律。毛泽东曾说过:“人民，只有人民，才是创造世界历史的动力。”[②] 胡锦涛在党的十八大报告指

① 《习近平谈治国理政》第1卷，外文出版社2018年第2版，第4—5页。
② 《毛泽东选集》第3卷，人民出版社1991年版，第1031页。

出："全党必须牢记，只有根植人民、造福人民，党才能始终立于不败之地。""为人民服务是党的根本宗旨，以人为本、执政为民是检验党一切执政活动的最高标准。任何时候都要把人民利益放在第一位，始终与人民心连心、同呼吸、共命运，始终依靠人民推动历史前进。"①习近平在党的十九大报告中也强调："我们党来自人民、植根人民、服务人民，一旦脱离群众，就会失去生命力。……凡是群众反映强烈的问题都要严肃认真对待，凡是损害群众利益的行为都要坚决纠正。"②由此可见，"没有人民群众的拥护支持，就没有党的执政地位"，说的是党执政的权力来源问题，即"权为民所赋"。我们说党的执政地位，是历史的选择、人民的选择，应该说在根本上是人民的选择。因为如果没有"人民的选择"，任何个人和组织再"先进"也不能取得政权，即使取得了也持久不下去。当前，围绕保持党的先进性和纯洁性，在全党深入开展以为民务实清廉为主要内容的党的群众路线教育实践活动，着力解决人民群众反映强烈的突出问题，提高做好新形势下群众工作的能力。完善党员干部直接联系群众制度。坚持问政于民、问需于民、问计于民，从人民伟大实践中汲取智慧和力量。就是要自觉贯彻党的群众路线，始终保持党同人民群众的血肉联系，就是要不断巩固和加强党的执政地位，实现长期执政。

中国共产党奋斗了28年才成为执政党。总体来看，历经风雨的中国共产党经受住了执政的考验。问题在于，这场考验远未结束，长期执政就要经受长期的考验。特别在新形势下，党面临的执政考验、改革开放考验、市场经济考验、外部环境考验是长期的、复杂的、严峻的，精

---

① 中共中央文献研究室编：《十八大以来重要文献选编》上，中央文献出版社2014年版，第38、39—40页。

② 《中国共产党第十九次全国代表大会文件汇编》，人民出版社2017年版，第49页。

神懈怠危险、能力不足危险、脱离群众危险、消极腐败危险更加尖锐地摆在全党面前。不断提高党的领导水平和执政水平、提高拒腐防变和抵御风险能力，是党巩固执政地位、实现执政使命必须解决好的重大课题。而且，对党执政的这种考验、那种考验，说到底都是党群关系的考验。得人心者得天下，失人心者失天下。世界上已有一些执政几十年的共产党终至丢失政权、自身解体，没有经受住执政的考验，根本原因就是脱离群众，失去了群众的信任和支持。水能载舟，亦能覆舟。我们党正是凭借自己最大的政治优势，密切联系群众，紧紧依靠群众而执政的。一旦脱离群众，就要失去执政之基、力量之源，亡党亡国在所难免。全党必须要以密切联系群众这个政治优势，防止执政后脱离群众这个最大危险，这个警钟必须长鸣！因此，全党要增强紧迫感和责任感，“坚持党要管党、全面从严治党，以加强党的长期执政能力建设、先进性和纯洁性建设为主线，以党的政治建设为统领，以坚定理想信念宗旨为根基，以调动全党积极性、主动性、创造性为着力点，全面推进党的政治建设、思想建设、组织建设、作风建设、纪律建设，把制度建设贯穿其中，深入推进反腐败斗争，不断提高党的建设质量，把党建设成为始终走在时代前列、人民衷心拥护、勇于自我革命、经得起各种风浪考验、朝气蓬勃的马克思主义执政党”①。

执笔人：李后东

① 《中国共产党第十九次全国代表大会文件汇编》，人民出版社 2017 年版，第 49—50 页。

59 延安时期党的作风建设的基本经验

延安时期党的作风建设的成就，主要体现在形成了理论联系实际、密切联系群众和批评与自我批评的三大优良作风。回顾延安时期党的建设可以发现，成熟的中央领导集体、明确的指导思想和有效的整风方式是形成优良作风的重要条件，也是延安时期作风建设的基本经验。

一、成熟的中央领导集体是形成优良作风的重要基础

延安时期，中国共产党形成了以毛泽东同志为核心的成熟稳定的党中央领导集体，这是在革命战争中成功应对国内外打击与挑战的基础，也是三大优良作风形成的前提。同时，各级领导机构的完善，各类干部教育活动的有效开展，为梳理良好的作风提供了基本的组织保障。从1938年9月政治局会议开始，毛泽东实际上主持了中共中央的工作。1943年3月，中央政治局会议通过中央政治局、中央书记处人员调整和工作会议制度建设，在组织形式上确立了毛泽东在中央领导集体中的核心地位，形成了包括毛泽东、刘少奇、朱德等同志在内的领导集体。他们了解中国的国情，又有丰富的实践经验，有力地保证了党的政策的科

学性和有效地落实。

二、明确的指导思想是形成优良作风的重要前提

以毛泽东同志为核心的党的第一代领导集体，通过总结历史的经验教训，认识到错误思想对中国革命造成的严重危害，逐渐明确的党的建设的指导思想，为形成优良作风奠定了重要基础。以理论联系实际为例，可以基本了解正确的指导思想对优良作风形成的重要性。1938 年召开的六届六中全会虽然确定了毛泽东在全党的领导地位，纠正了党内的右倾错误，但是主观主义仍然盛行。为了解决这个问题，毛泽东从 1941 年年初开始对主观主义进行了重点批判，并试图通过推动全党形成调查研究的风气，从根本上肃清主观主义在党内的影响。1941 年 3 月，毛泽东写了《农村调查》的序言，他指出："现在我们很多同志，还保存着一种粗枝大叶、不求甚解的作风，甚至全然不了解下情，却在那里担负指导工作，这是异常危险的现象。"他批评道："有许多人，下车伊始，就哇喇哇喇地发议论，提意见，这也批评，那也指责，其实这种人十个有十个要失败。因为这种议论或批评，没有经过周密调查，不过是无知妄说。我们党吃所谓钦差大臣的亏，是不可胜数的。而这种钦差大臣则是满天飞，几乎到处都有。"1941 年 5 月 19 日，毛泽东在延安干部会上作了《改造我们的学习》的报告。他指出："对于国内外、省内外、县内外、区内外的具体情况，不愿作系统的周密的调查和研究，仅仅根据一知半解，根据'想当然'，就在那里发号施令，这种主观主义的作风，不是还在许多同志中间存在着吗？"他认为："在全党推行调查研究的计划，是转变党的作风的基础一环。"1941 年 8 月 1 日，中共中央颁布了毛泽东起草的《中央关于调查研究的决定》，文件明确指出："二十年来，我党对于

中国历史、中国社会与国际情况的研究，虽然是逐渐进步的，逐渐增加其知识的，但仍然是非常不足；粗枝大叶、不求甚解、自以为是、主观主义、形式主义的作风，仍然在党内严重地存在着。”“对于二十年来由于主观主义与形式主义，由于幼稚无知识，使革命工作遭受损失的严重性，尚未被全党领导机关及一切同志所彻底认识。……还不知道，粗枝大叶、自以为是的主观主义作风，就是党性不纯的第一个表现；而实事求是，理论与实际密切联系，则是一个党性坚强的党员的起码态度。”根据毛泽东的要求和中央会议决定，中央和地方成立了调查研究机构，促进了一些经常性调查的开展。1941 年 8 月，中共中央政治局会议正式决定成立中央调查研究局，毛泽东兼任局长和政治研究室主任，任弼时为副局长。一些领导干部带领的调查团也开展了比较广泛的调查，在深入调查研究的过程中，逐步加深了对中国国情的了解，认识到了主观主义的危害。张闻天在《出发归来记》中指出，这次调查研究使他冲破了教条的囚笼。一年多的调查，使他对于过去是否是一个真正的唯物论者发生了怀疑，因为夸夸其谈、自以为是的作风，不是一个真正唯物论者的作风，要做一个真正的唯物论者，一切工作必须从客观的实际出发，而不能从主观愿望出发。

三、党内整风是形成优良作风的重要途径

延安时期，中国共产党通过整风的方式解决了党内思想认识问题，在纠正主观主义、教条主义、官僚主义、宗派主义的过程中，形成了党的优良作风。在内忧外患的情况下，为了抗日战争的胜利和抵抗国民党的围困，面对党内理论基础薄弱和各种错误思潮滋生的局面，尤其是以王明为代表的“左”倾教条主义盛行，中共中央开展了整风运动，主要

是反对主观主义以整顿学风；反对宗派主义以整顿党风；反对党八股以整顿文风。经过长时间的准备后，1941 年 5 月 19 日，毛泽东在延安党的高级干部会上作《改造我们的学习》报告，标志着整风运动正式开始。经过毛泽东精心编辑出版的《马恩列斯思想方法论》和《六大以来》等重要历史文献为全党提供了整风学习文献资料。1942 年 2 月 8 日，毛泽东在中央宣传干部会议上作了《反对党八股》的报告，标志着整风运动进入全党普遍学习阶段。1944 年 5 月，党的六届七中全会讨论通过了《关于若干历史问题的决议》，延安整风运动胜利结束。延安整风运动冲破了党内的教条主义束缚，确立了实事求是的思想路线，使全党进一步掌握了马克思主义普遍真理和中国革命实践相结合的正确方向。经过整风运动，在全党确立了"三大优良作风"，形成了具有中国特色的党的作风建设体系。并且造就了一大批能够正确运用马克思主义的优秀人才，壮大了在中国坚持和发展马克思主义的骨干队伍。

四、新时期党的作风建设的主要措施

延安时期党的作风建设取得的伟大的历史经验在今天仍然有鲜明的针对性。新时期加强党的作风建设，仍然需要围绕继续发扬党的三大优良作风加强党的建设。第一，加强调查研究，切实做到理论联系实际。调查研究是实现理论联系实际的有效途径，从毛泽东到习近平，都十分重视调查研究。新时期应该从三个方面来看待调查研究。首先，要从加强党性修养的高度来认识调查研究。其次，要从审查工作的角度认真开展调查研究。最后，需要通过建章立制来保障调查研究。第二，建立具体机制，切实做到密切联系群众。通过规章制度的建立，使各级领导干部经常走入群众中去，了解群众的冷暖，真正解决好群众最关心、最直接、最现实的利益问题。做到思想建党和制度治党紧密结合，使领导干部切实做到密切联系群众。第三，严肃党内政治生活，切实做好批评和自我批评。习近平指出:“有什么样的党内政治生活，就有什么样的党员、干部作风。”因此，必须使党内政治生活严肃认真起来，通过开诚布公地开展党的民主生活会，认真开展批评和自我批评，使党内政治生活起到改造干部的作用。用好批评和自我批评这个武器，开展积极健康的思想斗争，帮助党员干部坚持真理、修正错误，不能回避主要问题，必须结合工作实际严肃开展。按照“团结—批评—团结”的指导思想，最终实现分清是非、统一意志的目的。

执笔人：刘传磊

60　延安整风的现实启示

延安整风是一次全党范围内的马克思主义教育运动。自 1941 年 5 月毛泽东发表《改造我们的学习》开始，到 1945 年 4 月党的六届七中全会通过《关于若干历史问题的决议》结束，共历时四年，旨在清算党内长期占统治地位的“左”倾错误路线及其表现形式，通过批判教条主义和经验主义两种形态的主观主义，教育全党干部学会运用马克思主义的立场、观点和方法，研究和解决中国革命的具体问题。延安整风主要是反对主观主义以整顿学风，反对宗派主义以整顿党风，反对党八股以整顿文风。

这次整风运动是一次全党范围内的马克思主义思想教育运动，也是破除党内把马克思主义教条化、把共产国际决议和苏联经验神圣化错误倾向的伟大思想解放运动。通过整风运动，实现了在以毛泽东同志为核心的中共中央领导下全党的新的团结和统一，为抗日战争的胜利和新民主主义革命在全国的胜利，奠定了重要的思想政治基础，也形成了一整套党的优良作风，这就是理论联系实际的作风、密切联系群众的作风，批评和自我批评的作风。1944 年 5 月至 1945 年 4 月，中共中央召开了六届七中全会，通过了《关于若干历史问题的决议》，对党的历史和党的路线的总结从一般经验上升为理性认识，由此，全党在马克思主义基础上达到了空前的团结和统一。延安整风结束了，留下了伟大的整风精神，它谱写了中国共产党建设史上极其光辉的一页，给我们留下了极其珍贵的精神财富。发扬延安整风精神，继承党的三大优良作风，对于我们在新的历史条件下进一步搞好党的作风建设，仍然具有重要的现实意义。

一、延安整风从领导干部的教育入手，这对选择新时期加强党的作风建设的切入点提供了很好的借鉴

延安整风就是针对建党以来党内出现的多次“左”右倾错误给党的事业造成的严重危害而提出的从思想上建设党的一大创举和实践。延安整风的重点是党员领导干部尤其是党的高级领导干部。毛泽东指出:“此次整风是全党的，包括各部门各级干部在内”，“整风，主要是整高级干部。”毛泽东认为：一方面，犯思想病最严重的也是这些干部中的人；另一方面，从高级干部的职能和作用看，他们对纠正错误、端正党的思想路线的作用大。“只要把他们教育好了，下级干部的进步就快了。”通过整风，在党内形成了新的工作作风，这就是理论和实践相结合的作风、和人民群众紧密地联系在一起的作风以及批评与自我批评的作风。当前，各级党员干部在联系群众、服务群众方面做了大量富有成效的工作，但在有的领导干部中，形式主义、官僚主义、享乐主义突出，奢靡之风严重，这主要表现在理想信念动摇，宗旨意识淡薄，精神懈怠；贪图名利，弄虚作假，不务实效；脱离群众，脱离实际，不负责任；铺张浪费，奢靡享乐，甚至以权谋私、腐化堕落。这些问题，严重损害了党在人民群众中的形象，严重损害党群干群关系，必须认真加以解决。因此，新时

期党的建设，也必须从领导干部作风建设抓起。习近平在庆祝中国共产党成立 95 周年纪念大会上的讲话中明确指出：“我们要从中央政治局常委会、中央政治局、中央委员会抓起，从高级干部抓起，持之以恒加强作风建设，坚持和发扬党的优良传统和作风，坚持抓常、抓细、抓长，使党的作风全面好起来，确保党始终同人民同呼吸、共命运、心连心。”因此，每一个领导干部，特别是高级领导干部都要对自己高标准、严要求，要求别人做到的自己首先做到，要求别人不做的自己坚决不做，真正做到认识高一层、学习深一步、实践先一着、剖析解决突出问题好一筹。通过领导干部特别是高级领导干部作风的转变，带动和促进全党作风的转变，从而开创党的作风建设的新局面。

二、延安整风提倡的“惩前毖后、治病救人”与“批评和自我批评”的方法是加强新时期党的作风建设的重要借鉴

毛泽东在《整顿党的作风》一文中提出了“惩前毖后、治病救人”的方针。“惩前毖后”就是帮助犯错误的党员认识错误的重要性，找出错误的根源，以使本人和其他人从中吸取教训，并在后来的工作中引以为戒。“治病救人”就是帮助犯错误的人改正错误，好像医生治病一样救人，而不是把人整死。所以说，“惩前毖后”就是为了“治病救人”。这样的方针，既有科学的理论依据，又是从党内生活的实际出发的。

与“惩前毖后、治病救人”一样，批评和自我批评也是延安整风运动中的一个显著特点，是延安整风能够深入人心、能够触及灵魂的关键所在。在延安整风中，人们敢于自我批评，向自我挑战，向自我作严格的审查和斗争，检查自己的思想、工作和作风。勇于批评、对犯错误的

同志本着“惩前毖后、治病救人”的方针，展开思想斗争，予以帮助。而“批评和自我批评”更多强调的是自我批评。自我批评是一个很难办到的事，但是延安整风期间严格执行，并严格地解剖自己。同时，领导带头作自我批评。1942年毛泽东在中央学习组会议上的讲话中明确指出：“批评和自我批评是一个整体，缺一不可。但作为领导者，对自己的批评是主要的。”[①]领导干部带头作自我批评，这对于顺利开展批评和自我批评产生了决定性的作用。在延安整风中，绝大多数干部都遵循了“惩前毖后、治病救人”的方针开展批评和自我批评。通过这种方法，延安整风达到了既弄清思想，又团结同志的目的，从而实现了全党在马克思列宁主义基础上的团结和统一，实现了党和人民的团结和统一，为取得抗日战争和解放战争的最后胜利奠定了坚实的思想基础。实践证明，批评和自我批评是进行党的建设的重要途径，它对于保证党的正确决策、增进党的团结统一、保持党在人民群众中的光辉形象，有至关重要的作用。

在新的历史条件下，随着世情、国情、党情的不断变化，党的作风建设面临着比以前更多的新情况。面临新情况、新问题，我们能否经受长期执政的考验，做好人民满意的答卷，也需要继续发扬延安整风精神。正如党的十九大报告中所指出的，持之以恒正风肃纪，必须“坚持开展批评和自我批评，坚持惩前毖后、治病救人，运用监督执纪‘四种形态’，抓早抓小、防微杜渐”，永葆党的先进性、纯洁性，切实把反腐倡廉工作引向深入，毫不动摇地把党建设得更加坚强有力，确保党在世界形势深刻变化的历史进程中始终走在时代前列，在应对国内外各种风险和考验的历史进程中始终成为全国人民的主心骨，在坚持和发展中国特色社会主义历史进程中始终成为坚强领导核心。

---

① 《毛泽东文集》第2卷，人民出版社1996年版，第418页。

三、延安整风把祛除不正之风作为重点，这为今天反对“四风”，加强党的作风建设提供了重要参考

反对主观主义以整顿学风，反对宗派主义以整顿党风，反对党八股以整顿文风是延安整风的重点。毛泽东在整风期间指出，要完成打倒敌人的任务，必须完成整顿党内作风的任务，“只要我们党的作风完全正派了，全国人民就会跟我们学，党外有这种不良风气的人，只要他们是善良的，就会跟我们学，改正他们的错误，这样就会影响全民族。”从毛泽东的话语中足见当时党内祛除不正之风的决心。在整顿学风方面，通过开展全党范围的学习教育，从实际出发重新认识了马克思主义，纠正了教条主义，形成了科学正确的思想路线；在整顿党风方面，重点整治逐渐抬头的山头主义和独立主义，建立了集中统一的政权系统。在整顿文风方面，重点整治写文章拘泥于死套路，讲话没有实质内容的问题，树立了理论联系实际的务实学风。

今天，加强党的作风建设的前提也必须是祛除党内不正之风，在全党树立起良好风气。以习近平同志为核心的党中央，以身作则，聚焦“四风”问题，制定出台了改进工作作风、密切联系群众的“八项规定”，迈出了改进作风的第一步。在党内集中开展的群众路线教育实践活动，就是以紧紧围绕保持和发展党的先进性和纯洁性，以“为民、务实、清廉”为主题，按照“照镜子、正衣冠、洗洗澡、治治病”的总要求，着力解决不符合为民务实清廉要求的问题。从改进工作作风、密切联系群众的“八项规定”到《中国共产党廉洁自律准则》《中国共产党纪律处分条例》，再到《中国共产党问责条例》，一系列党内规定的出台足见中央加强党的作风建设的决心之大。遵循习近平新时代中国特色社会主义思想，我们党以坚强的决心、空前的力度，推进全面从严治党，坚持思想

从严、管党从严、执纪从严、治吏从严、作风从严、反腐从严，管党治党实现从宽松软到严紧硬的深刻转变，积极健康的党内政治文化得到弘扬，党内政治生态明显好转，党的创造力、凝聚力、战斗力和领导力、号召力显著增强，党的团结统一更加巩固，党群关系明显改善，党在革命锻造中更加坚强，焕发出新的强大生机活力。

新时代，党要团结带领广大人民进行伟大斗争、建设伟大工程、推进伟大事业、实现伟大梦想，也需要弘扬伟大整风精神，全面推进党的政治建设、思想建设、组织建设、作风建设、纪律建设，把制度建设贯穿其中，深入推进反腐败斗争，不断提高党的建设质量，把党建设成为始终走在时代前列、人民衷心拥护、勇于自我革命、经得起各种风浪考验、朝气蓬勃的马克思主义执政党，从而在新时代中国特色社会主义的伟大实践中，以党的坚强领导和顽强奋斗，激励全体中华儿女不断奋进，凝聚起同心共筑中国梦的磅礴力量！

执笔人：王娜娜

61　大力发扬批评与自我批评的优良作风

批评与自我批评是我们党的优良传统和作风，改革开放以来，党中央一直强调要继承和发扬党的这一优良作风。党的十五届六中全会通过的《中共中央关于加强和改进党的作风建设的决定》强调："批评与自我批评，是我们党抵御各种政治灰尘和腐朽思想侵蚀、纠正自身错误、解决党内矛盾、维护党的纪律的有效方法，也是我们党光明磊落、富有生命力的重要体现。"①党的十八大报告也强调，要"开展批评和自我批评，营造党内民主平等的同志关系、民主讨论的政治氛围、民主监督的制度环境"②。这些都充分体现了党对这一优良传统和作风的高度重视。

一、为什么要开展批评与自我批评

开展批评与自我批评是解决党内矛盾的有效方法，是纠正党内错

① 中共中央文献研究室编:《十五大以来重要文献选编》下，人民出版社2003年版，第2009—2010页。

② 中共中央文献研究室编:《十八大以来重要文献选编》上，中央文献出版社2014年版，第41页。

误思想和不正之风的有力武器。我们党在每一个历史时期，都能根据形势任务的发展变化，针对党内存在的主要问题，积极开展批评与自我批评，在党的思想建设、政治建设、维护党的团结等方面发挥了巨大的作用。党的建设历史和实践证明，坚持用正确的原则开展批评与自我批评，党内的团结和统一才能达到一个新的高度，党的战斗力才能得到提升加强。只有坚持批评与自我批评，坚持讲真理不讲情面、讲党性不讲关系、讲原则不讲私情，才能及时发现错误，把错误消灭在萌芽状态，才能积累明辨是非、鉴别正误的经验，提高自己的思想水平和工作能力，切实发挥党员的模范带头作用，进一步改进党的作风，使党的作风建设提高到一个新的水平。毛泽东形象地将批评和自我批评比作“扫灰尘”“照镜子”“洗脸”。1948 年 7 月，彭真也指出：“批评与自我批评是整党的基本方法，是党进步的动力。要充分运用这一方法和武器来解决干部、党员的思想问题，分清是非，教育改造与提高他们的觉悟。”[①] 新时代，习近平将批评与自我批评比作“洗洗澡”“红红脸”“出出汗”。他多次强调：“批评和自我批评是清除党内政治灰尘和政治微生物的有力武器，必须以整风精神严格党内生活，着力提高领导班子发现和解决自身问题的能力。”[②] 在党的十九大报告中，他再次指出：“坚持开展批评和自我批评，坚持惩前毖后、治病救人，运用监督执纪‘四种形态’，抓早抓小、防微杜渐。”[③]

开展批评与自我批评是增强党的先进性、纯洁性和凝聚力、战斗力的必然要求。严肃认真地进行批评与自我批评，公开承认并改正自己的

① 《彭真文选（1941—1990）》，人民出版社 1991 年版，第 157 页。

② 中共中央文献研究室编：《习近平关于全面从严治党论述摘编》，中央文献出版社 2016 年版，第 27 页。

③ 《中国共产党第十九次全国代表大会文件汇编》，人民出版社 2017 年版，第 53 页。

缺点错误，是我们党区别于其他任何政党的一个显著标志。毛泽东明确指出，“党内如果没有矛盾与解决矛盾的思想斗争，党的生命也就停止了”，“共产党内的矛盾，用批评和自我批评的方法去解决”。[①] 在整风启动之际，毛泽东在中央党校发表了关于整顿“学风”“党风”“文风”的重要演说，演说一开始他就向全体学员亮出了“家丑”，他说：“究竟我们的党还有什么问题没有呢？我讲，还是有问题的，而且就某种意义上讲，问题还相当严重。”[②]这次演说究其性质“乃是全党范围的自我批评”。党的十八大报告指出，对马克思主义的信仰，对社会主义和共产主义的信仰，是共产党人的政治灵魂，是共产党人经受住任何考验的精神支柱。在经济体制深刻变革、社会结构深刻变动、利益格局深刻调整、思想观念深刻变化的新形势下，党员干部的政治立场、理想信念经历着前所未有的考验和挑战。有效应对这些考验和挑战必须坚持把党的理想树立得是否牢固，对党的事业是否忠诚，大是大非面前头脑是否清醒、态度是否鲜明，思想上、政治上和行动上是否同党中央保持高度一致，落实组织决定是否坚决等作为开展批评与自我批评的重点，作为衡量党员干部政治原则和理想信念的重要标尺，进一步引导党员干部锤炼党性、坚定信仰。就像习近平强调的：“批评和自我批评是我们党的优良传统，是增强党组织战斗力、维护党的团结统一的有效武器。”[③]

批评与自我批评有着丰富的思想内涵，对其中的原则、态度、方法、形式等，如能把握得当，必然会对党的建设产生重大现实意义。批评与自我批评是战胜自我、战胜敌人的强大武器。中国共产党在批评与自我

---

① 《毛泽东选集》第1卷，人民出版社1991年版，第306、311页。

② 《毛泽东选集》第3卷，人民出版社1991年版，第811页。

③ 中共中央文献研究室编：《十八大以来重要文献选编》上，中央文献出版社2014年版，第316页。

批评的作风中，克服了自身的错误、弱点，不仅实现了党内的大团结，也实现了与友党、友人的大团结，实现了与人民群众的大团结，赢得众人心，不仅迎来抗日战争的伟大胜利，并在此基础上赢得了中国民主革命的伟大胜利。中国共产党要不断从胜利走向胜利，就必须不断发扬光大批评与自我批评的作风。批评与自我批评是民主政治的试金石。批评与自我批评是实行民主政治、维护民主政治的有效手段，与专制政治是水火不相容的。在政治生活中是否采用批评与自我批评的方法，有没有批评与自我批评的氛围，往往是是否实行民主政治的标志之一，这对于一个国家来说是这样，对于一个政党来说也是如此。刘少奇在《论党》中就指出："扩大党内民主的中心一环，在于启发党员和干部的批评与自我批评。"[①] 历史的经验证明，哪个时代、哪个政党、哪个部门、哪个地方不搞批评与自我批评，就不会有民主政治，就会搞专制政治，最终会垮台。哪个政党、哪个时期、哪个部门、哪个地方能搞批评与自我批评，就有民主政治，就会兴旺发达、蒸蒸日上。当前，我们正处于实现"两个一百年"奋斗目标，实现中华民族伟大复兴中国梦的关键时期，批评与自我批评的优良作风更要继续发扬。

二、怎样开展批评与自我批评

正确地开展批评与自我批评，首先应以自我批评为主，同时还要正确对待各方面的批评。自我批评是相互批评的基础，相互批评是自我批评的深化和发展。没有认真的自我批评精神，也就不能正确地对待批评。

① 《建党以来重要文献选编（1921—1949）》第 22 册，中央文献出版社 2011 年版，第 426 页。

2016年1月，习近平在十八届中央纪律检查委员会第六次全体会议上对批评和自我批评进行了深刻分析，他指出："批评和自我批评存在的普遍性问题是，自我批评难，相互批评更难。难就难在为人情所困、为利益所惑，怕结怨树敌、怕引火烧身，说到底还是私心杂念作怪，缺乏党性和担当。'反听之谓聪，内视之谓明，自胜之谓强。'对自己的缺点错误，要敢于正视、主动改正。对别人的缺点错误，要敢于指出、帮助改进。对于同志的提醒批评，要闻过则喜、虚心接受。自我批评要一日三省，相互批评要随时随地，不要等小毛病发展成大问题再提。要让批评和自我批评成为党内生活的常态，成为每个党员、干部的必修课。"[①]

开展批评与自我批评一定要贯彻"惩前毖后、治病救人"的方针，运用"团结—批评—团结"的公式，坚持正确的立场。要站在马克思主义的政治立场上，对问题进行实事求是的科学分析，是什么问题就是什么问题，既不夸大也不缩小，更不能捕风捉影，强加于人。《解放日报》1945年9月18日报道，延川在总结区府工作时就提出，一般同志还缺乏实事求是的精神，在春耕总结检查时捏造数字。

开展批评与自我批评要树立正确的态度。坚持高标准、严要求，讲究方式方法，把科学性和严肃性结合起来。自我批评要在学习、提高和听取群众意见的基础上，从自我剖析入手，用一分为二的观点正视自己的缺点和不足，找准和抓住自己在党性党风方面存在的突出问题，从世界观、人生观上查找深刻的思想根源。金无足赤，人无完人。一个人无论知识多么渊博、工作经验如何丰富，工作中总会有不尽如人意的地方，正视自己，请别人剖析自己、总结自己，才能在工作、生活中少走弯路，

---

① 中共中央文献研究室编：《习近平关于全面从严治党论述摘编》，中央文献出版社2016年版，第34—35页。

提高效率，做到事半功倍。张闻天就写了近四万字《1943年延安整风笔记》，回顾了自己的经历和思想发展过程，对于六届四中全会后所犯错误进行了深刻的自我批评。周恩来也写了五万字的笔记，对自己存在的问题进行了不留情面的解剖。同时，有宽阔的胸怀，要豁达大度，虚心接受意见，做到闻过则喜，有则改之、无则加勉。坚持真理是党性观念、觉悟程度的综合反映，是健康人格的外在表现，是思想道德上的高境界。批评别人要出于公心，坚持一切从工作出发，一切从党的事业出发，敢于说短亮丑，承担责任，做到原则问题不让步，非原则问题不纠缠，着眼于提高认识，共同进步，真正达到“团结—批评—团结”的目的。

开展批评与自我批评要注意学习。要具备与工作相适应的素质、品行，必须坚持不懈的学习。接受正确思想、理论的指导越多、知识越多，思想水平和党性修养才会越高，才会有开阔的视野、坦荡的胸襟。加强学习，丰富头脑，净化心灵，就一定能正确对待和开展好批评与自我批评，以党员个体的纯洁性保证我们党整体的生命力。

开展批评与自我批评必须坚持一把手带头。在整风结束后，针对“审干”运动中暴露出的种种错误，毛泽东带头进行了自我批评以争得同志们的原谅。1945年2月15日，他在中央党校讲话时特别说道：“整个延安犯了许多错误，谁负责？我负责，因为发号施令的是我。别的地方搞错了，谁负责？也是我负责，因为发号施令的也是我。”[①]一把手有着风向标的作用，“一把手”对待专题民主生活会的态度，很大程度上决定了专题民主生活会的质量。党委主要负责同志要发挥引领作用，真正克服思想障碍，以树立标杆、向我看齐的态度，带头谈心交心，做到心中有数，把握全局；带头对照剖析，做到开门见山，揭短亮丑；带头深刻反

① 《毛泽东文集》第3卷，人民出版社1996年版，第262页。

省，做到刀尖向内，动真碰硬；带头开展批评，做到知无不言、言无不尽，真正体现整风精神。

开展批评与自我批评必须要“红红脸、出出汗”。批评是善意的帮助，也是负责任的警示。真正的批评，必然会触及痛处，让人如坐针毡。现实生活中的少数领导干部，之所以会最终走上违法乱纪的歧途，一个重要原因，就是党内生活的原则性不强，缺乏必要的思想斗争，使不良倾向因缺乏抵制而滋长蔓延，导致一些同志因得不到及时的警醒救治而蜕化变质。忠言逆耳、良药苦口，批评带点辣味，过后会开窍通络、全身清爽。

开展批评与自我批评必须实事求是。对问题要不回避、不夸大，以事实为依据，是什么问题就讲什么问题，既要开门见山、谈深谈透，又不捕风捉影、强加于人，否则，就会陷入无原则的纷争，就达不到团结的目的。要从团结的愿望出发，采取“团结—批评—团结”的方法，经过批评使矛盾得到解决，从而达到相互沟通、交流思想、凝聚共识、促进工作的目的。像王明、博古这些犯过严重错误的人，在党的七大上依然被选为中央委员。

执笔人：李后东

62 延安精神的教育要符合思想政治教育规律

延安精神是以中国共产党为核心的中华民族的优秀分子，在为争取民族独立和人民解放事业的奋斗中，在延安极其艰苦的环境下，所展现出来的理想信念、思想品德、精神风貌、工作和生活作风的精华和结晶。延安精神是中国共产党和中华民族的宝贵精神财富，是中华民族精神和革命精神的重要组成部分，是社会主义核心价值观的重要源泉之一，是开展爱国主义教育和思想政治教育的生动教材。

一个民族、一个国家，如果没有自己的精神支柱，就会失去凝聚力和生命力。当前，世界范围各种思想文化相互激荡、综合国力的竞争异常激烈，我们要进行伟大斗争、建设伟大工程、推进伟大事业、实现伟大梦想，都离不开精神力量所激发出的强大精神动力。2016 年 12 月，习近平在全国高校思想政治工作会议上指出："做好高校思想政治工作，要因事而化、因时而进、因势而新。要遵循思想政治工作规律，遵循教书育人规律，遵循学生成长规律，不断提高工作能力和水平。"为思想政治工作和思想政治教育学科发展提出了新的要求。延安精神的教育在本质上属于道德教育、思想政治教育的范畴，它是建立在受教育者能将其内化为自身行为规范和道德准则基础之上的内省行为，因而要遵循思想政治教育的基本规律。

当前，对延安精神的研究和宣传存在几个方面的倾向。首先是延安精神的教条化。诚然，延安时期是我们党历史上政风民风最好的时期之一，但是，我们也要清醒认识到，党的成熟和理论自觉不是一蹴而就的，延安精神也不是万能的，它并不能解决我们今天的全部问题。今天弘扬延安精神，既要借鉴延安时期成功的经验，也要吸取和总结教训，这就必须要把弘扬延安精神与把握其精神实质，实事求是、与时俱进地结合起来，形成相互促进、相互补充的局面。

其次是延安精神的形式化。弘扬延安精神必须反对形式主义。在学习宣传延安精神过程中，存在着一种将延安精神形式化、简单化和不讲求实效的倾向。这种倾向忽视了思想政治教育的本质。一些基本的理论观点和思想方法，没有贯穿于延安精神教育的始终，这就势必导致教育内容的零碎和肤浅，失去了科学的理论前提和厚实的思想根基，从而缺乏应有的深度和力度。比如，目前的延安精神教育中，有的内容过于陈旧，有的观念需要随着理论创新和实践深化而更新，某些价值观念（如效益、平等、公正等）未能在新的时代背景下予以新的认知和阐发。

最后要防止延安精神庸俗化。弘扬延安精神必须加强学习、宣传的严肃性、实效性，既要做到大众化，又要防止庸俗化。延安时期党之所以由小变大、由弱变强、使革命从低谷走向胜利，关键在于党实现了理论创新，并将理论、路线、方针、政策落到了实处，使人民感受到党是真正代表他们利益的。今天弘扬延安精神，就是要将延安精神真正体现在学习、研究、工作之中，就是要以学习、工作的实际效果来评价弘扬延安精神的效果。

有学者指出："在思想政治教育领域中，规律是多样化的，不同的活动层面和过程有不同的规律。如果要做大体的划分，则可分为三个层面：

从宏观上看，思想政治教育有其产生和发展的规律；从中观来看，思想政治教育过程中有其工作的规律；从微观来看，思想政治教育对象的思想品质形成发展也有其规律。”[①]延安精神的教育也要遵循和研究这三个方面的规律。

一、科学建构延安精神的内容体系

思想政治教育内容包括基础性内容、主导性内容和拓展性内容。其中，思想政治教育的基础性内容是思想政治教育内容结构中的基础部分，它是人的思想品德的最基本要求，主要包括传统美德教育、公民道德教育、爱国主义教育等内容系列；主导性内容是指体现思想政治教育方向和性质，在思想政治教育中起主导作用的内容，主要包括以思想理论教育、理想信念教育、民族精神教育和社会主义荣辱观教育等内容系列；拓展性内容则是思想政治教育主要包括以诚实守信教育、心理健康教育、创新精神教育等内容系列。

延安精神教育要在科学理论指导下进行，超越经验研究的局限，要在理论对话前提下和学术框架下进行研究，使内容更加规范科学。当前，延安精神的研究亟需规范化和学科化。延安精神是中国共产党的宝贵精神遗产，也是中华民族精神的重要体现。从政治文化的角度来看，延安精神是在特定的政治环境下发展形成起来的，直接推动了我们党、国家、民族的政治文化建构。不同的国家、民族、政党之所以具有不同的政治行为和政治选择，就是因为它们具有不同的政治文化。从这个角度来看，延安精神的内容就被赋予了新的学术价值和现实意义。

---

① 刘建军:《论思想政治教育的科学化》,《教学与研究》2011 年第 3 期。

同时，还要根据延安精神教育的要求，对内容进行加工，实现从研究成果向教育体系的转换。一是规范化，经验往往是不定型的，带有较大的随意性，而且难于实现人际传递和代际传递，因而延安精神的教育要遵循教育规律。二是理论化，经验的抽象程度较低，没有达到理论的高度，不能形成科学知识系统。要结合学科的特点，特别是延安精神教育的特点，制定和实施相应的学术研究规范。只有共同遵守学术规范，才能形成教育研究的合力，推动延安精神教育更好发展。

二、改进延安精神教育方式方法

应该不断丰富延安精神教育理论和研究工作，厚植理论积淀，在开展理论教育的同时，应该将理论教育与实际紧密结合在一起。延安精神教育如果仅仅运用空洞晦涩的理论，其效果会大打折扣，反而会让接受教育的人产生一定的抵触情绪。因此，在开展延安精神教育的过程中，要始终注重理论联系实际，让受教育者体会到教育的实践意义和实际功用，只有这样才能增强学习积极性，才能从兴趣出发，不断引导人们积极主动地学习。要根据实际需要和条件，运用多样化的方法和手段。特别是运用现代科技和传播手段，发挥网络等新兴媒体在延安精神教育中的作用。同时，要深入研究并进一步完善教学方式，使之更好地发挥作用。要鼓励多样化的尝试和探索，及时进行经验总结，并推广成功的教育教学经验。诸如案例教学、研究式教学、互动式教学等。

三、增强延安精神教育的时代性针对性

延安精神既是历史的，又是时代的。全球化、信息化带来了前所未

有的文化冲击，势必对延安精神提出新的时代要求。延安精神的弘扬应将历史文化精神与时代精神有机结合，从而保证其始终具有先进性、思想性、科学性，引领时代潮流。[①]思想政治教育的对象是人，如果只注重教育的过程，而不注重教育的结果，那么教育工作是不完善的。科学的思想政治教育工作应该以人的自我教育为结点，督促人们从自主意识的角度出发进行自我教育，从而形成以点带面、以面带面的扩散作用。思想政治教育的这个特点，要求在开展延安精神教育的过程中，从受众的角度出发，体现针对性和特殊性，只有本着“以人为本”的教育理念，才能分门别类地进行有针对性的教育，也才能促进人们的自我教育，切实提升延安精神教育工作的质量和实际效果。如果忽视“人”的因素，一味运用灌输式的教育方式，那么延安精神教育就是不完善的，不充分的。延安精神属于思想观念范畴，与人的世界观、人生观、价值观密切相连，受许多客观和主观因素影响，其内化需要一个长期学习和实践锻炼过程，这决定了教育是思想观念养成的重要因素但不是唯一因素，延安精神教育需要知识教育但是不能等同于知识教育，延安精神教育有其共性又因人而异。因此，延安精神教育需要我们深入研究，把握其规律性。

执笔人：张海波

① 张军:《延安精神对大学生思想政治教育的启示》,《思想政治教育研究》, 2014 年第 2 期。

63　弘扬延安精神要加强对青少年的教育

青年兴则国家兴，青年强则国家强。青少年肩负着祖国和人民的希望，是新时代中国特色社会主义建设的骨干和中坚，党的十九大宣告中国进入新时代，开启新征程，这是对全民族的召唤，更是对青年人的邀约。习近平在党的十九大报告中指出，青年一代有理想、有本领、有担当，国家就有前途，民族就有希望。中华民族伟大复兴的中国梦终将在一代代青年的接力奋斗中变为现实。

青少年的价值取向非常重要。习近平曾指出，青年的价值取向决定了未来整个社会的价值取向，而青年又处在价值观形成和确立的时期，抓好这一时期的价值观养成十分重要。

延安精神是中华民族精神的集中体现，是中国革命精神的结晶，是我们党永立于不败之地的传家宝，是实现中华民族伟大复兴的精神动力。延安精神与社会主义核心价值体系有着共同的理论渊源。弘扬延安精神是当前加强社会主义精神文明建设的重要内容，是帮助青少年树立远大理想，树立正确的世界观、人生观和价值观的有力武器。因此，用延安精神对青少年一代进行思想道德教育，具有重要的现实意义和深远的历史意义。

第一，二者都是我们中华民族几千年优秀传统文化的精华；第二，二者都是500多年世界社会主义运动的价值理念的积淀；第三，二者都是中国共产党多年对自己核心价值艰辛探索中逐步形成的丰硕成果。而社会主义核心价值体系和社会主义核心价值观，比延安精神的内容更加丰富、全面、系统、完善，是一个完整、系统、科学的理论和实践体系。二者在本质上是完全一致的、一脉相承的，都体现着共产党人的意识形态的本质要求，凝聚着中华民族优秀文化的精髓，是中国共产党一贯坚持的道路、方向、目标、理论、制度的价值表达。从某种意义上讲，社会主义核心价值体系是中国特色社会主义建设、改革、发展新时代的延安精神，但培育社会主义核心价值观又必须坚持弘扬、践行延安精神。

一、当代青少年的价值观现状

习近平指出，人类社会发展的历史表明，对一个民族、一个国家来说，最持久、最深层的力量是全社会共同认可的核心价值观。我国历经40年改革发展，社会转型全面展开，人们的价值观也在变化。与此相对应，我国的青少年价值观也出现了由单一到多样、由传统到现代、由困惑到自觉、由解构走向整合的转变。

1. 正确的价值观逐步形成

随着经济社会的不断发展，与社会主义市场经济相适应的价值体系也逐渐构建清晰，多样的青少年价值观也从纷繁复杂状态走向一元引导下的多样发展。随着社会主义核心价值体系的构建，青少年的价值观由多样、分化走向主流整合，社会主义核心价值观已成为当代青少年认同的价值理念。

2. 重视精神层面的追求

随着经济社会的发展，青少年对个人利益及自我价值实现有很多转向，一些青少年更多向生存、发展和自我成才努力，在现实主义和理想主义之间，多了些现实实惠的选择。但积极工作、甘于奉献仍是当代许多年轻人的职业准则。也有更多的年轻人在追求个人利益的同时，注意到他人利益实现的合理与平等，在追求物质改善的同时，注重精神意义的追寻。总之，与社会主义市场经济相适应的义利观推动了社会发展，并随着“生存”向“发展”的转变，青少年的义利观也在向多重结构变化，物质利益和精神追求、个人利益和社会利益，也呈现更多新的组合。

3. 责任感逐步增强

当代青少年的主体性与自我意识很强，但并非如人所言是“自我中心”的一代，他们在关注自我利益和价值实现的同时，也对他人、国家和社会担当责任。年轻一代在社会公共管理方面也表现出相应的主体性，他们不仅关注自身的合法权利，也关心他人、社会和国家大事，思考自己与他人、社会的关系，积极参与社会生活和政治生活。事实上，在社会各领域的志愿者队伍中、在学雷锋活动中、在各行各业的领军团队中，到处都能看到当代青少年活跃的身影。

虽然当代青少年得到了一定和成长和进步，但社会转型期利益与价值取向的多样化，新旧、中西价值观的碰撞，以及价值标准多层次和多样化的趋势，会不同程度地导致部分青少年出现一些是非模糊、善恶不明、荣辱错位的问题。一些青少年的价值虚无和感性娱乐文化的蔓延，会导致对传统价值和道德责任的淡化。青少年作为社会变革中最新锐而敏感的群体，也作为最有理想、有担当的社会力量，其价值观变化最能反映社会变化，也最能影响社会发展进程。

培育和践行社会主义核心价值观，是实现青少年发展的一条主线，是推进强国建设的一条主线。在新时代的起点上，青少年要掌握社会主义核心价值观建构的主导权，让价值观教育像空气一样无处不在，润物细无声，成为青少年成长的必需品，成为强国建设的压舱石，成为引领时代的动力源。

二、弘扬延安精神对于践行社会主义核心价值观的重要作用

传统优秀文化、红色革命文化和社会主义先进文化是中华民族思想文化的根本，是民族智慧的精华，对青少年的人格修养有着不可忽视的影响。优秀文化教育是素质教育的重要内容，也是未成年人思想道德的核心内容。因此，在构建社会主义和谐社会的过程中，大力加强优秀传统文化教育、红色革命文化教育和社会主义先进文化教育意义重大。

其中，弘扬延安精神对于践行社会主义核心价值观有着极其重要的作用。

1. 坚定正确的政治方向，是培育社会主义核心价值观的政治基础

背离了正确的政治方向，价值观就可能出现混乱。弘扬延安精神，坚持正确的政治方向，坚定马克思主义信仰，是建设社会主义核心价值观的灵魂。培育和建构社会主义核心价值观，必须坚定对中国特色社会主义的道路自信、理论自信、制度自信、文化自信，坚定不移地坚持中国特色社会主义的共同思想基础。

2. 实事求是是筑牢社会主义核心价值观的思想基础

要筑牢社会主义核心价值观的思想基础，就必须大力弘扬实事求是的精神和作风。几十年的实践表明，只要丢掉了实事求是的作风，我们就一定会犯大错误、吃大亏。而坚持实事求是，就是坚持一切从实际出

发，坚持理论联系实际，坚持在实践中检验真理和发展真理；就是始终按实事求是的要求办事，始终从实际出发制定发展目标、作出决策。而坚持实事求是的方针，就等于是在践行敬业、诚信的社会主义核心价值观。

3. 全心全意为人民服务是强化核心价值观的价值基础，是培育社会主义核心价值观的重要保证

离开了“依靠人民，为了人民”这个立足点和出发点，社会主义核心价值观就会丢掉根本、步入歧途。培育和践行社会主义核心价值观，一个十分紧迫而重要的任务就是持续推进反腐倡廉，弘扬全心全意为人民服务的延安精神。

4. 自力更生、艰苦奋斗是建构核心价值观的主体基础

继承和发扬自力更生、艰苦奋斗的延安精神，培育具有良好素质的时代新人，是建构社会主义核心价值观主体基础之必须。没有自力更生、艰苦奋斗精神作支撑，社会主义核心价值观是难以培育和建构起来的。继承和发扬延安精神，用自力更生、艰苦奋斗的精神去塑造社会主义核心价值观的实践主体，培育开拓进取、求真务实的时代新人，是培育和建造社会主义核心价值观主体基础的必然选择。

三、弘扬延安精神，正确引领当代青少年

1. 引领当代青少年树立正确的政治观

延安精神的灵魂是坚定的政治方向。每个人的活动是在特定的社会意识的指导下进行的，人生价值实现的前提就是坚持正确的政治方向。正如毛泽东所说过的，一个人学问再多，方向不对，也等于无用。弘扬延安精神，首先要求当代青少年有坚定的政治方向，要求他们坚定共产

主义理想，用社会主义核心价值观指导自己的行为，正确把握社会思想意识中的主流，正确辨别社会现象中的是非、美丑、善恶，确立与社会主义核心价值观的要求相一致的人生目标。

2. 引领当代青少年树立正确的择业观

解放思想、实事求是我们党的思想路线，是延安精神的精髓，也是每个人的行动指南。每个人都是在自己的工作岗位上实现人生价值的，当代青少年要想创造有价值的人生，在职业的选择上就要做到解放思想、实事求是。弘扬延安精神，要走解放思想与实事求是相结合的道路，引领当代青少年不断地解放思想，打破一味追求安逸、稳定的工作而患得患失的状态；客观分析所处的时代特征，从本国国情和自身条件出发，把个人理想与祖国需要相结合。

3. 引领当代青少年树立正确的道德观

全心全意为人民服务是党的根本宗旨，是延安精神的核心，也是当代青少年应该树立的正确观念。道德是关于如何对待是非、善恶、荣辱、利害的基本观点，是关系到如何做人和做一个怎样的人的根本问题。青少年时期是人格形成的重要阶段，正确道德观的确立需要延安精神的指引。全心全意为人民服务的延安精神要求当代青少年在实践中坚持集体主义原则，热爱集体、热心公益；扶贫帮困，为人民、为社会多做好事。同时，还要不断完善自我，注重道德修养。

4. 引领当代青少年树立正确的人生观

习近平向来关心青年人的成长与发展，他在很多场合的讲话中勉励广大青年人：“‘宝剑锋从磨砺出，梅花香自苦寒来。’广大青少年一定要矢志艰苦奋斗。人类的美好理想，都不可能唾手可得，都离不开筚路蓝缕、手胼足胝的艰苦奋斗。我们的国家，我们的民族，从积贫积弱一步一步走到今天的发展繁荣，靠的就是一代又一代人的顽强拼搏，靠的就是中华民族自强不息的奋斗精神。”国家的发展总会遇到各种各样的阻碍，但终能被共产党人和爱国志士积极乐观的人生态度和自力更生、艰苦奋斗精神所攻克。个人的成长成才也是如此。新时期的青少年面临就业难的问题，自力更生、艰苦奋斗更是首选，要依靠自己的力量，为自己的事业创造条件，而非依靠家庭、学校和政府，面对困难要具备为达到目的竭尽全力的精神状态。在校园中对青少年进行延安精神教育，可以让学生更加热爱劳动、尊重劳动人民、珍惜劳动成果，激励他们珍惜学习机会、勤奋努力，树立正确的价值观，使他们真正承担起社会主义现代化建设者和接班人的重任，为实现伟大的中国梦贡献力量。

5. 引领青少年培养创新精神和创新能力

创新是人类社会发展和进步的阶梯，也是思想政治教育的重要组成部分。创新精神在一个国家发展的各个阶段都起着积极的作用。应对激烈的国际竞争，如果缺乏自主创新能力和创新意识，就必将陷入被动挨打的局面。习近平明确提出“抓创新就是抓发展，谋创新就是谋未来”，“广大青少年一定要勇于创新创造。创新是民族进步的灵魂，是一个国家兴旺发达的不竭源泉，也是中华民族最深沉的民族禀赋，正所谓‘苟日新，日日新，又日新’。”[①] 高校在培养民族创新精神和培养创造型人才方面，起着重大的作用。因此，在教育教学中要发扬延安精神，勇闯新路，增强高校青少年的创新意识，培养其创新兴趣。我们之所以要提倡延安精神，是因为延安精神是马列主义创新的结果。在新的历史时期，需要当代青少年充分发展自己的个性，挖掘潜能，用一种对前辈们挑战的勇气担负起建设祖国的重任。同时，坚持延安精神，还要与时俱进、大胆创新、勇于实践，把高校思想政治教育推向一个新的高度，培养创新型人才。

---

① 习近平：《在同各界优秀青年代表座谈时的讲话》，新华网，2013 年 5 月 4 日。

6. 引领青少年形成民族精神

民族精神是一个民族赖以生存和发展的精神支撑，是民族文化的深层内涵。延安精神是中华民族精神的重要组成部分，弘扬延安精神，加强青少年民族精神的教育与培养，主要包括：首先，加强青少年爱国主义教育，引导青少年向先辈学习，把国家利益放在首位，为实现祖国统一、民族富强做出自己应有的努力。其次，加强忧国忧民的忧患意识。要培养青少年的危机感、使命感、责任感，使其对国家和民族的前途自觉关心，始终怀有强烈的忧患意识。最后，要始终保持昂扬向上的精神状态。习近平强调："展望未来，我国青少年一代必将大有可为，也必将大有作为。这是'长江后浪推前浪'的历史规律，也是'一代更比一代强'的青春责任。广大青少年要勇敢肩负起时代赋予的重任，志存高远，脚踏实地，努力在实现中华民族伟大复兴的中国梦的生动实践中放飞青春梦想。"①

过去，先辈们用延安精神缔造了一个新中国。站在历史的新起点上，在弘扬延安精神的伟大意义上，我们要牢记习近平总书记的教诲，继续弘扬延安精神，从延安精神中汲取力量。弘扬延安精神，增强青少年的思想政治教育力度，努力提高思想政治教育的有效性，用延安精神武装当代青少年的头脑，是一项意义深远而又紧迫的任务。我们要充分利用延安精神，不断探索和分析，将理论和实践、历史与现实有机结合起来，在继承和发扬延安精神中不断开创青少年思想政治教育的新局面。

执笔人：徐雯婷

---

① 习近平：《在同各界优秀青年代表座谈时的讲话》，新华网，2013 年 5 月 4 日。

64　弘扬延安精神领导机关和领导干部要作表率

延安时期，中国共产党一直高度重视加强领导干部个人修养和作风建设。领导机关和领导干部以身作则、率先垂范，理论联系实际、密切联系群众的作风在全党蔚然成风，这一时期也成为党风最好的时期之一。延安精神是中国共产党的性质、宗旨，党的优良传统、作风，共产党人的崇高品德和伟大情怀的集中体现，是我们党的宝贵精神财富。继承延安时期的优良革命传统，弘扬延安精神，对于提高领导干部思想道德素质有着重要的现实意义。

中国共产党是全心全意为人民服务的无产阶级政党，领导干部是党和国家事业的骨干，承担着执政兴国、执政为民的重要职责，肩负着为官一任、造福一方的重要使命，领导干部思想道德素质的高低，关系着党的事业和中国特色社会主义事业的兴衰成败，因此，在弘扬延安精神过程中，领导机关和领导干部要作表率。

首先，弘扬延安精神领导机关和领导干部作表率，这是加强党的政治建设的需要。旗帜鲜明讲政治是我们党作为马克思主义政党的根本要求。我们党是中国工人阶级的先锋队，同时是中国人民和中华民族的先锋队，党的最高理想和最终目标是实现共产主义。党的性质决定了我们党必须旗帜鲜明讲政治。毛泽东在延安时期曾作出“政治工作是革命军队的生命线”的著名论断。弘扬延安精神，摆在首位的就是坚持正确的政治方向，无论是在革命战争年代，还是在社会主义建设新时期，广大党员和领导干部都要发扬延安精神，继承党的优良传统，无私奉献，锐意进取，充分发挥党员先锋模范作用。改革开放以来，尤其是党的十八大以来，我们解决了许多长期想解决而没有解决的难题，办成了许多过去想办而没有办成的大事，党和国家面貌发生深刻变化。同时，我们也要看到，在世情、国情、党情发生深刻变化的新形势下，我们党面临执政考验、改革开放考验、市场经济考验、外部环境考验、精神懈怠危险、能力不足危险、脱离群众危险、消极腐败危险。这些突出问题不解决，不仅会败坏党的形象，恶化党群关系，而且会从根本上动摇党的执政地位。经受考验，抵制危险，最根本的是要加强党的建设。加强党的建设，政治建设是根本，理论武装是基础，继承和发扬党的优良传统是法宝。无论是严肃党内政治生活，发展积极健康的党内政治文化，还是牢固树立“四个意识”，自觉加强党性修养，都可以从延安精神中获得宝贵给养。虽然时代变化了，但是延安精神依然是我们凝聚党心人心、推进党的建设伟大工程、开创未来的精神力量，是实现中国梦的强大精神动力。

其次，领导机关和领导干部作表率，这是提高领导干部个人政治素质的重要途径。“政治路线确定之后，干部就是决定的因素”，领导干部是党的事业的骨干。中国共产党历来重视共产党员的修养和无产阶级的自我改造。延安时期，刘少奇就专门撰写了《论共产党员的修养》，告诫全党同志尤其是领导干部，要努力加强修养，做一个优秀的共产党员。当前，党在领导方式和执政方式、领导体制和工作机制，以及领导干部的素质和能力等方面，还存在诸多不适应的地方。一些人存在信念动摇、本领恐慌、腐化堕落的问题，已经严重影响党的声誉和执政地位。我们党要为人民掌好权、执好政，就必须大力提高领导机关和领导干部的领导水平和执政水平，而这些都要求共产党员特别是领导干部具有高度的政治觉悟、坚定理想信念，具有很强的政治责任感和政治领导能力，加强共产党员的理论修养、作风修养、道德修养、文化修养等。坚定的政治信念是延安精神的核心内容，解放思想、实事求是的思想路线是延安精神的精髓，全意为人民服务的根本宗旨是延安精神的本质和核心，自力更生、艰苦奋斗也是延安精神的重要特征。延安精神的这些内容，是我们时代精神的源泉，是教育、培养和提高领导干部思想道德素质的极好教材，必须加以继承和弘扬。

最后，领导机关和领导干部作表率，对于营造良好政治生态，带动形成良好社会风气都具有重要意义。改革开放以来，伴随经济与社会快速发展，人们思想认识的迷惑、行为上的偏差失范有凸显的趋势，并广泛渗透于社会生活的各个领域，出现了道德滑坡。邓小平指出："端正党风，是端正社会风气的关键。"[①] 领导机关和领导干部本身是社会的一部分，社会风气、社会现象也会反映到党内来。党内风气直接影响和带动着社会风气。"教者，效也，上为之，下效之。"要培育和形成良好的社会风气，首先必须有一个良好的党风。党的十八大以来，以习近平同志为核心的党中央，把全面从严治党纳入"四个全面"战略布局，开启了全面从严治党新征程。党中央作出了一系列重大决策部署，反腐败斗争取得重大胜利，党内正气在上升，党风在好转，社会风气在上扬。坚持领导带头、以上率下，层层立标杆、作示范，是党的十八大以来党风廉政建设的一个鲜明特点，是党内教育取得成效的重要经验。其中，领导干部这个"关键少数"的作用十分关键，通过弘扬党的优良作风，带动

① 《邓小平论党的建设》，人民出版社 1990 年版，第 237 页。

社风民风。抓铁有痕，踏石留印，交上作风建设合格答卷。在新的形势下，我们每个党员、干部特别是领导干部，应在端正社会风气方面起表率作用。延安时期鱼水般的党群关系、干群关系，团结一心、乐观向上的精神风貌，革命理想高于一切，为共产主义献身无怨无悔的思想境界，为今天的人们所铭记和弘扬，说明延安精神并未过时。

邓小平指出："我们必须恢复和发扬党的艰苦朴素、密切联系群众的优良传统。我们大家都是从苦里过来的，经历过不少困难的时期，土地革命时期，抗日战争时期，解放战争时期。抗美援朝的时候也是很苦的啊！为什么过去很困难的局面我们都能渡过？根本的问题是我们的干部、党员同人民群众一块苦。"[①]只要各级领导机关和领导干部带头弘扬延安精神，自觉成为实践延安精神的楷模，整个社会思想道德水平的提高，党风和社会风气根本好转的问题就不难解决。当年，延安精神的形成主要是靠老一辈无产阶级革命家身体力行而发扬光大的，今天，弘扬延安精神，形成良好的社会风尚，同样要靠各级领导机关和领导干部的自觉行为，以良好的党风政风带动社会风气的好转。领导干部思想道德素质的高低，关系着党的事业和中国特色社会主义事业的兴衰成败，因此，在加强全社会思想道德建设的过程中，首先需要提高领导干部的思想道德素质。延安精神是我们党的宝贵精神财富，继承延安时期形成的优良革命传统，弘扬延安精神，对于提高领导干部思想道德素质有着重要的现实意义。

执笔人：张海波

① 《邓小平文选》第2卷，人民出版社1994年版，第189页。

65　弘扬延安精神要着力健全制度和完善机制

习近平在党的十九大报告中指出:“必须以党章为根本遵循，把党的政治建设摆在首位，坚持思想建党和制度治党同向发力。”在十九届中央纪委二次全会上，习近平再次强调“要坚持思想建党和制度治党相统一，既要解决思想问题，也要解决制度问题，把坚定理想信念作为根本任务，把制度建设贯穿到党的各项建设之中”。思想建党和制度治党紧密结合，是对党的建设历史经验的深刻总结，深化了我们党对全面从严治党的规律性认识，丰富发展了马克思主义党建学说，具有重大理论价值和实践意义。思想理论建设是党的建设的基础，在党的建设中，把思想理论建设放在重要位置，是马克思主义建党学说的重要原则。与此同时，我们也应看到，制度建设作为党建工作中一项基础性工作，是加强党性教育和作风建设的保障。为了保证思想政治建设有序顺利进行，取得预期效果，必须加强制度建设。健全制度和完善机制，既是思想理论建设的题中应有之义，也是思想理论建设的保障。健全制度和完善机制是弘扬延安精神的重要保障，弘扬延安精神，要把健全制度和完善机制贯穿始终。

回顾我们党的历史，凡是注重思想政治教育的时候，党员干部的思想政治素质就比较高，党内风气就比较好，腐败现象也比较少。而一旦忽视了思想政治教育，党员干部的思想政治素质必然下降，党内不正之风和腐败现象就会蔓延。由此可见，加强思想政治教育，无论在什么时候、在什么情况下，都是首要的问题。把思想政治教育作为各项教育的重点形成制度，并长期坚持下去，这种量的积累对提高党员干部思想政治素质必将产生质的飞跃，必将大大增强广大党员干部拒腐防变的免疫力。但是，正如邓小平所指出的："思想政治工作是十分重要的，但教育不是万能的，对错误行为和犯罪活动，要用法。""制度好可以使坏人无法任意横行，制度不好可以使好人无法充分做好事，甚至会走向反面。"①

思想政治教育解决的是世界观、人生观的问题，而世界观、人生观的改造是一个长期持续的过程，只要稍有放松，就会前功尽弃，它是一种软约束。制度建设所要解决的，则是从客观上规范和制约人们思想和行为的问题，它起着强制的作用，是一种硬约束。只靠人的自觉性，自我约束是不够的，好人有时候会放松对自己的约束。坏人对自己就没有约束，所以不论对好人或坏人，都要有制度约束。只靠制度，只强调外部约束也是不够的，在社会生活中存在很多制度真空，制度发挥不了作用，而且不依靠人们的道德自我约束，会大大增加制度实施的成本，降低制度的有效性。提高党员领导干部和全社会思想道德素质，弘扬社会主义核心价值观，必须深入研究延安精神和思想政治教育的特点和教育规律，把教育的软约束与制度的硬约束结合起来，使思想政治教育不断走向规范化科学化。

延安精神要在新时期不断发扬光大，必须随着时代发展和社会进步不断创新，其创新的重要途径就是健全制度和体制机制，通过建立健全具有约束力的体制机制，在总结经验的基础上，把那些符合思想政治教

① 《邓小平文选》第2卷，人民出版社1994年版，第333页。

育规律的做法及时推广，保证延安精神教育活动实施、评估、考核的规范化科学化。

在弘扬延安精神的过程中健全制度和完善机制，是提升延安精神规范化科学化的基础性工作。它主要包括三个方面的机制：一是保障机制，即保证延安精神教育的有效实施；二是运行机制，即确立工作责任制和工作标准；三是考核激励机制，即督促工作计划的执行和落实。通过健全制度，就可以利用制度的强制性，增强工作落实的力度，并带动监督机制、评估机制、惩罚机制等制度体系的建立与完善，不断改进与创新制度机制。

关于保障机制。在思想政治教育的运行过程中，必然会遇到一些现实的问题，因而必须为弘扬延安精神在组织领导、队伍建设、资金投入、硬件建设等方面提供相应保障，从而更好地发挥制度的服务和保证作用。要建立健全各部门齐抓共管的弘扬延安精神的组织制度，充分调动各有关部门积极性、主动性和创造性，发挥育人作用。加强培训制度，制定相关政策，组织教师进修培训、考察学习、学术会议，制定总体师资培养规划。关于运行机制。要明确岗位责任制，把弘扬延安精神的工作目标和任务具体落实到各层次各领域教育者身上，明确分工和职责，并对各自所在岗位的工作认真负责。关于考核激励机制。要在待遇上以制度形式给予保障，着眼于解决思想政治教育者的生活待遇，要把职级晋升、职称评定和工作经费等问题制度化，在精神鼓励方面，要将表扬、嘉奖、记功和授予各种荣誉称号等表彰先进的方式制度化。

执笔人：张海波

66 延安精神与中国梦

"一个没有精神力量的民族难以自立自强。"[①] 实现国家富强、民族振兴、人民幸福的梦想光靠物质是不行的，也是不够的，还要激发精神力量、丰富精神世界，唯有物质文明与精神文明"比翼齐飞"，中华民族也才能屹立于世界民族之林。中华民族的复兴梦是美丽的、灿烂的，但实现梦想需要坚定的信念，需要强大的精神作支撑，而延安精神正是这种信念和精神的集中体现。在实现中华民族伟大复兴中国梦的历史征程中，每一个共产党员必须要结合时代特点和改革需要，弘扬延安精神，用革命先辈留给我们的宝贵精神财富凝聚人心、激励斗争、开创未来，为实现中国梦注入最强大、最持久的精神动力。

一、坚定正确的政治方向，坚持"中国路"、补好"精神钙"

延安精神的核心就是对共产主义理想的坚定信念。习近平同志强

① 中共中央文献研究室编：《习近平关于实现中华民族伟大复兴的中国梦论述摘编》，中央文献出版社2013年版，第39页。

调:“政治方向对一个党、一个党的组织、一个党员干部来说都极端重要。”延安时期，我们党高举抗日民族统一战线旗帜，确立了打败日本侵略者、解放全国人民、建立新民主主义国家的政治方向，吸引了成千上万革命者义无反顾地奔赴延安，投身救国救亡的洪流。改革开放时期，我们要弘扬延安精神，就是要坚定地走中国特色社会主义道路，最大限度地凝聚各方面的智慧和力量，实现中华民族伟大复兴中国梦。

“道路决定命运”。毛泽东曾讲过:“在革命中未有革命党领错了路而革命不失败的。”[①] 习近平强调:“无论搞革命、搞建设、搞改革，道路问题都是最根本的问题。”[②] 实现中国梦的唯一正确道路，就是由中国共产党开辟的中国特色社会主义道路，这“是实现我国社会主义现代化的必由之路，是创造人民美好生活的必由之路。”[③] 要坚持中国特色社会主义道路，首先就是要打牢对马克思主义的坚定信仰、树立对共产主义的坚定信念，其关键一环就是要补好精神上的“钙”。习近平强调:“坚定正确政治方向，必须有坚定理想信念作支撑。”坚定的理想信念永远是战胜一切困难、经受任何考验的强大精神支柱。毛泽东讲:“人是要有一点精神的。”[④] 邓小平说:“没有这样的信念，就没有凝聚力。没有这样的信念，就没有一切。”[⑤] 共产党人的理想信念不是虚无缥缈的空中楼阁，而是实实在在的万里长城，习近平特别要求我们党员要将坚定信念和做好工作结合起来，他曾讲:“没有远大理想，不是合格的共产党员；离开现实工作而空谈远大理想，也不是合格的共产党员。”判断一个党员信念

① 《毛泽东选集》第 1 卷，人民出版社 1991 年版，第 3 页。

② 中共中央文献研究室编:《习近平关于实现中华民族伟大复兴的中国梦论述摘编》，中央文献出版社 2013 年版，第 28 页。

③ 中共中央文献研究室编:《习近平关于实现中华民族伟大复兴的中国梦论述摘编》，中央文献出版社 2013 年版，第 23 页。

④ 《毛泽东文集》第 7 卷，人民出版社 1999 年版，第 162 页。

⑤ 《邓小平文选》第 3 卷，人民出版社 1993 年版，第 190 页。

是否坚定是有客观标准的，即："那就要看他能否坚持全心全意为人民服务的根本宗旨，能否吃苦在前、享受在后，能否勤奋工作、廉洁奉公，能否为理想而奋不顾身去拼搏、去奋斗、去献出自己的全部精力乃至生命。"

在党的十九大报告中，习近平指出："中国共产党人的初心和使命，就是为中国人民谋幸福，为中华民族谋复兴。这个初心和使命是激励中国共产党人不断前进的根本动力。"实现民族复兴的中国梦，是需要中华民族的子子孙孙不断接力奋斗的愚公移山工程，这个宏大的工程，需要几代人、十几代人，甚至几十代人坚持不懈地努力奋斗。如何凝聚这几代人、十几代人，甚至几十代人的精神共同奋斗？唯有共产主义的伟大理想。对共产主义的伟大理想，我们每个党员干部必须做到三个"深信"，即："我们要深信实现共产主义是历史的必然，深信中国共产党人的不懈奋斗必成正果，深信现在每一天的奋斗都与共产主义紧密相连。"[①]唯有如此，共产党人才能赢得民心、凝聚民力、启迪民智，带领亿万人民成就自己的幸福生活，建设强大的社会主义现代化国家，实现民族复兴之梦想。

二、崇尚实事求是的科学态度，强化创新思维、提升调研质量

实事求是的思想路线，是延安精神的灵魂所在，它集中体现了中国共产党人的世界观。习近平指出："解放思想，实事求是，凝结着辩证唯物主义和历史唯物主义的世界观、方法论。"中国共产党能用短短二十八

① 赵克石：《弘扬延安精神　坚定理想信念》，《学习时报》2013年7月8日。

年时间，由一个五十多人的革命党，成为领导中国人民取得革命成功、缔造新中国的执政党，实现西方人看来“几乎是不可想象的”伟大成就，就是同中国共产党反思总结土地革命时期的经验教训，并在抗战时期在全党确立实事求是的思想路线是密不可分的。延安时期，毛泽东给中央党校题写了“实事求是”的校训，陈云也曾讲过：“当我全部读了毛泽东起草的文件、电报之后，感到里面贯穿着一个基本指导思想，就是实事求是。”爱国民主人士黄炎培曾这样评价中共的作风，“变得平凡，变得务实”。即使是蒋介石也高度称赞中共实事求是的科学态度，“他们这种彻底研究不断改进的精神，正是现代化科学的精神。”可以说，“没有实事求是的思想路线，就没有中国共产党人的今天。”①

纵观当代中国，有了近70年社会主义建设的坚实基础，特别是经历了40多年改革开放的快速增长，中国实现了全方位的巨大发展，但是发展是不平衡的，农村还有1660万人口没有解决温饱问题，②城市中还有相当比例的贫困人口。人口多，底子薄，人均资源少，生产力发展水平低是我国的基本国情，中国仍然是世界上最大的发展中国家。立足现实，我们今天遇到的问题还很多，面临的矛盾也仍然重重，中国和平发展所面临的挑战仍然突出。如何更好地解决问题、破解矛盾、应对挑战？关键就靠创新。“创新是民族进步之魂。”习近平警醒地讲道：“任何一个政党，无论实力多强、资格多老、执政时间多长，如果因循守旧、固步自封、保守僵化、不思进取，其创造力就会衰竭，生命力就要停止。”邓小平强调创新精神的关键作用，“没有一点闯的精神，没有一点‘冒’的精神，没有一股气呀、劲呀，就走不出一条好路，走不出一条新路，就干

① 郭德宏主编：《永恒的延安精神》，天津古籍出版社2005年版，第83页。

② 国家统计局：《中华人民共和国2018年国民经济和社会发展统计公报》，2019年2月28日。

不出新的事业。”[①]

“问渠哪得清如许，为有源头活水来”。如何创新？最根本的就是要了解实际。科学的认识论告诉我们一个深刻道理：智慧只能从社会实践中来。对中国共产党人来说，要获得智慧，要创新，就要参与社会实践，就要进行调查研究工作，就要“咬一口梨子”。毛泽东高度重视调查研究工作，“没有调查就没有发言权”这句著名论断已为世人所熟知，他曾批评过党内某些同志，“只有蠢人，才是他一个人，或者邀集一堆人，不作调查，而只是冥思苦索地‘想办法’，‘打主意’。须知这是一定不能想出什么好办法，打出什么好主意的。”[②]时代在前进，社会在发展，当代中国出现了很多前所未见的新问题、新矛盾，许多老问题也以新面孔出现。为了更好的认识、解决新问题，调研工作也要“与时俱进”，学习先进经验与方法，提高调研水平，特别是要借助“外脑”的力量——智库。在十六届四中全会《中共中央关于加强党的执政能力建设的决定》中提出：“对专业性、技术性较强的重大事项，要认真进行专家论证、技术咨询、决策评估。”[③]强调“专”字，就是要注意听取“行家”“里手”的意见，依靠专家的科学素养和专业知识，帮助决策者更好地调研。建设高水平智库、发挥智库功能将成为领导干部搞好调查研究的重要抓手，习近平在审议《关于加强中国特色新型智库建设的意见》时强调：“我们进行治国理政，必须善于集中各方面智慧、凝聚最广泛力量。改革发展任务越是艰巨繁重，越需要强大的智力支持。”[④]

---

① 《邓小平文选》第3卷，人民出版社1993年版，第372页。

② 《毛泽东选集》第1卷，人民出版社1991年版，第110页。

③ 《中共中央关于加强党的执政能力建设的决定》，《人民日报》2004年9月27日。

④ 全国干部培训教材编审指导委员会组织编写：《社会主义文化强国建设》，人民出版社、党建读物出版社2015年版，第60页。

三、坚持全心全意为人民服务，践行群众路线、凝聚中国伟力

无论是革命、建设，还是改革，最根本的动力就是人民，“人民，只有人民，才是创造世界历史的动力。”曾任中共总书记的张闻天同志教育干部说：“要实现革命的理想，一定要依靠于一定的社会的力量，这社会的力量就是千千万万的群众。……如果没有群众的拥护与群众的行动，任何推动历史前进的理想都是不可能实现的。”[①] 毛泽东的那句名言，“我们一切工作干部，不论职位高低，都是人民的勤务员，我们所做的一切，都是为人民服务。”延安时期的中国共产党人，不仅强调心系人民的党的宗旨，也在政治实践上始终将人民利益置于崇高的地位，这种为人民服务精神体现于“价值”“政策”“方法”这三个层面，它们是有机统一的，价值是深层追求、政策是现实导向、方法是具体表现，正是这三者的“有机统一”，中国共产党才最终感动了“上帝”——人民，才有了中国共产党人与人民大众血肉相连的鱼水深情。人民的支持，是中国共产党人无往而不胜的根本保证。

在现在和未来，实现中国梦要靠“全国各族人民大团结的力量”，“中国梦能不能成功实现，民力能不能凝聚是关键。”[②]“只有每个人都为美好梦想而奋斗，才能汇聚起实现中国梦的磅礴力量。”[③] 如何能使亿万个不同的梦汇聚在一起？最根本的回答，就是共产党员要“全心全意为人民服务”。实现中国梦必须以人民利益为最高准绳，始终代表人民群众的

---

① 《张闻天文集》第2卷，中共党史出版社2012年版，第275页。

② 齐卫平：《中国梦的历史解读：两个百年夙愿》，《中国浦东干部学院学报》2014年第1期。

③ 中共中央文献研究室编：《习近平关于实现中华民族伟大复兴的中国梦论述摘编》，中央文献出版社2013年版，第53页。

最根本利益，把实现好、维护好、发展好人民群众的根本利益作为中国共产党一切工作的出发点和落脚点。中国梦不是以数字为本，而是以人为本。普通群众的切身感受比一串串数字、一段段公式更可靠、更重要。从这个意义上讲，中国梦也就是中国人的梦，就是中国人追求美好生活的梦。

如何服务群众，调动群众的积极性？情况是复杂的，方法是多样的，但是最核心的还是毛泽东的那句名言“一切空话都是无用的，必须给人民以看得见的物质福利。”[①] 习近平曾多次强调自己的“施政理念”——“老百姓对美好生活的追求，就是我们的努力方向。”“人民对美好生活的向往，就是我们的奋斗目标。”要为中国梦凝聚最大的社会力量，就必须要让每一位群众切身感受到自己生活的改善，努力为最大多数群众创造实现发展的机会，“努力办好人民满意教育”“推动实现更高质量的就业”“千方百计增加居民收入”“统筹推进城乡社会保障体系建设”“提高人民健康水平”“加强和创新社会管理”，这些都是中国共产党执政为民、造福人民的充分体现。

四、倡导艰苦奋斗的作风，永葆党的生机活力

“一勤天下无难事。”一切美好的梦想都要靠艰苦的劳动来创造，实现中华民族的现代化之梦归根结底还是要靠全体中国人的辛勤劳动。劳动创造财富，劳动成就梦想，“劳动最光荣、劳动最崇高、劳动最伟大、劳动最美丽。”[②] 要实现中国梦就是要劳动、要奋斗。中国共产党是靠艰

---

① 《毛泽东选集》第 1 卷，人民出版社 1991 年版，第 138—139 页。

② 中共中央文献研究室编:《习近平关于实现中华民族伟大复兴的中国梦论述摘编》，中央文献出版社 2013 年版，第 87 页。

苦奋斗起家的，也是靠艰苦奋斗发展壮大、成就伟业的。“自力更生、艰苦奋斗是我们共产党人的品质，……是党员、干部立身立业的根基。”毛泽东在七大上讲：“古人说过：‘艰难困苦，玉汝于成’。艰难困苦给共产党以锻炼本领的机会”，“艰难困苦能使我们的事业成功”。艰苦奋斗重在奋斗，重在进取，重在有为。顽强拼搏、奋发图强、锐意进取的创造精神，是其核心；崇尚节俭、戒奢倡廉、艰苦朴素的生活方式，是其基本要求。艰苦奋斗作为我们党的一大优良传统，是凝聚党心民心、激励全党和全体人民为实现国家富强、民族振兴共同奋斗的强大精神力量，是我们党保持同人民群众血肉联系的一个重要法宝，“是实现中国梦的重要保证”。①

“治党务必从严”。以习近平同志为总书记的党中央极为重视全党的作风建设，他强调：“工作作风上的问题绝对不是小事，如果不坚决纠正不良风气，任其发展下去，就会像一座无形的墙把我们党和人民群众隔开，我们党就会失去根基、失去血脉、失去力量。”作风建设最根本的问题就是要坚持和发扬艰苦奋斗精神，他指出：“抓改进工作作风，各项工作都很重要，但最根本的是要坚持和发扬艰苦奋斗精神。”“能不能坚守艰苦奋斗精神，是事关党和人民事业兴衰成败的大事。”丢了艰苦奋斗、勤俭节约的传家宝，作风变差了、变坏了，民心就会被极大销蚀，党的执政基础就会受到严重损害。“自古英雄多磨难，从来纨绔少伟男。”“人无俭不立，家无俭不旺，党无俭必败，国无俭必亡。”艰苦奋斗不是放着好日子不过，不是为了吃苦而吃苦，它是一种生活态度、一种行为方式、一种精神品质、一种价值导向、一种作风形象，其核心是要求党员干部

① 《赵乐际在中国浦东井冈山延安干部学院春季开学典礼上强调　艰苦奋斗精神永远不能丢》，《人民日报》2013 年 3 月 23 日。

奋发进取、勤政为民，特别是要自觉坚持勤俭节约，坚决反对各种铺张浪费和贪污腐败现象。一个没有艰苦奋斗、自强不息精神作支撑的政党是难以兴旺发达的，一个没有艰苦奋斗、自强不息作支撑的民族是难以自立自强的。实现中华民族的伟大复兴，离不开自强不息、艰苦奋斗的延安精神。

“我们比历史上任何时期都更接近实现中华民族伟大复兴的目标。”[①]中国人民的幸福梦、中华民族的振兴梦、社会主义中国的强国梦，汇聚成了亿万炎黄子孙期盼百年的复兴梦，它是“站在海岸遥望海中已经看得见桅杆尖头了的一只航船，它是立于高山之巅远看东方已见光芒四射喷薄欲出的一轮朝日，它是躁动于母腹中的快要成熟了的一个婴儿。”[②]“中华民族伟大复兴的梦想一定能实现。”

执笔人：薛　琳

---

① 习近平:《青年要自觉践行社会主义核心价值观——在北京大学师生座谈会上的讲话》,《人民日报》2014 年 5 月 5 日。

② 《毛泽东选集》第 1 卷，人民出版社 1991 年版，第 106 页。

67　延安精神是中国共产党人精神家园中宝贵的财富

所谓精神家园就是指人的灵魂栖息地，是人的情感寄托与意志安顿之所。每个人都有精神家园，中国共产党也有自己的精神家园，它是中国共产党人在90多年奋斗历程中形成的心理、情感和精神的统一，是中国共产党人的精神支柱和力量源泉。在中国共产党精神家园中，包括许多具体精神财富，如红船精神、井冈山精神、苏区精神、长征精神、延安精神、西柏坡精神、抗美援朝精神、大庆精神、雷锋精神、焦裕禄精神、“两弹一星”精神、载人航天精神、98抗洪精神、抗震救灾精神，等等，其中，延安精神是最具代表性的精神财富，它历经时间最长、实践地域最广、影响最大。延安精神是中国共产党在延安十三年的革命实践中，把马克思主义与中国的实际相结合，所逐步培育形成的凸显民族风格、民族特质的伟大精神，它既是民族精神的彰显，又是时代精神的主旋律，成为共产党人的精神栖息地，一直是鼓舞党不断前进的伟大精神力量。延安精神中既有科学民主的理性精神，又有以人为本的人文情怀，同时还包括独立自主、艰苦奋斗的伟大革命意志，它是知、情、意诸方面有机结合而成的统一体，是中国共产党人永远的精神家园。

民主科学精神是实现人的解放和自由全面发展的核心精神，是中国共产党精神家园中的理性基础。延安时期的民主科学精神，最根本的体现就是实事求是的思想路线。实事求是共产党人政治生活的永恒主题，它既是党的思想路线的灵魂，也是党的精神家园的灵魂。实事求是就是从实际出发，理论联系实际的彻底唯物主义科学精神。中国共产党人在延安时期的革命斗争中，始终坚持马克思主义基本原理，同时又不拘泥于马列著作的特定历史条件下的历史结论，而善于将马列主义的立场、观点和方法与中国革命的具体实践相结合，在全党通过整风运动，克服了主观主义、宗派主义和党八股的束缚，实现了马克思主义中国化的第一次历史性飞跃——毛泽东思想诞生，并形成了实事求是的思想路线。实事求是中国共产党严肃科学态度的体现，也是最尖锐最有效的武器。毛泽东明确指出："共产党不靠吓人吃饭，而是靠马克思列宁主义的真理吃饭，靠实事求是吃饭，也就是靠科学吃饭。"[①] 延安时期，抗日统一战线的确立、西安事变的和平解决，以及"精兵简政"和"三三制"的实施等都是从中国实际出发而做出的具有鲜明时代特征的重大战略决策。同时，党中央和毛泽东把实事求是的思想路线应用于党的全部工作，形成了中国特色的马克思主义领导方式和工作方法即群众路线，坚持一切工作从"从群众来，到群众中去"。"从群众中来"，就是作为群众利益代表者的领导干部，"放下架子，扑下身子，深入实际、深入基层"，与群众打成一片，将群众分散、无系统的意见收集起来，经过分析综合，化为集中的系统的意见，从而形成科学的决策。"到群众中去"，是指党员干部把集中的、系统的意见，"到群众中去作宣传解释，化为群众的意见，使群众坚持下去，见之于行动"，[②] 同时接受群众的检验与批评，以便及时发现问

① 《毛泽东选集》第 3 卷，人民出版社 1991 年版，第 836 页。
② 《毛泽东选集》第 3 卷，人民出版社 1991 年版，第 899 页。

题，矫枉过正。通过“从群众中来，到群众中去”的领导方式和工作方法，领导干部能够直接与其服务的群众相接触，对于防止干部脱离群众，抵制自私自利和官僚主义、形式主义等不良作风有着积极的作用。这种和人民打成一片的领导方式和工作方法，是中国共产党科学与民主精神的又一生动体现。实践证明，党正是靠着实事求是的思想路线和求真务实的性格作风，在延安时期我们才成就了历史伟业，也正是继续靠着实事求是的理性精神，我们党在革命、建设和改革的各个历史时期，才制定出了一系列科学的、为实现国家富强、民族振兴、人民幸福而奋斗的路线、方针和政策，从而保证党和人民的事业不断地从胜利走向新的胜利。

以人为本的人文情怀是中国共产党人精神家园的“硬核”和旨向，是党所追求的价值目标。在政党精神家园中，有了民主科学的理性精神还不够，还需要以人为目的的人文精神。精神家园最终还是人的回归，“以人为本”的价值理念则满足了这样的要求。以人为本的精神就是强调人是目的而非手段、工具，对于中国共产党来说就是一切为了人民，全心全意为人民服务，这也是延安精神在价值层面的根本展现。“为了谁”始终是一个根本性、方向性问题，毛泽东指出:“为什么人的问题，是一个根本的问题，原则的问题。”[①] 中国共产党从诞生的那一天起，就把为中华民族谋复兴、为中国人民谋幸福作为自己的使命担当，把全心全意为人民服务作为根本的价值取向。延安时期党的这一宗旨随着党的成熟而最终完备，毛泽东相继在《纪念白求恩》《为人民服务》和七大所作的政治报告中，对全心全意为人民服务宗旨的内涵作了充分的论述。全心全意地为人民服务，就是“一刻也不脱离群众；一切从人民的利益出发，而不是从个人或小集团的利益出发；向人民负责和向党的领导机关负责

① 《毛泽东选集》第 3 卷，人民出版社 1991 年版，第 857 页。

的一致性；这就是我们的出发点。”[①] 并把这一精神写进了党章，确立了党的“全心全意为人民服务”的最高价值取向。从此全心全意为人民服务成了党的唯一宗旨，成了共产党人精神家园中的永恒价值追求。

毛泽东之后的历届中央领导集体，都坚持并不断弘扬着全心全意为人民服务的精神。党的十八大以来，以习近平同志为核心的党中央顺应时代发展、人民期盼，提出了中国梦这一中国风格、中国气派的重大战略构想，强调中国梦的实现，就是把人民的期望落实到一件件惠及于民的实事中，就是让人民拥有“更好的教育”“更稳定的工作”“更满意的收入”“更可靠的社会保障”“更高水平的医疗卫生服务”“更舒适的居住条件”“更优美的环境”，使孩子们成长得更好、工作得更好、生活得更好，以上这些都是全心全意为人民服务精神的新时期集中体现。习近平新时代中国特色社会主义思想更是明确提出“必须坚持以人民为中心的发展思想，不断促进人的全面发展、全体人民共同富裕”。实践证明，90 多年来，我们党之所以能够领导中国人民从“站起来”到“富起来”再到“强起来”，之所以在世界风云变幻中岿然不动，正是因为始终坚持全心全意为人民服务的价值取向，赢得了人民群众的信任、爱戴和支持，从而获得了源源不断的强大力量。

自力更生、艰苦奋斗的伟大革命精神是中国共产党精神家园之依托。延安精神简单地说就是自力更生、艰苦奋斗的革命精神，就是相信自己，依靠自己，独立自主，艰苦奋斗，这是延安精神人格意志层面的重要标志和本质特征。实事求是的理性精神为中国共产党提供了认识世界和改造世界的思想武器，全心全意为人民服务的人文精神为中国共产党提供了正确的价值取向，而自力更生、艰苦奋斗的革命精神则为中国共产党

① 《毛泽东选集》第 3 卷，人民出版社 1991 年版，第 1094—1095 页。

提供了强大意志和动力。当年的延安，不是冒险家的乐园，也不是投机者的藏身之所，在延安的艰苦岁月里，军民的物质生活一度十分困难，“我们曾经弄到几乎没有衣穿、没有油吃、没有纸、没有菜，战士没有鞋袜，工作人员在冬天没有被盖。国民党用停发经费和经济封锁来对付我们，企图把我们困死，我们的困难真是大极了。”[①]面对极大的困难和严峻的挑战，聚集在宝塔山下的中国共产党人，愈是困难愈向前。他们住着土窑洞、穿着草鞋、吃着小米饭，经受着艰苦生活的考验和磨炼，却始终保持着旺盛的革命斗志，他们自己动手、丰衣足食，崇尚节俭、戒奢倡廉，励精图治、锐意进取，正是凭借着这种独立自主、艰苦奋斗的作风，我们党战胜了一个又一个困难，赢得人民群众的赞誉，人民安居乐业、丰衣足食，把一个贫穷落后的延安变成了新民主主义的模范试验区，为中国共产党的发展壮大，为抗日战争的胜利提供了巨大的精神力量。

“自力更生，艰苦奋斗”的革命精神与我们今天所推崇的“空谈误国、实干兴邦”的兴国之举相得益彰，是延安时期留给我们的一笔宝贵财富。新中国成立后，这种精神与力量的延续和发扬，使我们党带领人民战胜了许多来自外部与内部的困难和挑战，取得了一系列伟大的成就，不断从胜利走向胜利。这个优良传统，从毛泽东到习近平，我们党的历届领导人都反复强调要倍加珍视，而且在实践中一贯坚持和倡导。但是直面现实，有些人却认为艰苦奋斗是战争年代、困难时期、落后时期国家提倡的一种精神，现在我们国家的实力、人民的生活都发生了很大变化，不需要艰苦奋斗了。还有人认为，搞改革开放，发展社会主义市场经济，再提艰苦奋斗与时代精神不合拍。的确，改革开放40年来，我们所处的时代变了，社会发展了，人民生活水平提高了，但这绝不意味

① 《毛泽东选集》第3卷，人民出版社1991年版，第892页。

着我们就不再需要艰苦奋斗了。延安精神所体现出的艰苦奋斗是一种工作作风、生活作风，更是一种不畏艰险、积极进取、勤俭创业、奋发图强的伟大精神。从历史到现实，艰苦奋斗都是我们创造辉煌走向成功的“传家宝”。在革命战争年代，我们需要这种精神，在建设新中国的岁月里，也需要这种精神，在改革开放和社会主义现代化建设进程中，特别是进入新时代，仍然需要继承和弘扬这种艰苦奋斗的创业精神。

延安精神作为中国共产党人最宝贵的精神财富，从她诞生以来，一直鼓舞着中国共产党和中国人民为社会主义革命和建设事业前赴后继地奋斗。今天，我们进入新时代，正处于“两个一百年”奋斗目标的交汇期，国际意识形态领域斗争尖锐复杂，国内思想文化领域各种观念交锋激烈，党的十九大报告明确提出发展积极健康的党内政治文化，弘扬共产党人的价值观，作为中国人民和中华民族的先锋队成员，共产党人肩负着民族复兴的伟大使命，必须责无旁贷地坚守自己的精神家园，并不断发扬光大，只有如此，我们党才能永葆本色，坚强有力。

执笔人：赵耀宏

后记

2015 年 2 月，习近平总书记在陕西考察工作时指出:“老一辈革命家和老一代共产党人在延安时期留下的优良传统和作风，培育形成的延安精神，是我们党的宝贵精神财富。今天，全面从严治党要继续从延安精神中汲取力量。”弘扬延安精神是中国延安干部学院肩负的神圣使命，也是学院办学的立身之本和特色所在。

学院自开办以来，一直致力于充分发挥延安精神这部永久教材的作用，在延安精神教学方面积累了丰富的经验，搜集整理了广大学员在延安精神学习过程中的疑问与困惑，组织教师编写了《延安精神学习读本》一书，以期进一步提高教学的针对性和有效性，更好地落实《2018—2022 年全国干部教育培训规划》对党性教育的要求。本书以解答广大学员普遍关注的问题为切入点，深入挖掘延安精神的新时代内涵和新实践价值，力求做到历史与现实相对接、学术性与通俗性相结合，旨在实现延安精神在新时代的创造性转化和创新性发展。本书作为学院贯彻落实党的十九大精神“三进工作”的配套教材之一，既面向党员干部，激励广大党员干部从延安精神中汲取精神力量，不忘初心，牢记使命，在新长征路上继续前进；又面向社会公众，传播红色精神文化，引领社会舆论潮流，坚定人民崇高信仰，彰显延安精神的当代价值。

伟大斗争培育伟大精神，伟大精神推进伟大事业。延安精神必将在新时代放射出更加璀璨的光芒，汇聚起实现中华民族伟大复兴中国梦的磅礴力量！

常务副院长李国喜对本书编写工作高度重视并提出明确要求，副院长赵耀宏主持制定编写计划，并具体负责全书的统稿工作，教学科研部延安精神研究中心主任冯建玫参与统稿。

本书出版得到了党建读物出版社的大力支持，参考和吸收了学术界已有的研究成果，在此一并表示感谢。

编　者

2018 年 10 月